GÉOGRAPHIE DE L'EUROPE

L'EUROPE

PAR

H. PIGEONNEAU

PROFESSEUR A LA SORBONNE ET A L'ÉCOLE LIBRE
DES SCIENCES POLITIQUES
VICE-PRÉSIDENT DE LA SOCIÉTÉ DE GÉOGRAPHIE COMMERCIALE

OUVRAGE REVU ET CORRIGÉ

PAR

E. GUILLOT

PROFESSEUR AU LYCÉE CHARLEMAGNE ET A L'ÉCOLE SUPÉRIEURE
DE COMMERCE
SECRÉTAIRE DE LA SOCIÉTÉ DE GÉOGRAPHIE COMMERCIALE DE PARIS

PREMIER CYCLE
CLASSE DE QUATRIÈME

DEUXIÈME ÉDITION

contenant 13 cartes et 48 gravures intercalées dans le texte

PARIS

LIBRAIRIE CLASSIQUE EUGÈNE BELIN

BELIN FRÈRES

RUE DE VAUGIRARD, 52

1903

SAINT-CLOUD. — IMPRIMERIE BELIN FRÈRES

PRÉFACE

En présentant au public cette nouvelle édition de la *Géographie de l'Europe* de M. Pigeonneau, il nous semble superflu de faire l'éloge d'un ouvrage dont le succès continu a démontré l'utilité et la valeur. D'ailleurs, parmi ceux qui depuis 1870 ont consacré leurs efforts à la rénovation de l'enseignement géographique, M. Pigeonneau avait été un des premiers à déplorer notre ignorance coupable en matière de géographie et à protester contre les variations incessantes des programmes officiels, qui, disait-il, « s'imposent à tous et font la loi aux auteurs comme aux professeurs ».

Toutefois, malgré ses qualités indiscutables, ce manuel avait besoin, pour conserver sa réputation, d'importantes corrections. Depuis son apparition, en effet, des événements nouveaux se sont produits et continuent à se produire chaque jour. Dans cette revision devenue nécessaire, on n'a pas cru pouvoir modifier la méthode suivie par l'auteur, qui constitue en quelque sorte le trait dominant de l'ouvrage, et, quelque critique que puissent lui adresser ceux qui se glorifient, parfois un peu bruyamment, d'avoir renouvelé la science géographique, il n'est pas téméraire d'affirmer qu'une méthode, quelle qu'elle soit, ne peut être qualifiée de mauvaise si elle contribue à vulgariser avec succès les connaissances au moins élémentaires dont personne ne saurait être dépourvu.

Il nous a cependant paru nécessaire de supprimer l'ancienne théorie, plus commode que rationnelle et aujourd'hui universellement abandonnée, des bassins fluviaux et des lignes de partage des eaux, de diminuer parfois la part faite à la géographie politique don les énumérations fastidieuses doivent être réduites au strict minimum, enfin, en rectifiant les chiffres des populations et de quelques statistiques, de donner à l'ouvrage un caractère d'exactitude et de nouveauté qui ne peut que lui être profitable.

L'ouvrage de M. Pigeonneau ainsi corrigé sera, nous l'espérons, en mesure de rendre encore de longs et utiles services : il aura du moins le mérite de la clarté et de la précision, qualités que l'on ne rencontre pas toujours au même degré dans les manuels parfois plus savants, mais plus prétentieux, dont nous avons été gratifiés depuis quelques années.

E. GUILLOT.

PROGRAMME OFFICIEL DE GÉOGRAPHIE

(31 mai 1902)

PREMIER CYCLE

CLASSE DE QUATRIÈME

L'EUROPE

Géographie physique : étude d'ensemble.

Géographie politique et traits caractéristiques de la géographie économique pour chacun des principaux États.

Superficie et population comparées des grands États : leur situation économique et leurs forces militaires.

Grandes voies de communication internationales.

L'EUROPE

LIVRE PREMIER

GÉOGRAPHIE PHYSIQUE DE L'EUROPE

CHAPITRE PREMIER

Notions générales.

I

SITUATION ET NATURE DU SOL

Situation et limites. — L'Europe est située entre 36° (*pointe de Tarifa*, au sud de l'Espagne) et 71° (cap *Nord*, au nord de la Norvège) de latitude septentrionale, 60° de longitude à l'est du méridien de Paris (monts *Ourals*), et 42° 45′ de longitude à l'ouest du méridien de Paris (extrémité occidentale de l'*Irlande*). Elle est bornée : au nord par l'océan Glacial arctique et l'océan Atlantique ; à l'ouest par l'océan Atlantique ; au sud par le détroit de Gibraltar et la mer Méditerranée, qui la sépare de l'Afrique, l'Archipel, le détroit des Dardanelles, la mer de Marmara, le détroit de Constantinople, la mer Noire et la chaîne du Caucase, qui la sépare de l'Asie occidentale ; à l'est par la mer Caspienne, le fleuve Oural et les monts Ourals, qui la séparent moins nettement de l'Asie centrale et septentrionale.

Superficie. Dimensions. — La superficie totale du continent et des îles qui en dépendent est, en chiffres ronds, de 10 millions de kilomètres carrés.

La plus grande longueur de l'Europe, du cap *Nord* à l'extrémité méridionale de la presqu'île de Morée (cap *Matapan*), est de 3 800 kilomètres environ ; sa plus grande largeur, du sud-ouest (cap *Saint-Vincent* en Portugal) au nord-est (mer de *Kara*), de 3 400 kilomètres.

Nature du sol. — La science géologique, en même temps qu'elle nous rend compte des révolutions du globe, du soulèvement des montagnes, de la formation lente des plaines par les dépôts réguliers qui se sont accumulés au fond des mers, nous explique la répartition des richesses minérales et, dans une certaine mesure, celle des richesses végétales, qui varient non seulement avec les climats, mais avec la nature des terrains. Ces terrains peuvent être en Europe répartis de la manière suivante :

1° Les terrains **primitifs**, caractérisés par la structure cristalline des roches qui les composent (granit, gneiss, micaschistes, etc.), et qui ne renferment ni animaux, ni végétaux fossiles, dominent, *en Europe*, dans la péninsule scandinave, en Finlande, en Écosse, en Bretagne, dans le Massif central français, en Portugal, dans la région des Alpes, en Bohême et en Macédoine.

2° Les terrains sédimentaires **primaires** (schistes, grès, marbres), caractérisés par la présence de débris fossiles appartenant aux espèces les plus anciennes d'animaux et de végétaux, par les dépôts houillers, par l'abondance des filons métalliques, couvrent toute la partie centrale de l'Espagne, la région des Pyrénées, une partie de la Normandie, de l'Anjou, du Maine et de la Bretagne, presque toute l'Irlande, la moitié de la Grande-Bretagne, la région des Ardennes, le centre de la péninsule scandinave, l'ouest de la Russie et le versant européen de l'Oural.

3° Les terrains **secondaires**, également riches en gisements métalliques et dont les divers étages (terrains salifères ou triasiques, terrains jurassiques, terrains crétacés ou crayeux) se composent de calcaires, de grès, d'argiles, de marnes (mélange de calcaire et d'argile), dominent dans la Russie centrale et septentrionale, dans l'Allemagne centrale, dans le bassin de la mer Adriatique et de la mer Ionienne, dans l'est de la France et au nord du Plateau central français, dans le sud de l'Angleterre et de la Suède.

4° Les terrains **tertiaires**, caractérisés par l'abondance des calcaires tendres, de la pierre à plâtre, de la pierre meulière, et par l'apparition de nouveaux ordres d'animaux qui se rapprochent des espèces encore vivantes, couvrent presque toute la vallée de la Saône (alluvions anciennes de la Bresse), de la Garonne et de la Seine, une grande partie de celle du Danube, l'est et le midi de l'Espagne, le centre de l'Italie, la Sicile occidentale, la Roumélie, le sud de la Russie.

5° Enfin les terrains **modernes**, formés par les alluvions des fleuves, des lacs et des mers, pendant la période diluvienne (*diluvium*), ou à une époque plus récente (*alluvions modernes*), occupent toute l'Allemagne septentrionale, la plaine du Rhin, de Bâle à Mayence, la Hollande, une partie de la Hongrie, le sud-est de la Russie, la vallée du Pô, le delta du Rhône, ceux du Danube, du Volga, etc...

Quant aux terrains **volcaniques**, ils n'appartiennent en particulier à aucun âge géologique et quelques-uns sont d'origine très récente. On trouve des volcans éteints en Provence, en Languedoc, en Auvergne, dans l'Allemagne occidentale, en Bohême, en Hongrie, en Dalmatie, en Grèce, dans l'Italie centrale, et des volcans encore en activité en Italie (Vésuve), en Sicile (Etna) et en Islande (Hécla).

Configuration générale de l'Europe. — Des cinq grandes parties du monde, l'Europe est la moins considérable, mais la plus peuplée par rapport à sa superficie, la plus civilisée et la plus riche.

Elle doit en partie cette supériorité et le génie actif et entreprenant des races qui s'y sont développées à sa configuration et à la nature même du sol et du climat.

L'Europe, dont les frontières continentales n'ont que 4 000 kilomètres de développement, a plus de 32 000 kilomètres de frontières maritimes; ses côtes sont, proportionnellement à sa superficie, beaucoup plus découpées que celles de l'Asie, de l'Amérique du Nord, et surtout de l'Amérique du Sud et de l'Afrique.

Des lignes de paquebots la mettent aujourd'hui en communication facile et rapide avec l'Amérique; par la Méditerranée, le midi de l'Europe touche à l'Afrique du nord et à l'Asie occidentale, et, depuis que le canal de Suez unit la Méditerranée à l'océan Indien, une traversée sans transbordement conduit les navires à vapeur de Marseille, de Gênes et de Trieste à Calcutta, à Chang-Haï, à Yokohama et à Sidney.

Les communications entre les diverses parties du conti-

nent européen ne sont pas moins faciles que celles de
l'Europe avec les autres parties du monde. Au nord, trois
grands golfes formés par l'**océan Glacial** et l'**Atlantique**
s'enfoncent profondément dans les terres : la mer *Blanche*,
la mer du *Nord* et la mer *Baltique*. Au sud, la **Méditerranée** découpe les trois péninsules d'Espagne, d'Italie et
de Grèce, comme l'Atlantique celles de Scandinavie, de
Danemark et les Iles Britanniques ; elle pénètre presque au
cœur du continent sous le nom d'*Adriatique* et d'*Archipel*,
se prolonge entre l'Europe et l'Asie par le détroit des *Dardanelles*, la mer de *Marmara* et le *Bosphore*, et se termine par
la mer *Noire*, grand lac auquel ces détroits servent de déversoirs. A vol d'oiseau, Hambourg, sur la mer du Nord,
n'est qu'à 270 lieues de Marseille ; Stettin, sur la Baltique,
à 230 de Trieste, sur l'Adriatique ; Arkhangel, sur la mer
Blanche, à 480 environ d'Odessa, sur la mer Noire. Ces dis-
tances sont encore rapprochées par les grandes lignes de
navigation intérieure que tracent de nombreux cours d'eau
navigables toute l'année.

II

RELIEF DU SOL

Disposition générale du relief. — Le relief de
l'Europe est la conséquence de trois grandes contractions de
l'écorce terrestre, qui ont produit successivement :

1° **La chaine Calédonienne**, qui allait de l'Ecosse en
Norvège et dont il ne reste aujourd'hui que les montagnes
granitiques d'Ecosse et le système des Alpes scandinaves ;

2° **La chaine Hercynienne**, qui s'étendait depuis
l'Irlande jusqu'en Sibérie à travers l'Allemagne et dont il
subsiste encore des massifs séparés entre eux par des frac-
tures nombreuses ;

3° **La chaine Méditerranéenne**, la plus récente et
la mieux conservée, à laquelle se rattachent les Alpes et tous
leurs prolongements.

Tout le versant nord de l'Europe comprend une immense
plaine, qui commence au nord des Pyrénées et se prolonge
en atteignant une largeur de plus en plus grande jusqu'aux
monts Ourals.

III

CLIMAT

Caractère du climat. — L'Europe est située moitié dans la zone froide septentrionale (température moyenne de + 1° à 10°); moitié dans la zone tempérée (température moyenne de + 10° à 20°). Elle n'a donc point la prodigieuse fertilité des contrées tropicales; mais au lieu d'engourdir ou d'énerver, comme le font les températures extrêmes, son climat laisse à toutes les facultés actives leur libre développement et compense, par l'intelligence et le travail de l'homme, la vie moins énergique de la nature. Du reste, à l'exception des plantes de la zone tropicale, il en est peu qui ne s'acclimatent en Europe. La culture des céréales, de la pomme de terre, des plantes textiles et oléagineuses s'étend presque sur toute la zone européenne. La vigne et le mûrier réussissent au sud du 50° parallèle, l'olivier au sud du 44°. Les races domestiques les plus importantes prospèrent dans toute l'étendue de l'Europe et fournissent à la circulation, à l'industrie, à l'alimentation publique des ressources aussi abondantes que variées.

En Europe, comme dans les autres continents, les lignes isothermes qui marquent la moyenne de la température annuelle ne suivent pas les cercles de latitude.

La moyenne de la température annuelle s'élève généralement à mesure que l'on s'avance de l'est vers l'ouest, c'est-à-dire vers l'Atlantique. Par exemple : l'Irlande et la Crimée sont sur la même ligne isotherme, mais en Irlande les hivers sont si doux, que le myrthe pousse en pleine terre, et les étés si brumeux que la poire ne mûrit pas. En Crimée la mer gèle tous les ans, mais la vigne est cultivée et produit des vins estimés.

A Bergen, en Norvège, le thermomètre descend rarement, en hiver, au-dessous de — 3°, et ne s'élève guère, en été, au-dessus de 18° +. A Vilna, sur la même ligne isotherme, il descend fréquemment à — 15° au-dessous de zéro et monte à 27° +. Le climat de Bergen et celui de l'Irlande sont des climats *égaux*, celui de la Crimée et celui de Vilna sont des climats *excessifs*.

De même, les hivers deviennent de plus en plus doux à mesure que l'on avance de l'Orient de l'Europe vers l'Occident. L'hiver d'Astrakhan est aussi rude que celui du cap Nord, malgré la très grande différence de latitude.

Enfin, l'écart entre la moyenne d'hiver et la moyenne d'été est beaucoup plus considérable dans le Centre et surtout dans l'Est que dans l'Ouest de l'Europe.

Ainsi Bergen est à peu près sous la même latitude que Saint-Pétersbourg : la moyenne du mois de janvier à Bergen est de zéro, celle du mois de juillet de $14°+$; à Saint-Pétersbourg celle du mois de janvier est de $—14°$, celle du mois de juillet de $18°+$. L'écart, qui n'est que de 14 degrés à Bergen, est de 32 à Saint-Pétersbourg. A Paris, la moyenne hibernale est de $2°+$, la moyenne estivale de $19°+$: l'écart est de 17 degrés ; à *Tzaritzin* sur le Volga, presque sous la même latitude, il est de 28 degrés.

Les vents. — Les vents dominants en Europe sont ceux du *nord-est* produits par les courants polaires qui se dirigent vers l'équateur, et ceux du *sud-ouest* contre-courants des vents alizés, qui sous nos latitudes rasent la surface du sol au lieu de rester dans les couches supérieures de l'atmosphère, comme dans la zone tropicale.

Les vents du sud-ouest, tièdes et chargés d'humidité parce qu'ils viennent de l'Atlantique, soufflent surtout dans l'Europe occidentale, tandis que ceux du nord-est, secs et froids parce qu'ils viennent des mers polaires et qu'ils ont traversé les régions glacées de l'Asie septentrionale, glissent sans rencontrer d'obstacles sur les plaines de la Russie, de la Pologne et de l'Allemagne du Nord.

Dans le bassin de la Méditerranée, l'influence exercée tour à tour par les sables brûlants du Sahara et par les neiges des Alpes et du Massif central français se traduit par la prédominance, en hiver, des vents froids du nord (*mistral* du golfe du Lion, *tramontane* du golfe de Gênes, *bora* de l'Adriatique, *vorias* de l'Archipel), en été, des vents chauds du sud et du sud-est (*solano* d'Espagne, *autan* du Languedoc, *sirocco* d'Italie, *fœhn* des Alpes). — Les hautes terres et les chaînes de montagnes qui ont leur climat à part, plus ou moins froid, suivant l'altitude, exercent en outre sur celui des contrées voisines une grande influence, en arrêtant les courants atmosphériques. L'olivier et l'oranger fleurissent sur le versant méridional des Alpes, le cotonnier donne des récoltes au pied des Balkans, tandis que sur le versant septentrional le raisin ne mûrit qu'à peine.

Les pluies. — Les vapeurs d'eau qui se dégagent sans cesse de la surface des mers et en quantité beaucoup moins considérable de celle des lacs, des rivières, des glaciers et des montagnes couvertes de neiges perpétuelles, forment, en se refroidissant et en se condensant, les nuages qui, à leur tour, se résolvent en pluies quand un nouvel abaissement de la température détermine une condensation plus active. *Les régions pluvieuses seront donc surtout les pays maritimes et les montagnes*, qui, indépendamment des vapeurs qu'elles laissent échapper dans l'atmosphère, retiennent les nuages venus de l'Océan, les refroidissent et en précipitent la condensation. En effet, c'est en Écosse, en Irlande, dans la Cornouaille, en Bretagne, en Norvège et dans les Alpes que la moyenne annuelle des pluies est la plus considérable. Le pluviomètre marque près de 2 mètres à Bergen, plus de 2 mètres à Gap, et 3 au pied du massif de l'Ortler. — A Milan, la hauteur n'est plus que de $0^m,93$, à Paris que de $0^m,58$, à Berlin de $0^m,57$, à Londres de $0^m,50$, malgré le voisinage de la mer du Nord. A mesure qu'on s'avance dans l'intérieur du continent et qu'on s'éloigne des montagnes, elle diminue : elle ne dépasse pas $0^m,40$ dans la Russie orientale.

La fréquence des pluies n'est pas toujours proportionnelle à leur abondance. A Paris, pour 150 jours de pluie, il tombe presque deux fois moins d'eau qu'à Rome pour 114 jours. En Europe, il pleut dans toutes les saisons ; mais le maximum varie suivant les régions. Dans l'Europe occidentale, c'est en automne que les pluies sont le plus fréquentes ; dans l'Europe centrale et orientale, en été ; dans l'Europe méridionale (sud de l'Espagne et de l'Italie, Sicile, Grèce), en hiver.

Pendant l'été, en effet, les nuages poussés par les vents du sud-ouest, trouvant toute la surface du continent plus ou moins échauffée par le soleil, ne se refroidissent et ne se résolvent en pluie qu'après avoir pénétré dans l'intérieur des terres, et rencontré soit des montagnes, soit des courants froids du nord-est, qui en déterminent la condensation : de là les pluies d'été des Pays-Bas, du Danemark, de la Suède méridionale, de l'Allemagne, de l'Autriche-Hongrie, de la Russie ; pendant l'hiver, c'est sur l'Océan même, dans le voisinage plus ou moins immédiat des côtes ou sur le littoral, que la condensation s'opère : de là les pluies d'hiver si abondantes à Bergen, en Écosse et dans les Hébrides, en Irlande (200 jours de pluie par an), en Cornouaille, en Bretagne, en Galice, à Lisbonne.

En automne, au contraire, tandis que les côtes, réchauffées par l'action du *Gulf-Stream*, n'ont pas encore senti l'influence des premiers froids, la température s'est déjà abaissée à quelque distance de la mer : de là les pluies d'automne de la Scandinavie, des Iles Britanniques, de la France et de la région des Alpes.

Dans le sud de l'Europe, où il ne tombe en été et en automne que des pluies d'orage, le maximum se produit en hiver, saison pendant laquelle dominent les vents du nord qui condensent les nuages formés sur la Méditerranée.

Climats maritimes et continentaux. — En tenant compte non seulement de la température annuelle, mais du régime des vents et des pluies, on peut distinguer en Europe trois zones principales de climats maritimes et trois zones de climats continentaux.

1° Le *climat maritime polaire* (température moyenne de 0° à 5° +, écart de 16 à 18 degrés entre la moyenne de l'été et celle de l'hiver, vents de l'ouest et du sud-ouest, pluies très abondantes) ne comprend que le littoral norvégien, du Folden-Fiord (vers 65° latitude nord) au cap Nord. Les hivers sont peu rigoureux : la mer ne gèle pas, grâce aux courants chauds qui longent la côte ; mais les étés sont pluvieux, le soleil sans chaleur, la végétation pauvre, et d'éternels brouillards enveloppent ces tristes contrées, dont la pêche est à peu près la seule ressource.

2° Le *climat océanique* (température moyenne de 5° à 15° +, écart de 14 à 18 degrés entre la moyenne estivale et la moyenne hibernale, prédominance des vents de l'ouest, du sud-ouest et du nord-ouest, maximum des pluies en automne et en hiver sur le littoral) règne dans le sud de la Norvège et de la Suède, dans les Iles Britanniques, en Hollande, en Belgique et dans les deux tiers de la France. Les nuages formés sur l'Océan et poussés par les vents d'ouest y entretiennent l'humidité, tandis que les courants chauds de l'Atlantique y maintiennent une température plus élevée que dans les pays continentaux situés sous les mêmes latitudes.

3° Le *climat méditerranéen* (moyenne de la température

annuelle entre 15° + et 20° +, écart de 12 à 17 degrés entre la moyenne d'été et celle d'hiver, maximum des pluies en hiver, vents variables avec prédominance du vent du sud-est au printemps [solano, sirocco, autan, fœhn] et du vent du nord ou du nord-ouest [mistral en hiver]) comprend la plus grande partie de l'Espagne, le littoral français de la Méditerranée, l'Italie péninsulaire, la Grèce et la Turquie européenne.

Les climats continentaux plus secs, plus froids et plus inégaux sont :

1° Le *climat continental polaire* (moyenne inférieure à zéro, vents du nord et du nord-est, hiver de huit ou neuf mois avec des froids de — 30° et de — 40°, été de trois ou quatre mois avec des chaleurs de 23° + et de 25° +) ne comprend que le nord de la Russie.

2° Le *climat continental moscovite* (moyenne annuelle entre 0° et 5° +, écart de 25 à 34 degrés entre la moyenne de l'hiver et celle de l'été, vents dominants du nord et du nord-est, maximum des pluies en été) comprend la plus grande partie de la Suède, la Finlande et la Russie centrale.

3° Le *climat continental de l'Europe centrale*, qui présente, suivant les régions, d'assez grandes différences (moyenne annuelle entre 5° + et 10° +, écart de 18 à 25 degrés entre la moyenne estivale et la moyenne hibernale, vents dominants de l'est et du nord-est, sauf en Autriche-Hongrie où dominent les vents de l'ouest, maximum des pluies en été ou en automne suivant les régions), comprend la Russie méridionale, l'Allemagne, l'Autriche-Hongrie, les États danubiens.

La *région alpestre* (France orientale, Suisse, Italie septentrionale, Autriche et Allemagne méridionales) forme une zone à part, dont la température moyenne est de 7 à 9° +, sur le versant septentrional ; de 11 à 12° +, sur le versant méridional ; les vents y sont variables, les pluies très abondantes (moyenne de 1^m,50 environ) et les variations de température plus brusques que dans tout le reste de l'Europe.

IV

FLEUVES

Centres de dispersion des eaux. — Les réservoirs naturels des fleuves et des rivières sont les hautes

terres couvertes de neiges, de glaciers, et les régions moins
élevées, mais où les pluies sont fréquentes, et où le terrain
peu perméable conserve les eaux à la surface, au lieu de les
laisser s'infiltrer dans le sol. Toutes nos chaînes européennes
donnent naissance à des cours d'eau plus ou moins importants, mais ce ne sont pas toujours les montagnes les plus
élevées qui versent les sources les plus abondantes. Les
neiges du mont Blanc ne forment que deux torrents, l'Arve
et la Doria Baltéa, tandis que les plateaux du *Saint-Gothard*,
le plus vaste réservoir des eaux de l'Europe centrale et occidentale, alimentent le Rhin, le Rhône, le Danube par l'Inn,
et le Pô par le Tessin et les affluents de l'Adda.

Le Saint-Gothard de l'Europe orientale est l'humble plateau de *Valdaï*, qui voit sortir de ses marécages trois fleuves,
le Volga, le Dniéper et la Duna, dont le débit réuni égale
celui de tous les cours d'eau alimentés par les neiges et les
glaces des Alpes Centrales, et dépasse de beaucoup celui des
torrents du Caucase.

Régime des fleuves. Estuaires et deltas. —
Quel que soit leur régime, les fleuves exercent une puissante
influence sur les régions qu'ils traversent. Rapides et torrentiels, comme le sont les fleuves de montagnes, ils creusent
les vallées, minent peu à peu les rochers, les emportent, les
désagrègent, et vont en déposer les débris dans la partie inférieure de leur cours ou les accumuler à leur embouchure.
Plus lents, plus disciplinés et plus facilement navigables, les
fleuves de plaines fertilisent au lieu de dévaster, et tracent
au commerce ses voies les moins coûteuses et les plus sûres,
mais, moins encaissés que les torrents, ils étendent plus loin
les ravages de leurs inondations.

Tous les fleuves roulent, en quantité plus ou moins
considérable, du limon, du sable, ou des cailloux, suivant la nature de leur lit. Une partie de ces débris se
dépose soit sur leurs rives, soit dans le canal qu'ils ont
creusé et dont le fond s'exhausse ainsi par une action
lente et continue; mais les parties les moins denses sont
emportées jusqu'à la mer. Quand le fleuve se jette dans
une mer ouverte, et quand il conserve une pente assez forte,
son embouchure forme d'ordinaire un golfe appelé *estuaire*,
où la marée s'engouffre avec violence et renverse la digue
élevée par les atterrissements, à mesure que le fleuve la construit. Cette digue n'est alors qu'une *barre*, sorte de talus

sous-marin dont la crête est sans cesse balayée et démolie par les vagues. Telle est la conformation des embouchures du Tage, de la Gironde, de la Loire, de la Seine, de l'Elbe, etc... Mais quand le fleuve débouche dans une mer fermée, à marées à peine sensibles, comme la Méditerranée ou la mer Noire, quand il trouve dans son cours inférieur des terres basses où son cours se ralentit et n'a plus la force d'entraîner les matériaux arrachés à ses rives, les dépôts qu'il abandonne finissent par le chasser de son lit, il se répand en marécages qu'il comble peu à peu, se déplace, se divise, comme le Rhône, le Pô ou le Nil ; la barre de l'embouchure, sans cesse accrue et que les vagues repoussent sans la détruire, s'élève au-dessus des flots ; elle finit par former un delta qui grandit plus ou moins suivant le débit du fleuve et la masse de débris qu'il emporte. Tels sont surtout les deltas du Rhône et du Pô.

<h1 style="text-align:center">V</h1>

POPULATIONS DE L'EUROPE

Races primitives. — On ignore à quelle époque l'homme a fait son apparition en Europe. Les ancêtres de l'humanité ne nous ont laissé d'autres témoins de leur histoire que quelques ossements trouvés çà et là dans les cou-

Fig. 1. — Dolmens primitifs.

ches profondes du sol, ou dans les cavernes qui leur servaient d'habitation, quelques instruments grossiers, armes ou outils de silex, de pierre taillée ou polie, d'os de renne ou autres animaux, et plus tard, dans les dernières périodes

des temps préhistoriques, les menhirs, les dolmens, ébauches de l'architecture naissante, les constructions sur pilotis des cités lacustres de la Suisse et de l'Italie, les débris de

Fig. 2. — Habitations lacustres.

poterie, d'ustensiles, d'étoffes retrouvés après des milliers d'années par les archéologues de notre temps.

Ces races primitives, qui paraissent avoir formé plusieurs couches successives de populations plus ou moins sauvages, ont-elles été anéanties, se sont-elles mêlées à des races supérieures, qui ont fini par les absorber, ont-elles vu simplement leur type originaire se modifier peu à peu par le développement de la civilisation, et par les changements survenus dans le climat de l'Europe? Autant de problèmes que la science contemporaine n'est pas en mesure de résoudre. Tout ce que nous savons, c'est que les langues et la civilisation, sinon les races européennes, paraissent être d'origine asiatique et que les populations actuelles de l'Europe appartiennent en très grande majorité à la race blanche. L'Europe compte environ 370 millions d'habitants.

Race indo-européenne. — La race indo-européenne est représentée en Europe par trois grandes familles :

1º **La famille slave** (105 millions d'individus) habite l'Europe orientale et comprend les Russes, les Polonais, les Tchèques, les Serbes, les Monténégrins, les Slovènes, les Croates et autres Slaves d'Autriche-Hongrie.

2º **La famille germanique** (125 millions d'individus)

dont font partie les Allemands, les Scandinaves et les Anglo-Saxons.

3° **La famille latine** (125 millions d'individus) dont font partie les Espagnols et Portugais, les Français, les Italiens, les Roumains, les Grecs et les Albanais.

Race sémitique. — A la race sémitique se rattachent les Juifs (8 millions d'individus), dispersés dans les divers pays d'Europe.

Race mongole. — La race jaune, mongole ou tartaro-finnoise comprend en Europe des peuples très mélangés.

Les **Bulgares**, d'origine asiatique, ont adopté la civilisation slave et la religion orthodoxe ; les **Magyars** habitent la Hongrie ; les **Finnois** de Finlande ont été récemment dépouillés de leurs privilèges ; les **Lapons** peuplent le nord de la Russie et de la Norvège ; enfin l'on trouve des **Tartares** dans la Russie orientale, vers Kazan, et des **Turcs** dans les villes de l'empire ottoman.

Les populations de l'Europe l'emportent par le degré de civilisation sur celles de tous les autres continents.

Langues européennes. — Les langues des premiers peuples européens dont la tradition historique ait gardé le souvenir, les Pélasges de la péninsule des Balkans et de l'Italie, dont les Hellènes et les Latins ne seraient que des rameaux, les Celtes dont on suit la trace des bords de la mer Noire à ceux de l'Atlantique et de la mer d'Irlande, les Germains et les Slaves, les derniers venus sur le sol d'Europe, ont des racines et des formes communes qu'on retrouve également en Asie dans les anciens idiomes de l'Inde (*sanscrit*) et de la Perse (*zend*). De là le nom d'*indo-européennes* donné aux langues que parlent encore les descendants présumés de ces vieux Aryâs. Les trois familles principales qui se partagent l'Europe sont celles des langues **néo-latines** parlées par les populations qui ont gardé l'empreinte de la civilisation gréco-romaine, des langues **germaniques** et des langues **slaves**.

1° Les langues **néo-latines** sont : le **français**, parlé en France, en Allemagne par la majorité des Lorrains et une partie des Alsaciens, en Belgique par les Wallons, en Suisse par les populations de la Suisse occidentale et méridionale (cantons de Neuchâtel, de Genève, de Vaud, du Valais, partie des cantons de Fribourg et de Berne), en Piémont dans le val d'Aoste ;

L'italien, parlé en Italie, en Sicile, en Sardaigne, en Corse, dans la Suisse méridionale (canton du Tessin), dans le sud du Tyrol et sur quelques points du département français des Alpes-Maritimes, de l'Istrie et de la Dalmatie;

L'espagnol, parlé en Espagne et dans quelques parties du Roussillon (dialecte *catalan*);

Le **portugais**, en Portugal;

Le **roumain**, parlé en Roumanie, en Autriche-Hongrie par les populations roumaines de la Transylvanie et de la Bukovine, en Russie par celles de la Bessarabie occidentale, en Turquie par les Roumains de la Macédoine; le dialecte *romanche* parlé en Suisse (dans le canton des Grisons) et en Tyrol;

On rattache à cette même famille le **grec** parlé en Grèce, en Turquie et en Roumélie, où les Grecs sont nombreux;

Et l'**albanais**, parlé en Albanie (Turquie d'Europe).

2° Les langues **germaniques** sont : l'**allemand**, parlé dans la plus grande partie de l'Allemagne, la moitié de la Suisse, à peu près un sixième de l'Autriche, et sur quelques points de la Transylvanie et du littoral russe de la Baltique;

Le **hollandais**, dans les Pays-Bas;

Le **flamand**, dans la Belgique occidentale et septentrionale, et dans quelques cantons de notre département du Nord;

L'**anglais**, dans les Iles-Britanniques;

Enfin, les trois langues scandinaves : **danois**, **norvégien** et **suédois**. On parle en *Islande* un dialecte particulier.

3° Les langues **slaves** sont : le **russe**, parlé dans la plus grande partie de la Russie; le **polonais**, dans la Pologne russe, une partie de la Lithuanie, la Posnanie (Prusse), la Galicie autrichienne; le **lithuanien**, en Lithuanie; le *letton*, qui n'en est qu'un dialecte, en Livonie et en Courlande (Russie); les dialectes **ruthènes**, intermédiaires entre le polonais et le russe, en Volhynie, en Podolie, dans la Russie blanche (provinces de Mohilew et de Minsk), et dans la Petite-Russie (Kiew, Poltava, Kharkow, Tchernigow), dans la Bukovine, la Galicie, la Russie rouge, et dans le nord-est de la Hongrie; — le dialecte **slovaque**, en Bohême (*tchèque*), en Moravie (*morave*), et dans le nord-ouest de la Hongrie (*slovaque* proprement dit); — les dialectes slaves **méridionaux** ou **illyriens** : *slovène* en

Styrie, en Carinthie, en Carniole, en Istrie ; *serbo-croate*, en Croatie, en Esclavonie, dans le sud de la Hongrie, en Dalmatie, en Bosnie, en Herzégovine et en Serbie, dans la Bulgarie occidentale, dans le Monténégro et dans le nord de la Macédoine ; le **bulgare**, en Bulgarie, en Roumélie et dans une partie de la Macédoine.

Outre les trois grandes familles que nous venons d'énumérer, il existe encore en Europe d'autres groupes de langues qu'il est possible d'y rattacher.

Les dialectes **celtiques** n'ont pas disparu partout devant l'invasion des langues latines ou germaniques : on les parle encore dans la *Bretagne* française (*bas-breton*), dans le Pays de Galles (*kymrique*), dans la haute Écosse (*gaëlique*), et en Irlande (*erse*).

Le **basque**, parlé dans le département des Basses-Pyrénées et dans le nord de l'Espagne (provinces de Biscaye, de Guipuzcoa, de Navarre et d'Alava), est considéré comme un reste de la langue des Ibères, et présente de tout autres caractères que les langues indo-européennes.

Les langues parlées par les peuples d'origine asiatique comprennent les divers dialectes *finnois* parlés en Finlande, en Esthonie et dans quelques cantons de la Livonie (*finnois de l'ouest*), et dans les provinces de Perm et de Viatka (*finnois de l'est*) ; — la langue *lapone* (Laponie russe, Laponie suédoise et norvégienne), la langue **magyare** ou **hongroise** (Hongrie et Transylvanie), la langue **turque**, parlée dans la Turquie d'Europe, la Bulgarie, la Bosnie et le nord de la Grèce (Thessalie) ; les dialectes *tartares* (Russie orientale, province de Kazan, Crimée, Dobrudja), *samoyèdes* (gouvernement d'Arkhangel) et *mongols* (Kalmouks du gouvernement d'Astrakhan en Russie).

Nous aurons à peu près épuisé la nomenclature des langues européennes quand nous aurons cité les tribus *tcherkess* (Circassiens), *ossètes* et *lesghiennes* établies au nord du Caucase, les *Tziganes*, d'origine indoue, qui n'ont guère de demeures fixes, répandus surtout en Hongrie, en Roumanie, en Bulgarie ; et les **Juifs** disséminés dans toute l'Europe, mais surtout en Russie, en Pologne, en Roumanie, et qui n'ont conservé leur idiome national que comme langue savante et sacrée.

Les religions sont aussi variées que les races et les langues ;
on peut dire qu'à quelques exceptions près la **religion
orthodoxe** domine chez les peuples slaves ; les peuples
germaniques ont adopté le **protestantisme** (luthéranisme,
calvinisme, anglicanisme) ; la plupart des peuples de la famille latine sont **catholiques**.

Les Magyars professent également cette religion, tandis
que le protestantisme domine chez les Finnois. Enfin l'**islamisme** est la religion des Turcs et des Tartares.

VI

RESSOURCES DE L'EUROPE

Les animaux. Races domestiques. — Les races
domestiques : le bœuf, le cheval, l'âne, le mouton, la
chèvre, le porc, sont répandues dans toute l'Europe, sauf

Fig. 3. — Renne (hauteur de la figure 0ᵐ,04, hauteur réelle 1 mètre).

dans l'extrême nord ; mais les animaux nourris dans les
steppes de l'Europe orientale, ou dans les pâturages secs de
l'Espagne, de l'Apennin et de la péninsule hellénique sont
généralement maigres et de petite taille, tandis que les plus
fortes races de bestiaux et de chevaux sont celles qui pais-

sent dans les grasses prairies de l'Angleterre, de la Hollande, de l'Allemagne, du Danemark, de la France et de la Suisse.

Cependant certaines espèces ont un domaine plus restreint : le *buffle*, originaire de l'Asie, s'est acclimaté surtout dans les territoires marécageux de l'Europe méridionale et orientale. La Laponie et la Russie septentrionale ont réduit à l'état de domesticité le *renne* inconnu à nos contrées. Il remplace pour ces pays déshérités toutes les races domestiques, excepté le chien, qui vit partout où vit l'homme. L'éducation du *ver à soie* est particulière aux régions du midi (France méridionale, Espagne et Portugal, Italie, péninsule hellénique) ; celle des *abeilles* s'étend à la région tempérée ; les oiseaux de basse-cour vivent dans presque toute l'étendue du continent, et certaines espèces, comme l'oie et le canard, ne sont nulle part plus répandues que dans la zone septentrionale.

Races sauvages. — Quant aux races sauvages, celles qui servent à la nourriture de l'homme, le sanglier, le cerf, le chevreuil, le lièvre, le lapin, le gibier à plumes, abondent surtout dans les vastes forêts de la Russie, de l'Allemagne, de l'Autriche-Hongrie et de la Turquie ; les animaux à fourrures, la martre, le renard, la fouine, l'écureuil, vivent de préférence dans les forêts de l'Europe septentrionale, bien que les trois dernières espèces se rencontrent à peu près sous toutes les latitudes. Les seuls grands carnassiers qu'on trouve aujourd'hui en Europe sont le loup, rare en France, inconnu depuis près d'un siècle en Angleterre, mais qui parcourt encore en grandes troupes les forêts et les plaines de la Russie, de la Pologne et de l'Allemagne orientale, et l'ours qui vit dans les Pyrénées, dans les Alpes, dans les Carpathes, mais dont le véritable domaine est la Scandinavie et la Russie. Les reptiles, très rares dans le nord, deviennent plus nombreux à mesure qu'on avance vers le midi.

La pêche. — Les poissons ont, comme les animaux terrestres, leurs zones d'habitation, et comme certaines espèces d'oiseaux (les hirondelles, les cailles, les canards sauvages, les cigognes, etc.) ou même de quadrupèdes (les lemmings de Norvège), leurs migrations régulières. Les pêches d'eau douce ont perdu de leur importance à mesure que les rivières et les lacs se dépeuplent : cependant celles du *saumon* en Russie, en Suède, en Écosse, en Irlande, et même dans les rivières d'Allemagne et de France, de l'*esturgeon* dans le Volga, des *écrevisses* en Pologne et en Allemagne donnent encore lieu à un commerce considérable. Nous avons déjà mentionné les principales pêches maritimes : chacune des mers européennes a ses espèces sédentaires (les *huîtres* dans la mer du Nord, la Manche, l'Atlantique, les *crustacés* sur les côtes de Bretagne et de Provence, les *éponges* dans l'Archipel, le *thon* dans la Méditerranée) ou ses hôtes de passage, le *hareng* dans la mer du Nord, dans la Baltique et sur les côtes de Norvège (juin-septembre), la *morue* dans la mer du Nord et l'océan Glacial (décembre-mai), la *sardine* sur les côtes de France (avril-novembre) et dans la Méditerranée (mai-septembre), le *maquereau* dans le golfe de Gascogne, etc.

Les végétaux. Limites des principales cultures herbacées. — C'est du climat que dépend la distribution des espèces végétales, et, jusqu'à un certain point, celle des espèces animales. La zone glaciale, celle dont la température moyenne est inférieure à zéro, est rebelle à toute culture : les seules plantes sont des fougères, des mousses, des lichens qui rampent sur le sol, quelques arbustes à baies comme le framboisier, le groseillier, des saules ou des bouleaux, mais qui ne s'élèvent pas à un mètre : les *légumes* et les céréales (*orge* et *avoine*) apparaissent entre l'isotherme 0° et l'isotherme 5° + : on les cultive en

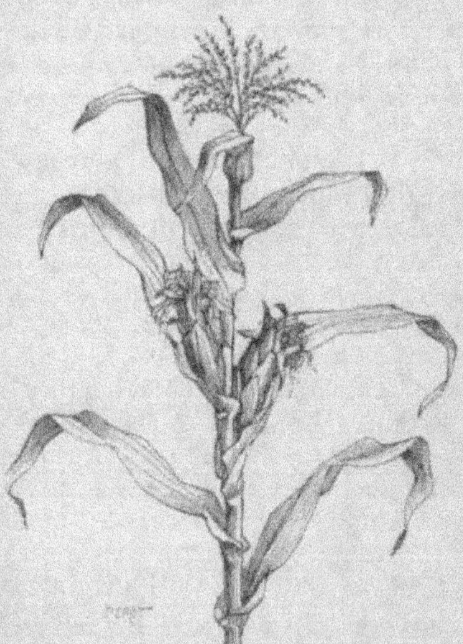

Fig. 4. — Maïs (la longueur de la tige est de 0m,60 à 2 m. ; celle de l'épi de 0m,10 à 0m,20).

Laponie, où l'*orge* mûrit en deux mois.

La limite de la culture du *froment* s'arrête en Russie à la latitude de Saint-Pétersbourg (60°), mais atteint en Suède et en Norvége le 62° degré : le *seigle* réussit jusqu'au 65°.

Le *maïs* n'appartient qu'aux régions tempérées, la France, la Hongrie, les pays Danubiens, la Russie méridionale et le sud de l'Europe. Le riz ne vient pas au delà du 46° parallèle.

La pomme de terre est la ressource des terrains maigres et sablonneux, tels que les plaines de l'Allemagne du Nord, de l'Irlande, les plateaux de l'Allemagne centrale et méridionale, de la France centrale et orientale, de l'Angleterre et de l'Écosse. On la cultive jusque dans le nord de la Norvége et de la Suède.

La *betterave* à sucre, qui exige un sol riche et qui redoute également l'excès du froid et de la chaleur, est une culture de pays tempérés ; on la trouve dans la Russie méridionale, l'Autriche-Hongrie, l'Allemagne, la Belgique et la France.

Fig. 5. — Le houblon.
(Feuilles et cônes.)

Fig. 6. — Le lin.
(Hauteur de la tige, 0m,50.)

Le *houblon* craint également les températures extrêmes ; c'est dans les pays à climat tempéré et humide : l'Angleterre, la Belgique, la France septentrionale et orientale, l'Alsace, la Bavière, la Bohême, qu'il réussit le mieux.

Le *lin* et le *chanvre* ont une zone plus large : le lin qui est cultivé en Espagne et en Italie, où il donne, il est vrai, des produits assez médiocres, réussit jusqu'au 60ᵉ parallèle : ce sont les pays froids de la zone tempérée, la Russie, la Hollande, l'Allemagne, la Moravie, qui donnent les qualités les plus estimées ; le chanvre s'arrête à une limite moins septentrionale : c'est dans l'ouest et dans le sud de la

Fig. 7. — Chanvre. (La tige, dont on ne voit ici qu'une partie, est longue de 1ᵐ,70 à 2ᵐ,50.)

Russie et de l'Allemagne, en France, en Italie qu'il réussit le mieux. Le *coton* cultivé dans les Baléares, en Sicile, dans le Péloponèse, donne cependant des récoltes jusqu'au 41ᵉ parallèle sur le littoral de la Macédoine et de la Thrace.

Les *plantes oléagineuses* (œillette ou pavot noir, colza, navette) s'accommodent à peu près de tous les climats, sauf celui de la Russie septentrionale et du nord de la Scandinavie ; le *sésame*, cultivé en Turquie et en Grèce, exige une température plus élevée.

Le *tabac*, naturalisé en Europe, ne se rencontre guère au delà du 53ᵉ parallèle ; la Hollande, la France, la Hongrie, la Russie méridionale et la Turquie sont les principaux centres de culture.

Limite des cultures arborescentes. — C'est le saule et le bouleau qui supportent le mieux les basses températures : on les trouve en Laponie, au delà de l'isotherme zéro, mais rabougris, et réduits à l'état d'arbrisseau. Le pin et le sapin qui croissent en Norvège jusqu'au 69ᵉ degré de latitude, et qui sur les pentes des Alpes et des Pyrénées se trouvent jusqu'à 1 800 et 2 000 mètres, disparaissent en Russie au delà du 62ᵉ parallèle.

La limite du *chêne*, du *hêtre* et du *peuplier* est à peu près la même que celle du froment : 60° à 62° de latitude nord en Norvège et dans la Suède méridionale, 54° à 55° dans la Russie orientale.

Les arbres fruitiers les moins sensibles au froid, le pommier, le poirier, le prunier, dont les fruits mûrissent dans les vergers de Drontheim (Norvège), au delà du 63° parallèle, sont à peu près inconnus en Suède et n'apparaissent en Russie qu'au sud du 54° parallèle.

La limite de la *vigne* se confond avec celle du maïs ; le raisin ne mûrit pas dans le nord et dans l'est de l'Europe, où le vin est remplacé par la bière, le cidre et autres boissons fermentées : la vigne ne réussit pas dans la région maritime trop brumeuse et trop humide. La France, sauf le littoral de la Manche et les hauts plateaux du centre, l'Italie, l'Espagne, le Portugal, la Hongrie, sont ses terrains de prédilection.

Le *noyer* et le *châtaignier* habitent à peu près les mêmes climats et montent à la même hauteur sur la pente des montagnes (600 à 700 mètres) ; l'abricotier, le pêcher, le figuier, l'amandier sont déjà des arbres méridionaux et qui ne résistent pas aux hivers rigoureux.

Le *mûrier*, dont la culture est liée à la production de la soie, est surtout répandu en Espagne, dans la France méridionale, en Italie, en Grèce et en Turquie.

L'*olivier* et le *chêne-liège* ne réussissent qu'en Espagne, dans le midi de la France, en Italie, en Grèce, en Turquie, c'est-à-dire dans les pays qui jouissent du climat méditerranéen.

L'*oranger*, le *citronnier* et le *grenadier* sont cultivés en Portugal, en Espagne, en Italie et en Grèce, et ne dépassent pas la ligne isotherme de 15° à 16° + ; enfin le *palmier*, qui languit sur les côtes de Provence et de Ligurie, ne trouve un climat favorable que dans l'Espagne méridionale, en Sicile et dans le Péloponèse.

Productions des mines et des carrières. — L'Europe le cède à l'Asie et à l'Amérique au point de vue des ressources minières ; mais c'est sur son sol que ces richesses sont le plus régulièrement et le plus savamment exploitées.

L'or, qui ne se rencontre que dans les roches quartzeuses des terrains primitifs ou dans les sables entraînés par les eaux et provenant de la désagrégation de ces mêmes roches, n'est plus guère exploité qu'en Russie, dans la région de l'Oural.

L'*argent* se trouve d'ordinaire dans les terrains primitifs, dans les terrains de transition et dans les dépôts les plus anciens de la période jurassique. Il est presque toujours mélangé à d'autres substances minérales. On l'exploite surtout en *Espagne*, en *Allemagne*, en Russie, en Norvège.

Le *plomb*, qui se rencontre dans les mêmes terrains, s'exploite en *Espagne*, en *Allemagne*, en Belgique, en Angleterre, en Autriche-Hongrie, en Italie, en Portugal, en France. Le minerai, qui se nomme *galène*, et qui est une combinaison de soufre et de plomb, renferme toujours une certaine proportion d'argent. Les galènes exploitées en France (Puy-de-Dôme, Lozère, Hautes-Alpes) sont assez riches en argent.

Les principaux gisements de *cuivre*, qui appartiennent aux terrains primitifs, aux terrains de transition et aux terrains secondaires, sont ceux de l'*Angleterre*, de la *Russie*, de la *Suède*, de la région du *Harz*, de l'Espagne, de la Transylvanie, de la Toscane.

Les minerais de *zinc* se rencontrent dans les terrains de transition et les terrains secondaires : les plus riches sont ceux de *Belgique*, de *Prusse*, d'Angleterre, de Russie, d'Espagne et de France.

L'*étain* ne se trouve que dans les terrains les plus anciens ou dans les sables qui proviennent de leur désagrégation. On l'exploite en *Angleterre*, en Bohême, en Saxe, en Suède, en Espagne.

Le *fer* se trouve dans tous les terrains anciens, mais surtout dans ceux de l'époque jurassique. Les gisements les plus riches sont ceux de l'*Angleterre*, de la *Suède*, de la *France*, de la *Belgique*, de l'*Allemagne*, de l'Autriche-Hongrie, de l'Espagne, de l'île d'Elbe.

Le *platine*, que l'on recueille dans les sables quartzeux, est un métal rare, qui a peu d'usages dans l'industrie, et dont les principaux gisements sont ceux de l'Oural.

Le *mercure*, qui appartient aux terrains de transition et à ceux de la période jurassique, ne se rencontre qu'en *Espagne* (Almaden) et en *Autriche* (Idria).

Les diverses variétés de quartz et de *granits* sont exploitées dans tous les terrains primitifs, qui fournissent également le *kaolin*, ou terre à porcelaine, dont les gisements les plus renommés sont ceux de Saint-Yrieix en *France*, de la *Saxe*, de l'Angleterre, de la Suède. Les terrains de transition nous donnent les *ardoises* (Anjou, Dauphiné, Ardennes, Bretagne, Limousin, Pays de Galles, Moravie, Suisse, etc.), les *schistes bitumineux* (Écosse), les *marbres noirs* de la province de Namur, les *marbres de Sainte-Anne* du Hainaut ; mais le plus important de leurs produits est la *houille*, qui forme des couches puissantes en Angleterre, en Belgique, en Allemagne, en France, en Autriche, en Espagne, en Russie.

Les terrains secondaires produisent les *marbres* (carrières de Carrare en Italie, de Paros et du Pentélique en Grèce, des Pyrénées en France) ; les *grès*, la *pierre de taille*, la *pierre lithographique* (France, Bavière, etc.) ; la *pierre à chaux*, la *craie*, les *argiles*, le *sel gemme* (Wieliczka en Galicie) ; le *lignite*, combustible qui n'est autre chose qu'une houille imparfaite (Provence, Dauphiné, Alsace, Allemagne, Autriche, Italie, Suisse).

Les terrains tertiaires, qui renferment également des couches immenses de pierres de taille, des carrières de grès, des dépôts de marnes, nous offrent comme produits spéciaux la *pierre à plâtre*, la *pierre meulière* sans coquilles, qui sert à fabriquer les meules de moulin (la Ferté-sous-Jouarre, en France ; Crawinkel, en Saxe, etc.), et la *meulière coquillière*, employée dans les constructions.

Les alluvions anciennes ou modernes n'ont guère d'autre exploitation caractéristique que celle de la *tourbe* (Hollande, Allemagne, Russie, Irlande, Autriche-Hongrie, Italie, etc.), et des vastes dépôts salins de la Russie méridionale. Enfin les terrains volcaniques livrent à l'industrie les *porphyres*, les *basaltes*, les *laves*, la *pouzzolane*, la *pierre ponce*, le *soufre* (Sicile, Italie), qui ont reçu de si importantes applications.

RÉSUMÉ

Notions générales sur l'Europe.

I

L'Europe est située entre le 36° et le 71° de latitude nord. Elle est entourée par l'*océan Glacial arctique*, l'*océan Atlantique* et la *Méditerranée* ; les limites sont artificielles vers la chaîne du Caucase et les monts Ourals. La superficie de l'Europe est d'environ 10 millions de kilomètres carrés.

Les terrains se rapportant aux diverses époques géologiques se rencontrent en Europe :

1° *Les terrains primitifs* (roches cristallines) dans la péninsule Scandinave, Finlande, Écosse, Bretagne, Massif central français, Alpes, Europe centrale, Macédoine.

2° *Les terrains primaires* (partie centrale de l'Espagne, France occidentale, Irlande, Grande-Bretagne, Russie).

3° *Les terrains secondaires* (Russie centrale, Allemagne centrale, région de la mer Adriatique et de la mer Ionienne, France centrale et orientale, Angleterre méridionale).

4° *Les terrains tertiaires* (grandes plaines de France, vallée du Danube, Espagne méridionale, Italie centrale, Roumélie, Russie méridionale).

5° *Les terrains modernes* (Allemagne septentrionale, vallée du Rhin de Bâle à Mayence, Hollande, Hongrie, vallée du Pô, deltas des grands fleuves.

6° *Les terrains volcaniques* (Massif central français, Allemagne occidentale, Italie, Sicile, Grèce, Islande.

L'Europe possède un *développement de côtes* de 32 000 kilomètres et se trouve en communication facile avec les diverses parties du monde.

II

Le relief de l'Europe était jadis constitué par trois grandes chaînes de montagnes : 1° la *chaîne calédonienne*, et 2° la *chaîne hercynienne* dont il ne reste que des débris; 3° la *chaîne méditerranéenne*, mieux conservée que les précédentes.

III

L'Europe possède en général un *climat tempéré*; le *froid* et les *écarts de température* augmentent quand on va de l'ouest à l'est. Les *vents dominants* sont ceux du nord-est et du sud-ouest. Dans le bassin de la Méditerranée dominent alternativement les vents froids (*mistral, tramontane, bora*) et les vents chauds (*solano, siroco, autan, foehn*).

Les régions les plus arrosées sont les pays maritimes et les pays montagneux; l'abondance des pluies diminue quand on va de l'ouest à l'est.

En tenant compte des variations de la température, des vents et des pluies, on peut distinguer les *climats maritimes* (climats polaire, océanique, méditerranéen) et les *climats continentaux* (climats polaire, moscovite, de l'Europe centrale).

Il existe deux principaux centres de dispersion des eaux : le *Saint-Gothard* et le *plateau de Valdaï*.

Les fleuves d'Europe, au cours lent ou rapide, roulent en quantité plus ou moins grande des *alluvions* qui se déposent soit le long de leurs rives, soit à leur embouchure; suivant la force de leur courant, ils finissent par des *estuaires* ou par des *deltas*.

IV

L'Europe a une population d'environ 370 *millions* d'habitants ; on ne possède que des notions imparfaites sur les *races primitives*.

La *race blanche*, à laquelle se rattachent la très grande majorité des peuples d'Europe, se compose de deux rameaux. Au rameau *indo-européen* se rattachent : 1° la *famille slave* (105 millions d'individus ; 2° la *famille germanique* (125 millions) ; 3° la *famille latine* (125 millions).

Le *rameau sémitique* comprend les *Juifs*.

La *race mongole* est représentée par les *Bulgares*, les *Magyars*, les *Finnois*, les *Lapons*, les *Tartares* et les *Turcs*.

Les *langues*, aussi diverses que les races, peuvent se rattacher aux mêmes groupes *latin*, *germanique* et *slave*. En dehors doivent être placés les *dialectes celtiques*, le *basque* et les langues des peuples d'origine asiatique.

Au point de vue religieux, la *religion orthodoxe* domine chez les peuples slaves, le *protestantisme* chez les peuples de la famille germanique et le *catholicisme* chez les peuples de la famille latine. Les Magyars sont catholiques, les Finnois protestants et l'*islamisme* est la religion des Turcs et des Tartares.

V

LES ANIMAUX. — Les principales races domestiques vivent dans toute l'Europe jusqu'à la zone glaciale. Le *renne* est particulier aux pays du Nord (Norvège, Laponie), le *buffle* à ceux du Midi (Italie, Turquie, États danubiens, Crimée).

L'éducation des *abeilles* ne réussit que dans les régions tempérées, celle du ver à soie dans les régions chaudes de l'Europe (France méridionale, Espagne, Italie, Grèce, Turquie).

Le gibier abonde surtout dans les pays de forêts, les animaux à fourrure dans l'Europe septentrionale ; les grands carnassiers, le loup et l'ours, vivent principalement dans les régions boisées du nord de l'Europe et dans les montagnes. Les pêches les plus importantes sont celles de la morue, du hareng, de la sardine, des huîtres (Atlantique), du thon, des éponges (Méditerranée).

LES VÉGÉTAUX. — Les limites des grandes cultures et des principales essences forestières sont l'isotherme 0 pour l'*orge*, l'*avoine*, la *pomme de terre*, le *pin* et le *sapin* ; l'isotherme 5° + pour le *froment*, le *colza*, le *lin* et pour le *chêne* ; l'isotherme 10° + pour le *maïs*, la *vigne*, le *tabac* ; l'isotherme 11° + pour le *noyer* et le *châtaignier* ; l'isotherme 12° + pour le *mûrier* ; l'isotherme 15° + pour l'*olivier* ; 16° + pour l'*oranger* et 17° + à 18° + pour le *cotonnier* qui n'est cultivé que dans le sud de l'Espagne, en Sicile, en Grèce et sur quelques points de la Turquie.

PRODUCTION DES MINES ET DES CARRIÈRES. — Les ressources minières de l'Europe sont moins abondantes mais mieux exploitées que celles de l'Asie et de l'Amérique. Les métaux précieux (or et argent) ne donnent qu'une production très faible, mais on trouve en abondance le fer et le plomb et, en quantité moindre, le cuivre, l'étain, le zinc, le platine et le mercure.

La houille est surtout abondante en Angleterre, en Allemagne et en Belgique.

Les produits des carrières (granit, kaolin, marbres, pierres de construction, etc.) sont très abondants en Europe.

CHAPITRE II

Les mers et les rivages

I

OCÉAN GLACIAL ARCTIQUE

Océan Glacial. Terres arctiques. — L'océan Glacial arctique, qui commence au cercle polaire, communique librement avec l'Atlantique par le large espace qui s'étend entre le *Groënland* et la *Norwége*. Pendant l'hiver c'est une plaine de glaces, hérissée de blocs immenses qu'y versent les glaciers des terres arctiques. Pendant l'été, la chaleur du soleil et l'action des courants tièdes de l'Atlantique, qui longent le littoral norvégien et se font sentir jusque sur les côtes occidentales de la Nouvelle-Zemble et du Spitzberg, disloquent les banquises et permettent aux pêcheurs de phoques et de baleines de se frayer un chemin au milieu de leurs débris. La température superficielle varie suivant les circonstances atmosphériques, mais, à 25 ou 30 mètres de profondeur, le thermomètre marque presque invariablement un ou deux degrés centigrades au-dessus de zéro.

L'océan Glacial arctique baigne les côtes de la Russie, de la Norvège et un certain nombre de grandes îles que les géographes ont rattachées tantôt à l'Europe, tantôt à cette ceinture de terres encore mal connues qui paraissent entourer le pôle nord et qu'on désigne sous le nom de **Terres arctiques**.

Les plus importantes sont : le **Spitzberg** (montagne pointue), entre 75° et 88° de latitude nord, groupe d'îles montagneuses et glacées dont les seuls habitants sont les ours blancs, les phoques et de nombreux oiseaux.

Au nord-est du Spitzberg, la terre **François-Joseph**

a été découverte en 1873-74 par l'expédition autrichienne sous les ordres de MM. Weyprecht et Payer. C'est un vaste archipel qui s'étend du 80ᵉ au 83ᵉ degré de latitude septentrionale, couvert de glaciers, de champs de neige et hérissé de montagnes dénudées.

Au sud de la terre François-Joseph, est située la **Nou-**

Fig. 8. — Phoque (longueur, 1 à 2 mètres).

velle-Zemble (en russe, Terre-Neuve), longue terre coupée en deux par un détroit presque toujours obstrué de glaces, et souvent visitée en été par les tribus Samoyèdes qui viennent y chasser le phoque ou les animaux à fourrures.

La Nouvelle-Zemble est séparée par le détroit ou porte de *Kara* de l'île inhabitée et stérile de *Waïgatch*, un des rendez-vous des pêcheurs russes et sibériens pendant la saison d'été.

La mer de Kara, sur les confins de l'Europe et de l'Asie, est libre de glaces de juillet à la fin de septembre.

Mer Blanche. — Depuis la mer de Kara jusqu'à l'entrée de la mer Blanche, la côte de Russie est basse, déserte, longée par des courants froids qui pénètrent dans la mer Blanche, enveloppée d'éternels brouillards et couverte de tourbières glacées auxquelles les indigènes donnent le nom de *toundras*. L'île de *Kolgoueff* n'est, comme celle de Waïgatch, qu'une station de pêche, inhabitable en hiver.

La mer Blanche gelée pendant les trois quarts de l'année,

et qui n'est navigable que du commencement de juillet à la fin de septembre, communique avec l'océan Glacial par une assez large ouverture et s'enfonce dans les terres par des golfes longs et étroits. Dans celui de la Dwina elle atteint ses plus grandes profondeurs (300 m.), tandis que, dans le détroit qui la rattache à l'océan Glacial, les sondages varient entre 40 et 50 mètres.

La presqu'île de **Laponie** ou de *Kola* (terre qui est à

Fig. 9. — L'ours blanc.

l'extrémité, Finistère), qui forme le littoral occidental de la mer Blanche et qui se prolonge sur les bords de l'océan Glacial jusqu'au golfe de *Waranger*, est une région de lacs et de toundras, au sol granitique, au climat humide et froid, aux côtes inhospitalières, fréquentées cependant par les pêcheurs de harengs et de morues.

Océan Glacial arctique. Norvège. — C'est au golfe de Waranger que commence la Norvège. Presque jusqu'au cap *Nord*, la côte, bien qu'elle présente déjà de profondes découpures, est plate et monotone, mais à l'ouest du *Nord-Kyn* (cap situé à l'est du cap Nord), elle se relève brusquement et plonge dans la mer par des pentes presque verticales qui se dressent au-dessus des flots comme une muraille de granit. — Des golfes étroits bordés de tous côtés de montagnes sauvages, et qui portent le nom de *Fiord* (détroit), s'enfoncent dans l'intérieur des terres; des îles rocheuses séparées par des canaux où s'engouffrent les courants,

et dont les plus connus sont les îles *Loffoden*, forment, le
long de la côte, une sorte de digue naturelle contre laquelle
viennent se briser les vagues de l'Océan. — Dans un des
passages qui séparent deux des îles les plus méridionales de
l'archipel de Loffoden se produisent, surtout quand soufflent
les vents d'ouest, les tourbillons connus sous le nom de
Maelstrœm (courant du moulin), si redoutés autrefois des
marins scandinaves.

Les courants chauds de l'Atlantique (*Gulf-Stream*), en ra-
sant les côtes de Norvège, réchauffent la température du littoral. A *Bergen* (Norvège méridionale), les hivers sont doux
et pluvieux, la neige fond vite et la mer ne gèle presque
jamais, tandis que sous la même latitude la Baltique est
gelée pendant six mois.

C'est dans les parages des îles *Loffoden*, et surtout dans
les parties les moins profondes du *Westfiord* (golfe occidental),
espèce de mer intérieure qui s'étend entre cet archipel et le
continent, qu'a lieu du mois de janvier au mois d'avril la
pêche de la morue et du hareng, principale ressource de la
population du littoral. On évalue à 25 000 le nombre des
personnes occupées à cette pêche.

Le saumon est aussi très abondant dans les fiords de la
Norvège septentrionale, et s'exporte en grande quantité
pour l'Angleterre.

II

OCÉAN ATLANTIQUE

Océan Atlantique septentrional. — La partie
septentrionale de l'océan Atlantique qui s'étend au sud du
cercle polaire et qui baigne la Norvège, les îles *Fær-Œer* ou
Féroe, et l'**Islande** est un bassin profond de 1000 à 3000 mètres en pleine mer. Sur les côtes de Norvège, tantôt basses
et bordées de collines arrondies, comme aux environs de
Drontheim, tantôt dominées par de brusques escarpements,
mais toujours découpées de profondes dentelures, et semées
d'îles granitiques (archipel de Drontheim, etc.), s'étend une
terrasse sous-marine large de 30 à 150 kilomètres, et située
à une profondeur moyenne de 300 à 500 mètres au-dessous
du niveau de l'Océan. Les eaux qui la recouvrent conservent une température de 6 à 7 degrés centigrades.

Dans le bras de mer qui sépare la Norvège du Groënland s'élèvent deux massifs volcaniques qui émergent au-dessus des eaux, et qui s'appuient sur un plateau sous-marin orienté du sud au nord, dont la sonde rencontre la surface à 400 ou 500 mètres de profondeur.

Le moins considérable, l'archipel des îles **Fær-Œer** (îles aux brebis), n'est qu'un groupe d'îlots stériles ; le plus important, l'**Islande** (terre de glace), dresse, sur la limite des mers polaires, ses sommets volcaniques, ses plateaux glacés et ses côtes profondément découpées surtout au nord et à l'ouest. La morue, le hareng et le maquereau abondent dans les mers d'Islande et de Norvège, où la pêche se fait surtout en février, mars et avril.

Une dépression, profonde de 1 200 à 1 300 mètres, sépare le massif sur lequel reposent l'Islande et les îles *Fær-Œer*, d'un plateau beaucoup plus élevé qui supporte les îles *Shetland* et la *Grande-Bretagne* : cette vallée marque la limite septentrionale de la mer du Nord.

Mer du Nord. — La mer du Nord baigne à l'est la Norvège, à l'entrée du *Skager-Rak*, le Jutland et le Sleswig-Holstein. Le littoral norvégien offre le même aspect que celui de l'Atlantique : des falaises de granit, tantôt nues et sauvages, tantôt couronnées de sapins, des îles hérissées de rochers, des fiords étroits sinueux et profonds. Une sorte de fossé de 350 à 800 mètres de profondeur dessine les contours de la côte, et la sépare du plateau qui forme le fond de la mer du Nord, entre le Jutland, l'Allemagne du Nord, les Pays-Bas et la Grande-Bretagne.

De l'autre côté du *Skager-Rak*, la péninsule du **Jutland** (pays des *Jutes*), terminée par le cap *Skagen*, et du *Sleswig-Holstein*, est basse et sablonneuse : le fond de la mer se relève rapidement : la sonde le rencontre partout entre 35 et 40 mètres. A deux heures de la côte allemande, en face de l'estuaire de l'Elbe, se dresse le plateau rocheux d'*Heligoland* (île sainte), ancienne possession anglaise cédée à l'Allemagne en 1890. — Les côtes méridionales de la mer du Nord, plates et marécageuses depuis l'embouchure de l'Elbe jusqu'au golfe du *Dollart* (Allemagne), offrent une large échancrure formée par l'estuaire du Weser et le golfe de *Jade* : elles sont bordées, depuis le golfe de Jade, d'une chaîne d'îles sablonneuses qui se prolonge jusqu'à l'entrée du **Zuiderzée**, île du *Texel*, etc.).

Le littoral des Pays-Bas, aussi monotone que celui de l'Allemagne, formé tantôt de dunes blanches, tantôt de terres demi-inondées et qui se confondent avec la mer, en présente qu'un golfe de quelque importance, le **Zuiderzée** (mer du sud), creusé au treizième siècle, sur l'emplacement d'anciens lacs, par une irruption de l'Océan. On songe, aujourd'hui, à reconquérir le terrain perdu et à dessécher le Zuiderzée, en barrant par une digue le détroit profond de 4 à 6 mètres qui le fait communiquer avec la mer du Nord.

Ce travail achevé pour le golfe de l'Y (prononcez *ai*), au sud-ouest du Zuiderzée, rendrait à la culture près de 200 000 hectares.

Du reste, une partie de la Hollande est au-dessous du niveau de la mer, et n'est protégée contre l'inondation que par les dunes et par des digues artificielles dont la rupture a entraîné plus d'une fois de terribles catastrophes. Quelques-unes sont des travaux gigantesques qui ont exigé les efforts de plusieurs générations. Celle du *Helder* a 8 kilomètres de long, 12 mètres d'épaisseur au sommet, 13 mètres d'élévation au-dessus du

Fig. 10. — Littoral des Pays-Bas. Plage de Scheveningen.

niveau moyen de la marée, et plonge sous les flots à
64 mètres. Au delà des bouches de la Meuse et de l'Escaut,
obstruées d'innombrables îles au sol marécageux (*Voorne,
Beveland Walcheren*, etc.), recommencent les dunes basses
qui bordent tout le littoral de la Belgique et de la France
jusqu'au cap *Gris-Nez*.

La côte occidentale de la mer du Nord, depuis le *Sud-
Foreland* (promontoire du sud) près de Douvres (Angleterre),
jusqu'au nord-est de l'Écosse, appartient à la Grande-
Bretagne. — En Angleterre, elle est généralement basse et
vaseuse. Au nord de l'embouchure de l'*Humber*, la côte se
relève ; les baies deviennent plus profondes et plus nombreuses, et, depuis le golfe du *Forth*, la côte écossaise est
coupée de fiords (*firth* en anglais), ceux du *Tay*, de *Murray*,
qui rappellent ceux de la Norvège.

La limite septentrionale de la mer du Nord est marquée
par les archipels rocheux des **Orcades** (Orkney) et des
Shetland, sans cesse entourés de brouillards et balayés
par les vents du pôle.

Au milieu même de la mer du Nord, dont la profondeur moyenne ne dépasse pas 100 à 135 mètres, s'élèvent deux plateaux sous-marins, le *Long-Bank* où les
sondages varient de 55 à 73 mètres, et le *Dogger-Bank* qui
est à peine recouvert de 30 ou 40 mètres d'eau. Ce sont les
parages les plus renommés pour la pêche. Les principales
pêches sont : celle du hareng, qui se fait en juillet et en
août vers les Orcades, en septembre et en octobre sur le
Dogger-Banc et sur les côtes de Hollande ; celle de la morue,
de février à avril, et celle des huîtres sur les côtes du Holstein, de l'Allemagne, de la Belgique et de la Grande-Bretagne, et surtout sur le Dogger-Banc et dans le Zuiderzée.

Mer Baltique. — La mer du Nord communique avec
la mer **Baltique** (du nom de *Baltia* donné autrefois à la
Scandinavie) par un long canal qui, sous le nom de *Skager-
Rak* et de *Cattégat*, sépare le Jutland de la Norvège et de la
Suède, et se resserre sous celui de **Sund** (4 500 mètres de
largeur) entre l'île de *Seeland* et la côte suédoise, avant de
déboucher dans la Baltique méridionale.

Le groupe des îles danoises ferme pour ainsi dire l'entrée
de ce bassin et ne laisse que trois passages, le *Sund*, le grand
Belt (détroit), entre *Fionie* et *Seeland*, et le petit *Belt* entre
Fionie et le continent.

La Baltique longue et étroite, presque sans marées, à peine salée, surtout dans sa partie septentrionale, et profonde de 30 à 280 mètres, forme trois bassins distincts : au nord, le golfe de **Botnie** bordé en Suède de récifs et de plages sablonneuses, en Russie de côtes plates, souvent marécageuses, et limité au sud par le groupe des îles d'*Aland* ; à l'est, le golfe de **Finlande** profond de 35 à 70 mètres, aux côtes escarpées et rocheuses ; au sud enfin, la **Baltique** proprement dite, dont le littoral semé de lagunes sur les côtes de l'Allemagne (lagune de *Poméranie*, golfe de *Danzig*, *Frisches-Haff*, *Kurisches-Haff*), plat et vaseux en Russie sur les bords du golfe de **Livonie**, se relève dans la Suède méridionale où la mer creuse d'innombrables baies presque toutes hérissées d'écueils. Les îles de *Bornholm*, de *Gottland* et d'*Œland* sur les côtes de Suède, offrent à l'est des plages de sable, à l'ouest de hautes falaises ; celles de *Dago* et d'*Œsel* sur les côtes de Russie, de *Rugen*, d'*Uredom* et de *Wollin* sur les côtes d'Allemagne, s'élèvent à peine au-dessus de la mer.

Le golfe de Botnie et le golfe de Finlande sont gelés du mois de novembre au mois de mai ; dans la partie méridionale de la Baltique, il est rare que les glaces soient assez compactes pour interrompre la navigation.

Des observations qui remontent déjà à plus d'un siècle sembleraient prouver que la côte occidentale se soulève lentement, tandis que la côte méridionale et orientale s'abaisse, comme s'il s'opérait un mouvement de bascule dans cette partie du continent européen.

Mer de la Manche. — La mer du Nord communique avec la **Manche** par un canal large de 28 kilomètres dans sa partie la plus resserrée, profond de 10 à 60 mètres et qui porte le nom de **Pas de Calais**. La nature du fond, crayeux et imperméable, rend assez facilement exécutable le projet d'un tunnel sous-marin entre la France et l'Angleterre, tunnel dont la construction n'a été empêchée que par l'opposition du gouvernement anglais.

La Manche baigne le sud de l'Angleterre et le nord-ouest de la France, dont les côtes présentent de frappantes analogies. De Douvres à la rade de *Spithead* en Angleterre, et de la baie de *Somme* à la pointe de la *Hève*, en France, des falaises crayeuses à peine interrompues par quelques plages de sable ou de galets : de la rade de Spithead à la pointe de

Portland et de l'estuaire de la Seine à l'extrémité septentrionale de la presqu'île du **Cotentin** (cap de la *Hague*),
des côtes moins élevées, surtout en France : enfin de la
pointe de Portland au cap *Land's End* (fin de la terre) et de
la pointe de la Hague au cap *Saint-Mathieu*, les rochers, les
falaises de schiste ou de granit, les larges déchirures de la
Cornouaille (*Cornwall*) et de la **Bretagne**. Outre les

Fig. 11. — Les falaises de la Manche en Angleterre.

îlots et les écueils semés sur la côte bretonne, dans la baie
du mont Saint-Michel, sur le littoral du Cotentin et de la
Basse-Normandie, la Manche baigne sur les côtes d'Angleterre l'île verdoyante de **Wight**, et le groupe sauvage des
Sorlingues (*Scilly*), sur celles de France l'**archipel Anglo-
Normand** (*Jersey*, *Guernesey* et *Aurigny*) rattaché au Cotentin par une chaîne de roches sous-marines.

La profondeur moyenne de la Manche ne dépasse pas
45 mètres : la pente de cette large vallée est inclinée vers

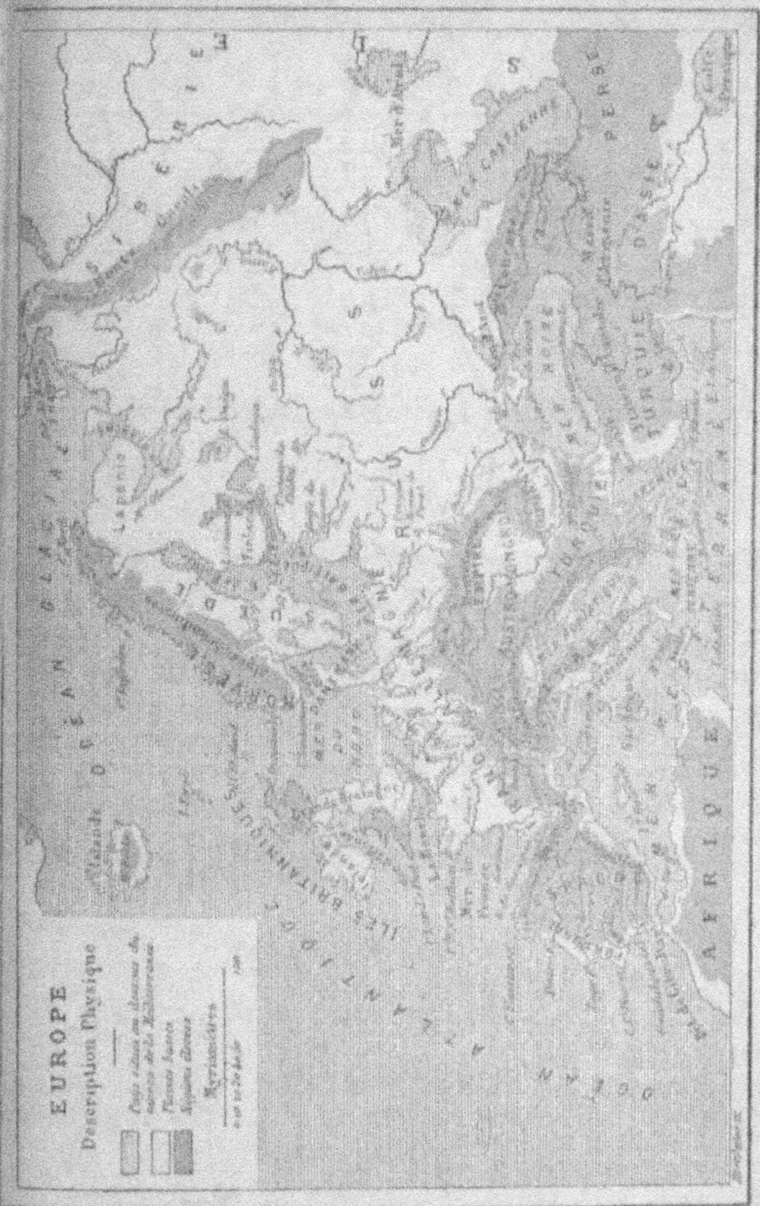

Carte I.

l'Océan et brusquement interrompue au nord-ouest du cap de la Hague par une fosse de 100 à 160 mètres, qui ne s'étend pas jusqu'à la côte anglaise. Les courants violents de l'Océan et de la mer du Nord brisés par la presqu'île du Cotentin qui s'avance comme un épi gigantesque, les vents d'ouest qui s'engouffrent dans ce canal avec une puissance irrésistible, rendent la navigation dangereuse et tendent à accumuler les galets et les sables à l'entrée de nos ports, qui ne sont point protégés comme ceux de l'Angleterre par la configuration du rivage.

Les grandes pêches de la Manche sont celles du hareng et des huîtres dont les bancs les plus fameux sont ceux de Cancale en France, de Portsmouth et de Falmouth en Angleterre.

Océan Atlantique méridional. — A l'ouest de l'Europe, depuis l'Islande jusqu'au *détroit de Gibraltar*, l'**Atlantique** baigne les îles Britanniques, pénètre entre l'Irlande et l'Angleterre par la mer d'**Irlande**, et creuse sur les côtes de la France et de l'Espagne le golfe de **Gascogne**, sur celles de l'Espagne méridionale, le golfe de **Cadix**.

Les îles Britanniques et la France sont bordées d'une large terrasse qui se rétrécit sur les côtes d'Espagne et de Portugal et que la sonde rencontre partout à une profondeur de 50 à 180 mètres. Elle s'incline en talus rapides du côté de l'ouest.

La côte septentrionale de la Grande-Bretagne, du cap Duncansby au *canal du Nord*, et la côte occidentale de l'Irlande sont découpées par de véritables fiords (golfes de *Lorn*, de la *Clyde*, en Écosse, baies de *Donegal*, de *Galway*, de *Limerick*, de *Bantry*, en Irlande) et semées d'îles granitiques dont les plus importantes sont les **Hébrides**. Les prismes basaltiques de la grotte de Fingal dans l'île de *Staffa* (Hébrides) et de la *Chaussée des Géants* sur la côte septentrionale de l'Irlande ont gardé la trace des phénomènes volcaniques qui durent bouleverser autrefois le sol de ce plateau sous-marin.

Mer d'Irlande. — La mer d'Irlande, entre l'Irlande et l'Angleterre, n'est qu'un détroit qui s'élargit dans sa partie centrale, où se dresse l'île de *Man*, et se rétrécit à ses deux extrémités, le *canal du Nord* et le *canal de Saint-Georges*. La côte d'Angleterre, creusée par les golfes de *Solway*, de *Caernarvon*, de *Cardigan*, est beaucoup plus découpée que la côte irlandaise. La presqu'île de **Galles** y projette ses pointes granitiques et domine de ses hautes falaises le canal Saint-Georges et la baie de Bristol. Au nord de la presqu'île, l'île d'*Anglesea* n'est séparée du continent que par un détroit que franchit aujourd'hui un pont tubulaire long de 600 mètres.

Au sud du canal de Saint-Georges, entre le pays de Galles et la Cornouaille, s'enfonce le golfe ou *canal de Bristol*, large estuaire de la Severn.

Mers de France, golfe de Gascogne. — La mer de **France**, dont la partie méridionale porte le nom de golfe de **Gascogne**, s'ouvre entre la pointe *Saint-Mathieu* en France et les caps *Ortégal* et *Finisterre* en Espagne. Le littoral français, rocheux et tourmenté dans la presqu'île de Bretagne, depuis la pointe Saint-Mathieu jusqu'à l'embouchure de la Loire, plat et bordé de marais salants de l'embouchure de la Loire à celle de la Garonne, est formé depuis la pointe de *Grave* jusqu'à l'Adour par une chaîne de dunes dont quelques-unes atteignent 80 mètres, et qui reculent lentement devant la mer.

Les îles d'*Ouessant*, de *Sein*, de *Groix*, de *Belle-Isle*, de *Noirmoutier*, d'*Yeu*, de *Ré* et d'*Oléron* s'échelonnent de la pointe Saint-Mathieu à l'embouchure de la Charente, comme les débris d'une digue destinée à protéger les côtes de France contre les assauts de l'Océan.

La côte d'Espagne, depuis la Bidassoa jusqu'au cap *Finisterre*, prolonge par des pentes abruptes le versant septentrional des Pyrénées et des monts Cantabres qui descend vers le golfe de Gascogne.

Le golfe de Gascogne, avec ses côtes inhospitalières, les vents d'ouest qui s'y engouffrent, les courants (branche du Gulf Stream) qui rasent la côte d'Espagne et longent à une plus grande distance celle de France, est une des mers les plus agitées et les plus dangereuses de l'Europe.

Le littoral espagnol et portugais, depuis le cap *Finisterre* jusqu'au cap **Saint-Vincent**, trace du nord au sud une ligne presque droite, coupée par l'estuaire du Tage. Escarpée en Galice, la côte est souvent basse et marécageuse en Portugal, où les marais salants de *Sétubal* le disputent à ceux de la France occidentale.

Du cap *Saint-Vincent* à la pointe de *Trafalgar* (détroit de Gibraltar), s'arrondit en demi-cercle un golfe largement ouvert, sur les bords duquel s'élève la ville de *Cadix*, l'antique *Gadès*. Elle marquait pour les anciens la limite de l'Atlantique et avait donné son nom au détroit désigné aujourd'hui par celui de Gibraltar.

Les principales pêches de l'Atlantique sont celles du hareng et de la sardine sur les côtes d'Angleterre et de France, du thon sur celles d'Espagne et de Portugal, des huîtres sur celles du pays de Galles, de la Bretagne, dans le bassin d'Arcachon et à l'embouchure du Tage, et des crustacés (homards, langoustes, etc.), dans les parages de la Bretagne et de la Cornouaille.

III

LA MÉDITERRANÉE

Le détroit de Gibraltar. — Entre la pointe de *Tarifa* et celle de *Gibraltar* en Europe, le cap *Spartel* et la pointe de *Ceuta* en Afrique s'ouvre un détroit long de 50 kilomètres environ, large de 14 et dont les moindres profondeurs sont de 300 mètres, tandis que les plus grandes atteignent 1 500 mètres entre Gibraltar et Ceuta. C'est la porte de la Méditerranée par où se déverse un courant puissant venant de l'Atlantique.

La Méditerranée. — La Méditerranée, comme toutes les mers intérieures, n'a que des marées peu sensibles : elles s'élèvent à peine à un mètre dans le golfe de Venise où elles sont le plus appréciables. L'évaporation très active lui enlève plus d'eau que ne lui en apportent les pluies ou les fleuves qu'elle reçoit ; de là le courant que lui envoie l'Atlantique et qui empêche son niveau de baisser peu à peu comme celui de la mer Caspienne.

Le relief du sol sous-marin dessine dans la Méditerranée deux grands bassins, l'un occidental, l'autre oriental, séparés par l'Italie, la Sicile et la chaîne de hauts-fonds qui forme une sorte de barrage entre la Sicile et la Tunisie.

Bassin occidental. — Le bassin occidental, enveloppé par l'Espagne, la France, l'Italie, la Tunisie, l'Algérie et le Maroc, prend sur les côtes de France le nom de **Golfe du Lion,** sur celles d'Italie ceux de **Golfe de Gênes** et de mer **Tyrrhénienne.**

Les côtes d'Espagne, escarpées depuis Gibraltar jusqu'au cap de *Palos*, s'abaissent du cap de Palos à Barcelone et se relèvent de Barcelone au cap *Creus* où commence le golfe du Lion.

Elles dessinent une série de grands golfes : ceux de *Malaga*, de *Carthagène*, d'*Alicante*, de *Valence*, du cap de la Nao à l'embouchure de l'Ebre ; celui de *Tarragone*, de l'embouchure de l'Ebre à celle du Llobregat, au sud de Barcelone.

Les îles **Baléares** sont enveloppées d'un fossé profond de 1500 à 2000 mètres, le large plateau sous-marin sur lequel reposent *Minorque*, *Majorque*, *Cabrera*, *Ivica*, *Formentera*, les unes montagneuses, mais fertiles et verdoyantes, les autres, rochers dénudés et brûlés par le soleil.

Golfe du Lion. — Entre le cap *Creus* où naissent les Pyrénées et le cap *Couronne* où se terminent les Alpes de Provence, s'arrondit en demi-cercle le *Golfe du Lion*, avec ses côtes basses, bordées d'étangs (étangs de *Sijean*, de *Thau*, de *Berre*) et les côtes rocheuses et découpées de la Provence.

Golfe de Gênes. — Le golfe de Gênes ou de *Ligurie*, séparé du précédent par la saillie des côtes de Provence, offre au contraire de brusques escarpements qui continuent la pente des Alpes et des Apennins.

Mer Tyrrhénienne[1]. — La mer **Tyrrhénienne** est enveloppée par l'Italie, la Sicile, la Sardaigne et la Corse. La côte d'Italie, plate et marécageuse depuis l'île d'*Elbe* jusqu'au golfe de *Gaëte*, est ensuite élevée, creusée de baies pittoresques (golfe de *Naples*, golfe de *Salerne*, etc.) et semée d'îles volcaniques (*Ischia*, *Capri*) dans sa partie méridionale.

La côte septentrionale de Sicile est bordée d'une terrasse sous-marine d'où émergent les groupes volcaniques des îles *Ægades* et *Lipari*. La **Sardaigne** et la **Corse**, massifs montagneux dont la côte orientale présente quelques plages marécageuses, s'élèvent au contraire brusquement, et à quelques lieues des côtes la sonde plonge à 1000 mètres. Le détroit de *Bonifacio*, qui les sépare, est hérissé d'écueils qui en font un des plus dangereux passages de la Méditerranée.

Bassin oriental. — Le bassin oriental communique avec le bassin occidental par le détroit de *Messine*, large de 3 kilomètres dans sa partie la plus resserrée, qui sépare la Sicile de l'Italie, et par un bras de mer peu profond, d'environ 220 kilomètres entre le cap Bon en Tunisie et la pointe

---

1. Les Tyrrhéniens ou Étrusques étaient un ancien peuple de l'Italie centrale.

sud-ouest de la Sicile. Il porte sur les côtes d'Europe les noms de mer **Adriatique**, de mer **Ionienne** et d'**Archipel**.

Mer Adriatique. — La mer **Adriatique** (du nom de la ville d'Adria), resserrée entre l'Italie à l'ouest, l'Autriche-Hongrie au nord et à l'est, le Monténégro et la Turquie au sud-est, communique avec la mer **Ionienne** par le *Canal d'Otrante*.

Peu profonde au nord, où le **Golfe de Venise**, ensablé par les alluvions du Pô et des torrents qui descendent des Alpes, se comble peu à peu, l'Adriatique atteint dans sa partie méridionale des profondeurs de 800 à 1 000 mètres. Le littoral italien, sur lequel fait saillie le gigantesque promontoire du *Mont Gargano*, s'abaisse dans le golfe de Venise, dont les lagunes envasées empiètent lentement sur la mer.

Le littoral autrichien, qui commence à la presqu'île d'**Istrie** et se prolonge jusqu'aux bouches de *Cattaro*, est presque partout escarpé et semé de nombreuses îles. l'**Archipel illyrien** (*Cherso*, *Veglia*, *Pago*, *Brazza*, *Lissa*), dont la population, longtemps adonnée à la piraterie, fournit aujourd'hui à l'Autriche ses plus intrépides marins.

Le littoral monténégrin et turc n'est pas moins sauvage et d'accès moins difficile.

Mer Ionienne. — On donne le nom de mer **Ionienne** (du nom des *Ioniens*, une des anciennes populations de la Grèce) au bassin que limitent à l'est la Turquie et la Grèce, à l'ouest le groupe volcanique de **Malte** et la **Sicile**, au nord-ouest l'Italie.

Fig. 12. — Le corail.

C'est le plus profond de la Méditerranée : à l'est de Malte, la sonde est descendue à près de 4 000 mètres.

La mer Ionienne creuse sur les côtes d'Italie le golfe de **Tarente**, dont les ports ensablés ont perdu leur antique renommée ; sur celles de Grèce le golfe d'**Arta**, celui de **Lépante** ou de *Corinthe*, ceux d'*Arkadia*, de *Coron* (Messénie) et de *Marathonisi* (Laconie), qui découpent profondément la presqu'île du **Péloponèse**. Ces deux derniers sont séparés par le massif du *Taygète* ou *Maina* terminé par le cap *Matapan*, l'ancien *Ténare*, avec ses formidables escarpements et ses cavernes où les légendes antiques plaçaient une des bouches de l'enfer.

Sur les côtes de Grèce, depuis le canal d'Otrante jusqu'au delà du cap Matapan, sont dispersées les îles **Ioniennes**, **Corfou** (Corcyre), la plus vaste de l'archipel, **Paxo**, **Sainte-Maure** (Leucade), séparée du continent par un chenal qu'on peut traverser à gué, *Théaki*, l'ancienne Ithaque, **Képhalonie** et **Zante** (Zacynte), avec leurs vignes qui produisent les raisins dits de Corinthe ; enfin au sud de la Grèce, **Cérigo**, l'ancienne *Cythère*, dont les verts bosquets ont disparu comme les temples d'Aphrodite qu'ils ombrageaient autrefois.

Archipel. — L'**Archipel** (mer **Égée**) est un bassin presque fermé qu'entourent à l'est l'Asie Mineure, au sud les chaînes sous-marines dont **Rhodes**, la grande île de **Candie** (Crète), sont les sommets, à l'ouest les côtes rocheuses de la Grèce découpées par les golfes de *Nauplie*, d'*Égine* et de *Volo*, au nord celles de la Turquie européenne, avec les golfes de *Salonique* et du *Saros*, les presqu'îles de la *Chalcidique* (mont *Athos*) et de *Gallipoli*. L'Archipel est parsemé d'îles dont les noms rappellent les plus brillants souvenirs de l'histoire grecque : sur les côtes d'Asie, les *Sporades* méridionales et les îles de *Samo*, de *Chio*, de *Mitylène* (l'ancienne Lesbos), de *Tenedo* ; au nord *Limno*, *Imbro*, *Samothrace*, *Thaso* ; à l'ouest les Sporades septentrionales et la grande île d'**Eubée** (Négrepont), séparée du continent par le canal de *Talanti* ; au centre les **Cyclades**, *Andro*, *Dili* (ancienne *Délos*), *Syra*, *Naxo*, *Paro*, *Milo*, *Santorin*, l'ancienne Théra, etc..., avec leurs montagnes volcaniques et leurs rochers rougeâtres, tapissés de beaux vergers ou de maigres bouquets d'oliviers. Les villages suspendus au flanc des falaises contrastent tristement avec les splendeurs d'un passé qui n'a plus pour témoins que quelques débris de temples ou de môles renversés par les flots. Malgré ses îles, l'Archipel atteint au nord de la Crète des profondeurs de plus de 2 000 mètres, et, au pied des montagnes de l'Eubée, les sondages accusent plus de 500 mètres sur la côte orientale de l'île.

La pêche est très active dans toute la Méditerranée : à

Fig. 13. — Vue du Bosphore à Constantinople.

l'ouest le thon et la sardine ; sur les côtes d'Algérie et de la Tunisie, le corail ; sur celles de l'Archipel les éponges, qui ne le cèdent qu'à celles de Syrie.

Les Dardanelles, la mer de Marmara, le Bosphore. — La mer **Noire**, le *Pont-Euxin* (mer hospitalière) des anciens, forme un troisième bassin méditerranéen qui communique avec l'Archipel par un long détroit resserré à ses deux extrémités, les *Dardanelles* (ancien Hellespont), le *Bosphore*, et qui s'élargit dans sa partie centrale, sous le nom de mer de **Marmara** (ancienne Propontide).

Le **Bosphore** (le passage du bœuf), avec ses rives bordées de palais et de jardins, est une sorte d'écluse naturelle longue d'une trentaine de kilomètres, large de 550 à 3 000 mètres, et d'une profondeur moyenne de 30 à 40 mètres, qui déverse dans la profonde cuvette de la mer de Marmara le trop-plein des eaux de la mer Noire, grossie par de grands fleuves qui manquent à la Méditerranée.

Le détroit des **Dardanelles** (nom dérivé de celui de l'ancienne *Dardanie* ou *Troade*), plus long que le Bosphore (64 kilomètres), plus profond (50 à 130 mètres) et d'une largeur moyenne presque double (1 700 à 3 000 mètres), est également sillonné par des courants rapides qui se dirigent vers l'Archipel.

La mer Noire. — La **mer Noire**, dominée au sud par les côtes escarpées de l'Asie Mineure, à l'est par les pentes abruptes du Caucase, au nord par les falaises de la **Crimée**, baigne à l'ouest des rives plates et marécageuses (Roumanie, Bulgarie, Turquie). C'est une sorte d'entonnoir dont les parois s'abaissent rapidement et où la sonde atteint vers le centre des profondeurs de près de 2 000 mètres.

Mer d'Azof. — La mer Noire communique par le détroit de *Kertch* ou *Iénikalé* (3 mètres 50 centimètres dans la partie la plus profonde du chenal), avec un golfe envasé, la mer d'Azof (*Palus-Méotide*), profond à peine de 25 mètres, bordé de lagunes et de plages sablonneuses et que comblent lentement les alluvions du Don.

La mer d'Azof est moins salée que la mer Noire et son niveau est supérieur de plus d'un mètre ; aussi les courants du détroit de Kertch sont-ils assez violents.

La côte orientale de la presqu'île de **Crimée** est baignée par un golfe long et étroit, la mer **Putride**, séparé de la

mer d'Azof par un bourrelet de sable, large à peine d'un
kilomètre et qui porte le nom de flèche d'Arabat.

L'évaporation est si active dans la mer Putride que cette
lagune ne tarderait pas à disparaître, si elle ne communi-
quait avec la mer d'Azof par une passe étroite et qui s'en-
sable de plus en plus.

La mer Caspienne. — La mer **Caspienne** qui, à
une période géologique antérieure, paraît avoir communiqué
non seulement avec la mer Noire, mais avec la Baltique et
les mers boréales, n'est aujourd'hui qu'un lac très étendu,
profond de 15 à 16 mètres et à peine salé dans sa partie
septentrionale, comblé par les alluvions du Volga et de
l'Oural ; mais dans les parties centrales et méridionales
séparées par une chaîne de hauts-fonds, dans le prolongement du cap *Apchéron*, les sondages ont signalé des profondeurs de 700 et de 950 mètres, et la salure est plus forte
que celle de la mer Noire.

Son niveau est à 26 mètres au-dessous de celui de la Méditerranée, et les eaux que lui apportent ses grands tributaires, le Volga, l'Oural, le Térek, le Kour, ne suffisent pas
pour compenser l'activité de l'évaporation.

La pêche de la Caspienne rapporte chaque année à la
Russie près de 60 millions.

Résumé. — Les mers de l'Europe, navigables en toute
saison, à l'exception de l'océan Glacial et de la Baltique,
n'ont, malgré l'inconstance des courants atmosphériques,
ni les colères terribles, ni les calmes plats des mers équa-
toriales. Elles pénètrent de tous côtés dans les terres où elles
découpent de nombreuses presqu'îles et creusent des golfes
profonds. Leurs côtes sont hospitalières : pour créer des
ports, l'homme n'a eu souvent qu'à compléter le travail de
la nature. Leur configuration, si favorable au commerce et
à la navigation, a été pour beaucoup dans la supériorité de
la civilisation européenne. Ce sont les bords de la Méditerranée qui l'ont vue naître : ce sont les bords de l'Atlantique
qui l'ont vue grandir et déborder sur les autres continents
où nos navigateurs ont répandu, avec nos marchandises,
nos langues et nos idées, tandis que nos colonies peuplaient
le Nouveau Monde et dominaient l'Ancien.

RÉSUMÉ

Les mers et les rivages de l'Europe.

L'Europe a un développement de côtes d'environ 32 000 kilomètres sur l'océan Glacial arctique, l'océan Atlantique et la Méditerranée.

I

OCÉAN GLACIAL ARCTIQUE

L'océan *Glacial* qui baigne le *Spitzberg*, la terre *François-Joseph*, la *Nouvelle-Zemble*, les îles *Waïgatch* et *Kalgouef* (Russie), et les îles *Loffoden* (Norvège), ne forme qu'une mer secondaire, la mer BLANCHE, couverte de glaces pendant sept ou huit mois de l'année.

Le cap *Nord* (Norvège) est le point le plus septentrional de l'Europe.

II

OCÉAN ATLANTIQUE

L'océan *Atlantique septentrional* baigne la Norvège, les îles *Fær-Œer*, ou *Féroë*, l'*Islande*, et s'étend jusqu'aux îles *Shetland* au nord de la Grande-Bretagne.

L'océan Atlantique forme la mer Baltique, la mer du Nord, la Manche, la mer d'Irlande, et la mer de France.

Mer Baltique. La mer BALTIQUE, en général peu profonde, et où la navigation est interrompue par les glaces du mois de novembre au mois d'avril, baigne la péninsule scandinave et la péninsule danoise, l'archipel danois, et les îles de *Gottland*, d'*Œland*, d'*Aland*, de *Dago*, d'*Œsel*, de *Rugen*, sur les côtes de Suède, de Russie et d'Allemagne. Elle forme sur le littoral russe les golfes de *Botnie*, de *Finlande* et de *Livonie*, sur le littoral allemand celui de *Danzig*.

Mer du Nord. La mer Baltique communique avec la mer du Nord par les détroits du *Sund* entre la Suède et l'île danoise de Seeland, du *Cattégat* et du *Skager-Rak* entre la Suède, la Norvège et le Danemark, du *grand Belt* entre l'île de Seeland et celle de Fionie, et du *petit Belt* entre l'île de Fionie et le Sleswig.

La mer du NORD baigne à l'est la Norvège et la péninsule danoise; au sud, l'Allemagne, la Hollande, la Belgique; à l'ouest, les îles Britanniques, et forme en Hollande le golfe du *Zuiderzée* (mer du Sud). Les groupes des *Orcades* et des *Shetland* marquent sa limite septentrionale.

Mer de la Manche. La MANCHE, étroite et peu profonde, communique avec la mer du Nord par le *Pas de Calais*: elle baigne, au sud, la France (presqu'île de *Cotentin* terminée par le cap de la Hague et presqu'île de Bretagne, îles *Anglo-Normandes*); au nord, l'Angleterre sur les côtes de laquelle sont situées l'île de *Wight* et les îles *Sorlingues*.

La limite de ce bassin est marquée à l'est, par le cap *Griz-Nez* et le *Sud-Foreland*; à l'ouest par le cap *Saint-Mathieu* et le cap *Land's End*.

L'océan Atlantique baigne les côtes occidentales de la Grande-Bretagne (îles Hébrides) et de l'Irlande.

La mer d'IRLANDE n'est qu'un bras de l'océan Atlantique septentrional, resserré entre l'Angleterre à l'est et l'île d'Irlande à l'ouest (canal du Nord et canal Saint-Georges), et qui baigne les îles *Man* et d'*Anglesea*.

Mer de France. La mer de FRANCE, dont la partie méridionale porte le nom de *golfe de Gascogne*, est un grand golfe qui communique librement avec l'océan Atlantique et qui s'étend entre la pointe *Saint-Mathieu* (France) et le cap *Finisterre* (Espagne); elle baigne les îles d'*Ouessant*, *Belle-Isle*, *Noirmoutier*, *Ré* et *Oléron*.

Une partie de l'Atlantique baigne la côte occidentale de l'Espagne et le Portugal du cap *Finisterre* à la pointe de *Tarifa* (Espagne).

Les grandes pêches de l'Atlantique sont celles de la morue (océan Glacial et mer du Nord), du hareng (*id.*), de la sardine (Manche et mer de France), et des huîtres.

<h2 style="text-align:center">III</h2>

MÉDITERRANÉE

La mer MÉDITERRANÉE forme la mer Ibérique, la mer Tyrrhénienne (bassin occidental), la mer Adriatique, la mer Ionienne, l'Archipel (bassin oriental), la mer de Marmara, la mer Noire et la mer d'Azof. Elle communique avec l'Atlantique par le détroit de Gibraltar, entre l'Espagne et l'Afrique.

La Méditerranée baigne les côtes orientales de l'Espagne et le groupe des îles *Baléares* (îles *Majorque* et *Minorque*, etc.).

Golfes du Lion et de Gênes. Entre la mer Ibérique et la mer Tyrrhénienne, la Méditerranée creuse sur les côtes de France et d'Italie, du cap *Creus* à la pointe de la *Spezia* (Italie), les golfes du LION et de GÊNES.

Mer Tyrrhénienne. La mer TYRRHÉNIENNE (du nom des Tyrrhéniens ou Étrusques, ancien peuple de l'Italie centrale) baigne les côtes occidentales de l'Italie et les grandes îles de *Corse* et de *Sardaigne*, séparées par le détroit de *Bonifacio*, ainsi que celle de *Sicile*, séparée de l'Italie par le détroit de *Messine*.

Mer Adriatique. La mer ADRIATIQUE baigne à l'ouest l'Italie, à l'est l'Autriche-Hongrie (îles *Illyriennes*) et la Turquie, et forme le golfe de *Venise*.

Mer Ionienne. La mer IONIENNE communique avec la mer Adriatique par le *Canal d'Otrante*, avec la mer Tyrrhénienne par le *détroit de Messine*; elle baigne, au nord-ouest, l'Italie, où elle forme le golfe de *Tarente*, à l'est, la Turquie et la Grèce, où elle forme le golfe de *Lépante*. Elle renferme le groupe des *Îles Ioniennes*, dont la principale est Corfou; sa limite occidentale est marquée par la Sicile et par le groupe de *Malte*; la presqu'île du Péloponèse ou Morée, rattachée à la Grèce par l'isthme de *Corinthe*.

Archipel et mer de Marmara. L'ARCHIPEL baigne à l'ouest la

Grèce et la Turquie d'Europe; au nord, la Turquie; à l'est,
l'Asie; au sud, la grande île de *Candie*, et communique avec la
mer Noire par le détroit des *Dardanelles*, la mer de *Marmara*
et le *Bosphore* ou détroit de *Constantinople*. Les principales îles
européennes sont le groupe des *Cyclades*, l'*Eubée*, *Lemnos*, *Samo-*
thrace et *Thaso*.

Mer Noire et mer d'Azof. La mer NOIRE baigne, à l'ouest, la
Turquie d'Europe; au nord et à l'est, la Russie et la Crimée,
presqu'île rattachée au continent par l'isthme de *Pérécop*; au
sud, la Turquie d'Asie. Elle forme la mer d'Azof, golfe ensablé,
avec lequel elle communique par le détroit de *Kertch* ou d'*Iéni-*
Kalé.

Mer Caspienne. La mer CASPIENNE est un grand lac, sans écoulement, situé dans une dépression et dont le niveau est à
26 mètres au-dessous de celui de la Méditerranée.

Les grandes pêches de la Méditerranée sont celles du thon
(Méditerranée occidentale), du corail (Algérie et Tunisie) et des
éponges (Archipel).

CHAPITRE III

Le relief du sol. Montagnes, plateaux et plaines

I

MONTAGNES ET PLAINES

**Transformations géologiques du sol de
l'Europe.** — Le relief du fond des mers est en relation
intime avec celui des continents : aux mers peu profondes
correspondent les côtes basses et les pays de plaines ; aux
grandes profondeurs maritimes, les rivages taillés à pic et les
régions montagneuses. Les mêmes causes qui ont creusé les
océans et déterminé leur orographie sous-marine ont sou-
levé les montagnes et dessiné le relief des terres, soit par
l'influence lente et continue des agents, qui, sous nos yeux,
en modifient chaque jour la surface, soit, comme le veut la
géologie, par une série de révolutions brusques et de déchi-
rements de l'écorce terrestre dus à l'action du foyer central
qui se révélerait encore par les phénomènes volcaniques.

Quelle que soit l'explication des transformations du globe,

Europe, comme tous les autres continents, a subi, avant d'arriver à sa configuration actuelle, des révolutions multiples que la disposition des différentes couches de terrains, leur nature, celle des débris animaux ou végétaux qu'on y rencontre, permettent de suivre à travers les âges. Les mers ont changé de place, des terres nouvelles se sont élevées au-dessus des flots, des terres émergées ont disparu, des montagnes ont surgi, brisant et disloquant les couches supérieures de la croûte terrestre : la faune et la flore ont changé comme l'aspect du sol. Ces phénomènes ont pour nous un intérêt puissant : ils ont fait le sol sur lequel nous vivons, ils sont à la géographie actuelle ce que l'histoire du passé est à celle du présent. Cependant il est impossible de prendre la géologie pour base de la description de nos continents tels qu'ils existent aujourd'hui.

Le relief du sol est indépendant de la nature des terrains : il y a des montagnes calcaires comme il y en a de schisteuses ou de granitiques : un système de hauteurs, au point de vue géologique, est tout autre chose qu'une chaîne ou un massif au point de vue géographique.

Répartition générale du relief de l'Europe. — Un simple coup d'œil jeté sur une carte suffit pour faire reconnaître une région de terres basses, qui occupe plus des deux tiers de l'Europe, et plusieurs massifs de hautes terres dont les plus considérables sont situés au centre et au sud du continent.

Les terres basses, celles dont le niveau est inférieur à 300 mètres, forment une plaine continue depuis l'Atlantique jusqu'à l'Oural, depuis la mer Blanche et la Baltique jusqu'à la mer Noire et au Caucase, et comprennent : la **vallée inférieure du Danube** ; la **Russie** presque tout entière ; la **Suède orientale et méridionale** ; l'**Allemagne du Nord et le Danemark** ; la **Hollande**, située en partie au-dessous du niveau de la mer, et la **Belgique** ; le **nord-ouest** et l'**ouest de la France** ; la plus grande partie de l'**Angleterre** et de l'**Irlande**.

Elles occupent en outre une vaste superficie, au centre de l'Europe, dans la vallée moyenne du Danube (**Hongrie**) ; au sud, dans la vallée du Pô (**Italie**).

Les hautes terres, régions de collines, de plateaux ou de montagnes, depuis 300 mètres jusqu'à la limite des neiges éternelles, comprennent :

A l'est : la chaîne de l'**Oural** et celle du **Caucase**, qui marquent la limite de l'Europe et de l'Asie ;

Au centre, le massif de l'**Europe centrale** ou massif des **Alpes**, le plus vaste, le plus élevé du continent, et le plus important au point de vue de la distribution des eaux ; le massif Central **français** ;

Au sud, les **Pyrénées** en France et en Espagne ; la chaîne de l'**Apennin** dans la péninsule *italique* ; le massif des **Balkans** dans la péninsule *turco-hellénique* ;

Au nord : les massifs **anglo-écossais** et de l'**Islande**, de la **Scandinavie**.

II

EUROPE ORIENTALE

Les monts Ourals. — L'Oural[1], la ceinture de pierre, comme l'appellent les Sibériens, s'étend du nord au sud depuis l'océan Glacial jusqu'à la Caspienne, sur une longueur de 2 500 kilomètres. La maîtresse chaîne est granitique ; elle s'abaisse brusquement du côté de l'Asie par des pentes rocheuses et dénudées, tandis que le versant européen se prolonge par des terrasses boisées ou par des chaînes parallèles à l'arête principale, et appartenant aux plus anciennes formations sédimentaires. L'Oural septentrional, dont le pic le plus élevé, le *Toll-Pass*, point culminant de toute la chaîne, n'atteint pas 1700 mètres, est un chaos de roches sans verdure, de vallées marécageuses, et de crêtes monotones que dominent çà et là des cimes enveloppées de brouillards.

L'Oural central, dont la largeur ne dépasse pas 40 à 50 kilomètres, offre une série de plateaux peu élevés, rocailleux, mais riches en mines de fer, de cuivre, en gisements aurifères, et en partie couverts de forêts de sapins, de bouleaux et de mélèzes. Il est traversé par le chemin de fer de Perm à Tioumen par Ekaterinembourg, qui sert à l'exploitation des mines.

L'Oural méridional, dont la masse principale finit par des terrasses escarpées sur les bords du fleuve Oural, se divise en quatre ou cinq chaînes parallèles, boisées ou couvertes de

1. *Oural* signifie ceinture.

pâturages, et percées de nombreuses grottes où l'on exploite le cristal de roche.

Entre l'Oural et le Caucase, la Caspienne et ses steppes, dont une partie est à plus de 20 mètres au-dessous du niveau de la Méditerranée, creusent une vaste dépression au sol marécageux ou sablonneux presque entièrement formé de dépôts de la période quaternaire.

Le Caucase. — Le Caucase, qui, outre ses hautes cimes gigantesques, contient des terrains calcaires et volcaniques, s'étend entre la mer Noire et la mer Caspienne sur une longueur d'environ 1 100 kilomètres et une largeur de 120 à 400. Lié par de nombreuses ramifications aux massifs asiatiques de l'Arménie et de la Perse, le Caucase s'élève du côté de l'Europe comme un amphithéâtre couronné par des cimes gigantesques : l'*Elbrouz*, qui dresse plus haut que le mont Blanc (5 660 mètres) son sommet couvert de neiges éternelles, et le *Kazbeck*, qui dépasse de plus de 200 mètres le géant des Alpes. Les gradins inférieurs, revêtus sur le versant asiatique d'une luxuriante végétation, n'offrent sur la pente septentrionale que des pâturages et des forêts de sapins.

C'est dans la partie centrale de la chaîne que se dressent les plus hautes cimes : c'est là aussi que s'ouvre dans la vallée supérieure du *Térek* le principal passage, le défilé de *Dariel* où serpente, au pied du *Kazbeck*, la route stratégique de Vladikaukas à Tiflis.

Les deux extrémités de la chaîne s'abaissent vers la mer Caspienne et vers la mer Noire, mais la branche occidentale plonge dans la mer Noire et se relève de l'autre côté du détroit de Kertch dans les montagnes de **Crimée**, dont les sommets atteignent 1 560 mètres, au sud de la péninsule.

Le Caucase est traversé actuellement par deux voies ferrées, l'une dans la partie occidentale qui aboutit à Novo-Rossiisk sur la mer Noire ; l'autre qui, venant de Moscou, s'est arrêtée longtemps à Vladikaukas, a été prolongée jusqu'au port de Petrowsk sur la Caspienne, et, franchissant les chaînons orientaux, rejoint à Bakou la ligne transcaucasienne.

Les plaines de Russie. Le plateau de Valdaï. — Au pied du Caucase et de l'Oural, de la mer Blanche à la mer Noire, de la Caspienne à la Baltique et aux Carpathes, s'étend une plaine de plus de 5 millions de kilomètres carrés, dont les plus hauts sommets atteignent à peine 300 mètres. Les terrains de la période secondaire dominent dans la région de l'océan Glacial, de la Caspienne, de la mer Noire ; le granit, les terrains de formation primaire, dans celle de la Baltique. C'est à peine si quelques chaînes de **collines** boisées en **Pologne** et sur la rive droite du **Volga**, quelques plateaux granitiques et semés de lacs comme celui de **Finlande**, pierreux et incultes comme ceux de l'**Uvalli**, ou couverts de forêts et de marécages comme celui de **Valdaï**, rompent l'uniformité de la plaine. Le géant des sommets du Valdaï, le *Popova-gora*, a 300 mètres, le triple de la butte Montmartre. Cette région sert cependant de réservoir à trois des plus grands fleuves de l'Europe : la Dwina, le Dniéper et le Volga.

La plaine russe présente quatre zones bien distinctes, qui la coupent de l'est à l'ouest : au nord celle des *toundras*, steppes glacés où ne croissent que les mousses et les lichens ; au centre celle des forêts, qui occupe près des deux tiers de la Russie et dont les clairières au sol maigre et pierreux ne produisent guère que le seigle et l'avoine ; à l'ouest et au sud-ouest, celle de la grande culture, couverte d'une épaisse couche de terre noire (Tchernoziom), sans forêts, sans pierres, mais si fertile que la tige du chanvre y atteint 6 mètres et celle de la luzerne 4 mètres ; enfin au sud et au sud-est, celle des steppes, les uns sablonneux et stériles, les autres revêtus d'une puissante végétation herbacée.

Les plaines du bas Danube. — La plaine de l'Europe orientale se prolonge dans la vallée inférieure du Danube, entre les Carpathes et les Balkans, par la plaine de la Roumanie, formée de terres d'alluvions modernes ou de terrains tertiaires, dont la fertilité le dispute à celle de la région des terres noires.

III

LES ALPES

Situation, caractères géologiques. — Le point culminant de l'Europe centrale, le réservoir de ses fleuves, la ligne de démarcation entre la faune et la flore du midi et celles du nord, c'est le massif des **Alpes**, dont les rameaux dessinent toute la charpente de notre continent.

3.

Le massif alpestre proprement dit limité, à l'ouest par la vallée du Rhône et celle de l'Aar, au nord par celles du Rhin et du Danube, à l'est par la plaine de Hongrie, au sud par l'Adriatique, la plaine du Pô et le golfe de Gênes, couvre près de 300 000 kilomètres carrés ; il donne naissance à un quart de nos eaux européennes ; ses glaciers ont une superficie de 260 000 hectares, ses lacs une étendue de près de 3 000 kilomètres carrés ; des centaines de pics s'élèvent au-dessus de la limite des neiges éternelles ; c'est la montagne dans toute sa majesté et en même temps avec cette variété infinie d'aspects, que ne présentent pas au même degré les hautes terres de l'Amérique, de l'Afrique ou de l'Asie.

Les grandes arêtes des Alpes, soulevées à des époques différentes, sont granitiques ; les contreforts et les terrains inférieurs appartiennent surtout aux formations jurassiques ou crétacées ; çà et là sont dispersés des terrains porphyriques qui occupent dans le Tyrol des espaces considérables, mais les Alpes n'ont pas de volcans.

On a exploité et on exploite encore dans les Alpes des mines d'or, d'argent, de plomb, de cuivre, de fer, de sel gemme, mais beaucoup de filons sont épuisés et la plupart n'ont jamais dû être d'une grande richesse. Les combustibles minéraux, assez rares dans la partie des Alpes qui appartient à la Suisse et à l'Italie, sont plus abondants en Autriche et en France, mais ce sont pour la plupart des lignites et des anthracites de qualité médiocre et qui n'ont de valeur qu'au point de vue de la consommation locale.

Bien que la physionomie générale des Alpes ait été à peu près fixée par les deux derniers soulèvements, celui des Alpes Occidentales et celui des Alpes Centrales, les plus récentes de ces grandes convulsions qui ont bouleversé notre continent, elle a dû être modifiée par des phénomènes dont l'action est encore sensible, les avalanches, les éboulements, les glissements de couches, et surtout les glaciers et les torrents.

Les glaciers. — Les glaciers d'aujourd'hui s'arrêtent d'ordinaire un peu au-dessous de la limite des neiges éternelles (entre 2 000 et 2 400 mètres) et, même sur les pentes les plus rapides, ne descendent guère plus bas que 1 300 mètres ; mais ils ont couvert, à une époque géologique postérieure au soulèvement des grandes Alpes, toute la Suisse, le Tyrol, la Savoie et les vallées supérieures des fleuves. Les débris de moraines et les blocs erratiques, qu'on rencontre à 450 mètres d'altitude dans la vallée du Rhin et à moins de 700 dans le Jura, témoignent encore de cette invasion. Ces fleuves de glace ont dénudé le sol des vallées, poli les rochers, tracé au flanc des montagnes ces stries gigantesques qu'on dirait faites de main d'homme, emporté jusque dans la plaine les débris qu'ils y ont déposés en se retirant.

Aujourd'hui, les plus grands glaciers des Alpes, ceux des Alpes Grées, Pennines et Bernoises, n'atteignent pas 40 kilomètres carrés de superficie. Quelques-uns, surtout dans les Alpes Bernoises et dans le massif du mont Blanc (*glacier des Bois, glacier des Bossons*), descendent à moins de 1 100 mètres ; mais ils fondent alors plus ou moins vite : le glacier des Bois est depuis plusieurs années en pleine décomposition et le mouvement de recul est parfois si rapide qu'en un an certains glaciers ont perdu 700 mètres de terrain.

Les torrents. — Les **torrents**, dont les inondations contemporaines laissent de si terribles traces dans la région alpestre, ne sont que de minces filets d'eau auprès des rivières de la période diluvienne larges de plusieurs kilomètres, dont les eaux furieuses ravinaient le sol, s'ouvraient un passage à travers les montagnes, et en semaient les débris dans les plaines où elles venaient s'étaler en nappes profondes avant de rouler dans la mer.

Tous ces phénomènes concourent à modifier sans cesse, les uns par une action lente et séculaire, les autres par de brusques cataclysmes, la physionomie des grandes montagnes : les cimes rongées par les eaux, disloquées par les avalanches, s'affaissent peu à peu, les vallées se comblent, les débris s'accumulent sur les plateaux.

Configuration actuelle des Alpes. — Les Alpes décrivent un arc de cercle dont l'ouverture est tournée vers l'Italie, et qui se termine d'un côté au golfe de Gênes, de l'autre à l'Adriatique.

Le versant italien s'abaisse brusquement : les vallées sont courtes, rapides, presque toutes perpendiculaires à la crête de la grande chaîne. Les contreforts granitiques qui les séparent tombent à pic dans la plaine, que les anciens torrents ont couverte d'une couche épaisse de dépôts diluviens.

Le versant qui regarde la France, la Suisse, l'Allemagne et l'Autriche se prolonge au contraire par d'énormes massifs, que des vallées longitudinales parallèles à la crête, et des vallées transversales, étroites et profondes, découpent comme

Profil des Alpes du Mont Ventoux au Col du Brenner (d'après Ewald) (1)

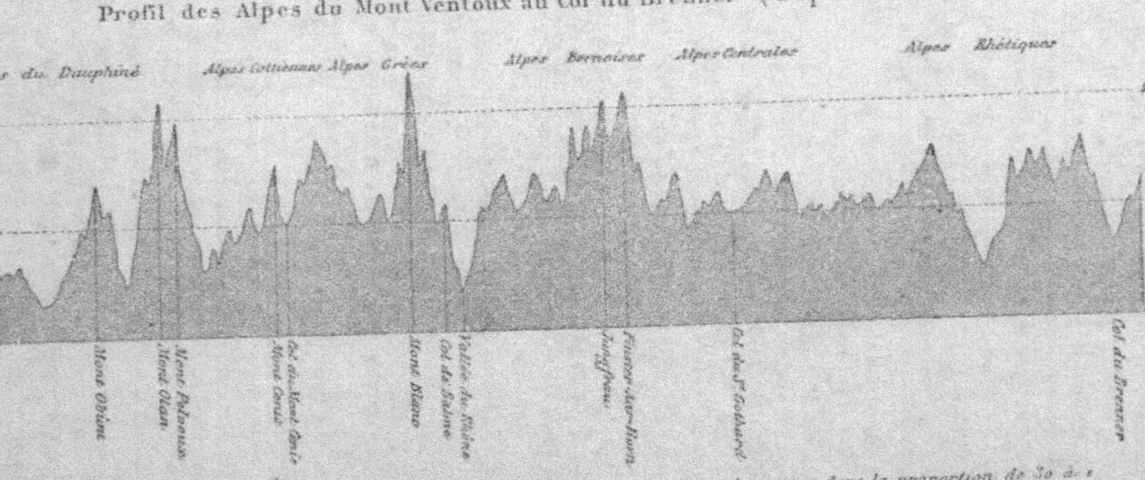

(1) L'échelle horizontale est de 5,400,000 les hauteurs sont exagérées par rapport aux longueurs dans la proportion de 30 à 1

Carte II

les cases d'un échiquier. L'arête, qui forme la ligne de partage des eaux entre les deux versants, est en général dessinée par des plateaux assez larges, couverts de pâturages, et que dominent çà et là des cimes neigeuses et des pyramides de granit. Aussi les cols des Alpes sont-ils nombreux et pour la plupart d'un accès assez facile. Cette gigantesque barrière, qui semble entourer l'Italie d'un rempart infranchissable, est percée de tant de brèches qu'elle n'a jamais arrêté les invasions.

La flore et la faune alpestres. — Le voyageur

Fig. 11. — Chamois (hauteur de la figure jusqu'à la naissance du cou, 0ᵐ,30 ; hauteur réelle, 0ᵐ,70 à 0ᵐ,80).

qui traverse le massif des Alpes passe, en quelques jours, ou en quelques heures, par des variations de température aussi grandes que s'il allait d'une latitude tempérée au pôle et s'il revenait du pôle dans nos climats.

Au pied de la grande chaîne, sur le versant italien, mûrissent le limon et l'orange dans les vallées bien exposées ; la vigne réussit jusqu'à 600 mètres, le blé jusqu'à 900. C'est entre 600 et 1 000 mètres que s'étend la zone des prairies, et celle des forêts de châtaigniers et de chênes : au delà, jusqu'à 1 300 mètres, les céréales disparaissent, et le hêtre mêlé au sapin couvre les pentes de plus en plus abruptes et que

l'imprévoyance du montagnard a trop souvent dépouillées de
leurs forêts. De 1 400 à 1 800 mètres, le sapin et le mélèze re-
vêtent seuls de leur sombre manteau de verdure le sol de plus
en plus rocailleux et tourmenté. Au-dessus de 1 800 mètres,
commence la région des pâturages alpestres, où les troupeaux
ne séjournent que pendant l'été pour redescendre en hiver
dans la région des prairies.

Enfin sur la limite des neiges éternelles, qui varie suivant

Fig. 15. — Marmotte. (L'animal est de la grosseur d'un chat.)

l'exposition entre 2 300 et 2 800 mètres, le roc nu n'est plus
tapissé que de mousses et de lichens qui rappellent la maigre
végétation des contrées polaires.

La flore des Alpes est d'une richesse et d'une variété incomparables : l'absinthe, l'arnica, la gentiane, le rhododendron,
les azalées fleurissent à des hauteurs de 2 000 mètres, et la
fraise mûrit jusque sur le bord des glaciers. Les animaux caractéristiques des hautes régions sont : l'ours brun, la marmotte, l'hermine, le chamois, le grand coq de bruyère,
l'aigle, le vautour ; mais, poursuivis par le chasseur jusque
dans la région des neiges éternelles, ces hôtes de la montagne
disparaissent peu à peu ; les plantes elles-mêmes n'échappent
pas à la destruction, et le temps n'est pas loin où quelques-
unes des espèces animales ou végétales de la zone alpestre
n'auront plus de représentants que dans nos galeries de
zoologie ou dans les herbiers de nos botanistes.

Division des Alpes. — On divise ordinairement la chaîne des Alpes en trois grandes sections : 1° les Alpes occidentales ou françaises; 2° les Alpes centrales ou helvétiques; 3° les Alpes orientales ou autrichiennes.

Alpes occidentales.

Les Alpes occidentales s'étendent du col de Cadibone au massif du mont Blanc. Elles sont comprises entre la Méditerranée, les plaines du Piémont et la vallée du Rhône, de Martigny à la mer.

La chaîne principale, qui sépare la France de l'Italie, forme un arc de cercle dont la convexité est tournée du côté de la France. Elle porte les noms d'**Alpes Maritimes**, du col de *Cadibone* au mont *Viso* (3 845 mètres), d'**Alpes Cottiennes**[1], du mont *Viso* au col du mont *Cenis*, et d'**Alpes Grées** (*Graiæ*, probablement du celtique *craigh*, rocher, pierre), du col du mont *Cenis* au massif du mont *Blanc*.

Alpes Maritimes. — Les Alpes Maritimes plongent jusque dans la Méditerranée, par des escarpements dont les dernières pentes, couvertes d'oliviers et d'orangers, laissent passage à la fameuse route de la Corniche. Leur point culminant, l'aiguille de *Chambeyron*, ne dépasse pas 3 400 mètres.

Après la ligne du chemin de fer de Savone à Turin qui franchit le col de Cadibone, la première route carrossable est celle du col de Tende (1 870 mètres) dont les deux versants appartiennent à l'Italie : à ce col doit passer le chemin de fer de Nice à Turin, dont la construction est décidée. Les autres passages ne sont traversés que par des routes muletières ou des chemins de chars. Au col de *Larche* (1 995 mètres) passe une autre grande route carrossable menant de Barcelonnette à Coni.

Les Alpes Maritimes, très escarpées sur le versant italien où elles donnent naissance au *Tanaro* (col de *Tende*), à la *Stura* et au *Pô* (mont *Viso*), se prolongent en France par des massifs, les uns dénudés et ravinés par les torrents, comme les **Alpes de la haute Provence** (point culminant, plus de 3 000 mètres), entre la Durance, l'Ubaye et le Verdon; les autres, boisés ou couverts de pâturages, comme les montagnes granitiques des **Maures** et le massif porphyrique de

---

1. Cottius était un chef gaulois contemporain d'Auguste.

l'**Esterel**, sur le littoral. Sur la rive gauche de la Durance
s'étendent les chaînes calcaires de **Sainte-Victoire** et des
Alpines, et plus loin les monts de l'Étoile à l'ouest de Marseille. Au pied des Alpines s'étend, sur la rive gauche du
Rhône, la plaine aride de la **Crau**, dont les cailloux roulés
rappellent le temps où la Durance l'inondait de ses eaux torrentielles avant de se jeter directement à la mer.

Alpes Cottiennes. — Les Alpes Cottiennes ont des
cimes de plus de 3 000 mètres (le mont *Tabor*, 3 182 mètres).
Les routes carrossables du mont *Genèvre* (1 860 mètres) et
du mont *Cenis* (2 082 mètres), qui se réunissent, après avoir
franchi la ligne de faîte, dans la vallée de la *Dora Riparia*,
et qui débouchent à Suse, la clef de l'Italie septentrionale,
sont les meilleures des Alpes Occidentales, mais le percement du tunnel creusé sous le col de *Fréjus*, et qui livre passage à la voie ferrée (12 240 mètres de longueur, 1 338 mètres d'altitude au point culminant), entre Modane en France
et Bardonnèche en Italie, a singulièrement diminué leur
importance.

Les Alpes Cottiennes projettent, sur le versant français,
deux massifs au moins aussi élevés que la chaîne principale :
celui des **Alpes de Maurienne** (3 000 à 3 500 mètres),
limité par les vallées de l'Arc, de l'Isère et de la Romanche ;
et celui de l'**Oisans**, entre la Romanche, le Drac et la Durance. La Suisse n'offre rien de plus imposant que nos
montagnes du Dauphiné avec leurs glaciers, leurs vallées
sauvages, leurs sommets (*Barre des Écrins* [4 103 mètres],
Pelvoux, la *Meije*), et leurs cols impraticables ; un seul, celui
du *Lautaret* (2 080 mètres), qui fait communiquer la vallée
de la Durance et celle de l'Isère, est accessible aux voitures.

Au delà du Drac commence la zone subalpine : elle comprend les longues crêtes du **Vercors**, entre l'Isère et la
Drôme, et le massif dénudé du **Devoluy** (point culminant,
la Tête de l'Obiou, 2 792 mètres), entre la Durance, un de ses
affluents le Buech, et le Drac, dont les vallées communiquent
par le col de *la Croix-Haute*, qu'emprunte la voie ferrée de
Grenoble à Marseille.

Ces massifs se prolongent jusqu'aux bords du Rhône et
de la Durance, par les groupes confus du département de la
Drôme, les crêtes des monts de *Lure* et du *Luberon*, et les
magnifiques escarpements du mont *Ventoux* (1 192 mètres),
qui dominent à pic la vallée du Rhône.

Les Alpes Grées. — Le mont Blanc. — Les
Alpes Grées sont la partie la plus majestueuse des Alpes
françaises. Du col du mont Cenis au mont Blanc, l'arête principale, coupée par une seule route carrossable, celle du *Petit
Saint-Bernard*, entre Moutiers et Aoste, est dominée par des
aiguilles granitiques dont les plus élevées sont celles de la

Fig. 16. — Vue du mont Blanc.

Grande Sassière (3 756 mètres), de la *Levanna*. Elle projette
sur les deux versants de puissants massifs couverts de neige
et de glaciers, le *Grand Paradis*, en Piémont (4 061 mètres),
le massif de la *Vanoise*, en France, entre la vallée de l'Arc
et celle de l'Isère : mais ces splendeurs sauvages le cèdent
à celles du massif du **mont Blanc**, le roi de nos montagnes
européennes. Isolé de toutes parts, au sud par le col du
Bonhomme, à l'est par l'*Allée Blanche* et le *Val Ferret*, au
nord par le col de *Balme*, à l'ouest par la vallée de *Chamo-
nix*, il dresse au-dessus des glaciers et des champs de neige
(glaciers de l'*Argentière*, *Mer de Glace*, glaciers du *Géant*,
des *Bossons*, etc.) ses aiguilles de granit dont dix-huit ont

plus de 3 400 mètres, cinq plus de 4 000 mètres, et que domine une cime neigeuse (4 810 mètres), point culminant de toute la chaîne des Alpes.

La zone subalpine des Alpes Grées comprend : 1° les massifs des **Dranses** ou du **Chablais** (point culminant, la *Dent du Midi*, 3 285 mètres), entre le Rhône, le lac de Genève et l'Arve ; 2° le massif des **Bornes**, entre l'Arve et le Fier, terminé sur les bords du Rhône par les escarpements du mont *Vuache* ; 3° les plateaux des **Beauges**, entre le lac d'Annecy et le lac du Bourget ; 4° le massif pittoresque de la **Grande-Chartreuse** (point culminant, 2 066 mètres), entre le lac du Bourget et la vallée de l'Isère.

Alpes centrales.

Les Alpes Centrales commencent au massif du mont Blanc et finissent au col du *Brenner* ; elles se divisent en trois sections[1] : les **Alpes Pennines**, du col Ferret au col du *Simplon* ; les **Alpes Lépontiennes**, du Simplon au col de *Maloia*, et les **Alpes Rhétiques**, du col de *Maloia* au col du *Brenner*.

Le massif est coupé, comme celui des Alpes Occidentales, par plusieurs vallées longitudinales, celle du Rhône (*Valais*) jusqu'au Saint-Gothard, celle du Rhin, depuis le Saint-Gothard jusqu'à Coire, et celle de l'Inn (*Engadine*), qui tracent un énorme sillon parallèle à l'arête principale.

Alpes Pennines. — Les Alpes Pennines (du celtique *Pen*, sommet, tête) peuvent le disputer au massif du mont Blanc. Trente de leurs sommets dépassent 4 000 mètres, et, parmi eux, le *mont Rose* s'élève à 4 640 mètres, le dôme de *Mischabel* à 4 554, la pyramide du *Cervin* à 4 505 ; leurs énormes glaciers occupent une superficie double de celle des Alpes Grées, enfin leur masse imposante est coupée par un très petit nombre de passages. Les deux cols, celui du *Grand Saint-Bernard* (2 472 mètres), franchi en 1800 par Bonaparte, et celui du *Simplon* (2 010 mètres), où passe une des bonnes routes des Alpes et où l'on perce actuellement un tunnel rival de celui du Saint-Gothard, sont situés aux deux extrémités de la chaîne.

1. Il convient de faire observer que les noms et les limites des diverses sections des Alpes sont tout à fait conventionnels et par suite fort variables.

De l'autre côté de la vallée du Rhône, et parallèlement aux Alpes Pennines, se dresse brusquement un massif presque aussi puissant, celui des **Alpes Bernoises**, qui commence vers le col de la *Dent de Jaman*, au nord de Vevey, et finit au *Saint-Gothard*; ses sommets les plus élevés, le *Finsteraarhorn* (4275 mètres), la *Jungfrau* (la Vierge), dépassent 4000 mètres; ses glaciers (glaciers d'*Aletsch*, de l'*Aar*, de *Grindelwald*) sont les plus vastes des Alpes, et, parmi ses cols, la *Gemmi* (2308 mètres) est difficile et le *Grimsel* (2228 mètres) est maintenant franchi par une grande route.

Le versant septentrional des Alpes Bernoises s'abaisse par une pente plus douce vers la vallée de l'Aar et les lacs de la Suisse centrale qu'elles encadrent de leurs rameaux. Le *Righi* (1800 mètres), sur les bords du lac des *Quatre-Cantons*, et le *Pilate* (2000 mètres), derniers sommets de la zone subalpine, escaladés aujourd'hui par un chemin de fer, dominent les **plaines de la Suisse septentrionale et orientale** qui s'abaissent par degrés vers les lacs de Genève, de Neuchâtel, de Constance et vers la fertile vallée du Rhin.

Alpes Lépontiennes. — Saint-Gothard. — Les Alpes *Lépontiennes* (du nom d'une peuplade soumise par les Romains) forment un gigantesque massif presque entièrement couvert de neiges éternelles, dominé par des cimes de 3000 à 3600 mètres (*Galenstok*, 3579 mètres, mont *Adule*, 3398 mètres) et dont le centre est marqué par une sorte d'îlot montagneux séparé du reste du massif par la vallée supérieure du *Rhône*, le col de la *Furca*, la haute vallée de la *Reuss*, celle du *Rhin*, le col de *Lukmanier* et la vallée du *Tessin*. C'est en quelque sorte le noyau de la chaîne des Alpes, le principal réservoir des fleuves auxquels elle donne naissance : le Rhône, le Rhin, le Tessin, important affluent du Pô, l'Inn, véritable source du Danube; c'est le point de partage des versants de la Méditerranée, de l'Adriatique, de la mer Noire et de la mer du Nord. Ce noyau de hautes terres, si important dans la géographie de l'Europe, a pris le nom de **Saint-Gothard**. Il le doit à un des cols les plus fréquentés des Alpes (2114 mètres), près duquel passe aujourd'hui un tunnel de 15 kilomètres qui met en communication l'Italie et l'Europe centrale.

Des Alpes Lépontiennes rayonnent vers le sud les **Alpes du Tessin**, au pied desquelles dorment le lac *Majeur* et le lac de *Côme*; vers le nord les **Alpes d'Uri** qui dominent le lac des *Quatre-Cantons*, et les **Alpes de Glaris** ou massif du **Tœdi**, dont les ramifications, encadrant le lac de *Zug* et celui de *Zurich*, se prolongent jusqu'au lac de *Constance*; enfin vers le nord-est les **Alpes des Grisons**, montagnes boisées, d'un aspect sauvage (cols du *Julier*, de l'*Albula*; chaîne de l'*Albula*, chaîne du *Rhætikon*), qui séparent la vallée du Rhin de celle de l'Inn. Dans la zone subalpine, à l'est du lac de Constance, elles s'abaissent peu à peu, et, sous le nom d'**Alpes Algaviennes** (1 500 à 2 000 mètres), finissent par se confondre avec les **plateaux de la Souabe** qui descendent lentement vers la vallée du Danube (500 à 900 mètres d'altitude). C'est sous le massif qui rattache les Alpes des Grisons aux Alpes Algaviennes qu'a été creusé le tunnel de l'*Arlberg* (10 270 mètres de long), franchi par la ligne de Zurich à Vienne, la communication la plus directe entre la vallée du Rhin et celle de l'Inn. A leur extrémité orientale les Alpes Lépontiennes sont coupées par deux cols, ceux du *Bernardino* (2 063 mètres), et du *Splugen* (2 117 mètres), qui donnent passage à deux routes carrossables descendant, l'une vers le lac Majeur, l'autre vers le lac de Côme.

　　Les Alpes Rhétiques. — Les Alpes Rhétiques (*Rhetia*, ancien nom du Tyrol) commencent au groupe de *Bernina* (4 052 mètres). Ce massif neigeux se dresse au sud des sources de l'*Inn* et de la *Maira*, affluent de l'*Adda*, en face du *Septimer*, dont il est séparé par la dépression du col de *Maloggia* (1 811 mètres), situé à l'origine des deux vallées et donnant passage à une route qui rejoint à *Chiavenna* celle du Splugen. Sur le versant méridional du Bernina, la *Valteline*, la haute vallée de l'Adda, communique avec celle de l'Adige par la route carrossable très élevée du *Stelvio* (2 758 mètres d'altitude). Outre le Bernina, les principaux massifs des Alpes Rhétiques sont ceux de l'**Ortler** (point culminant, 3 900 mètres), entre la vallée de l'*Adda* et celle de l'*Adige* tourné par le col très élevé du **Stelvio** et de l'**Œtzthal** (point culminant, 3 779 mètres), entre la vallée de l'Adige, celle de l'Inn et la dépression du *Brenner*, à l'est (1 367 mètres). Le col du Brenner est franchi par un chemin de fer et par une route carrossable.

　　La zone subalpine des Alpes Rhétiques comprend, du côté de l'Italie, le massif des **Alpes de Bergame**, entre la vallée de l'Adda, le lac de Côme et la vallée de l'Oglio; le groupe des **Alpes du Trentin** (*Adamello*, 3 547 mètres), entre la vallée de l'*Oglio*, celle de l'*Adige*, le lac de *Garde* et le col de *Tonal* (1 815 mètres). Ces belles montagnes dominent de leurs pentes escarpées les **plaines de Lombardie**, auxquelles leurs glaciers et leurs neiges versent les eaux qui les fertilisent. Du côté de l'Allemagne, au nord de la vallée de l'Inn, s'allonge de l'ouest à l'est, parallèlement au cours de cette rivière, la chaîne des **Alpes Bavaroises** (point culminant, 2 900 mètres), avec leurs forêts de sapins, leurs lacs entourés de verdure, et leurs croupes gazonnées qui s'abaissent lentement vers le **plateau de Bavière**, et déversent leurs eaux dans le Danube par la rivière de l'*Isar*.

Alpes orientales.

Le massif des Alpes Orientales est compris entre la vallée du Danube au nord, les **plaines de Hongrie et de Croatie** à l'est et au sud-est, l'*Adriatique* et les plaines de la **Vénétie** au sud, la vallée de l'*Adige* et la vallée de l'*Inn* à l'ouest. Il est coupé de l'ouest à l'est par deux sillons principaux : le premier, tracé par la vallée de la *Salzach*, affluent de l'*Inn*, et celle de l'*Enns*, affluent du Danube ; le second, par celle de la *Drave*, qui le divisent en trois chaînes parallèles :

1° La chaîne centrale, la plus large et la plus élevée, se dresse sous le nom de **Hautes-Tours** (*Hohe Tauern*), entre la vallée de la Salzach, celles de la Rienz et de la Drave (*Pusterthal*). Son principal sommet (*Gross Glockner*, *Grand-Clocher*) atteint 3 797 mètres, et quelques-uns de ses glaciers ne le cèdent pas à ceux des Alpes Grées ou Pennines. Ce massif se bifurque à son extrémité orientale en deux branches séparées par la vallée de la *Mur*, affluent de gauche de la *Drave* : la branche septentrionale, sous les noms de **Basses-Tours** (*Kleine Tauern*), de *Hoschwab* et de *Wiener-Wald* (forêt de Vienne), se prolonge jusqu'aux bords du Danube : on lui donne quelquefois, ainsi qu'aux Hautes-Tours, le nom d'**Alpes Noriques** ; la branche méridionale, sous le nom d'**Alpes de Styrie**, encadre de ses contreforts boisés les vallées des affluents de la Drave, et s'abaisse en larges terrasses vers la plaine de Hongrie.

2° La chaîne septentrionale, sous le nom d'**Alpes de Salzbourg et d'Alpes de la Traun**, dessine les vallées

pittoresques de la province de Salzbourg et de la haute Autriche (*Salzkammergut*), avec leurs lacs, leurs cascades et leur ceinture de forêts.

La chaîne méridionale, dont la crête forme la ligne de partage des eaux entre l'Adriatique et la mer Noire, se compose de deux sections séparées par le col de *Tarvis* (1 165 mètres), un des passages des Alpes franchi par un chemin de fer.

La branche occidentale, connue sous le nom d'**Alpes Carniques** (*Carnes*, peuplade des Alpes détruite par les Romains), commence aux sources de la Drave : ses sommets dépassent 2 680 mètres. Elle se prolonge, à l'ouest jusqu'à la vallée de l'Adige, par une chaîne plus élevée dont le point culminant approche de 3 500 mètres, et qu'on désigne d'ordinaire sous le nom d'**Alpes Cadoriques** et d'**Alpes Vénitiennes**. Le versant méridional de ce double massif est formé de terrasses calcaires, qui finissent par se perdre dans les plaines de la Vénétie et du Frioul.

La branche orientale court du col de Tarvis au golfe de Fiume, sous le nom d'**Alpes Juliennes**. Le principal sommet, le mont *Terglou* (les Trois-Têtes), atteint 2 864 m. Les cols sont nombreux : le plus important est celui d'*Adelsberg*, franchi par la voie ferrée de Trieste à Vienne. Les Alpes Juliennes se terminent en Istrie, par des plateaux calcaires, élevés de 500 à 600 mètres, creusés d'entonnoirs innombrables où s'engouffrent les eaux, sillonnés de ravins desséchés, et qui ont reçu le nom de *Karst*. C'est une des régions les plus âpres et les plus déshéritées du littoral de l'Adriatique.

IV

EUROPE CENTRALE

Système hercynien; Carpathes.

Les plateaux de l'Europe centrale. — La région qui s'étend au nord des Alpes est un vaste plateau coupé de l'ouest à l'est par deux longues fissures à peu près parallèles : au sud la vallée du *Danube*, au nord celles du *Main*, de l'*Eger* et la vallée supérieure de l'*Elbe* jusqu'à son confluent avec l'Eger.

Limité au sud par les Alpes, à l'est par la vallée de la *Mo-*

rawa, affluent du Danube qui le sépare des Carpathes, à l'ouest par la vallée du *Rhin* qui le sépare des hautes terres de l'Europe occidentale, ce plateau s'abaisse vers le nord en pentes plus ou moins rapides jusqu'au niveau de la grande plaine qui, sous le nom de Pays-Bas et d'Allemagne septentrionale, borde la mer du Nord et la Baltique. Ce plateau, revêtu autrefois de sombres forêts de chênes et de sapins qui continuaient de l'autre côté du Rhin la forêt des Ardennes, avait reçu des anciens le nom de forêt *Hercynienne*, et quelques géographes modernes appellent encore système *hercynien* l'ensemble des terrains jurassiques, des crêtes granitiques ou des roches éruptives qui occupent le centre de l'Europe.

Forêt Noire. — Sur la rive droite du Rhin moyen se dresse un massif haut de 1 200 à 1 500 mètres, couvert de forêts de sapins, creusé de vallées profondes presque toutes perpendiculaires à la crête, et dominé par des cimes granitiques (*Feldberg*, 1 495 mètres) qui descendent brusquement vers la **plaine du Rhin** (grand-duché de Bade). — C'est la **Forêt Noire** (*Scharzwald*), qui s'étend du Rhin à la *Kinzig*, parallèlement aux Vosges, et qui donne naissance au Danube. — Au nord de la vallée de la Kinzig, le massif s'abaisse, les grès succèdent au granit, aucune cime n'atteint plus 1 200 mètres, et la montagne s'étale en larges plateaux qui s'effacent peu à peu dans la plaine du *Neckar*, mais pour se relever entre le Neckar et le Main dans le pays tourmenté de l'**Odenwald** (500 mètres).

Le défilé du *Val d'Enfer*, si fréquemment traversé par les armées françaises depuis Louis XIV jusqu'à Napoléon, est la principale voie d'accès du Rhin au Danube. Par le *col de Pforzheim*, situé beaucoup plus au nord, passe la voie ferrée de Paris à Munich, Vienne et Constantinople desservie par « l'Orient Express ».

Jura de Souabe et Jura franconien. — La région comprise entre le Danube et le Main, à l'est de la Forêt Noire, région dont l'altitude moyenne varie entre 250 et 500 mètres, est un plateau qui monte en pente douce du nord au sud, et dont le talus méridional descend presque à pic dans la vallée du Danube. Cette pente rapide, qui vue du Danube offre l'aspect d'une chaîne de montagnes, porte successivement le nom de **Jura de Souabe** ou *Alpes Rudes* (*Rauhe Alpen*), et de **Jura franconien**. Ces deux Juras sont des plateaux calcaires, les uns boisés, les autres nus et stériles, dont les sommets n'atteignent pas 1 000 mètres.

Au nord du Main s'étend un plateau qui s'abaisse dans la direction de la mer du Nord, mais que dominent plusieurs massifs de collines. Le point culminant de toute cette région est le massif du **Harz**, à l'angle nord-est du plateau. Sa situation isolée au milieu de la plaine, l'aspect imposant et sévère de son plus haut sommet, le dôme du *Brocken* (1 140 mètres), la grâce de ses vallées, le mystère de ses forêts, les sombres profondeurs de ses mines en ont fait le théâtre des légendes les plus fantastiques de l'Allemagne du Nord. La **forêt** de **Franconie** (*Frankenwald*) et la **forêt** de **Thuringe** (*Thüringerwald*) s'élèvent sur le front oriental du plateau comme un épais rempart, atteignant jusqu'à 1 000 mètres.

Le talus occidental borde le Rhin sous les noms de *Siebengebirge* (les sept montagnes), de **Westerwald** et de **Taunus** (point culminant, 880 mètres). Enfin, au centre même du plateau, entre le Main et le Wéser, s'élèvent, sous les noms de *Spessart*, de *Vogelsgebirge* et de *Rhône Gebirge*, des massifs basaltiques dont les sommets arrondis en forme de dômes atteignent 900 mètres.

Le Fichtelgebirge. — Aux sources du Main se dresse un massif granitique dont la maîtresse cime, le *Schneeberg*, dépasse 1 050 mètres. Couvert de forêts de pins, qui lui ont valu le nom de **Fichtelgebirge** (*Montagnes des Pins*), ce massif est le réservoir des eaux de l'Europe centrale, le nœud auquel se rattachent ses principales chaînes de montagnes : c'est le Saint-Gothard de l'Allemagne. — Du Fichtelgebirge rayonnent vers le nord-ouest le Frankenwald, vers le sud-ouest le Jura franconien, vers le nord-est et vers le sud-est deux des quatre chaînes qui enferment le quadrilatère de Bohême. Le Main, l'Eger et la Saale y prennent naissance.

Plateau de Bohême. — Le plateau de Bohême, situé au cœur même de l'Europe, dont il forme pour ainsi dire la citadelle, se compose de quatre massifs symétriquement disposés en forme de losange et dominant par plusieurs étages de terrasses escarpées un bassin intérieur, accidenté, semé de collines rocheuses, coupé de profondes vallées. Les eaux de ce bassin que remplissait une méditerranée aujourd'hui desséchée viennent toutes se déverser dans le grand

Fig. 18. — La Sainte-Baume. En Provence.

fleuve de l'Elbe, qui s'écoule vers le nord-est en franchissant par l'étroit défilé de Schandau cette ceinture des montagnes.

Les deux côtés occidentaux du losange, les monts de **Bohême** (*Böhmerwald*, 1 500 mètres), et les monts **Métalliques** (*Erzgebirge*), qui ne dépassent pas 1 250 mètres, sont des montagnes boisées, d'aspect sauvage, mais coupées par de nombreuses routes et par plusieurs lignes de chemins de fer : des deux côtés orientaux, l'un, le plateau de **Moravie**, est une large terrasse dont la pente n'est escarpée que du côté du Danube ; l'autre court depuis la source de l'Elbe jusqu'à celle de la Morawa, sous les noms de monts de **Lusace**, de monts des **Géants** (*Riesengebirge*), (Schneekoppe, 1 610 mètres), et de monts **Sudètes** : c'est une chaîne boisée et coupée de profonds défilés. Sur les deux rives de l'Elbe, entre la frontière de Bohême et Pirna, en Saxe, s'étend cette région pittoresque, si célèbre en Allemagne, sous le nom de *Suisse saxonne*.

Les Carpathes. — La vallée de la Morawa trace la limite entre le système de la Bohême et celui des Carpathes qui se courbent en demi-cercle depuis le confluent du Danube et de la Morawa jusqu'au défilé des Portes de Fer.

1° La portion occidentale de cet arc immense est formée par les **Petites Carpathes**, d'une élévation moyenne de 400 à 500 mètres, qui dominent la vallée de la Morawa et s'étendent depuis le Danube jusqu'aux sources de la Vistule. A partir de ce point, le massif se relève et s'élargit.

2° La partie centrale de la chaîne, les **Tatras**, dont la plus haute cime, le pic de *Gerlatch*, s'élève à 2 647 mètres, est un chaos de montagnes granitiques aux flancs, tantôt nus, tantôt boisés, de vallées étroites, d'âpres plateaux, de torrents et de lacs aux eaux vertes ou noires, ombragés par d'épaisses forêts de sapins, dont la majesté sauvage le dispute aux sites les plus grandioses de la Suisse. Les terrasses septentrionales des Tatras s'abaissent, sous le nom de **Beskides**, vers la vallée de la Vistule ; les terrasses méridionales, dont quelques sommets dépassent encore 2 000 mètres, descendent, sous les noms de monts de **Liptau** et de monts **Matras**, jusque dans la plaine de Hongrie où s'effacent leurs dernières ondulations. Le massif des Tatras que contourne à l'ouest une voie ferrée franchissant le *col de Jablunka*, et qui n'est traversé que par des routes médiocres, est habité par une population de pâtres et de bûcherons qui a conservé longtemps une sorte d'indépendance, et qui inspirait encore, il y a un demi-siècle, une terreur justifiée aux cultivateurs de la plaine.

3° Les **Carpathes orientales**, de la source de la *Theiss* à celle du *Maros*, affluent de la Theiss, sont un plateau boisé, surmonté de cimes isolées, dont quelques-unes s'élèvent à plus de 2 000 mètres.

Dans sa partie méridionale, le massif s'épanouit sous le nom de *plateau de Transylvanie*. Les **Alpes** de **Transylvanie**, qui en forment la limite orientale, ont des sommets de plus de 2 500 mètres, mais les cols sont assez nombreux, et la chaîne est coupée dans toute son épaisseur par la vallée de l'*Aluta*, affluent du Danube, qui prend sa source sur le versant occidental, et qui s'est ouvert un passage par le défilé de la *Tour-Rouge*. Les montagnes s'abaissent en se rapprochant du Danube ; cependant sur les bords mêmes du fleuve quelques-uns des contreforts ont encore 600 mètres d'élévation, et, sur une longueur de 120 kilomètres, il a dû se frayer une route à travers les rochers en séparant les Alpes de Transylvanie des montagnes de Serbie qui n'en sont que le prolongement (défilé des Portes de Fer).

La plaine de Hongrie. — Les Carpathes, les Alpes de Transylvanie, les montagnes de Serbie et de Bosnie et le massif des Alpes Orientales enveloppent de toutes parts une vaste plaine qui a été comme la Bohême, comme la Bavière et la Souabe une mer intérieure avant que les eaux n'eussent creusé la brèche par où devait s'échapper le Danube.

C'est la plaine de Hongrie, la *puzta*, tour à tour désert, marécage et prairie, couverte au printemps et en automne d'un manteau de verdure, brûlée en été par le soleil, inondée en hiver, et balayée en toute saison par le vent qui y soulève des tourbillons de neige ou de poussière. Cependant les steppes reculent devant la culture, le berger s'est fait laboureur, et la plaine du Danube est déjà un des greniers d'abondance de l'Europe. Tandis que le versant occidental et méridional des Carpathes domine la plaine hongroise, le versant oriental s'abaisse par une série de terrasses presque plates, peu élevées et qui descendent vers le Danube et vers la mer Noire, comme les marches d'un gigantesque escalier. Ces terrasses précèdent la plaine de **Roumanie**.

Les plaines de la Pologne et de l'Allemagne du Nord. — Quant au versant septentrional, il s'efface peu à peu, comme les derniers gradins des montagnes de la Bohême et des plateaux de l'Allemagne centrale, dans une plaine immense qui, sous le nom de Pays-Bas, d'Allemagne du Nord, de Danemark, borde la mer du Nord et la Baltique, et sous ceux de Pologne et de Russie se continue dans l'intérieur du continent jusqu'au pied des monts Ourals.

» Sur le penchant des montagnes de l'Allemagne centrale, » cette plaine est couverte d'une solide terre végétale et, sur » les bords des fleuves, d'une riche terre d'alluvion. Mais » dans les intervalles qui séparent ces fleuves, et surtout sur » les bords de la mer, elle est constamment sablonneuse : » les eaux sans écoulement y forment une quantité innom- » brable de lacs et de marécages. Pour unique accident de » terrain elle présente des dunes de sable; pour unique vé- » gétation, des sapins, des bouleaux et quelques chênes. Elle » est grave et triste comme la mer dont elle rappelle sou- » vent l'image, comme la végétation élancée et sombre dont » elle se couvre, comme le ciel du Nord. Elle est très fertile » sur le bord des fleuves, mais dans l'intérieur une culture » maigre se développe çà et là au milieu des éclaircies des » forêts de sapins, et, si quelquefois elle présente le spec- » tacle de l'abondance, c'est lorsque de nombreux bestiaux » ont engraissé le sol. » (THIERS, *Histoire du Consulat et de l'Empire.*)

V

EUROPE OCCIDENTALE

Plateaux de l'Allemagne rhénane et de la Lorraine. Les Ardennes. Les Vosges. — Les plateaux de l'Allemagne centrale, coupés par la vallée du Rhin, se prolongent de l'autre côté du fleuve par une région de hautes terres qui présentent à peu près les mêmes caractères géologiques et la même configuration. Au **Wester-wald** correspondent, sur la rive gauche du Rhin, le massif volcanique de l'**Eifel** et les larges plateaux schisteux ou calcaires qui, sous le nom de **Hautes-Fagnes** et d'**Ardennes**, couvrent presque toute la région comprise entre la Meuse et la Moselle (point culminant, 700 mètres) ; au

Taunus, les pentes boisées du **Hunsrück**, entre la Moselle et la Nahe ; enfin à l'**Odenwald** et à la **Forêt-Noire**, les croupes du **Hardt** avec leurs étroites vallées, leurs forêts et leurs sommets porphyriques (mont *Tonnerre*, 700 mètres), et les **Vosges**, symétriques sur la rive gauche du Rhin à la **Forêt-Noire** sur la rive droite.

Comme la Forêt-Noire, les Vosges se dirigent du nord au sud, et c'est également dans leur partie méridionale, du mont *Donon* au *ballon d'Alsace*, que se trouvent les plus hauts sommets (*ballon de Guebwiller*, 1 426 mètres ; *Hohneck*, 1 366 mètres). La physionomie des deux chaînes est la même : dômes arrondis dominant des plateaux couverts de pâturages, vallées sinueuses et profondes, magnifiques forêts de sapins, escarpements du côté du Rhin, pentes plus douces et plus longues dans l'autre versant. Comme le talus oriental de la Forêt-Noire se prolonge par les plateaux de la Souabe, le talus occidental des Vosges se prolonge par celui de la Lorraine, par les terrasses boisées des *monts Faucilles*, le *plateau de Langres* et le long bourrelet de l'*Argonne*. Mais là cesse la symétrie : tandis que les terrasses de l'Allemagne centrale se continuent vers l'est par le massif de la Bohême et celui des Carpathes, celles des Ardennes et du plateau lorrain finissent brusquement dans les *plaines basses* de la *Belgique* et de la *France septentrionale*, à peine sillonnées de quelques collines.

Le Jura. — Les Vosges sont séparées du massif du Jura par une sorte de fossé qui a reçu le nom de trouée *de Belfort*, et qui semble continuer vers l'ouest la vallée du Rhin à l'endroit où le fleuve se détourne brusquement vers le nord. Le Jura est limité au nord par la vallée du Rhin, à l'est par la vallée de l'*Aar* et par les lacs de *Bienne*, de *Neuchâtel* et de *Genève*, au sud par l'étroite fissure que le Rhône a creusée entre les montagnes savoisiennes et le Jura méridional, à l'ouest enfin par le lit d'un ancien lac qui forme aujourd'hui la vallée de la Saône et la plaine marécageuse des *Dombes* et de la *Bresse*.

Le Jura n'est pas une chaîne, c'est un ensemble de plateaux et de terrasses coupées par des failles profondes, où roulent des rivières torrentielles, s'élevant de l'est à l'ouest, et se terminant du côté de la Suisse par un talus rapide où s'ouvrent quelques brèches donnant passage à des routes ou à des chemins de fer. Long de 250 kilomètres, large d'environ 60, le Jura est orienté du nord-est au sud-ouest, et monte, par une pente presque insensible, des bords du Rhin à ceux du Rhône. C'est dans le Jura méridional qu'on trouve les plus hauts sommets, le *Cret de la Neige*, 1 724 mètres, le *Reculet*, le *Grand Credo*, la *Dôle*, le *mont Tendre*; aucun, du reste, n'a la fière allure des cimes alpestres, ni même le relief des ballons des Vosges; c'est à peine s'ils s'élèvent au-dessus du massif comme des créneaux au-dessus d'un rempart. Le Jura, dont le pied est couvert de vignobles, est couronné de forêts presque jusqu'au sommet; plus heureuses que celles des Alpes, ses vallées n'ont pas eu à subir les conséquences d'imprudents déboisements.

Deux grandes lignes de chemin de fer passent au défilé de l'Écluse au sud (Paris à Genève) et à la Cluse de Pontarlier au centre (Paris à Berne et Paris à Lausanne); des routes franchissent les cols de la Faucille et de Saint-Cergues.

La Côte d'Or et les Cévennes. — De l'autre côté de la Saône, en face du Jura, s'étagent, dans le prolongement du plateau de Langres, des gradins dont les premières assises sont chargées de riches vignobles, et les pentes supérieures couvertes de forêts, de pâturages ou de champs cultivés; c'est la **Côte d'Or**, qui ne dépasse guère 630 mètres.

Au sud du canal du Centre commencent les **Cévennes**. Les Cévennes sont une chaîne étroite qui s'élève peu à peu sous les noms de monts du *Charolais*, du *Beaujolais* et du *Lyonnais* (1 000 mètres); l'arête est granitique; les pentes, plus escarpées à l'est qu'à l'ouest, appartiennent à la formation jurassique, puis granitique.

A partir du mont *Pilat* (1 434 mètres) se courbe en arc de cercle, du nord au sud-ouest, un puissant massif de granit et de basalte dominé par des cratères éteints et des pics escarpés, qui comprend les montagnes volcaniques du *Vivarais* (mont Mézenc, 1 754 mètres, point culminant des Cévennes, mont Gerbier des Joncs, 1 560 mètres), les monts granitiques de la *Lozère* (1 700 mètres), et l'Aigoual, 1 567 mètres, avec leurs forêts sauvages, leurs plateaux désolés, et leurs contreforts qui s'abaissent brusquement vers la vallée du Rhône.

Enfin, du mont Aigoual au col de *Naurouse* courent du nord-est au sud-ouest, sous les noms de monts *Garrigues*, monts de l'*Espinouse*, *montagne Noire*, les **Cévennes méridionales**, montagnes âpres et nues dont la hauteur moyenne varie entre 600 et 1 200 mètres. Ce massif granitique, taillé en pentes abruptes du côté de la Méditerranée, se prolonge sur l'autre versant par de vastes plateaux calcaires au sol aride et pierreux, couverts de maigres pâturages et qui portent le nom de *Causses*.

Les Cévennes sont traversées par plusieurs lignes de chemins de fer, dont la principale est celle de Paris à Nîmes, qui emprunte le col de la Bastide et la *trouée de Villefort*. A travers les Causses passe la ligne de Neussargues à Béziers par Millau.

Massif central français. — Les Cévennes dessinent la limite orientale et méridionale du Massif central français, qui domine, au sud la vallée de la Garonne et le littoral de la Méditerranée, à l'est la vallée du Rhône, au nord et à l'ouest les plaines basses de la France occidentale et septentrionale. Ce massif granitique, dont les monts du *Morvan* (900 mètres) marquent la limite septentrionale, est surmonté de massifs volcaniques, les monts d'*Auvergne*, la chaîne des *Dômes*, les monts du *Vélay*; les plus hauts sommets atteignent presque 1 900 mètres (Puy de *Sancy*, 1 886 mètres, situé dans le massif des Monts-Dores).

Le Massif central a joué dans la géographie de notre pays un rôle des plus importants. Il a été le noyau autour duquel s'est formé peu à peu le sol même de la France : il est le grand réservoir de nos fleuves, il exerce sur le climat une action puissante; enfin il a été au temps de César, et il pourrait redevenir le dernier réduit de la défense nationale. L'*ouest* et le *sud-ouest* de la France sont, comme le nord, des pays de plaines, mais plus accidentés et dont les points culminants, les massifs granitiques de la *Bretagne* (*montagnes Noires* et monts d'*Arrée*) et les collines de *Normandie*, atteignent 350 et même 400 mètres.

Les Pyrénées. Description générale. — Le Massif central français n'est séparé que par la vallée de la Garonne et par une dépression qui s'enfonce entre les *Montagnes Noires* et les *Corbières* (seuil de *Naurouse*, 189 m.), de la chaîne des **Pyrénées**, la seconde de nos chaînes européennes par l'élévation de ses sommets, qui forme la limite septentrionale de l'*Espagne*.

Malgré l'unité apparente du système orographique des Pyrénées, elles ont été formées par des soulèvements d'âges très divers. Les **Pyrénées françaises**, qui commencent au cap *Creus* sur la Méditerranée et finissent au col de *Bélate*, ont été soulevées sur deux lignes parallèles, orientées de l'est à l'ouest, l'une plus septentrionale qui s'étend de la Méditerranée à la Garonne, l'autre plus méridionale, de la Garonne au col de Bélate. Elles sont comme soudées l'une à l'autre par un soulèvement antérieur orienté du sud-est au nord-ouest, et parallèle à la vallée de la Garonne. D'autres axes de soulèvement viennent croiser les deux axes principaux et déterminer des brisures qui altèrent la régularité de la chaîne. Les terrains granitiques, bien qu'ils occupent, surtout dans les Pyrénées orientales, des espaces considérables, ne forment pas toujours la ligne de faîte qui est souvent constituée par les schistes ou même par le terrain crétacé. C'est la craie qui domine sur les deux versants dans les terrasses inférieures, et qui recouvre presque partout les couches jurassiques, sauf une bande longue et étroite qui émerge dans le versant français entre la vallée du gave de Pau et celle de l'Ariège.

Les **Pyrénées espagnoles**, qui sous les noms de monts *Cantabriques*, de monts des *Asturies* et de monts de *Galice*, se prolongent parallèlement au littoral jusqu'aux caps *Ortégal* et *Finisterre*, sont plus irrégulières que les Pyrénées françaises. Les deux chaînes, dont la longueur totale est d'environ 850 kilomètres et dont l'épaisseur varie de 50 à 120, présentent, du reste, des caractères communs : les pentes sont en général plus courtes et plus rapides, et la déclivité des vallées plus forte dans le versant septentrional que dans le versant méridional ; les vallées, sauf de rares exceptions, coupent le massif dans le sens de sa largeur et non de sa longueur comme dans les Alpes ; les sommets, dont un certain nombre dépassent 3 000 mètres, se dressent en pointes aiguës et déchiquetées et présentent cette disposition qui a valu aux montagnes espagnoles leur nom de Sierras (*serra*, scie) : les contreforts qui s'appuient à l'arête principale sont élevés et abrupts, et rendent les communications difficiles entre les différentes vallées. Enfin les deux chaînes s'abaissent à leurs extrémités, et c'est dans leur partie centrale qu'elles atteignent leur plus grande élévation. Dans les deux massifs, les terrains sont riches en minerais de fer et en sources thermales, presque toutes sulfureuses, dont quelques-unes jouissent d'une réputation européenne (*Bagnères de Luchon*, *Cauterets*, *Eaux-Bonnes*, etc., en France ; *Santa-Agueda*, *Ontañeda*, *Alceda*, en Espagne).

4.

Les sommets des Pyrénées sont inférieurs de plus de
1000 mètres à ceux des Alpes, les lacs pyrénéens (lacs d'*Oo*,
de *Gaube*, etc.) ne sont que des flaques d'eau si on les compare à ceux de Genève ou de Constance, les glaciers ne descendent guère au-dessous de 2200 mètres et n'occupent que
trois ou quatre millièmes de la surface au lieu d'en occuper
sept centièmes comme dans les Alpes; les fleuves, à l'exception de la Garonne et de l'Ebre, ne sont que des torrents;
les Pyrénées ont cependant leurs beautés aussi sauvages et
aussi grandioses que celles de la nature alpestre : leurs escarpements formidables, leurs vallées non moins pittoresques que celles de la Suisse ou du Dauphiné, leurs éboulis
gigantesques, leurs cirques immenses (*Gavarnie*, *Troumouse*),
dont les parois montent verticalement à des hauteurs de
1000 à 1500 mètres et dont les gradins pourraient contenir des millions d'hommes.

Les forêts de châtaigniers, de hêtres, d'ifs, de sapins, qui
couvraient autrefois toute la chaîne, ont en partie disparu;
et les pâturages, inférieurs à ceux des Alpes, nourrissent peu
de gros bétail. Quant aux races sauvages, le chamois ou
isard, l'ours brun, le bouquetin, le lynx, le loup, elles deviennent de plus en plus rares, et, comme dans les Alpes, il
est facile d'en prévoir à courte échéance le complet anéan-
tissement.

Pyrénées françaises.

Pyrénées orientales. — Trois soulèvements orientés
du sud-ouest au nord-est, et dont l'axe vient couper celui
des Pyrénées sous un angle plus ou moins aigu, divisent le
massif des Pyrénées françaises en trois sections : 1° de la
Méditerranée au pic de Carlitte, les **Pyrénées orientales**
(hauteur moyenne, de 1500 à 1800 m.), avec leurs cols
traversés par des routes carrossables (col de *Pertus*, col de la
Perche) et par le chemin de fer de Perpignan à Barcelone
(col de *Bélistre*), et leurs sommets de moins de 3000 mètres
(*Puigmal*, 2900 m.). — Un soulèvement transversal a formé
le massif du *Canigou* en France (2785 m.) et celui de la
Sierra de Cadi en Espagne; le *Puigmal* est dans l'axe de ce
soulèvement.

Les Pyrénées orientales se prolongent en France jusqu'à la
vallée de l'Aude par le massif des **Corbières**, qui enveloppe

à l'ouest et au nord la plaine alluviale du *Roussillon*, dominée au sud par le *Canigou*. En Espagne, toute la région comprise entre la vallée de la *Sègre*, dont la partie supérieure porte le nom de *Cerdagne*, et celle de l'Ebre, n'est qu'un vaste massif montagneux dont les points les plus élevés appartiennent à une sorte de bourrelet littoral coupé par de nombreuses vallées, et qui se continue au sud du delta de l'Ebre.

Les Pyrénées centrales. — 2° Les Pyrénées centrales des *Corbières* aux monts de *Bigorre* (du pic de *Carlitte* au pic de *Troumouse*) sont un énorme massif, en partie granitique, dont les cols, impraticables aux voitures (ports de *Viella*, de *Vénasque*), dépassent 2 400 mètres, dont les sommets, le *Montcalm* (3080 m.), la pique d'*Estats* (3140 m.), la **Maladetta** avec le pic de *Néthou*, le roi des Pyrénées (3404 m.), le pic *Posets* (3367 m.), le pic de *Troumouse*, se dressent à plus de 3000 mètres. Les vallées : le val d'*Andorre*, le val de *Vénasque*, en Espagne, sur le versant méridional, le val d'*Aran*, haute vallée de la Garonne, le val de *Luchon*, la vallée d'*Aure*, dans le versant septentrional, comptent parmi les plus pittoresques des Pyrénées. — Les contreforts qui séparent quelques-unes de ces vallées peuvent rivaliser avec la chaîne principale, mais le plus important dans le versant français est la chaîne du **Bigorre**, qui commence au pic de Troumouse et forme entre la haute vallée de la *Neste*, affluent de la Garonne, et celle du *Gave de Pau*, affluent de l'*Adour*, une gigantesque barrière se prolongeant du massif de Troumouse au pic du *Midi de Bigorre* (2877 m.), au sommet duquel s'élève un observatoire. Les plus hautes cimes (massif de *Néouvielle*, pic *Long*) ont plus de 3000 mètres, et la vallée de *Campan* (haute vallée de l'Adour), celle de *Baréges*, rivalisent avec les plus belles de la grande chaîne.

Les Pyrénées occidentales. — 3° Les Pyrénées occidentales, du pic de Troumouse au col de *Belate*, présentent jusqu'au pic d'*Anie* (2504 m.) un aspect aussi majestueux que celui des Pyrénées centrales. Les cimes : mont *Perdu* (3352 m.), *Vignemale* (3290 m.), *Balaitous* (3175 m.), pic du *Midi d'Ossau* (2885 m.), sont couvertes de neiges et de glaciers ; les cols, ports de *Gavarnie*, du *Pourtalet*, ne sont que des sentiers ; une seule route, celle de *Jaca*, en Espagne, à *Oloron*, en France, par le val de *Canfranc* et le *Somport*, est accessible aux voitures ; enfin les vallées (vallée de *Luz* ou du gave de Pau, val d'*Ossau*, vallée d'*Aspe* en France, vallée de la *Cinca*, du *Gallego*, de *Canfranc*, ou du haut *Aragon*, en Espagne) sont aussi profondes et aussi sauvages que celles de Venasque ou d'Andorre. Le cirque de *Gavarnie* avec ses parois verticales de 1 600 mètres, ses gradins chargés de neige et sa cascade de 800 mètres, source du gave de Pau, est le plus connu des cirques des Pyrénées.

A partir du pic d'Anie, les sommets s'abaissent, les vallées s'élargissent, les cols deviennent plus nombreux et plus faciles. Celui de *Val Carlos* ou de *Roncevaux* est franchi par la route de *Saint-Jean-pied-de-Port à Pampelune*, et celui de *Belate* donne passage à la route carrossable de Bayonne à Pampelune par le val de *Bastan* (vallée de la Bidassoa).

Sur tout le versant méridional, depuis la vallée de la Sègre jusqu'à celle de l'*Arga* (Pampelune), les vallées perpendiculaires à la crête des Pyrénées sont coupées par une sorte de terrasse parallèle à la chaîne principale et qui s'abaisse brusquement dans les hautes plaines de la Catalogne, de l'Aragon et de la Navarre (vallée de l'Ebre). Cette espèce d'avant-chaîne, franchie par les principaux affluents de l'Ebre, porte les noms de *Sierra de Guara* entre le Gallego et la Cinca, enfin de *Sierra de la Peña* entre le Gallego et l'Aragon.

Sur le versant septentrional, il n'existe rien de comparable à ces soulèvements parallèles à la grande chaîne ; les premières terrasses des Pyrénées dont la plus importante est le plateau de *Lannemezan*, disposé en éventail entre la vallée de la Garonne et celle de l'Adour, ont été formées par les torrents de la période diluvienne et s'abaissent en pente douce vers la vallée de la Garonne et celle du gave de Pau.

Pyrénées espagnoles.

Les Pyrénées espagnoles ont comme les Pyrénées françaises leur point culminant au centre de la chaîne. Dans leur partie occidentale, du col de Belate aux sources de l'Ebre, elles n'ont aucun sommet qui atteigne 1 600 mètres. Les cols sont faciles, trois d'entre eux sont franchis par des chemins de fer, celui d'*Idiazabal* (ligne de Bayonne à Madrid), celui d'*Izarra* (ligne de Burgos à Bilbao) et celui de *Reinosa* (ligne de Madrid à Santander).

La partie centrale (monts **Cantabres** et monts des **Astu-**

ries) s'élève brusquement à plus de 2 000 mètres aux sources mêmes de l'Ebre, elle dépasse 2 600 dans le massif connu sous le nom de *Peñas de Europa* où se trouvent les fameuses cavernes de *Covadonga*, le refuge du roi goth Pélage et de ses compagnons, au temps de la conquête arabe. Elle conserve une élévation moyenne de 1 800 à 2 000 mètres jusqu'aux monts de Galice. Elle est cependant coupée par quelques routes et par un chemin de fer, celui de *Léon* à *Oviédo* et à *Gijon*.

La partie orientale des Pyrénées espagnoles (monts de **Galice**) est un massif confus et tourmenté, très boisé, qui s'épanouit en plateaux assez bien cultivés, ou se divise en chaînons tortueux. Les plus hauts sommets dépassent 1 500 mètres.

Le versant septentrional des Pyrénées espagnoles se prolonge jusqu'aux bords du golfe de Gascogne par une série de contreforts, les uns boisés, les autres dénudés par les pluies et les torrents et qui s'enchevêtrent dans un inextricable chaos. La pente méridionale, en général plus courte, descend brusquement vers la vallée de l'Ebre ou se perd dans les hautes plaines du plateau castillan.

Plateau de Castille. Monts Ibériques. — La péninsule ibérique est, en effet, un vaste plateau dominé au nord par la chaîne des Pyrénées françaises et espagnoles ; à l'est par des massifs isolés, *Sierra de Moncayo*, 2 350 m.) qui se dressent sur la rive droite de l'Ebre, se prolongent sous différents noms jusqu'au littoral de la Méditerranée et le bordent d'épaisses terrasses séparées par des dépressions et coupées par les tributaires de la mer des Baléares ; au sud par les escarpements de la *Sierra-Morena* (montagne Noire) ; à l'ouest enfin par les gradins qui descendent vers l'Atlantique, et les sierras hautes de 1 000 à 1 200 mètres, qui se prolongent jusqu'au littoral portugais. C'est au rebord oriental du plateau que les géographes appliquent d'ordinaire le nom de monts **Ibériques**.

Les hautes plaines enfermées dans cette enceinte de montagnes, et dont l'altitude moyenne varie de 500 à 800 mètres, ont reçu le nom de **plateau des Castilles**. Ce sont d'immenses terrasses calcaires, arides, brûlées en été par le soleil, balayées en hiver par les vents du nord, où de maigres pâturages, des landes semées de touffes de genêts et de bouquets d'arbres rabougris occupent plus de place que les terres cultivées. Les fleuves s'y creusent d'étroites vallées où ils roulent en hiver et se traînent en été, séparant par de profondes fissures ces plateaux incultes (*paraméras*) et ces tables

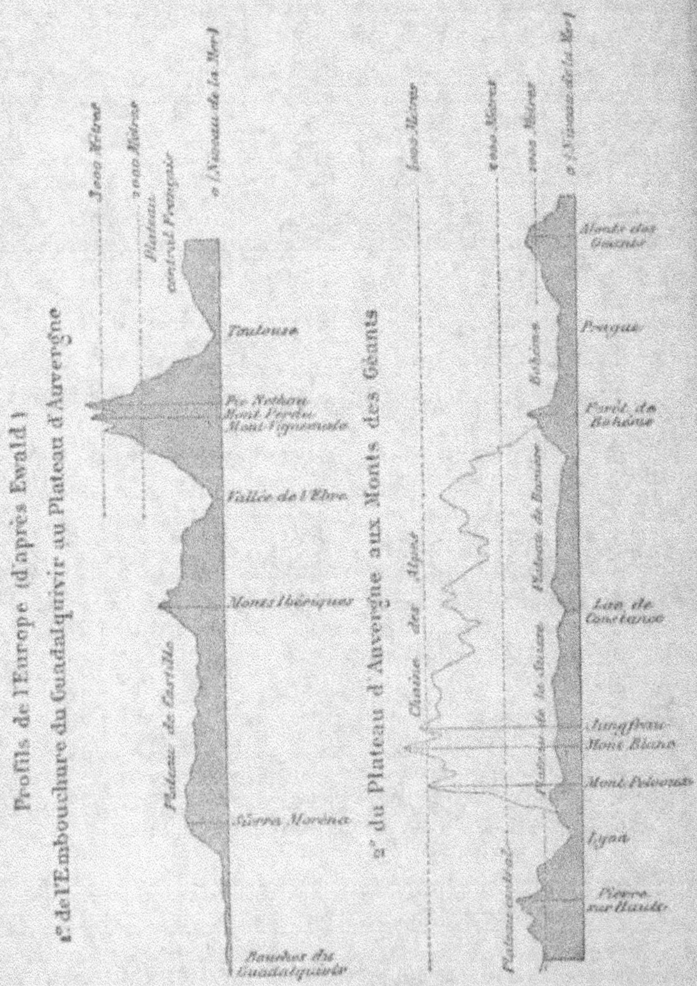

de grès ou de granits qui rappellent l'aspect désolé de nos causses cévenols.

Sierras du plateau castillan. — Le plateau des Castilles est coupé, de l'est à l'ouest, par deux chaînes qui encadrent la vallée du Tage.

La plus septentrionale (entre *Tage* et *Duero*) s'élève peu à peu sous le nom de *Sierra de Guadarrama*, atteint son point culminant dans la *Sierra de Gredos* (2660 m.), et se prolonge

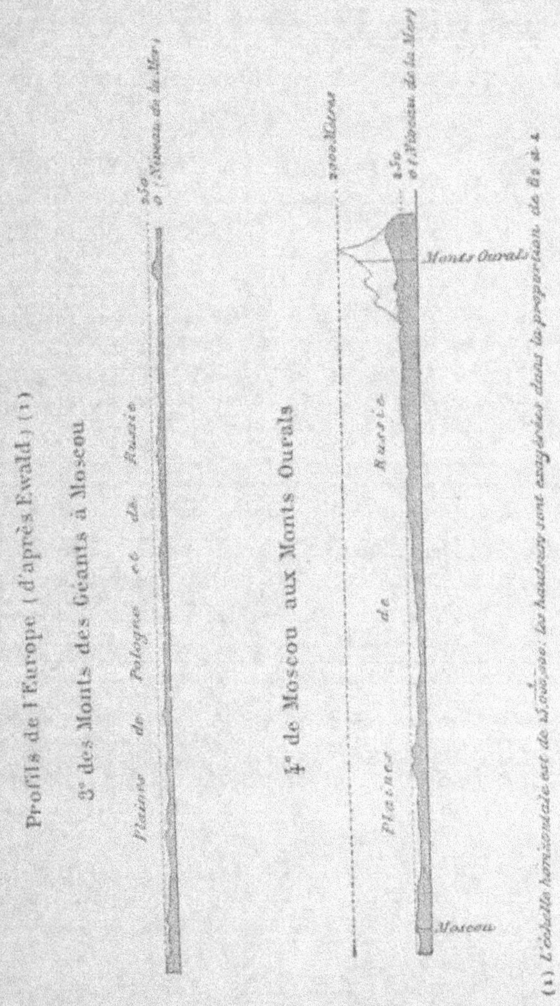

(1) L'échelle horizontale est de 1/5.000.000; les hauteurs sont exagérées dans la proportion de 63 à 1.

par la *Sierra de Gata*, la *Sierra d'Estrella* et le promontoire de *Torres Vedras* jusqu'à l'embouchure du Tage.

La plus méridionale et la moins élevée longe la rive droite

de la *Guadiana*, sous les noms de monts de *Tolède*, de *Sierra de Guadalupe* et de *Sierra d'Ossa*, et vient s'effacer en Portugal.

L'Espagne n'a de plaines basses et bien cultivées qu'à l'est, entre la mer et les monts Ibériques, où la *huerta* de *Valence* doit à ses canaux d'irrigation sa végétation splendide, et au sud dans la vallée du Guadalquivir où l'*Andalousie*, l'ancienne *Bétique*, a conservé son admirable fertilité.

Cette riche plaine est limitée au sud par un massif épais, coupé de nombreuses vallées, et qui domine le littoral de la Méditerranée, depuis la pointe de *Tarifa* jusqu'à celle de *Gata*. C'est la **Sierra Nevada** dont le point culminant, le pic de *Mulahacen*, qui domine les plateaux des *Alpujarras*, dépasse les plus hautes cimes des Pyrénées (3 480 mètres). La Sierra Nevada, avec ses neiges éternelles, ses torrents, ses roches de granit rougeâtre, ses sombres forêts de sapins, contraste avec le ciel africain et la végétation tropicale de l'étroite lisière de plaines qui s'étend au pied de la montagne, sur les bords de la Méditerranée.

Péninsule italique. L'Apennin.

La pente méridionale des Alpes vient, comme nous l'avons vu plus haut, mourir dans une vaste plaine presque entièrement couverte de terrains d'alluvions, sillonnée d'innombrables canaux d'irrigation, arrosée par l'Adige, par le Pô et ses affluents : c'est le *Piémont*, la *Lombardie* et la *Vénétie*, l'une des régions les plus fertiles et les mieux cultivées de l'Europe. Entouré au nord et à l'ouest par les Alpes, ce magnifique bassin est limité au sud par une chaîne moins élevée qui se rattache aux Alpes maritimes et qui, sous le nom d'**Apennin**, dessine la charpente de toute la péninsule italique.

Les Apennins. — L'*Apennin septentrional* (*ligurique* et *toscan*) commence au col de *Cadibone* et finit aux sources du Tibre. C'est une chaîne aride, monotone, sans grands sommets, élevée en moyenne de 1 200 à 1 600 mètres, dont les vallées perpendiculaires à la crête sont courtes et profondes, et qui domine par des pentes abruptes le golfe de Gênes, puis s'élargit et s'élève à mesure qu'elle se rapproche de l'Adriatique. Les cols sont relativement élevés : ceux de la *Bocchetta*, au nord de Gênes, de *Pontremoli* (route de Parme

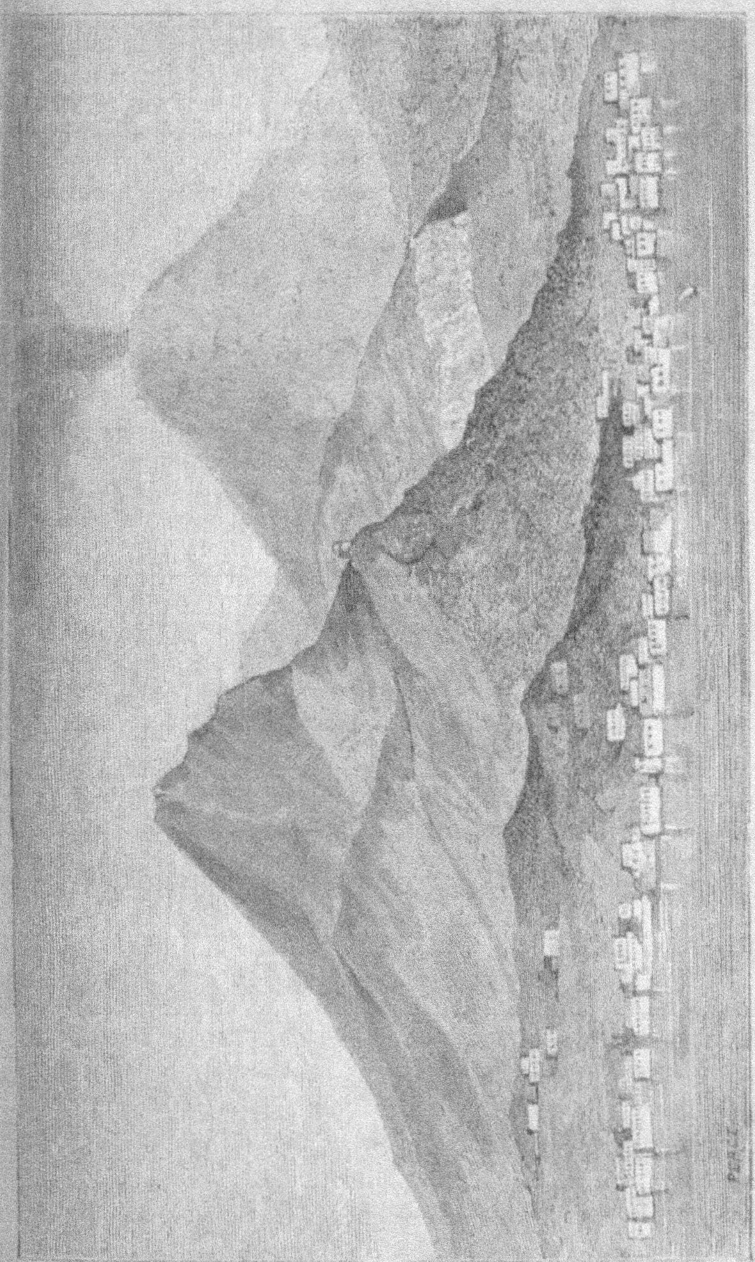

Fig. 19. — Le Vésuve.

à Carrare), de *Fiumalbio* (route de Modène à Pistoia), de *Pracchia* (route et chemin de fer de Bologne à Florence), ont de 800 à 1 000 mètres.

L'*Apennin central* est taillé presque à pic dans son versant oriental, tandis que la pente occidentale est plus douce ; le massif atteint déjà, vers le lac Trasimène, une largeur de 260 kilomètres ; un peu plus au sud, il s'élargit encore et forme un plateau, les *Abruzzes*, l'ancien *Samnium*, dominé par des cimes de plus de 2 900 mètres (le *grand Sasso d'Italia*), sillonné de vallées profondes, en partie couvert de forêts, et qui est resté longtemps la terre classique du brigandage.

L'*Apennin méridional* n'est plus une chaîne, c'est un massif confus, beaucoup moins élevé que celui des Abruzzes, qui couvre l'ouest et le centre de la péninsule jusqu'au golfe de Tarente et à travers lequel s'ouvre le *seuil de Potenza* traversé par la voie ferrée de Naples à Reggio. Il se prolonge par les collines rocheuses et les âpres montagnes de la Calabre jusqu'au cap *Spartivento*. A l'est, le littoral de l'Adriatique, jusqu'à l'éperon formé par le soulèvement isolé du *monte Gargano*, n'a que des collines insignifiantes.

A l'ouest de l'Apennin s'étendent, sur le versant de la mer Tyrrhénienne, des plaines étroites, les unes fertiles, comme la Toscane, la Campanie, les autres marécageuses et désolées comme la campagne de Rome (*marais Pontins*).

Le Vésuve et l'Etna. — Calcaire ou schisteuse, la chaîne de l'Apennin proprement dit n'a pas de roches éruptives ; mais à l'ouest et à l'est de la chaîne principale s'étend une traînée volcanique presque effacée, sur le versant de l'Adriatique (cratère éteint du mont *Vultur*), mais qui, sur celui de la mer Tyrrhénienne, a laissé des traces profondes : en Toscane les eaux thermales, les sources d'acide borique, le cratère de l'*Amiata* (1 787 mètres) ; dans la Campagne romaine, les lacs volcaniques et les monts d'*Albano* ; en Campanie le lac *Averne*, le solfatare de Pouzzoles, et surtout le **Vésuve** (1 250 mètres), le seul volcan du continent européen encore en activité, qui dresse, au bord du golfe de Naples, son dôme de lave, de cendres et de pierres ponces.

Dans les îles, les feux souterrains prouvent encore leur puissance par les sources bouillantes qui jaillissent du sol, et par les tremblements de terre qui bouleversent l'île d'*Ischia*, le *Stromboli*, dont les éruptions semblent alterner avec celles du Vésuve ; enfin l'**Etna**, le roi des volcans européens (3 313 mètres), tour à tour couvert de feu et de neige, et qui domine de sa masse énorme toute la **Sicile** orientale.

Le reste de l'île est de formation calcaire ; deux chaînes littorales, l'une au nord, l'autre au sud, dessinent les limites d'un plateau élevé de 400 mètres en moyenne, à peine cultivé, couvert de bruyères, et dont la physionomie sauvage contraste avec la richesse et l'admirable végétation du littoral.

Corse et Sardaigne. — Géologiquement, la Corse et la Sardaigne n'appartiennent pas à l'Italie péninsulaire. Les terrains granitiques, très rares dans la péninsule, y dominent : des abîmes de 1 000 mètres et plus les séparent des côtes occidentales de l'Italie, tandis qu'au nord un plateau sous-marin les rattache aux Alpes dont elles paraissent être le prolongement. Bien que sa superficie soit moins considérable, c'est la Corse qui possède les plus hauts sommets de ce massif insulaire, le *monte Cinto* (2 707 mètres), et le *monte Rotondo* (2 624 mètres). Le point culminant des montagnes de Sardaigne ne dépasse pas 1 900 mètres.

Péninsule des Balkans. Les Balkans.

Alpes Dinariques. Monts de Bosnie. Monténégro. — Les Alpes Orientales se prolongent, comme les Alpes Occidentales, dans une direction presque parallèle à celle de l'Apennin par une série de plateaux et de chaînes peu élevées qui descendent brusquement vers l'Adriatique, tandis que l'autre versant présente des pentes moins rapides, en partie couvertes de forêts. Ce sont les **Alpes Dinariques**, qui doivent leur nom à un de leurs principaux sommets, le mont *Dinara* (1 258 mètres), et qui forment la limite entre la Dalmatie et la Bosnie.

Autant l'orographie de la péninsule italique est simple et nettement dessinée par l'Apennin, autant celle de la péninsule des Balkans est compliquée et confuse. Les divers soulèvements se croisent et se heurtent, toutes les formations géologiques se confondent et les vallées rayonnent dans tous les sens.

On peut cependant distinguer dans cet enchevêtrement

de plateaux et de montagnes qui couvrent toute la péninsule un certain nombre de massifs dont nous indiquerons les principaux :

Celui des montagnes de **Dalmatie**, de **Bosnie**, d'**Herzégovine** et du **Monténégro** (*Tchernagora*, dans le dialecte slave des Monténégrins, montagne Noire), entre l'Adriatique à l'ouest, les vallées de la *Boiana* et du *Drin* au sud, celle de la *Drina*, affluent de la Save à l'est, et celle de la *Save* au nord. Les principales arêtes, parallèles les unes aux autres, sont orientées du nord-ouest au sud-est (*Alpes Dinariques*, *chaînes de Bosnie*) et séparées par de petites plaines ou des vallées profondément encaissées où roulent des rivières torrentielles. La citadelle de toute cette région, le Monténégro, a des sommets, le *Dormitor*, le *Kom*, qui s'élèvent de 2,600 à 2,850 mètres.

Tchar-Dagh. — Entre la Serbie, la Macédoine et l'Albanie, séparant les vallées de la Morawa, du Vardar et du Drin, s'élève le puissant massif du *Tchar-Dagh* (3,000 m.) qui se rattache aux Balkans par le *plateau de Mœsie*. Ses sommets neigeux, ses dômes de granit, ses lacs bordés de précipices, ses sombres forêts de sapins, ses vallées étroites où roulent des torrents ont un caractère encore plus sauvage et plus tourmenté que les Alpes. Les populations albanaises qui habitent à l'ouest de ce grand massif n'ont jamais été complètement soumises, et ont conservé la rudesse et les mœurs belliqueuses de leurs ancêtres. A l'extrémité orientale du plateau de Mœsie, les défilés de **Dragoman** et des **Portes de Trajan** livrent passage à la voie ferrée de Belgrade à Constantinople par Sofia.

Au nord de la haute plaine de Kossovo (plaine des Merles) s'étend le massif calcaire de **Serbie**, moins élevé que le précédent, mais aussi âpre, aussi sauvage, couvert de forêts de chênes et de sapins et sillonné de profonds ravins.

Balkans. — Entre la Bulgarie et la Roumélie, de la vallée de l'Isker à la mer Noire, s'allonge la chaîne des **Balkans** (ancien Hémus), montagnes boisées, d'une élévation moyenne de 1,000 à 1,200 mètres, percées de nombreux défilés, tels que ceux d'*Etropol*, de *Chipka*, et qui dominent par des pentes abruptes la *plaine de Thrace* (vallée de la *Maritza*), tandis qu'elles s'abaissent en larges gradins vers la *plaine de Bulgarie* (vallée du *Danube*).

Plus au sud, le *Rhodope*, ou **Despoto**, se rattache au

Balkan par les énormes massifs du mont *Vitosch*, du *Rilo-Dagh* (2710 m.), et court parallèlement à l'Archipel entre la vallée de la *Maritza*, au nord et à l'est, et celle du *Strouma* à l'ouest.

Malgré la ceinture de hautes montagnes qui l'entourent, et bien que fermée à l'est par la chaîne granitique, des collines d'**Istrandja**, parallèle au littoral de la mer Noire, la plaine de Roumélie (ancienne Thrace) est facilement accessible au sud-est; à l'ouest, au contraire, elle n'a que deux issues : les Portes de Trajan, qui conduisent de Philippopoli à Sofia, et la **gorge de Doubnitza**, entre le mont Vitosch et le Rilo-Dagh.

Massifs de la Macédoine. — Du Tchar-Dagh à la mer de l'*Archipel*, de la chaîne du **Grammos** à la vallée du Strouma s'étend la **Macédoine**, région de plateaux arides, de sombres vallées et de petites plaines marécageuses dominées par des massifs qui encadrent les bassins du *Vardar* (ancien *Axius*) et de ses affluents, et projettent dans l'Archipel les trois pointes de la *Chalcidique*. La plus orientale, celle à qui ses nombreux couvents ont fait donner le nom de *Montagne Sainte* (*Hagion Oros*), se termine par la masse imposante du mont *Athos* (1930 m.), la plus haute cime du massif macédonien.

Alpes helléniques. — Entre l'Albanie, l'Epire à l'ouest et la Macédoine à l'est, la crête est marquée par la chaîne du **Pinde** (point culminant, 2468 m.), prolongée jusqu'à l'isthme de Corinthe par les sommets de l'*Œta* (point culminant, 2319 m.), du *Parnasse* (2500 m.) et du *Cithéron*.

De cette branche principale se détachent une foule de rameaux qui dessinent les vallées de l'Epire, enveloppent de toutes parts la plaine de Thessalie (massif de l'*Olympe*, 2973 m., au nord, de l'*Ossa* ou *Kissovo* et du *Pélion* ou *Plessidhi* à l'ouest, chaîne de l'*Othrys* au sud), couvrent la Grèce centrale d'un inextricable réseau et se prolongent dans l'Archipel par les hautes cimes de l'Eubée (1500 à 1700 m.) et les pics isolés des Cyclades, dans la mer Ionienne par les massifs de *Leucade*, de *Képhalonie* et de *Zante*.

Au centre du **Péloponnèse** se dresse le plateau d'**Arcadie** (900 à 1000 mètres), région de forêts, de pâturages, de fraîches vallées et de sources limpides. Il est bordé au nord par de hautes terrasses (mont **Olonos**, 2230 m.), tandis qu'au sud trois ramifications se prolongent dans les presqu'îles qui terminent la Grèce. La plus importante est la chaîne du **Maïna** (ancien Taygète, 2400 m.), qui se termine par les falaises élevées du cap **Matapan** (l'ancien cap Ténare).

Enfin, l'île de **Candie** est sillonnée de massifs isolés, **Aspra-Vouna**, **Psiloriti** (ancien Ida, 2450 m.), dont les terrasses sont sur quelques points couvertes de forêts de chênes et de châtaigniers, de bois d'oliviers et d'orangers.

Au nord de Candie, le groupe volcanique de **Milo** et de **Santorin** est encore le théâtre d'éruptions qui ont plus d'une fois fait surgir des îles nouvelles et bouleversé les Cyclades méridionales.

VI

EUROPE SEPTENTRIONALE

Montagnes des îles Britanniques. — Les massifs qui couvrent l'Europe septentrionale sont isolés; des plaines basses ou des mers les séparent des hautes terres de l'Europe continentale.

Angleterre. — Toute la partie orientale de l'Angleterre est en général composée de grandes plaines; c'est à l'ouest et au nord que sont groupés les massifs montagneux.

Le moins élevé, celui de la **Cornouaille** (*Cornwall*) dont les croupes boisées, les roches granitiques, les plateaux couverts de bruyères rappellent l'aspect de la Bretagne, ne dépasse pas 630 mètres.

Les montagnes calcaires du **Pays de Galles** s'élèvent à près de 1100 mètres (pic *Snowdon*), et couvrent toute cette région, qui a été le dernier refuge de l'indépendance des vieux Bretons.

La chaîne **Pennine** (monts du **Pic**, monts **Moorlands**), formée de massifs qui n'atteignent pas 1000 mètres et que séparent des dépressions, et le massif granitique du *Cumberland* l'emportent sur les montagnes du Pays de Galles par la majesté de leurs cimes déchirées, par la fraîcheur de leurs vallées, par la beauté de leurs lacs si souvent chantés par les poètes de l'Angleterre.

Ecosse. — Les monts **Cheviots** et les massifs sauvages qui les prolongent dans la direction de l'ouest jusqu'au golfe de la Clyde séparent les **basses terres d'Ecosse**

(*Lowlands*), la plaine de la Clyde et du Forth, des plateaux du Northumberland et du Cumberland.

La limite septentrionale des basses terres écossaises est marquée par la chaîne des **Grampians**, dont le plus haut sommet, le *Ben-Nevis* (1 335 m.), le point culminant de la Grande-Bretagne, garde sa couronne de neige pendant dix mois de l'année. — C'est là que commencent les **hautes terres** (*High-Lands*), le pays popularisé par le grand romancier Walter Scott, chaos de montagnes dénudées, de plateaux stériles et tourbeux, de vallées encaissées où dorment des lacs aux eaux limpides (lac *Ness*, lac *Lomond*, lac *Katrine*, etc.), et où les torrents roulent de cascade en cascade. Le massif des Grampians est séparé par la profonde fissure du canal *Calédonien* de celui des monts granitiques de **Ross**, qui couvre tout le nord de l'Ecosse et domine de ses escarpements les fiords creusés par les anciens glaciers sur le littoral de l'Atlantique. — Les îles *Orcades* (*Orkney*) au nord, les *Hébrides* à l'ouest, s'avancent dans l'Océan comme une digue de granit et de basalte toujours battue par la houle du large.

Les côtes occidentales d'Ecosse portent encore la trace de puissantes convulsions volcaniques : la grotte de *Fingal* avec ses colonnades basaltiques (île de *Staffa*), les porphyres de l'île de *Mull*, la *Chaussée des géants*, sur la côte septentrionale de l'Irlande, sont les témoins de ces bouleversements grandioses, dont les phénomènes volcaniques actuels ne sont que l'image affaiblie.

Irlande. — L'Irlande (*Erin*, l'île verte) est une plaine semée de lacs et de tourbières, et entourée de massifs isolés que séparent de larges dépressions. Volcaniques dans le nord, granitiques à l'ouest et au sud, ces massifs ont pour point culminant le *Carrantuo-Hill*, au sud-ouest de l'île, qui n'atteint pas 1 100 mètres.

Groupe de l'Islande.

Sur la limite des mers polaires, au nord de la Grande-Bretagne à laquelle elle semble se rattacher par un long plateau sous-marin au milieu duquel émerge le groupe des îles *Fær-Œer*, se dresse le massif de l'**Islande**, la plus méridionale des terres arctiques. L'Islande est un plateau d'une altitude moyenne de 600 à 700 mètres, s'abaissant brus-

quement vers la mer par des falaises de basalte ou de tra-
chyte qui dessinent les contours des flords capricieux de la
côte septentrionale et occidentale. Au sud, s'élève presque
à pic un véritable rempart de lave surmonté de dômes neigeux et de glaciers. C'est au milieu de ces champs de neige

Fig. 20. — Les Geysers.

et de glace que se dressent les cratères volcaniques, dont
l'*Hécla* (1 553 m.) et le *Skaptar* sont les plus redoutables, et
qui ont couvert d'une couche de cendres, de laves ou de
scories une partie du plateau. Au pied de l'Hécla, au milieu
d'une plaine autrefois fertile, mais aujourd'hui ensevelie
sous la cendre, jaillissent ces sources intermittentes connues
sous le nom de *Geysers*, et dont la plus puissante lance jus-

qu'à une hauteur de 30 mètres une gerbe de vapeur et d'eau bouillante.

Massifs de la Scandinavie.

La péninsule scandinave, entourée par la Baltique, la mer du Nord, l'Atlantique et l'océan Glacial, se rattache au continent par un isthme semé de lacs et de tourbières, et sillonné de quelques hauteurs rocheuses qui s'effacent dans les plaines de la Russie septentrionale.

La charpente de la péninsule est dominée depuis le cap *Lindesnæss*, sur le Skager-Rack, jusqu'au cap *Nord*, sur l'océan Glacial, par un large plateau granitique qui s'abaisse en pente douce vers la mer Baltique, mais qui tombe à pic dans l'océan Glacial, et que découpent les innombrables fiords du littoral norvégien. Les pentes de ce plateau, partout où elles ne sont pas trop rapides, sont couvertes de forêts de sapins et de chênes, qui commencent à s'éclaircir : au sommet s'étendent des pâturages et des tourbières, dominés par des massifs isolés qui ressemblent à des créneaux ou à des tours en ruines, et qui gardent éternellement leur couronne de neige et leur ceinture de glaciers. Les géographes ont donné à l'ensemble de ces massifs et de ces plateaux le nom d'**Alpes Scandinaves.** C'est dans la partie méridionale que se dressent les plus hauts sommets; l'*Ymesfield* (2575 m.), le *Snehætten*, dans le massif du *Doerefield* (2300 m.), et, près du *Sognefiord*, le gigantesque glacier de *Jostedal*.

Au nord de Drontheim, commencent les monts **Kiœlen** dont la cime la plus élevée atteint 2130 mètres, et dont les glaciers descendent jusqu'à 600 mètres. Dans le nord de la péninsule, les montagnes s'abaissent, se rapprochent de la mer et finissent par se perdre dans les plateaux désolés du *Finmark* et de la *Laponie*.

RÉSUMÉ

I et II

L'EUROPE ORIENTALE est un pays de plaines sillonnées par quelques chaînes de collines (*collines de Pologne, collines du Volga*), et dominées par des plateaux peu élevés (plateaux de l'*Uralti*, de *Valdaï*, 200 à 350 mètres). Cette région de plaines est limitée à l'est et au sud par deux massifs de montagnes, l'OURAL (point culminant 1 700 mètres), et le CAUCASE (points culminants l'Elbrouz, 5 660 mètres, le Kazbeck, 5 043 mètres; principal col, le défilé de *Dariel*). Les plaines des bords de la Caspienne sont situées au-dessous du niveau de la mer.

III

AU CENTRE DE L'EUROPE, s'élève le massif des ALPES, les plus hautes montagnes du continent européen, dont la chaîne principale, couverte de neige et de glaciers, se recourbe en demi-cercle depuis le golfe de Gênes jusqu'à l'Adriatique. Les vallées les plus importantes sont parallèles à la crête et la pente est en général plus rapide du côté de l'Italie que du côté de la France, de la Suisse et de l'Allemagne. Les principales divisions sont : 1° les *Alpes Maritimes* (col de Tende, mont Viso); les *Alpes Cottiennes* (mont Tabor, cols du mont Genèvre et du mont Cenis, col de Fréjus percé par le tunnel dit du mont Cenis, 12 kilomètres); les *Alpes Grées* (mont Blanc, 4 810 mètres, point culminant de l'Europe, col du petit Saint-Bernard), formant les ALPES OCCIDENTALES; 2° les *Alpes Pennines* (mont Rose, 4 640 mètres, Cervin, col du grand Saint-Bernard, col du Simplon); les *Alpes Lépontiennes* (col et massif du Saint-Gothard percé par un tunnel de 15 kilomètres, col du Splugen); les *Alpes Rhétiques* (massif de Bernina, col du Brenner traversé par un chemin de fer), formant les ALPES CENTRALES; 3° les *Alpes Noriques*, les *Alpes Carniques* et *Cadoriques* (col de Tarvis); et les *Alpes Juliennes* (col d'Adelsberg, traversé par un chemin de fer), formant les ALPES ORIENTALES.

De 'a partie centrale des Alpes (Saint-Gothard) se détachent au nord-ouest les ALPES BERNOISES (point culminant, 4 275 mètres), qui s'abaissent par degrés jusqu'aux plateaux du *Jorat*, au nord du lac de Genève; au nord les ALPES HELVÉTIQUES (*Alpes d'Uri*, chaîne du *Tœdi*, etc.), qui couvrent presque toute la Suisse.

Des Tauern, massif qui continue vers le nord les Alpes Carniques, partent à l'est les ALPES DE STYRIE, au nord-est les ALPES NORIQUES et AUTRICHIENNES, dont la pente septentrionale, inclinée vers la vallée du Danube, forme le *plateau de la Haute-Autriche*, élevé en moyenne de 450 à 500 mètres.

Du mont Septimer part la chaîne des *Alpes des Grisons* et des *Alpes Algaviennes*, qui se prolonge à l'est par les *Alpes Bavaroises* et dont le versant septentrional domine le *plateau de Bavière*, élevé de 400 à 600 mètres.

Le massif des Alpes Algaviennes se prolonge entre le Rhin et le Danube par les plateaux de la Souabe, d'où se détachent vers le nord les montagnes boisées de la FORÊT-NOIRE (point culminant, 1 495 mètres), parallèles aux Vosges. De l'autre côté du Danube, s'élèvent les plateaux désignés sous le nom de *Jura de Souabe* et de *Jura franconien*, qui se lient au groupe de la BOHÊME.

Ce groupe se compose de quatre chaînes disposées en losange : au nord les *Monts Métalliques* et les *Monts des Géants* (point culminant, 1 600 mètres), au sud les *plateaux de Moravie* et la *forêt de Bohême*. De l'angle occidental du losange se détachent, vers le nord-ouest, des hauteurs qui se divisent en plusieurs branches et dessinent les *plateaux de l'Allemagne centrale* (forêts de *Franconie* et de *Thuringe*, *Harz*, à l'est du *Wéser*, *Rhone*, *Spessart*, sur la rive droite du Main, *Westerwald*, *Taunus*, sur la rive droite du Rhin).

Le groupe de la Bohême se lie à celui des Carpathes par les monts Sudètes. Les Carpathes centrales ou monts *Tatra* renferment les points culminants du massif (2 650 mètres). Les *Carpathes orientales* et les *Alpes de Transylvanie* se recourbent en demi-cercle depuis les sources du Dniester jusqu'au Danube : ce sont des plateaux élevés et boisés, dominés par des groupes confus dont le versant occidental s'efface dans les *plaines de Hongrie* et dont le versant oriental s'abaisse par gradins vers le Danube et la mer Noire.

Au nord des plateaux de l'Allemagne centrale, de la Bohême et des Carpathes, s'étendent les *plaines* sablonneuses ou marécageuses de l'*Allemagne du Nord* et de la *Pologne*.

IV

Dans l'*Europe occidentale*, le groupe français comprend les Cévennes d'où se détachent des chaînes qui dessinent ou dominent le *Massif central français* (volcans d'Auvergne, point culminant, le *puy de Sancy*, 1886 mètres); la *côte d'Or*; le *Plateau de Langres* d'où se détachent, vers le nord-ouest, l'*Argonne* et les *Ardennes*; les monts *Faucilles*; le *Ballon d'Alsace*, d'où remonte vers le nord, la chaîne boisée des Vosges (ballon de Guebwiller, 1 426 mètres, cols de Bussang, de Sainte-Marie aux Mines, de Saverne); enfin le Jura (crêt de la Neige 1 724 mètres, de la Dôle, cols de Saint-Cergues, de Jougne, des Verrières), qui se recourbe entre le Rhône et le Rhin, parallèlement aux Alpes.

La Hollande, la Belgique, le nord, l'ouest et le sud-ouest de la France sont des pays de plaines. L'Allemagne rhénane, le nord-est de la France et l'est de la Belgique sont des plateaux d'une élévation moyenne de 200 à 450 mètres.

Au *sud-ouest* de l'Europe, le groupe espagnol comprend la Sierra Nevada (point culminant, 3 480 mètres); les *monts Ibériques*, plateaux confus qui courent du sud au nord dominés par des chaînes isolées (point culminant, 2 350 mètres), et d'où se détachent vers l'ouest trois grands rameaux : 1° *Sierra Morena*; 2° *Monts de Tolède* et *Sierras d'Estramadure*; 3° *Sierras de Guadarrama*, de *Gredos* et d'*Estrella*.

Les Pyrénées *espagnoles* (monts Cantabres) courent de l'ouest à l'est, des caps *Ortégal* et *Finisterre* aux sources de la Bidassoa. Ces montagnes dessinent la limite septentrionale d'un plateau élevé en moyenne de 700 à 800 mètres, le *plateau des Castilles*, qui occupe tout le centre de la péninsule.

Les Pyrénées *françaises*, des sources de la Bidassoa à la Méditerranée, s'élèvent entre la France et l'Espagne. Leurs plus hauts sommets (la Maladetta, 3 404 mètres, le Posets, le mont Perdu, le Vignemale), couverts de neiges éternelles, atteignent ou dépassent 3 000 mètres. Deux lignes de chemins de fer les traversent à leur extrémité occidentale et orientale.

Au *sud*, les *Alpes* se prolongent du col de *Cadibone* aux extrémités de l'Italie (cap *Spartivento*), par la chaîne et le plateau des APENNINS (point culminant, 2 920 mètres), qui dessinent l'arête de la péninsule italique et se relèvent en Sicile de l'autre côté du détroit de Messine. Les deux volcans du *Vésuve* en Italie et de l'*Etna* en Sicile appartiennent au système des Apennins.

Au *sud-est*, les *Alpes orientales* se prolongent le long de l'Adriatique par les ALPES DINARIQUES, les monts de *Bosnie* et du *Monténégro*, le TCHAR DAGH et le massif du PINDE (point culminant, environ 3 000 mètres), d'où se détachent au nord les *monts de Serbie* qui vont rejoindre les Carpathes, à l'est les BALKANS et le RHODOPE; au sud les chaînes confuses (*Œta*, *Parnasse*, etc.) qui dessinent la charpente de la péninsule hellénique, s'abaissent à l'isthme de Corinthe, se relèvent dans le Péloponèse par le plateau d'Arcadie et se terminent au cap *Malapan*.

V

Au *nord-ouest* s'élèvent dans la GRANDE-BRETAGNE trois massifs isolés, les montagnes du *pays de Galles*, la *chaîne Pennine* et les montagnes de l'*Ecosse*, où les monts *Grampians* atteignent 1 330 mètres.

L'île d'ISLANDE est dominée par un massif d'origine volcanique, dont le principal cratère est l'*Hécla*.

Au *nord*, la péninsule scandinave est traversée depuis le cap *Lindesnæs* jusqu'au cap *Nord* par la chaîne des ALPES SCANDINAVES, qui plonge presque à pic dans l'océan Atlantique et l'océan Glacial, et dont la crête est formée par des plateaux surmontés de pics neigeux (point culminant, 2 600 mètres).

Le plateau de Finlande est sillonné par des collines granitiques peu élevées.

CHAPITRE IV

Les fleuves et les rivières. — Les lacs.

I

CLASSIFICATION DES FLEUVES DE L'EUROPE

Les fleuves de l'Europe. — On a vu plus haut qu'il existe en Europe deux centres hydrographiques principaux, le **Saint-Gothard**, en Suisse, et le **plateau de Valdaï**, en Russie.

L'Europe, qui ne reçoit que des quantités de pluies assez

faibles, ne possède que des cours d'eau très inférieurs comme longueur et comme débit aux grands fleuves de l'Asie, de l'Afrique et de l'Amérique.

Dans un premier groupe l'on peut ranger le **Rhin** et le **Danube**, issus tous deux de l'Europe centrale, qui arrosent tous deux des régions très variées entre lesquelles ils forment un trait d'union, le premier conduisant vers la mer du Nord, le second vers la mer Noire, c'est-à-dire vers l'Orient.

Une seconde catégorie de cours d'eau comprend les **fleuves méditerranéens**, généralement courts et irréguliers, ayant les allures de torrents ; tels sont les fleuves de la péninsule Hispanique, ceux du littoral français de la Méditerranée, ceux d'Italie, de Grèce et de la péninsule des Balkans, à l'exception du Danube.

Fleuves de plateaux ou de plaines, **les cours d'eau situés sur le versant de l'Atlantique** sont beaucoup plus réguliers et plus accessibles à la navigation : dans ce groupe on peut ranger les cours d'eau du Portugal, les fleuves français, ceux de l'Allemagne et de l'Angleterre.

Enfin à l'Europe orientale appartiennent les plus longs cours d'eau, **fleuves de plaine**, larges, abondants, dépourvus de pente et qui constitueraient des voies de pénétration de premier ordre si la navigation n'en était interrompue durant plusieurs mois par les glaces : tels sont les fleuves russes.

II

EUROPE SEPTENTRIONALE

Océan Glacial. — La plaine européenne qui borde l'océan Glacial arctique est traversée par plusieurs grands cours d'eau, la **Petchora** qui naît dans les monts Ourals, le *Mézen*, la *Duina* et la rivière marécageuse de l'*Onéga*, qui se jettent dans la mer Blanche. Gelés pendant huit ou neuf mois de l'année, traversant une région de tourbières, de marais, de forêts sauvages et de plaines désertes, ces fleuves n'ont aucune importance stratégique ou commerciale. Seule, la Dwina, qui finit à *Arkhangel*, doit une certaine activité aux canaux qui la réunissent à la grande artère fluviale de la Russie, le Volga. Les côtes de Laponie et de Norvège n'ont que des torrents dont le plus important, la *Tana*, sert en partie de limite entre la Norvège et la Russie.

III

EUROPE CENTRALE

Mer Baltique. — Les rivières torrentielles (*elf*) qui descendent des Alpes scandinaves et qui arrosent la Suède et le sud de la Norvège, la *Tornéa*, la *Luléa*, la *Pitéa*, le *Dal*, la *Motala*, déversoir du lac *Vetteru*, la *Gota*, déversoir du lac *Venern*, le *Glommen* qui se jette dans le Skager-Rak, ne sont pas navigables. Tantôt roulant à travers les forêts de sapins, tantôt s'allongeant en lacs limpides qui s'étagent de terrasses en terrasses et ne communiquent que par une série de rapides et de cascades, elles ne quittent leur allure capricieuse que dans les plaines du littoral ; c'est là qu'elles commencent à porter les trains de bois formés des arbres abattus dans la montagne et lancés à l'aventure dans leurs eaux tumultueuses. En Allemagne, au contraire, et en Russie, les fleuves se déroulent lentement dans la plaine sans limites, et se traînent à peine jusqu'à la mer à travers les dunes et les marécages.

La *Trave*, qui arrose Lubeck, a été récemment réunie par un canal avec l'Elbe.

L'Oder (950 kilomètres), qui se déversait autrefois dans l'Elbe par le lit actuel de la Sprée, est un des grands cours d'eau de l'Allemagne. Il naît à une altitude de 630 mètres, vers la dépression qui sépare les Sudètes des Carpathes occidentales : sa vallée, étroite et profonde, ne tarda pas à s'élargir : un peu au-dessus de *Ratibor* (Silésie prussienne), où il devient navigable, il entre dans la plaine de Silésie et prend la direction du nord-ouest qu'il gardera jusqu'à la mer. Son lit marécageux, embarrassé d'îles et de bancs de sable, n'est plus tracé que par les digues que ses crues subites ont renversées plus d'une fois. Entre *Breslau* (Silésie) et *Francfort* (Brandebourg), il reçoit ses deux principaux affluents de gauche : la *Neisse* et la *Bober*, qui lui apportent les eaux des monts des Géants et des monts de Lusace : à *Kustrin* (Brandebourg), il se grossit de la *Warta*, grossie elle-même de la *Netze*, deux rivières marécageuses qui promènent lentement leurs eaux dans les plaines de Pologne (Pologne russe et Posnanie). A *Stettin*, ce n'est déjà plus un fleuve, c'est un lac qui s'élargit encore et forme une petite mer intérieure (*haff*), séparée de la Baltique par les îles de *Rugen*, d'*Usedom* et de *Wollin*. Le haff se déverse dans la Baltique par trois canaux, dont le principal est la *Swine*. L'Oder est plus important comme ligne stratégique que comme voie navigable.

La **Vistule**[1] (1 020 kilomètres) est le plus grand tributaire de la Baltique. Elle naît dans la Silésie autrichienne, sur le revers septentrional des *Beskides* (Carpathes occidentales). A *Cracovie*, où elle devient navigable, elle est déjà large de 90 mètres; elle garde la direction du nord-est jusqu'à son confluent avec le *San* (rive droite), puis se détourne vers le nord jusqu'à son confluent avec le *Wieprz* (id.); à partir de ce point, elle incline de plus en plus vers le nord-ouest, reçoit sur sa rive droite le *Boug*, le plus long de ses affluents (700 kilomètres), qui la rejoint au-dessous de *Varsovie* et qui la repousse vers l'ouest : au-dessous de *Thorn*, où elle quitte la Pologne russe pour la Pologne prussienne, elle reprend la direction du nord, son lit s'élargit, elle coule entre des digues qui ne réussissent pas toujours à contenir ses inondations; à 40 kilomètres de la mer, elle se bifurque : le bras oriental se jette dans le *Frisches Haff*, sous le nom de *Nogat*; le bras occidental, qui garde le nom de *Vistule*, arrose *Danzick* et se jette dans la Baltique, à *Weichselmünde*. La Vistule a joué, comme l'Oder, un grand rôle dans toutes les guerres dont l'Europe orientale a été le théâtre, et, malgré les glaces qui suspendent la navigation du mois de novembre au mois d'avril, elle est supérieure à l'Oder comme voie commerciale.

La lagune du Frisches Haff reçoit également la rivière de *Kœnigsberg*, la **Pregel** grossie de l'*Alle* (bataille de Friedland en 1807), cours d'eau qui draine les plateaux boisés et marécageux de la Prusse orientale.

Le **Niémen** (en allemand *Memel*), russe dans presque tout son parcours, allemand à son embouchure, est un fleuve de plaines qui prend sa source à une altitude de 240 mètres dans les plateaux de la Lithuanie. Son lit, d'abord encaissé et tortueux, et parfois encombré de rochers, surtout entre *Grodno* et *Kowno*, s'élargit à partir de son confluent avec la *Wilia* (rivière de *Vilna*); il se détourne vers l'ouest, franchit la frontière prussienne et, après *Tilsitt*, se

1. En allemand *Weichsel*, en polonais *Vistla*.

divise en plusieurs bras dont le principal vient finir dans le *Kurisches Haff*; il est presque tout entier navigable.

La **Duna**, plus longue que le Niémen, descend du pla-

Fig. 21. — Vue de la Néva à Saint-Pétersbourg.

teau de *Valdaï* et coule d'abord vers le sud jusqu'à *Vitepsk*, puis vers le nord-ouest jusqu'à *Riga*, et se jette dans le *golfe de Livonie*. C'est un fleuve navigable, mais sans lit bien tracé et souvent obstrué par les bancs de sable.

La **Néva**, le fleuve de *Saint-Pétersbourg*, est un canal d'écoulement des grands lacs, dont les principaux sont les lacs *Ladoga* et *Saïma*.

La Néva, qui n'a que 70 kilomètres du lac Ladoga à la mer, a cependant 600 mètres de largeur à Saint-Pétersbourg, et ce sont ses atterrissements qui ont formé les îles sur lesquelles s'élève la capitale de la Russie.

Mer du Nord. — Dans la mer du *Nord* aboutit d'abord l'**Eider**, qui est uni à la baie de Kiel par un ancien canal, dont le canal nouveau de l'*Empereur Guillaume* a emprunté en partie le tracé : le port de l'Eider était **Tonningen**.

L'**Elbe** (ancien *Albis*), l'une des plus importantes voies commerciales de l'Allemagne, est autrichien par sa source, mais allemand dans presque tout son cours (1090 kilomètres). Il naît en Bohême, sur le versant méridional des *monts des Géants*, dans un plateau marécageux, dont il descend les pentes en décrivant de nombreux détours au milieu des forêts de sapins. A *Kœniggrætz* (bataille de *Sadowa* en 1866), il n'est plus qu'à 200 mètres d'altitude, et ne tarde pas à quitter la direction du sud pour prendre celle de l'ouest, puis du nord-ouest, qu'il garde jusqu'à son confluent avec la *Moldau*. La Moldau, sortie du *Bœhmerwald* et qui traverse presque toute la Bohême du sud au nord en arrosant *Prague*, la capitale, devrait être regardée comme la branche maîtresse du fleuve.

Elle rejette vers le nord l'Elbe, devenu navigable. Le fleuve, grossi encore du tribut de l'*Eger*, franchit, par le long défilé de *Schandau* (royaume de *Saxe*), la ceinture de montagnes dont s'entoure la Bohême, et qui dessinent le rivage de l'ancien lac formé par l'Elbe et ses affluents avant qu'ils eussent creusé la brèche par où ils s'écoulent aujourd'hui. A *Dresde*, il entre dans la plaine pour n'en plus sortir : l'*Elster noir* à droite, la *Mulde* et la *Saale* à gauche (bataille d'*Iéna*, 1806), lui apportent les eaux du versant septentrional des monts de Lusace, de l'*Erzgebirge*, des forêts de Franconie, de Thuringe et du massif du Harz.

A *Magdebourg*, il reprend la direction du nord, qu'il avait quittée à Dresde pour celle du nord-ouest; son cours se ralentit et s'élargit : il coule à pleins bords entre les digues qui le resserrent, et reçoit sur sa rive droite, par la *Havel*, chapelet de lacs plutôt que rivière, les eaux des plateaux mecklembourgeois, ainsi que celles des monts de Lusace recueillies par la *Sprée*, la rivière de *Berlin*, et le principal affluent de la Havel (rive gauche). La Havel rejette encore une fois l'Elbe vers le nord-ouest : elle se divise en deux bras avant d'arroser *Hambourg* et *Altona*, puis se concentre de nouveau dans un seul canal profond de 2 à 7 mètres, large de 1 à 4 kilomètres, et qui devient peu à peu un immense estuaire à demi ensablé par les alluvions du fleuve. A *Braunsbuttel* aboutit le canal qui vient de la baie de Kiel.

Le **Wéser** est formé de deux rivières : la *Fulda*, qui descend du *Rhæne-Gebirge*, et la *Werra*, de la *forêt de Thuringe*. Le Wéser, devenu navigable après avoir franchi les défilés connus sous le nom de *Porte de Westphalie*, coule vers le nord jusqu'à son confluent avec l'*Aller* (rive droite). L'Aller le rejette au nord-ouest, et ce n'est qu'au-dessous de *Brême* que le fleuve, de plus en plus large, reprend la direction du nord jusqu'à son embouchure près de *Bremerhafen*.

L'**Ems**, tantôt marécageux, tantôt ensablé, est à peine navigable, même dans son cours inférieur, et sert, à son embouchure, de limite entre les Pays-Bas et l'Allemagne.

Le Rhin supérieur. — Le **Rhin** (en allemand *Rhein*), le roi des fleuves de l'Europe occidentale (1 350 kilomètres de cours), commence en Suisse et finit en Hollande, mais la plus grande partie de son cours appartient à l'Allemagne. Le Rhin est formé par des torrents (*Vorder Rhein*, *Mittel Rhein*, *Hinter Rhein*, grossi de l'*Albula*, etc...) qui sortent à une altitude de 2 600 à 2 900 mètres du *Saint-Gothard*, du massif de l'*Adula* et des *Alpes Grises*. A *Reichenau*, à 576 mètres d'altitude, tous ces ruisseaux fougueux sont déjà réunis dans un seul lit profond et encaissé que dominent d'un côté la chaîne du *Tœdi*, de l'autre côté les *Alpes des Grisons*.

A la hauteur de *Coire*, le fleuve prend la direction du nord : sa vallée, plus ouverte et bordée de vignobles, se resserre encore une fois pour franchir la chaîne transversale du *Rhætikon*. A l'entrée de ce défilé, non loin de *Sargans*, s'ouvre sur la rive gauche du Rhin une vallée marécageuse, élevée à peine de deux mètres au-dessus du fleuve : c'était, à une époque géologique récente, le lit du Rhin, qui traversait les lacs de *Wallenstadt* et de *Zurich*, au lieu de se jeter dans le lac de Constance, et qui, dans les grandes crues, a failli plus d'une fois reprendre son ancienne route, malgré les digues qui le contiennent. A la sortie des gorges du *Rhæti-kon*, le Rhin coule à travers les prairies, les vignobles et les vergers, dans une riche vallée (*Rheinthal*) dominée par des hauteurs boisées, où se dressent çà et là des donjons en ruines. A *Rheineck*, il entre dans le lac de **Constance**, vaste bassin qui s'allonge de l'ouest à l'est, se bifurque près de *Constance* et se divise en deux bras. Le Rhin sort par un large canal du bras méridional : il se dirige de l'est à l'ouest jusqu'à *Schaffouse*, mais là, arrêté tout à coup par une barrière de rochers, il se détourne vers le sud ; ses eaux bleues et tranquilles se troublent et bondissent en écumant à travers les écueils jusqu'à ce qu'il se précipite par une chute de 20 mètres du haut des rochers de *Laufen*. A quelque distance de la chute, il reprend la direction de l'ouest, mais le Jura septentrional et la Forêt-Noire, à travers lesquels il s'est ouvert un passage, le forcent à décrire de nombreux détours et à franchir par des rapides les écueils qui encombrent son lit. A *Bâle*, il sort de Suisse pour entrer en Allemagne.

Si l'on en excepte la *Thur*, dont la vallée est presque parallèle à celle du Rhin et qui vient le rejoindre au sud de la chute de Laufen, le seul grand affluent du Rhin supérieur, celui qui lui apporte toutes les eaux des montagnes et des lacs helvétiques, est l'*Aar*, qui prend sa source dans les glaciers du Finsteraarhorn, à près de 3 000 mètres d'altitude. Elle roule dans une vallée sauvage, au pied du Grimsel, se précipite, à la chute de la *Handeck*, d'une hauteur de 32 mètres, et garde des allures de torrent jusqu'à ce qu'elle entre dans le lac de *Brienz*. Dans ce grand bassin, ses eaux se calment et s'épurent ; elles en sortent tranquilles et limpides pour entrer bientôt dans le lac de *Thun* et prendre à la sortie du lac la direction du nord, qu'elles gardent jusqu'à *Berne*. A Berne, l'Aar s'infléchit vers l'ouest, mais un de ses affluents, la *Sarine*, qui vient des Alpes Bernoises, la rejette au nord jusqu'à son confluent avec la *Thièle* (*Zihl*), déversoir des lacs de *Bienne* et de *Neuchâtel*, qui descend, sous le nom d'*Orbe*, du Jura français. Depuis son confluent avec la Thièle, l'Aar qui longe le pied du Jura septentrional coule au nord-est en arrosant *Soleure* et *Aarau*. Elle reçoit, un peu avant de se confondre avec le Rhin, ses

Fig. 22. — Vue de Rheinfels.

deux plus grands affluents. L'un est la *Reuss*, le torrent sorti des glaciers du Saint-Gothard et de la Furka, qui creusela sauvage vallée d'*Urseren* et forme le lac des *Quatre-Cantons*, une des merveilles de la Suisse; l'autre, qui naît dans le massif du Tœdi sous le nom de **Linth**, déverse le lac de **Wallenstadt** dans le lac de **Zurich**, d'où elle sort à *Zurich* sous le nom de **Limmat**.

Le Rhin moyen. — De Bâle à Mayence, le Rhin coule presque directement vers le nord dans une large plaine d'alluvions, dominée à l'ouest par les Vosges et le Hardt, à l'est par la Forêt-Noire et l'Odenwald, lit d'un ancien lac qui s'est écoulé par la brèche de *Bingen*.

Malgré la largeur de son lit bordé de marécages, les îles sablonneuses qui l'encombrent et les méandres qu'il décrit, le Rhin roule encore des eaux impétueuses et emporte une masse considérable de gravier et de limon. La navigation, qui a commencé à Bâle, devient de plus en plus active, surtout à partir de Kehl. A Manheim, il est sillonné par des bateaux à vapeur.

Grossi par le *Main* qu'il reçoit à *Mayence* et détourné vers l'ouest par les pentes du *Taunus*, il coule à pleins bords dans une riante et fertile vallée (le *Rheingau*). A gauche s'étagent les coteaux boisés du *Bingerwald*, à droite les vignobles du *Johannisberg* et de *Rudesheim*, semés de châteaux et de maisons de campagne; au-dessous de Mayence, le fleuve atteint une largeur de 600 mètres, mais il se resserre peu à peu, et, non loin de *Bingen*, il entre jusqu'à *Coblentz* dans une sorte de tranchée large de 350 à 400 mètres, dominée sur les deux rives par des montagnes escarpées où se dressent les ruines des vieux burgs (*Ehrenfels*, *Pfalz*, *Rheinfels*, *Stolzenfels*); quelques-unes ont été restaurées, et font revivre dans sa rudesse imposante le moyen âge allemand. Le fleuve écume au milieu des rochers (rocher de la *Lorelei*, 130 mètres au-dessus du niveau du Rhin) et débouche enfin dans la plaine de **Coblentz**, où il s'élargit et se déroule au milieu des vignobles et des prairies.

Au-dessous de Coblentz, les collines se rapprochent de nouveau : à droite se dressent les *Sept Montagnes*, dominées par le pic de *Drachenfels*, à gauche les rochers boisés qui portent les ruines de *Rolandseck*. A partir de *Bonn*, le Rhin entre définitivement dans la plaine; il arrose *Cologne*, *Dusseldorf*, *Wesel*, et franchit la frontière hollandaise. C'est dans la partie moyenne de son cours que le Rhin reçoit le plus d'affluents : à gauche l'*Ill*, la rivière alsacienne sortie du Jura, qui passe à *Mulhouse*, à *Colmar* et à *Strasbourg*, et reçoit une partie des eaux des Vosges ; la *Lauter*, qui passe à *Wissembourg*, et traçait, avant 1870, la frontière française ; la *Nahe*, qui descend des plateaux situés au sud du Hunsrück ; la **Moselle** (500 kilomètres), qui naît en France au col de Bussang, arrose *Epinal*, *Toul*, *Metz*, *Thionville* et *Trèves*, traverse dans une gorge sinueuse et profonde les plateaux de l'*Eifel*, et vient finir à *Coblentz*. La Moselle se grossit elle-même de la *Meurthe* en France (*Nancy*), et de la *Sarre* en Allemagne, sorties comme elle des Vosges.

Les affluents de droite sont plus nombreux et plus importants. L'*Elz*, la *Kinzig*, la *Murg* apportent au fleuve les eaux de la *Forêt-Noire*, que les deux dernières coupent dans toute sa largeur : le *Neckar*, qui prend sa source dans le *Jura de Souabe*, passe près de **Stuttgart**, longe les pentes méridionales de l'Odenwald et, après avoir arrosé **Heidelberg**, ville d'université, vient se jeter près de *Manheim*.

Le **Main** sort des forêts du *Fichtel-Gebirge*, et creuse à travers les plateaux de l'Allemagne centrale une vallée sinueuse, bordée tour à tour de vignobles et de forêts. Il passe à *Wurzbourg* et à *Francfort*, et finit à *Mayence*. Son affluent le plus important, la *Regnitz*, dont une branche prend sa source dans le Jura franconien à quelques kilomètres de l'*Atmuhl*, affluent du Danube, a été canalisé pour faire communiquer les deux bassins.

Au-dessous de Mayence, le Rhin reçoit sur sa rive droite la *Lahn*, la rivière d'*Ems* ; la *Sieg*, la *Wupper*, qui arrose *Barmen* et *Elberfeld* ; la *Ruhr*, bordée de mines de houille (*Dortmund*) et d'usines métallurgiques (*Essen*), et la *Lippe*, qui naît dans la forêt de Teutberg et finit à *Wesel*.

Le Rhin inférieur. La Meuse. — Dans son cours inférieur, qui appartient à la Hollande, le Rhin perd son caractère grandiose, son unité et jusqu'à son nom. A 3 kilomètres du point où Louis XIV le franchit en 1672, il se divise en deux bras. La branche septentrionale, qui conserve le nom de **Rhin**, se bifurque au-dessus d'*Arnheim* et envoie au Zuiderzée par l'*Yssel* plus du quart de ses eaux. Plus loin, une nouvelle branche s'en détache sous le nom de *Vieux Rhin*, passe à *Utrecht*, et se divise de nouveau pour aller déboucher sous le nom de *Vecht* dans le Zuiderzée

Fig. 23. — Vue d'Andernach sur le Rhin.

(*Muyden*), et sous le nom de *Nieder-Rijn* dans la mer du Nord (*Katvijk*), par des écluses ouvertes à travers les dunes. La masse des eaux, sous le nom de **Lek**, continue à se diriger vers l'ouest, avant **Rotterdam**, avec les bouches de la Meuse.

La branche méridionale, le **Waal**, qui emporte les deux tiers des eaux du Rhin, passe à *Nimègue*, reçoit la Meuse à *Gorkum*, se répand en vastes marécages couverts de roseaux (le *Biesboch*), et débouche dans la mer du Nord par deux larges estuaires embarrassés d'îles sablonneuses, le *Haring-vliet* au nord, le *Krammer* au sud, et par un troisième bras septentrional et plus étroit qui passe à *Dordrecht*, et porte le nom de *Meuse*. Du reste, dans cet étrange pays où la terre et l'eau se confondent, où le niveau de la mer est plus élevé que celui du continent, où les canaux naturels et artificiels s'enchevêtrent, il est difficile de distinguer l'œuvre de l'homme de celle de la nature. Depuis les Romains jusqu'à nos jours, le système fluvial de la Hollande a été remanié cent fois : c'est le Hollandais qui a créé son sol ; c'est lui qui a aussi créé ses fleuves : le Rhin a dû se soumettre comme l'Océan.

Le Rhin inférieur mélange ses eaux avec celles de la **Meuse** (*Maas* en hollandais), qui prend sa source au plateau de Langres, et coule vers le nord, dans une vallée encaissée entre les plateaux de l'Argonne et ceux de Lorraine, où elle arrose *Commercy*, *Verdun*, *Stenay*. Un peu au-dessous de **Sedan**, jusqu'à *Mézières*, la vallée s'élargit, mais pour se resserrer bientôt, quand le fleuve s'engage dans les schistes des Ardennes, où il creuse jusqu'à *Givet* un étroit sillon. Cette faille se prolonge en Belgique, de *Dinant* à *Namur*, et de *Namur* à *Liége*, en s'élargissant peu à peu. A *Maestricht*, dans le Limbourg hollandais, les collines s'affaissent et la Meuse traverse lentement une plaine argileuse, avant de se confondre avec le Waal. Le *Chiers*, la *Semoy*, l'*Ourthe* et la *Roer*, ses affluents de droite, lui viennent des Ardennes, où elles tracent de profondes et pittoresques vallées : la *Sambre*, son principal affluent de gauche, dont le cours sinueux finit à Namur, naît sur les plateaux de la *Thiérache* et arrose, en France, *Maubeuge*, en Belgique, *Charleroi*.

IV

EUROPE OCCIDENTALE

L'Escaut. — L'Escaut est un fleuve de plaines. Il sort du plateau de Saint-Quentin et, après avoir arrosé en France *Cambrai* et *Valenciennes*, entre en Belgique où il passe à *Tournai* et à *Gand*. De Gand à *Anvers*, son cours tortueux incline vers le nord-ouest. A Anvers, c'est déjà un grand fleuve, large de 600 à 800 mètres et capable de porter les plus gros navires. A son entrée en Hollande, il se divise en deux bras qui entourent les îles de Nord et Sud-Beveland et de Walcheren, l'*Escaut occidental* et l'*Escaut oriental*. Sur le premier est le port hollandais de **Flessingue**.

Les nombreux affluents de l'Escaut, à droite la *Dender*, le *Ruppel* (Belgique), à gauche la *Scarpe*, qui appartient tout entière à la France, et la *Lys*, qui naît en France pour finir à *Gand*, sont tous canalisés comme l'Escaut lui-même.

Les cours d'eau de la Grande-Bretagne. — Les tributaires de la mer du Nord, dans la Grande-Bretagne, présentent des caractères très distincts : les uns, ceux de l'Angleterre, coulent en plaine ; ce sont de larges et belles rivières, navigables dans presque tout leur cours ; les autres, ceux de l'Ecosse, ne sont que des torrents débouchant pour la plupart dans la mer par de vastes estuaires qui ont reçu le nom de *Firth*. Tel est le régime de la *Dee* (*Aberdeen*), du *Tay* (*Dundee*) et du **Forth** (*Edimbourg*). La *Tweed*, dont la belle vallée sert de limite entre l'Ecosse et l'Angleterre, a une embouchure plus étroite.

Plus au sud s'ouvre l'estuaire de l'*Humber*, qui reçoit l'*Ouse* et la *Trent* et sur lequel est situé le port de *Hull*. La **Tamise** (en anglais, *Thames*), le plus long des fleuves anglais (380 kilom.), arrose *Oxford*, à partir de *Londres*, est navigable pour les bâtiments de tout tonnage. La Tamise qui n'est qu'un ruisseau, si on la compare au Rhin, au Danube ou au Volga, a cependant un mouvement de navigation qui dépasse de beaucoup celui de ces trois fleuves réunis. Les Anglais l'appellent le fleuve-roi : ils en ont le droit : c'est la Tamise qui a fait Londres, et Londres est encore la reine du commerce du monde.

Océan Atlantique; mer d'Irlande; Manche.

— La partie de l'Atlantique qui baigne les côtes de Norvège ne reçoit que des torrents qui roulent du haut des Alpes scandinaves.

Dans la Grande-Bretagne et en Irlande les montagnes serrent de moins près la côte, et jettent dans l'**Atlantique** ou dans la mer d'**Irlande** quelques cours d'eau qui méritent une mention : en Écosse, la **Clyde**, rivière de *Glasgow*, dont l'estuaire égale celui du Forth ; en Angleterre, la **Mersey**, le fleuve de *Liverpool*, qui se jette dans la mer d'Irlande, et le **Shannon**, long chapelet de lacs et de marécages, qui débouche dans l'Atlantique par le large estuaire de *Limerick*.

Le versant de la **Manche** n'est sillonné en Angleterre que par des rivières insignifiantes ; mais en France, la *Somme* (Amiens), l'*Orne* (Caen), la *Vire* (Saint-Lô), la *Rance* (Saint-Malo), et surtout la **Seine** (*Sequana*), avec son cours de 770 kilomètres dont la plus grande partie navigable, le régime régulier de ses eaux, l'importance de ses affluents et de ses sous-affluents navigables (*Yonne*, *Eure*, à gauche, *Aube*, *Marne*, *Oise*, grossie de l'*Aisne*, à droite), le nombre et la richesse des villes assises sur ses bords depuis *Troyes* jusqu'à *Paris*, et depuis *Paris* jusqu'à *Rouen* et au *Havre*, apportent à la Manche les eaux d'une des régions les plus favorisées par la nature et les mieux exploitées par le travail.

Dans l'océan Atlantique aboutissent la *Vilaine*, le plus grand cours d'eau de la Bretagne, qui passe à Rennes, et la *Charente* sur laquelle est le port militaire de *Rochefort*.

La **Loire** (1 000 kilomètres de cours) jusqu'à la plaine du Forez, et son grand affluent de gauche, l'*Allier* (370 kilomètres dont 240 navigables), jusqu'à celle de la Limagne, sont des torrents, roulant leurs eaux impétueuses dans des gorges étroites, sur des terrains imperméables, et sujets à des crues subites qui, plus d'une fois en quelques heures, ont provoqué des inondations. Sortis de la montagne, ils n'ont plus de lit et souvent plus d'eau : en été ce ne sont plus des fleuves, ce sont des bancs de sables mouvants au milieu desquels se traînent lentement quelques ruisseaux capricieux : en automne et au printemps, ce sont des courants torrentiels qui remplissent la vallée et qu'il a fallu contenir par des levées souvent impuissantes contre leurs inondations.

La Loire, qui de *Roanne* à *Nevers* inclinait vers le nord-ouest, est rejetée vers le nord par l'Allier, puis, à partir de *Briare*, décrit un arc dont *Orléans* occupe le sommet. Les affluents de gauche : le *Cher*, l'*Indre*, n'exercent sur sa direction qu'une médiocre influence ; mais la *Vienne*, qui draine une partie du Massif central, la rejette brusquement du sud-ouest au nord-ouest, jusqu'au confluent de la *Maine* (rive droite), qui lui apporte le tribut du *Loir*, de la *Sarthe* et de la *Mayenne*. Elle reprend alors jusqu'à *Nantes* la direction générale du sud-ouest, puis celle de l'ouest, dans sa partie maritime entre Nantes et *Saint-Nazaire*.

La **Garonne**, qui naît en Espagne (val d'*Aran*), reçoit à la fois les eaux des Pyrénées par la branche maîtresse, par ses affluents de gauche et par l'*Ariége* (rive droite), et celles du Massif central par ses affluents de droite : le *Tarn*, le *Lot* et la *Dordogne*. Torrent en Espagne et en France jusqu'à *Montréjeau*, elle coule en plaine à partir de *Toulouse*, dans la direction du nord-ouest. Malgré ses crues parfois désastreuses, elle n'a pas les caprices de la Loire : son lit est plus encaissé, son débit plus régulier. A *Bordeaux*, elle est large et profonde ; à partir de son confluent avec la *Dordogne*, elle change de nom : ce n'est plus un fleuve, c'est un bras de mer, la *Gironde*, large de 3 à 12 kilomètres, et accessible aux plus grands navires.

L'**Adour**, qui décrit un demi-cercle de sa source à son embouchure (*Bayonne*), n'est qu'un gave pyrénéen un peu plus long et un peu moins torrentiel que le *gave de Pau*, son principal affluent. Ses bouches se sont déplacées plusieurs fois et s'ensablent de plus en plus.

La côte espagnole ne verse au golfe de Gascogne que des torrents, comme la *Nivelle* et la *Bidassoa*.

La plupart des cours d'eau de l'Espagne ne sont que des torrents. Le **Minho** roule, dans les gorges sauvages de la Galice, ses eaux qui ne tarissent pas en été. Le **Duero**, sorti de la *sierra d'Urbion*, creuse dans les plateaux de Castille une profonde vallée qui se resserre encore en Portugal et ne s'élargit qu'un peu au-dessus de *Porto*.

Le **Tage** naît dans la *sierra d'Albarracin*, roule ses eaux bourbeuses dans un lit étroit, entre des berges à pic, sur des plateaux sans verdure, tour à tour glacés et brûlants ; *Tolède* est la seule grande ville qu'il arrose en Espagne. Sur le territoire portugais, sa vallée est plus sauvage encore jusqu'à *Abrantes*, où il devient navigable. Entre *Santarem* et *Lis-*

bonne, elle s'élargit; le fleuve, bordé de collines verdoyantes, s'étale au pied de l'amphithéâtre sur lequel s'élève *Lisbonne*, en un large bassin semé de petites îles et qui a reçu le nom de *mer de paille*; mais l'entrée de l'estuaire est difficile et la barre du Tage est une des plus dangereuses du littoral européen.

La **Guadiana** sort de terre dans un marécage de la Manche pour y rentrer bientôt et couler dans un canal souterrain. L'endroit où elle reparaît, au milieu de petits roseaux, s'appelle les *yeux de la Guadiana*. Jusqu'à *Mérida*, sa vallée est triste et sauvage; elle se couvre de vignobles, de vergers et de moissons entre Mérida et *Badajoz*; mais à partir du brusque détour qu'elle décrit vers le sud, en longeant la frontière portugaise, la vie et la végétation disparaissent, le fleuve s'enfonce dans des gorges dénudées, et c'est seulement près de son embouchure qu'il retrouve un pays plus vert et moins désolé.

Le **Guadalquivir** (ancien *Bætis*) arrose la plus belle région de l'Espagne, la riche plaine de l'Andalousie. Navigable depuis *Cordoue*, il peut porter à *Séville* les navires de mer. Au-dessous de Séville, dans la plaine marécageuse que sillonnent les *Marismas*, le fleuve se partage en trois bras qui se réunissent un peu avant de se jeter dans l'Atlantique.

V

EUROPE MÉRIDIONALE

Méditerranée occidentale. — Les fleuves de la péninsule Ibérique qui aboutissent dans la Méditerranée, la *Ségura* (*Murcie*), le *Xucar*, le *Guadalaviar* (*Valence*), le *Llobregat*, le *Ter* (*Catalogne*), sont des torrents à peu près desséchés en été, à l'exception d'un seul, l'**Ebre** (ancien *Ibérus*, 610 kilomètres), qui recueille une partie des eaux des Pyrénées. Sorti de la *Sierra de Reinosa*, dans les Pyrénées espagnoles, il coule au sud-est, dans une étroite vallée, qui ne s'élargit qu'un peu au-dessus de *Saragosse*. Les montagnes qui bordent le littoral espagnol le rejettent vers l'est, et le forcent à décrire d'innombrables détours, jusqu'à ce qu'il ait réussi à s'ouvrir un passage. Il se termine par un delta qui commence à *Tortose* et qui empiète lentement sur la mer. Ses affluents de gauche : l'*Aragon*, le *Gallego*, la *Sègre*, lui apportent toutes les eaux du versant méridional des Pyrénées, depuis le col de Maya jusqu'au col de la Perche.

Dans le golfe du Lion aboutissent de petits fleuves côtiers, comme le *Tech*, la *Tet*, l'*Aude*, l'*Hérault*, l'*Argens* et le *Var*, et un grand fleuve, le **Rhône**, qui rassemble à lui seul presque toutes les eaux du versant occidental des Alpes, depuis le mont *Viso* jusqu'au *Saint-Gothard* (812 kilomètres).

Sorti, à près de 1750 mètres d'altitude, d'un des glaciers du Saint-Gothard que dominent le *Galenstock* et le pic de la *Furka*, le Rhône coule d'abord au sud-ouest entre les Alpes Bernoises et les Alpes Pennines, dans une vallée profonde (le Valais), où il arrose *Sion* et *Martigny*, et reçoit les torrents qui descendent des glaciers d'Aletsch et de ceux du mont Rose.

A Martigny, il se heurte contre le massif des Alpes du Chablais qui le rejette au nord-ouest, et vient se perdre dans le lac de *Genève*. Quand il y entre, c'est un torrent jaunâtre, aux flots impétueux ; quand il en sort, à Genève, c'est un beau fleuve, aux eaux azurées, mais que trouble bientôt le torrent de l'*Arve*.

Le Léman est à la fois un régulateur pour le haut fleuve et un réservoir pour le fleuve inférieur. En entrant sur le territoire français, le Rhône rencontre la barrière du Jura qui l'arrêtait autrefois, quand ses eaux couvraient toute la Suisse orientale et venaient se confondre avec celles du Danube et du Rhin. Il la franchit par le défilé de l'*Ecluse* en se détournant brusquement vers le sud, reprend des allures de torrent, s'engouffre sous une voûte de rochers, où il disparaissait autrefois, mais que l'on a fait sauter, et reçoit les déversoirs des lacs d'*Annecy* et du *Bourget* dont son ancien cours suivait le lit pour aller rejoindre la vallée où coule aujourd'hui l'Isère. C'est en creusant la brèche de *Pierre-Châtel* qu'il s'est ouvert son lit actuel, vallée sinueuse, enfermée entre les terrasses du Dauphiné et les escarpements du Jura méridional.

Après avoir reçu l'*Ain*, sur sa rive droite, il prend la direction de l'ouest et la garde jusqu'à Lyon. Là, il rencontre son grand affluent la **Saône**, grossie du *Doubs*, le torrent sinueux du Jura, et qui des monts Faucilles à Lyon court presque directement du nord au sud. C'est elle qui impose sa direction à la masse du fleuve, arrêté du reste par les Cévennes, et qui le rejette vers le sud.

Le Rhône, toujours rapide et dont les crues terribles ne sont modérées que par la hauteur de ses berges, recueille en passant les eaux des Cévennes par des torrents dont les plus importants sont l'*Ardèche* et le *Gard*, et celles des Alpes par l'*Isère*, la *Drôme* et la capricieuse *Durance*, le plus dévastateur des torrents alpestres. A *Avignon*, il commence à se ralentir, à *Arles*, il se bifurque. La branche occidentale, le *Petit-Rhône*, emporte à peine le septième de ses eaux; la branche orientale, le *Grand-Rhône*, qui a plusieurs fois changé de lit, et qui se jette à la mer par des *graus* souvent ensablés, est la seule navigable. Encore a-t-on dû creuser, pour suppléer à l'insuffisance de cette navigation, le canal d'*Arles* à *Bouc* qui est peu profond, et à l'embouchure même le canal *Saint-Louis*, qui aboutit directement au golfe de Fos.

Le delta que forment les deux bouches du Rhône, marécageux, couvert d'étangs, de prairies à demi inondées et bordé d'une lisière sablonneuse, a reçu le nom de *Camargue*. Ce delta est peu étendu comparé à celui du Nil et à celui du Gange; chaque année cependant le Rhône jette à la mer 21 millions de mètres cubes de limon; mais les courants dispersent une partie de ses alluvions qui vont ensabler le golfe de Fos et le littoral du golfe du Lion.

Le peu de largeur de l'Italie péninsulaire ne permet pas à de grands cours d'eau de se développer sur les deux versants de l'Apennin. L'**Arno**, le fleuve toscan qui arrose *Florence* et *Pise*, et dont les bouches sont ensablées depuis le quatorzième siècle, n'est navigable que grâce à des travaux de canalisation. Le **Tibre**, le fleuve romain, n'est qu'un torrent aux eaux bourbeuses, difficilement navigable et terrible par ses inondations; **Rome**, capitale de l'Italie, est située sur son cours inférieur.

Méditerranée orientale. — Le versant oriental de l'Apennin n'est traversé que par des torrents sans importance, l'*Ofanto*, qui arrose le champ de bataille de Cannes, la *Pescara*, qui descend des Abruzzes par des gorges pittoresques, le *Métaure*, qui a conservé son nom antique; mais dans la plaine de Lombardie, créée par les alluvions de l'Apennin et des Alpes, se déroule un des plus grands fleuves de l'Europe méridionale, le **Pô** (590 kilomètres). Le Pô prend sa source au mont Viso, à 2 000 mètres d'altitude. Jusqu'à *Turin*, il garde l'impétuosité d'un torrent, mais la plaine ne tarde pas à amortir sa fougue; il prend à *Chivasso* la direction de l'est, qu'il conserve jusqu'à son embouchure en décrivant toutefois de nombreuses sinuosités ; avant son confluent avec le Tessin, il a reçu des Alpes les *deux Doires* et la *Sésia*, de l'Apennin, le *Tanaro* et son faisceau d'affluents ; mais le *Tessin*, qui descend du Saint-Gothard et forme le lac *Majeur*, double tout à coup son volume. Au-dessous de *Plaisance*, il a déjà 500 mètres de large ; à *Crémone*, après avoir reçu à droite la *Trébie*, à gauche l'*Adda* qui descend du Stelvio et forme le lac de *Côme*, il en a plus de 900 ; mais ensuite, bien qu'il reçoive à droite le *Taro* et la *Secchia*, à gauche l'*Oglio* sorti de l'Ortler, et le *Mincio*, déversoir du lac de *Garde*, son lit se rétrécit, il n'a plus que 300 mètres au-dessous du confluent de l'Oglio. Ces étranglements rendent au courant quelque vitesse ; mais dans les inondations, quand le fleuve s'élève de 9 ou 10 mètres au-dessus de l'étiage, ce sont les points les plus exposés : il a fallu les défendre par une double ou triple rangée de digues parallèles à la levée qui depuis Crémone contient le lit du fleuve. Au-dessus de *Ferrare*, le Pô se bifurque : la branche septentrionale (*Pô della maestra*) est la plus puissante et se divise elle-même pour former un delta qui avance plus rapidement encore que celui du Rhône. La branche méridionale passe à Ferrare et se bifurque également après avoir reçu le *Panaro* descendu de l'Apennin. Les deux bras (*Pô di Volano* au nord, *Pô di primaro* au sud, grossi du *Reno* qui passe près de *Bologne*) embrassent les lagunes de *Comacchio*, célèbres par leurs marais salants et leurs pêcheries. Les dépôts du fleuve ont tellement exhaussé son lit dans sa partie inférieure, qu'il domine la plaine et qu'il coule à plus de deux mètres au-dessus des rues de Ferrare.

Le Pô n'est pas le seul déversoir des glaciers et des neiges des Alpes. L'**Adige** (en allemand *Etsch*), dont les bouches se confondent avec les siennes, descend des Alpes Rhétiques (massif de l'Œtzthal), reçoit à gauche l'*Eisack* qui vient du col du *Brenner*, et après avoir arrosé le Tyrol (*Trente* et *Roveredo*), et traversé le défilé que ferme la position de *Rivoli*, débouche dans la plaine à *Vérone* et forme une des principales lignes de défense de l'Italie du côté de l'est. La *Brenta*, la *Piave*, le *Tagliamento*, l'*Isonzo*, ensablent peu à peu le golfe de Venise en y jetant les alluvions des Alpes Orientales.

Les Alpes Dinariques et la montagne Noire n'envoient à l'Adriatique que des torrents : la *Narenta*, qui passe à Mos-

tar, en Herzégovine. Le massif de l'Albanie donne naissance à deux cours d'eau plus connus, sinon plus considérables : le **Drin**, formé par la réunion du *Drin Blanc*, qui descend de la frontière monténégrine, et du *Drin Noir*, qui sort du lac d'*Ochrida*, et reçoit à son embouchure la *Boiana*, déversoir du lac de *Scutari*.

Les eaux du lac de *Janina* se déversent dans la mer Ionienne par la rivière du *Kalamas*.

En Grèce, n'apparaissent que des torrents dont le lit est en été encombré de sables ou de cailloux, l'*Aspro-Potamo*, le *Rouphia*, l'*Iri* (ancien Eurotas), la *Hellada* et la *Salemvria*, fleuve de la Thessalie près duquel s'élèvent les deux villes de *Trikala* et de *Larissa*.

Le *Vardar*, qui descend du Tchardagh, est le fleuve de la Macédoine et finit dans le golfe de Salonique ; le *Strouma* creuse le défilé de Doubnitza, traverse les riches campagnes de *Sérés* et se perd en partie dans les marécages avant d'arriver à la mer.

Le grand fleuve de l'Archipel, le principal déversoir des eaux des Balkans et du Rhodope, est la *Maritza* qui naît dans la partie occidentale des Balkans, arrose, en coulant de l'est à l'ouest, *Philippopoli* et *Andrinople*, où il reçoit un affluent, la *Toundja*, traverse les fertiles plaines de la Thrace, et se jette à *Enos* dans des lagunes envasées.

Mer Noire. — Le principal tributaire de la mer Noire, la grande artère de l'Europe centrale, est le **Danube** (en allemand *Donau*, 2 800 kilomètres), qui par sa longueur ne le cède qu'au Volga, et qui, par son importance stratégique et commerciale, ne le cède même pas au Rhin. Le Danube est formé de deux ruisseaux, qui naissent à 800 mètres d'altitude sur le versant oriental de la Forêt-Noire, et se réunissent à *Donaueschingen* (grand-duché de Bade). Le fleuve roule dans la direction du nord-est, dominé, sur sa rive gauche par les pentes escarpées du *Jura Souabe*, sur sa rive droite par les terrasses moins abruptes des plateaux souabes et bavarois. A *Ulm*, la grande forteresse wurtembergeoise, sur la frontière du Wurtemberg et de la Bavière, il reçoit l'*Iller* et devient navigable : un nouvel affluent, le *Lech*, descendu, comme l'Iller, des Alpes Bavaroises et qui arrose *Augsbourg*, vient le grossir sur la rive droite entre *Hochstedt* et *Ingolstadt* (Bavière) ; sur la rive gauche, le Jura Franconien lui envoie l'*Altmühl*, joint à la Regnitz, affluent du

Fig. 24. — Le lac de Tegernsee.

Main, par le canal *Louis* ; deux autres rivières : la *Naab*, sortie du Fichtelgebirge, et la *Regen*, qui vient des monts de Bohême, le rejoignent près de *Ratisbonne*, où il incline vers le sud-est en longeant le pied d'une sorte d'avant-terrasse de la forêt de Bohême connue sous le nom de forêt de Bavière (*Bayrischer Wald*). Tandis que sur la rive gauche les montagnes le serrent de près, sur la rive droite s'ouvre la plaine bavaroise arrosée par deux grands affluents du Danube : l'*Isar*, qui passe à *Munich*, et l'**Inn**, qui devrait être considéré comme la véritable source du fleuve. L'Inn se forme en Suisse par des torrents descendus du Bernina et des flancs du Septimer, qui se perdent dans le lac de *Sils*, lequel se déverse lui-même dans deux autres lacs moins élevés. L'Inn, en sortant du lac de Saint-Moritz, serpente au milieu des prairies, dans l'étroite vallée presque déboisée, si connue sous le nom d'*Engadine*, pénètre dans le Tyrol par la gorge sauvage de *Finstermünz*, creuse entre les Alpes Rhétiques une pittoresque vallée (l'*Innthal*) où elle arrose *Innsbrück*, la capitale du Tyrol, et entre en plaine. Deux autres affluents : l'*Alz*, déversoir du lac de *Chiem*, le plus grand des lacs bavarois, et la *Salzach* (*Salzbourg*) qui descend des Hohe-Tauen, se jette sur sa rive droite. Son lit, déjà large de plus de 200 mètres, est semé de petites îles boisées qu'il inonde au moment de ses crues ; il forme, depuis le confluent de la Salzach, la frontière entre la Bavière et l'Autriche, et se jette dans le Danube à *Passau*, la première ville autrichienne. C'est à Passau que finit le premier bassin du Danube, le plus élevé de ces étages de lacs qui se sont écoulés peu à peu par les brèches que le fleuve a ouvertes.

De *Passau* à *Linz* (haute Autriche), le Danube a dû se creuser un passage à travers les contreforts des monts de Bohême. Dominé, comme le Rhin, par des collines rocheuses que surmontent des tours féodales ou de vieux monastères, il roule ses eaux écumantes dans un lit hérissé d'écueils qu'on a dû faire sauter pour ouvrir un chenal aux vapeurs. Un moment élargi à Linz et divisé en plusieurs bras marécageux, il se resserre de nouveau dans le long et dangereux défilé qui s'étend de *Grein* à *Krems*, et que commandait autrefois le château de *Dürnstein*, célèbre par la captivité de Richard Cœur de Lion. A *Krems*, en entrant dans la plaine, il se divise encore une fois, se rétrécit un instant au pied du *Kahlenberg*, puis longe sur sa rive droite les faubourgs de

Vienne, tandis que sur sa rive gauche s'étend une vaste plaine (*Marchfeld*), s'avançant comme un coin entre le *Danube* et la *March* ou *Morawa*, et témoin des combats d'*Essling* et de *Wagram*, en 1809. Le fleuve s'y promène lentement, partagé en plusieurs bras dont quelques-uns ont été desséchés et semés d'îles boisées ou cultivées (îles *Lobau*, etc.). Un peu après son confluent avec la Morawa, il franchit, au moment d'entrer en Hongrie, un premier défilé, les Portes hongroises, qui précède la ville de *Presbourg*, puis se divise en trois bras qui entourent les deux grandes îles de *Schütt*, et se réunissent avant d'arriver à *Komorn*. Plusieurs affluents descendent à droite des Alpes Autrichiennes (*Traun*, déversoir des lacs pittoresques de la haute Autriche, qui naît dans le massif du *Salzkammergut*) ; des Alpes Rhétiques (*Enns*, qui passe à *Steyer*), et des Alpes Styriennes (*Leitha*, qui sert de limite entre l'Autriche et la Hongrie, *Raab*, qui reçoit par un de ses affluents les eaux du lac de Neusiedel) : à gauche ils viennent des monts Sudètes (*March* ou *Morawa*, grande rivière qui coule du nord au sud, arrose *Olmütz*, et reçoit à droite la *Thaya* dont un affluent passe à *Brünn*, capitale de la Moravie), et des Carpathes (*Waag*, qui se jette à Komorn).

Le Danube pénètre ensuite dans un défilé qui commence à *Komorn* pour finir en amont de *Buda-Pesth*, la double capitale de la Hongrie, que dominent au sud les prolongements du *Bakony-Wald*, et au nord les contreforts des Carpathes.

Presque au sortir du défilé, un peu après son confluent avec le *Gran* (rive gauche), le fleuve, qui depuis Vienne coulait dans la direction de l'est, se détourne tout à coup vers le sud, et garde cette direction nouvelle jusqu'à son confluent avec la Drave, en traversant des plaines marécageuses et en arrosant de longues îles couvertes de prairies ou de roseaux. La Drave le rejette vers l'est ; il longe sur sa rive droite le pied de la *Fruska Gora* qui le sépare de la Save ; il enveloppe la presqu'île où s'élève *Peterwardein*, et un instant repoussé vers le sud par la Theiss, son plus grand affluent, il se dirige de nouveau vers l'est, entre *Semlin* en Hongrie et *Belgrade* en Serbie, où le courant de la *Save* triomphe de l'influence de la Theiss. La rive gauche est toujours plate et marécageuse, mais la rive droite se relève de plus en plus, le fleuve se resserre, et à *Bazias* commence le long défilé des Portes de fer qui donne entrée dans son quatrième bassin.

Le bassin hongrois a été, à une époque plus récente encore

que le bassin bavarois ou autrichien, une véritable mer intérieure, enveloppée par les Carpathes, les Alpes et les montagnes de la Bosnie et de la Serbie. Cette immense plaine n'est drainée que par une seule grande rivière, la **Theiss** (*Tisza* en hongrois, 1400 kilom.), qui recueille presque toutes les eaux du versant méridional et occidental des Carpathes. Elle coule d'abord vers l'ouest, puis se jette contre des massifs qui la rejettent vers le sud. Son cours sinueux dans la plaine aussi bien que dans la montagne, ici dormant comme un marécage, là rapide comme un torrent, a été régularisé à force de travaux ; mais l'art n'a pu triompher de tous ses caprices : ses inondations redoutables dont *Szegedin*, la seule grande ville qu'elle arrose, a été plus d'une fois victime, renversent périodiquement les digues qui la contiennent. Ses affluents de gauche, le *Szamos*, le *Körös*, le *Maros* et la *Béga* (Temeswar), qui coulent vers l'ouest, le nord-ouest, ou le sud-ouest, lui apportent beaucoup plus d'eau que ses affluents de droite (*Bodrog*, *Sajo*). Dans toute la partie de son cours où elle se dirige du nord au sud parallèlement au Danube, la Theiss ne reçoit aucun affluent sur la rive droite, non plus que le Danube sur la rive gauche : la plaine qui les sépare (la *Puzta*), steppe sans eau, si ce n'est quelques étangs marécageux, lac de boue en hiver, sahara desséché en été, a cependant de grandes villes presque improvisées comme celles du Far-West américain ; telle est *Maria Theresiopel*, marché du bétail et des céréales qui commencent à empiéter sur les pâturages, et que les chemins de fer emportent vers l'Allemagne ou l'Autriche occidentale.

Les affluents de droite viennent des Alpes. La **Drave**, qui prend sa source dans les Alpes Rhétiques, où elle arrose le *Pusther-Thal*, passe à *Villach*, au pied du col de *Tarvis*, entre dans la plaine à peu de distance de la frontière de Croatie, reçoit la *Muhr*, la rivière styrienne qui passe à *Grætz*, et se jette dans le Danube après avoir arrosé *Eszek*, capitale de la Slavonie.

La **Save**, à peu près parallèle à la Drave, descend du mont Terglou, coule au sud-est, dans une vallée plus ouverte que celle de la Drave, devient navigable à *Agram*, et recueille sur sa rive droite, avant de finir à Belgrade, presque toutes les eaux de la Croatie et de la Bosnie, par la *Kulpa*, l'*Unna*, la *Bosna* (rivière de *Serajevo*), et la *Drina*, qui sépare la Bosnie de la Serbie. Le dernier affluent de droite du

Danube, avant les Portes de fer, est la **Morawa** qui descend par une double branche, la Morawa serbe à l'ouest, et la Morawa bulgare à l'est, des montagnes de Serbie, où elle trace deux profondes vallées, moins importantes cependant que celle de l'*Ibar*, affluent de la Morawa serbe, qui ouvre la route de Salonique, et que celle de la *Nissawa* dans laquelle à *Nisch* se séparent les deux voies ferrées qui vont à Constantinople et à Salonique. Depuis le confluent des deux Morawa, la rivière coule vers le nord et vient se jeter dans le Danube à l'est de *Semendria*.

Le défilé des Portes de fer commence à *Bazias*, en Hongrie, et finit à *Turn-Severin*, en Roumanie. Il a près de 120 kilomètres de long et moins de 115 mètres de large dans les endroits les plus resserrés. Arrêté par la barrière des Carpathes, le fleuve a dû se creuser un lit entre deux murailles de rochers : le chenal, profond de 30 à 60 mètres, large de 4 à 6 mètres dans les passages les plus étroits, serpente au milieu des écueils, des tourbillons et des roches éboulées ; à la passe de *Kazan* le Danube n'a que 112 mètres, aux *Portes de fer*, au-dessous d'*Orsova*, la dernière ville de Hongrie, il remplit toute sa vallée et se brise en tourbillons d'écume contre les falaises à pic. Le nom de Trajan est resté vivant dans toute cette région. C'était lui qui, à Turn-Severin, avait jeté un pont entre les deux rives, construit dans le défilé une route taillée dans la falaise ou suspendue sur des madriers au-dessus du Danube, et essayé de tourner les Portes de fer, en creusant un canal latéral au fleuve. Il ne reste de ces gigantesques travaux qu'une inscription gravée dans le roc et qui en consacre le souvenir.

En entrant dans la plaine de Roumanie qu'il sépare du plateau de Bulgarie, le Danube descend d'abord vers le sud ; il ne reprend, qu'à partir de *Widdin*, la direction de l'est. Sur sa rive droite, dessinée par des berges escarpées, s'échelonnent d'anciennes places fortes, aujourd'hui démantelées : *Widdin, Nicopoli, Sistova, Roustchouk, Silistrie*. Sa rive gauche, plate et inondée, n'a guère, à l'exception de *Giurgevo*, le port de Bukharest, que des villages perdus au milieu des marais et des roseaux ; après Silistrie, le Danube contourne le plateau de la *Dobroutscha* qui le force à se retourner vers le nord : son lit, de plus en plus marécageux, ne se resserre qu'à *Braïla* où commence la navigation maritime. A *Galatz*, le fleuve, refoulé par les eaux du *Pruth*, reprend la direction de l'est, mais pour se diviser et former un delta marécageux.

La branche septentrionale, celle de *Kilia*, qui baigne l'ancienne forteresse d'*Ismail*, sert de limite entre la Russie et la Roumanie ; elle est difficilement navigable et bordée d'une vaste lagune ; la branche méridionale, celle de *Saint-Georges*, est profonde, mais sinueuse et envasée à son embouchure ; une branche intermédiaire, celle de *Soulina*, est devenue la route la plus fréquentée, grâce aux travaux exécutés par la Commission européenne du Danube, créée en 1856 et confirmée en 1878[1].

Les affluents de droite du bas Danube : le *Timok*, qui sépare la Bulgarie de la Serbie ; l'*Isker*, qui passe près de *Sofia*, capitale de la Bulgarie ; le *Wid*, qui arrose la plaine de *Plevna* ; la *Jantra*, qui baigne *Tirnova*, descendent des Balkans. Les affluents de gauche viennent des Carpathes. L'*Aluta* prend sa source en Transylvanie, traverse le massif des Carpathes par le défilé de la Tour-Rouge, et vient finir en face de Nicopoli. Le *Séreth* naît dans la Bukovine, et coule du nord au sud jusqu'à Galatz ; le *Pruth* descend des Carpathes, et forme jusqu'à son embouchure la frontière entre la Russie et la Roumanie. Un de ses affluents passe à *Iassy*. Après avoir été la route des invasions asiatiques en Europe, le Danube est devenu celle de la civilisation européenne qui reflue vers l'Orient. Son rôle n'est pas fini, et c'est peut-être sur ses bords que s'accompliront les grands événements de la question d'Orient.

Les autres tributaires de la mer Noire sont loin d'avoir la même importance.

Le **Dniester**, qui descend, en Galicie, du revers septentrional des Carpathes, est trop sinueux et trop peu profond, et finit à *Akermann*, dans des lagunes ensablées (limans).

Le *Boug*, bien qu'il coule en plaine, est un torrent qui ne devient navigable que dans son cours inférieur, et se jette près du port de *Nikolaïeff*.

Le **Dniéper** prend sa source au sud du plateau de Valdaï, traverse successivement la région des forêts, des terres noires et des steppes, devient navigable à *Smolensk*,

1. Cette commission comprend les représentants de l'Angleterre, de l'Allemagne, de l'Autriche-Hongrie, de la France, de la Russie, de la Turquie, de l'Italie et de la Roumanie ; elle est chargée de la police de la navigation sur le bas Danube et de l'entretien du fleuve.

arrose *Mohilew* et *Kiew*, où il quitte la direction du sud pour celle du sud-est. A *Iekaterinoslaw*, un brusque ressaut de la plaine, qu'il descend par une série de rapides, interrompt la navigation qui ne reprend qu'au-dessous d'*Alexandrowsk*. La navigation maritime commence à *Kherson*. Malgré la longueur de son cours, le Dniéper n'est qu'une voie commerciale de second ordre. Les rapides et les glaces qui le couvrent, du mois de novembre au mois d'avril, opposent trop d'obstacles au progrès de la batellerie. Ses deux grands affluents de droite : la *Bérézina*, de sanglante mémoire (1812), et la *Pripet*, traversent une des régions les plus marécageuses de l'Europe; son principal affluent, la *Desna* (rive gauche), est la plus sinueuse des rivières russes.

La mer d'Azof a deux grands tributaires : 1° le *Kouban* qui descend de l'Elbrouz, la plus haute cime du Caucase, mais qui se perd dans de vastes marécages, et qui arrive affaibli à la presqu'île de *Taman* où il se divise et partage ses eaux entre la mer Noire, qui reçoit le bras principal, et la mer d'Azof; 2° le **Don**, l'un des fleuves les plus longs de l'Europe, mais l'un des plus capricieux et des plus difficilement navigables. Il prend sa source dans la Russie centrale, coule d'abord du nord au sud, puis se rapproche de plus en plus du Volga, dont il n'est plus séparé, à la hauteur de *Tzaritzin*, que par une soixantaine de kilomètres; mais il ne tarde pas à s'infléchir vers le sud-ouest : son lit s'élargit, il arrose *Rostoff* et *Azof* et se jette dans la mer d'Azof, qu'il comble peu à peu de ses alluvions, par une large embouchure sur laquelle s'élèvent (rive droite) les ports de *Taganrog* et de *Berdiansk*. Son plus grand affluent de droite est le *Donetz*, seulement flottable, et qui traverse un bassin houiller chaque jour plus exploité.

Mer Caspienne. — La Caspienne, qui n'est plus qu'un lac, reçoit cependant le plus grand fleuve de l'Europe, le **Volga** (ancien *Rha*, 3 800 kilomètres).

Le Volga prend sa source, à 260 mètres d'altitude, dans un des lacs du plateau de Valdaï. Alimenté par les innombrables étangs du plateau, il devient presque aussitôt navigable et se dirige d'abord vers le sud-est, mais il ne tarde pas à prendre la direction générale du nord-est en décrivant de nombreuses courbes; il arrose *Twer*, puis redescend vers le sud-est par *Ribinsk*, *Iaroslaw*, *Kostroma* et *Nijni Novogorod*, célèbre par ses foires. De Nijni Novogorod à *Kazan*, il court

directement à l'est : sa vallée commence à être plus encaissée, au moins sur la rive droite, sa largeur augmente ;
il n'a que 200 mètres à Nijni Novogorod, il en a le double
à Kazan, et dans les grandes crues ses eaux montent jusqu'à
onze mètres au-dessus de l'étiage. Après Kazan, il se détourne
vers le sud ; le tribut de la *Kama* (rive droite) double le débit
du fleuve ; à *Simbirsk*, il a déjà plus d'un kilomètre ; ses
eaux tranquilles et jaunâtres s'étalent en nappes profondes
où toute une flotte pourrait manœuvrer à l'aise. A partir de
Simbirsk, sa rive droite est dominée par de hautes collines
dont les points culminants atteignent plus de 300 mètres ;
un promontoire de cette petite chaîne de montagnes le force
à décrire un coude dont la ville de *Samara* (rive gauche)
occupe le sommet : c'est le point le plus oriental de son
cours ; il reprend bientôt la direction du sud, passe à *Saratow*, et à *Tzaritzin*, où il est déjà à 14 mètres au-dessous
du niveau de la mer. Il entre alors dans une plaine sablonneuse, se divise en plusieurs bras qui baignent des îles
arides, sans arbres et pour la plupart inhabitées. C'est le
commencement du delta qui, à partir d'*Astrakan*, s'élargit
de plus en plus. C'est un immense marais couvert de roseaux
qui atteignent 3 ou 4 mètres, sillonné d'innombrables ruisseaux et peuplé de troupes de pélicans, de hérons, de cygnes
et de canards sauvages. Le fleuve se jette dans la Caspienne
par 72 bouches qui emportent à la mer, en 24 heures, plus
de 100 000 mètres cubes de limon. Aussi, la barre s'accroît-
elle sans cesse, et le chenal le plus fréquenté n'a-t-il pas plus
de deux mètres de profondeur.

Le Volga reçoit les eaux d'un bassin trois fois plus grand
que la France ; le plus important de ses nombreux affluents
est, à droite : l'**Oka** (1 500 kilomètres), qui arrose *Orel*,
Kalouga, et qui reçoit la *Moscowa*, la rivière de *Moscou*.

Les affluents de gauche sont : 1° la *Mologa*, qu'un canal
réunit au lac Ladoga ; 2° la **Kama** (2 680 kilomètres), qui
descend de l'Oural et arrose *Perm*. Le Volga, avec son cours
immense presque tout entier navigable, son vaste réseau
d'affluents, ses riches pêcheries (saumons, sterlets, estur-
geons, etc.), serait le premier fleuve de l'Europe, s'il n'était
gelé pendant six mois (novembre-avril), s'il arrosait, au
lieu des solitudes de la Russie, un pays peuplé et cultivé, et
s'il débouchait dans une mer ouverte, au lieu de finir dans
un lac.

L'Oural (2300 kilomètres), qui prend sa source sur le versant oriental des monts Ourals, longe d'abord la chaîne du nord au sud, puis coupe de l'est à l'ouest les dernières pentes et redescend vers le sud, à partir d'*Ouralsk*, où il devient navigable. Il arrose, à la sortie du défilé par lequel il franchit les plateaux, la ville d'*Orenbourg*, tête de ligne des chemins de fer russes du côté de l'Asie centrale. Son delta s'agrandit aux dépens de la Caspienne.

Le *Térek*, qui descend du Hazbeck, la seconde cime du Caucase, finit par un long delta dans une plaine marécageuse formée par ses alluvions.

Entre le Volga et le Térek, s'ouvre une dépression marécageuse occupée en partie par des lacs. Ces lacs s'écoulent dans le Don par la *Manytch*; mais au printemps, grossis par les torrents qui viennent du Caucase, ils se déversent également dans la Caspienne. C'est un reste du détroit qui unissait autrefois la mer Noire au grand lac russe, et qui a disparu par suite de l'abaissement du niveau de la Caspienne et des atterrissements des rivières du Caucase.

VI

LES LACS EUROPÉENS

Caractères généraux. — Les lacs ne peuvent se former que dans les terrains imperméables, mais ils n'offrent pas tous le même caractère. — Les *lacs de montagnes* sont plus profonds et par cela même plus limpides : le limon qu'y déposent les torrents tombe trop bas pour en troubler la surface. Ils servent de régulateurs aux cours d'eau qui s'y jettent et dont les crues n'élèvent pas sensiblement le niveau de ces vastes réservoirs. Les *lacs de plateaux* ou de *plaines*, en général moins profonds, ont souvent des eaux moins pures, un niveau plus variable, et les îles y sont plus nombreuses. Les *lacs volcaniques* sont de petits bassins circulaires presque tous sans écoulement et qui remplissent des cratères éteints.

Les fleuves et les rivières qui forment les lacs tendent aussi à les détruire : les alluvions qu'ils y jettent les comblent peu à peu et les transforment en marais, ou la violence des courants finit par briser les digues naturelles qui les entourent et par les dessécher en ouvrant une issue à leurs eaux.

Lacs de montagnes.

Lacs des Alpes. — Les plus beaux lacs de l'Europe sont situés dans des pays de montagnes ou sur des plateaux granitiques. Tels sont les plateaux de Finlande, la péninsule scandinave, les hautes terres d'Écosse et la région des Alpes.

Les lacs subalpins qui, suivant une opinion aujourd'hui abandonnée, auraient occupé le lit d'anciens glaciers et qui s'écoulent tous par des cours d'eau plus ou moins importants, se divisent en trois groupes : 1° celui de la Suisse et de la Savoie ; 2° celui de la Bavière, du Tyrol et de la haute Autriche, sur le versant septentrional et occidental ; 3° celui de l'Italie, sur le versant méridional des Alpes.

Des deux grands lacs de Savoie, l'un, le lac d'**Annecy** (447 mèt. d'altitude), est formé par des torrents qui s'écoulent dans le Fier par le canal du Thioux ; l'autre, celui du **Bourget** (231 mèt. d'altitude), est alimenté par la *Laysse* et par de nombreux ruisseaux. Il s'écoule dans le Rhône par le canal de *Savières*.

Le lac d'Annecy est bordé de vignobles, de prairies et de beaux villages, *Veyrier*, *Menthon*, *Talloires*, *Saint-Jorioz*, que dominent à l'ouest la crête du *Semnoz*, à gauche le mont de Veyrier. Il est moins sévère que celui du Bourget, profondément encaissé sur sa rive droite par les sombres falaises de la *Dent du Chat*, tandis qu'à quelque distance de la rive gauche, plus riante et plus ouverte, s'élève la ville d'eaux thermales d'*Aix-les-Bains*. De nombreux villages s'élèvent au milieu des vignes et des bois de châtaigniers.

Le lac du Bourget, dont le Rhône autrefois suivait probablement la vallée pour se confondre avec l'Isère, se termine au nord et au sud par une plaine marécageuse que les alluvions agrandissent à ses dépens.

Le petit lac d'*Aiguebelette* qui se déverse dans le *Guiers*, le lac dauphinois de *Paladru* qui s'écoule dans l'*Isère* (5 kilom. car.), et le lac provençal d'*Allos* qui s'écoule dans le *Verdon*, ne méritent d'être cités que pour leur aspect pittoresque.

Le plus grand lac de la Suisse est le **Léman** ou lac de **Genève**, encadré à l'ouest par le Jura, au nord par le Jorat, à l'est par les derniers contreforts des Alpes Bernoises, au

sud par les Alpes Savoisiennes. C'est un magnifique bassin
situé à 373 mètres d'altitude, profond en moyenne de
150 mètres, mesurant de 3 à 12 kilomètres de large et
80 kilomètres de long, bordé de vignobles, de vergers, de

Fig. 25. — Vue de Chillon sur le lac de Genève.

parcs, de villes et de villages florissants, *Genève* à son extrémité occidentale, *Coppet*, *Lausanne* avec le port d'*Ouchy*,
Vevey, *Montreux*, *Chillon*, *Villeneuve* et *le Bouveret* sur la
rive suisse, *Saint-Gingolph*, *Evian*, *Thonon*, sur la rive fran-

çaise, et sillonné par de nombreux services de bateaux à vapeur. Il reçoit le Rhône, qui lui sert de déversoir ; les alluvions du Rhône l'ont déjà comblé en partie depuis Martigny, dans le Valais, jusqu'à Villeneuve, et continuent de l'envahir lentement.

Le lac de **Constance** (en allemand *Bodensee*) est formé par le Rhin, comme celui de Genève par le Rhône. Il est plus élevé, et se partage à son extrémité occidentale en deux lacs séparés par un large promontoire. Sa rive méridionale appartient à l'Autriche (*Bregenz*), à la Suisse (*Rorschach*, *Arbon*), et sur un point seulement (*Constance*) au grand-duché de Bade, sa rive septentrionale au grand-duché de Bade, au Wurtemberg (*Friedrichshafen*) et à la Bavière (*Lindau*). Ses rives, plus plates que celles du lac de Genève au nord et à l'ouest, sont bordées au sud et à l'est de hautes montagnes qui rivalisent avec les Alpes de Savoie et du canton de Vaud.

Les lacs de la Suisse centrale sont formés par l'Aar et ses affluents. Celui de *Wallenstadt*, sauvage et entouré de montagnes arides, est alimenté par de nombreux torrents et par la *Linth*, qui forme également le beau lac de **Zurich**, et qui en sort sous le nom de *Limmat*.

La Reuss forme le lac des **Quatre-Cantons** ou de **Lucerne**, dominé de toutes parts par des rochers qui plongent à pic dans ses eaux. C'est sur ses bords qu'est née l'indépendance helvétique : la chapelle de Guillaume Tell, la prairie de Rütli, en réveillent à chaque pas le souvenir. Un des affluents de la Reuss sert d'écoulement au lac de *Zug*, que le massif du Rigi sépare du lac des Quatre-Cantons.

L'Aar lui-même alimente les lacs de *Brienz* et de *Thun*, renommés pour leurs admirables paysages, et reçoit à gauche, par la Thièle, le trop-plein des lacs de *Neuchâtel*, de *Bienne*, formés par l'Orbe, et du lac de *Morat*, qui s'allongent tous trois au pied du Jura comme le Léman au pied des Alpes.

Les lacs de la haute Bavière, le *Walchensee* qui se déverse dans l'Isar, l'*Ammersee*, le *Würmsee*, qui s'écoulent par l'*Ammer* et le *Wurm*, affluents de l'Isar, le **Chiemsee**, la mer de Bavière, qui se déversent dans l'Inn, sont plus petits mais non moins pittoresques que les lacs de la Suisse. Ceux de la haute Autriche sont plus petits encore, mais d'une variété et d'une grâce incomparables ; le *Vordersee*, le lac de *Hallstadt* et le *Traunsee*, dans le Salzkammergut, formés par la *Traun*, méritent une mention spéciale.

Fig. 26. — Le Voldersee dans le Salzkammergut.

Les lacs du versant méridional des Alpes (Suisse et Italie) le cèdent à ceux du versant septentrional par la superficie qu'ils occupent, mais non par leur majesté tour à tour riante et sauvage, et par la profondeur de leur bassin. Le lac **Majeur**, formé par le Tessin, est bordé d'une ceinture de maisons de plaisance, de petites villes coquettement assises au milieu des bois d'orangers et de citronniers, *Locarno*, *Pallanza*, *Arona*, *Laveno*, *Luino* ; dominé au nord-est par de sombres rochers qui s'élèvent majestueusement à 1900 mètres, il a de plus que les lacs de Suisse, des îles verdoyantes, les îles *Borromées* (Isola Bella et Isola Madre), embellies par toutes les merveilles de la nature et de l'art. Il reçoit sur sa rive gauche le torrent qui sert d'écoulement au beau lac de **Lugano**.

Le lac de **Côme** est formé par l'Adda. Son extrémité méridionale se bifurque en deux bras dont le plus oriental prend le nom de *Lecco*. Bordées de montagnes qui atteignent 2270 mètres, ses rives, plus riantes encore que celles du lac Majeur, sont couvertes de figuiers, d'oliviers, d'orangers et de vignes, et ses villes, *Menaggio*, *Côme*, *Bellaggio* à la pointe du promontoire qui sépare les deux lacs *Lecco*, *Colico*, comptent parmi les plus prospères de la Lombardie ; mais l'Adda et la Maira le comblent lentement.

Les lacs d'*Iseo*, formé par l'Oglio, et d'*Idro* formé par la *Chiese*, sont beaucoup plus petits. Le lac de **Garde** est le plus grand des lacs italiens ; sa rive gauche, bordée par les escarpements du Monte-Baldo, est presque déserte, mais au nord s'élève sur ses bords la petite ville autrichienne de *Riva* ; au sud, la place forte de *Peschiera*, à l'endroit où le Mincio sort du lac.

Les lacs des péninsules italienne et turco-hellénique. — Les autres montagnes de l'Europe continentale n'offrent aucun groupe de lacs comparable à ceux des Alpes. La péninsule italienne n'a guère, à l'exception du lac de *Pérouse* ou *Trasimène* (12 kilomètres sur 10) et du lac de *Celano* ou *Fucin*, aujourd'hui desséché, que de petits lacs volcaniques, lacs de *Bolsena*, d'*Albano*, de *Nemi*, dans le Latium, lac *Averne* dans la campagne napolitaine, endormis dans les cratères éteints. La péninsule turco-hellénique cache, dans les replis de ses âpres montagnes, des bassins lacustres presque aussi grands que ceux de la Suisse : le lac profond et sauvage d'*Ochrida* qui s'écoule par le Drin, le lac de *Scutari*, par la

Fig. 27. — Isola Bella sur le lac Majeur.

Boïana, ou des bassins sans écoulement apparent, comme le lac de *Janina* en Épire, le lac *Copaïs* en Béotie.

Les lacs secondaires de la France. — Les montagnes de l'Europe occidentale et centrale, à l'exception des Alpes, n'ont que des nappes d'eau d'une étendue médiocre, bien que leur aspect pittoresque le dispute souvent à celui des grands lacs : en France, les lacs de *Saint-Point* et de *Nantua* dans le Jura, de *Gérardmer* dans les Vosges, les lacs volcaniques de l'Auvergne (lac *Pavin*, lac *Chambon*) et du Vélay (lac du *Bouchet*), les lacs d'*Oo* et de *Gaube* dans les Pyrénées.

Les lacs de la Grande-Bretagne et de la Scandinavie. — Dans les hautes terres de l'Europe septentrionale, les bassins lacustres sont plus vastes et plus nombreux. L'Angleterre cite avec orgueil son district des lacs dans les montagnes du *Cumberland* ; l'Écosse, ses *lochs* sauvages, avec leurs rochers, leurs cascades et leur ceinture de forêts, *loch Lomond*, semé d'îles nombreuses, *loch Katrine* et *loch Ness*.

La Scandinavie est par excellence le pays des lacs ; chacun de ses fleuves en forme plusieurs, dont quelques-uns considérables comme le *Mjösen* (Norvége) qui s'écoule par le Glommen, le lac *Siljan* (Suède), par le Dal, mais les plus grands sont ceux de la plaine suédoise, le **Mælar** avec son labyrinthe d'îles, à l'entrée duquel s'élève *Stockholm* ; le lac de *Hielmar* au sud-ouest du lac Mælar, le **Vettern**, qui s'écoule dans la Baltique par la *Motala*, et le **Venern**, le roi des lacs scandinaves, qui communique avec le Vettern par un canal et se déverse dans le Cattégat par la rivière de la Gota, si célèbre par ses splendides cascades.

Lacs de plateaux et de plaines.

Lacs de Finlande et de Russie. — De tous les lacs de plateaux et de plaines que possède l'Europe, le groupe de Finlande est le plus important. Les deux tiers de ce plateau sont couverts d'étroites nappes d'eau, semées d'îles et enfermées dans des cuvettes granitiques aux formes bizarres et tourmentées. Au sud du plateau, s'étend une véritable mer intérieure, le plus grand des lacs européens, le **Ladoga**, six fois plus vaste à lui seul que tous les lacs des Alpes. Il communique par le *Volkhow* avec le lac *Ilmen*, par le *Svir* avec le lac **Onéga**, le second des lacs d'Europe.

Fig. 25. — Peschiera et le lac de Garde.

rattaché lui-même au *Bielo* (lac Blanc) et à tout le système de lacs et d'étangs de la province d'Olonetz. C'est encore dans le Ladoga que s'écoule en partie le *Saïma*, le vrai lac finlandais. Le canal d'écoulement du lac Ladoga, la Néva, est digne par sa largeur et son débit de servir de déversoir à cette mer d'eau douce.

Le golfe de Finlande reçoit encore, par la Narva, le trop-plein du lac **Peïpous**, dont la superficie diminue et dont une partie n'est déjà plus qu'un marécage.

Lacs de l'Allemagne septentrionale et du Danemark. — Autant l'Allemagne, à l'exception des hauts plateaux de la Souabe et de la Bavière, est pauvre en lacs de montagnes, autant elle est riche en lacs de plaines. Tout le littoral de la Baltique, de la frontière russe à la frontière danoise, est bordé d'une série de plateaux peu élevés (moins de 100 mètres), humides, pour la plupart boisés et semés d'un nombre infini de lacs et d'étangs, les uns sans écoulement, les autres qui se déversent dans les tributaires de la Baltique ou de la mer du Nord : plateau de la **Prusse orientale** ; plateau de la **Prusse occidentale**, drainés par la Vistule et ses affluents ; plateau de **Poméranie** drainé par l'Oder et la Netze ; plateau du **Mecklembourg** (lac *Müritz*, lac de *Schwérin*) ; plateau du **Holstein**.

Le **Jutland** et les *îles danoises* ont aussi leurs lacs, cachés sous d'épais ombrages, et semés de petites îles où s'élèvent des châteaux et des maisons de plaisance.

Lacs de l'Autriche-Hongrie et de France. — Les petits lacs de la Bohême méridionale et orientale n'occupent qu'une superficie insignifiante ; il n'en est pas de même des deux grands lacs hongrois, le Plattensee et le lac de Neusiedel.

Le **Plattensee** (lac *Balaton*) a 80 kilomètres de long et une profondeur moyenne de 8 mètres. Dominé au nord et à l'ouest par des cônes volcaniques qui forment le prolongement du Bakony-Wald, mais marécageux au sud, il se déverse dans le Danube par le long canal de *Sio*.

Le lac de **Neusiedel**, aux eaux salines et amères, est un vaste bassin qui se vide et se remplit tour à tour. Presque desséché depuis près d'un demi-siècle, il a reparu en 1865, et, en 1870, les eaux avaient atteint à peu près leur ancien niveau. Un ruisseau marécageux les déverse dans un affluent de la Raab.

La France n'a qu'un vrai lac de plaine, le lac de **Grand-lieu**, sans profondeur et qu'il serait facile de dessécher. Il est formé par la Boulogne et s'écoule dans la Loire par l'Achenau.

Lacs de l'Irlande. — L'Irlande est, plus encore que l'Écosse, le pays des lacs ; mais le *lough* irlandais, peu profond, envahi par la tourbe et par les plantes aquatiques, bordé de rives plates et marécageuses, n'a ni la majesté, ni la pureté du *loch* écossais. Presque tous les lacs irlandais se déversent dans l'Atlantique, le lac *Neagh*, le plus grand de tous, par le *Bann*, le lac *Erne*, par l'Erne, les lacs *Ree* et *Derg* par le Shannon.

Régions marécageuses.

Les marais se forment dans les plaines et sur les plateaux dont le sous-sol argileux ou marneux n'est pas perméable et dont la pente n'est pas assez forte pour déterminer l'écoulement des eaux. Quelques-uns sont permanents, d'autres se dessèchent pendant l'été pour se remplir pendant les saisons pluvieuses. Les terrains marécageux ne sont pas seulement perdus pour l'agriculture ; ils répandent des exhalaisons pestilentielles qui déterminent les fièvres paludéennes si fréquentes en Russie, en Italie, en Grèce, en Hollande et même dans certaines parties de la France. Les marais, bien qu'ils reculent devant les travaux de drainage ou de canalisation, occupent encore en Europe un espace considérable. Près d'un tiers de la **Russie** se compose de terrains marécageux : les *toundras* du nord ne sont que des tourbières gelées, le littoral de la Baltique, le nord de la Pologne, la Bessarabie danubienne, le littoral de la mer d'Azof et de la Caspienne sont couverts de marais ; enfin, entre la Bérézina, le Dniéper, la Volhynie méridionale et la Pologne s'étendent les énormes marais de **Pinsk**, grands comme un tiers de la France et qui commencent à peine à s'assainir par la culture.

En **Norvège**, les plateaux de Finmark ne sont qu'une vaste tourbière ; dans la péninsule danoise (*Jutland* et *Schleswig-Holstein*), des landes marécageuses bordent presque tout le littoral de la mer du Nord. La plaine basse de l'**Allemagne septentrionale** avec ses innombrables étangs, son sol tourbeux et sa pente presque insensible, n'a été conquise sur les eaux qu'à force de travail, et les tourbières

disputent encore à la culture le bas Hanovre, le bas Oldenbourg, et presque tout le bassin de l'Ems.

En **Hollande** et en **Flandre**, tout le pays ne serait
qu'un marais sans les digues et les travaux de desséche-
ment; mais la persévérance hollandaise n'a pu triompher
jusqu'à présent des tourbières inondées de la *Drenthe*, de
l'Over-Yssel et de la province de Groningue.

Dans l'**Allemagne méridionale**, les *moser* (marais)
de la vallée de l'Isar et de celle du Haut Danube sont les
restes du lac qui couvrait autrefois toute la plaine bavaroise. En **Autriche-Hongrie**, les marais de la basse
Theiss, et ceux de la vallée du Danube, disputent aux
céréales une partie de la plaine hongroise. La *vallée inférieure du Danube*, son *delta*, et les mornes plateaux de la
Dobroutscha qui le dominent, ont été de tout temps et
sont encore une des régions les plus noyées et les plus
insalubres de l'Europe.

Le littoral de la *Thrace* et de la *Macédoine* avec les lagunes
de la Maritza, du Karasou et du Strouma, celui du golfe de
Lamia envasé par les alluvions du Sperchios, la vallée supérieure du *Pénée*, la plaine encaissée où dort le lac *Copaïs*,
et en général toutes les petites plaines de la Grèce entourées
de montagnes qui s'opposent à l'écoulement des eaux,
comptent aussi parmi les régions marécageuses.

L'**Italie** est la terre classique de la *malaria*. Les lagunes
du golfe de Venise, le delta vaseux du Pô, et surtout la région empestée des *marais Pontins* et de la *Maremme Toscane*,
assainie et fertilisée autrefois par les travaux des Étrusques
et des vieux Latins, ne lui donnent que trop de droits à cette
triste célébrité.

Les côtes d'**Espagne**, moins insalubres, ont cependant
leurs lagunes de la province de Murcie (*Mar-Menor*) et leurs
maremmes du bas Guadalquivir, et sur les hauts plateaux
de la Manche le désert marécageux le dispute au désert de
sable ou de pierres.

La **France** a encore près de 280 000 hectares de marais :
les étangs des *Dombes*, de la *Sologne*, de la *Brenne* et des
Landes, les marais de la *Vendée* et de la *Basse-Loire*, ne se
dessèchent ou ne s'assainissent que lentement.

L'**Angleterre** a mieux triomphé des marécages du
Wash qu'elle a transformés en polders (*fens* en anglais); mais
la plaine irlandaise avec ses tourbières, sa terre spongieuse,

et ses tristes forêts de joncs, attend toujours les travaux
d'assainissement qui en chasseraient la fièvre et y ramène-
raient la prospérité.

RÉSUMÉ

I

L'Europe ne possède que des cours d'eau inférieurs, comme
longueur et comme débit, aux fleuves des autres continents. On
peut distinguer : 1º le *Rhin* et le *Danube*, qui sont deux voies de
communication de premier ordre ; 2º les *fleuves méditerranéens*,
qui ont en général le régime torrentiel ; 3º les *fleuves du versant
de l'Atlantique*, plus réguliers et plus navigables ; 4º les *fleuves
de l'Europe orientale*, longs, abondants, mais gelés durant plusieurs mois chaque année.

II

L'océan Glacial reçoit la *Petchora*, qui naît dans les monts
Ourals, et la Dwina, qui sort des plateaux de l'*Uvali*, se jette
dans la mer Blanche et est réunie par des canaux au Volga.

III

Dans la mer Baltique tombent en Suède par d'innombrables
rivières, la *Tornéa*, la *Luléa*, la *Piléa*, le *Dal*, qui descendent
des Alpes Scandinaves ; en Norvège, le *Glommen*, qui finit dans
le Skager-Rak.

Dans les plaines de l'Allemagne du Nord et de la Russie
coulent de grands fleuves navigables : l'*Oder*, qui naît dans les
Sudètes, coule du sud-est au nord-ouest dans un lit marécageux, reçoit à droite la *Wartha*, et se jette dans la Baltique par
trois embouchures que séparent les îles basses de *Rugen*, d'*Usedom* et de *Wollin* ; la Vistule, qui descend des Carpathes, arrose
les plaines de Pologne, où elle reçoit sur sa rive droite le *Boug*,
et vient finir dans les lagunes du littoral prussien, où se perdent
également la *Prégel* et le *Niémen*, né en Russie.

Dans le golfe de Livonie se jette la *Duna*, fleuve navigable
qui descend du plateau de Valdaï ; dans le golfe de Finlande
la *Narva*, déversoir du lac *Péïpous*, et la *Néva*, canal large et
profond qui déverse dans la Baltique les eaux du lac *Ilmen* et
des lacs Onéga, Ladoga et *Saïma*.

La mer du Nord a pour principaux tributaires :

1º L'*Elbe*, qui descend du versant méridional des *monts des
Géants*, reçoit à gauche la *Moldau*, sortie des monts de Bohême,
franchit le défilé de *Schandau*, puis coule du sud-est au nord-
ouest dans les plaines sablonneuses de l'Allemagne du Nord, et
reçoit : à gauche, la *Saale*, grossie de l'*Elster* ; à droite la rivière

marécageuse du *Havel*, grossie de la *Sprée* qui passe à BERLIN. Il se jette au-dessous de Hambourg.

2° Le *Wéser*, qui descend de la forêt de Franconie, reçoit à droite l'*Aller*, et se jette dans la mer du Nord au-dessous de BRÊME.

3° L'*Ems*, petit fleuve qui arrose des plaines marécageuses.

4° Le RHIN (en allemand *Rhein*), formé par des torrents qui descendent du Saint-Gothard et se réunissent dans une vallée dominée d'un côté par les Alpes des Grisons, de l'autre par les rameaux des Alpes Helvétiques. Le fleuve coule du sud au nord, forme le lac de CONSTANCE, puis franchit, par la chute de *Laufen*, près de *Schaffhouse*, un défilé resserré entre les derniers contre-forts des Alpes et de la Forêt-Noire. Il reçoit les eaux du versant septentrional des Alpes Bernoises par la rivière de l'*Aar*, qui forme les lacs de *Thun* et de *Brienz* et se grossit à droite de la *Limmat*, déversoir du lac de *Zurich*, de la *Reuss*, qui forme le lac des *Quatre-Cantons*, à gauche de la *Thièle*, qui sert de déversoir aux lacs de *Neuchâtel* et de *Bienne*.

En quittant le territoire de la Suisse, le Rhin, arrêté par les Vosges, tourne brusquement vers le nord et coule entre les Vosges, à l'ouest, et la Forêt-Noire à l'est. Il reçoit à gauche l'*Ill* et la *Lauter*, à droite, le *Neckar* et le *Main*, grande rivière sinueuse qui sort du Fichtelgebirge.

A partir de son confluent avec le Main, le Rhin incline vers le nord-ouest et coule dans un lit profondément encaissé jusqu'à Bonn. Il reçoit sur sa rive droite, depuis son confluent avec le Main, la *Lahn*, la *Sieg* et la *Lippe*, sur sa rive gauche la *Moselle*, grossie de la *Meurthe* et de la *Sarre*.

Après avoir arrosé *Mayence*, *Koblenz*, *Cologne*, *Dusseldorf*, en Allemagne, et franchi la frontière hollandaise, le Rhin se divise : sous le nom d'*Yssel*, un de ses bras va se jeter dans le *Zuiderzee*; les deux autres, sous le nom de WAAL et de *Lek*, se dirigent vers l'ouest et se mêlent à la Meuse.

La *Meuse* prend sa source au plateau de Langres, coule du sud au nord en France, puis en Belgique, reçoit à droite l'*Ourthe* et la *Roër*, puis incline vers l'ouest après avoir franchi la frontière de Hollande et se confond avec le *Waal*.

IV

L'*Escaut* coule d'abord en France, puis en Belgique, et va se jeter en Hollande par deux bouches principales qui portent le nom d'*Escaut occidental* et d'*Escaut oriental*.

Le versant oriental de la Grande-Bretagne est arrosé par un grand nombre de cours d'eau d'une longueur médiocre mais presque tous navigables, dont les principaux sont la TAMISE en Angleterre, la *Tweed*, le *Forth*, le *Tay* en Écosse.

Le versant occidental de la Grande-Bretagne et de l'Irlande jette dans l'Atlantique la *Clyde* (Écosse), la *Severn* (Angleterre), et le *Shannon* (Irlande).

Le versant français de l'océan Atlantique est arrosé par la *Seine*, la LOIRE, la *Garonne* et l'*Adour*.

La péninsule Hispanique envoie à l'ATLANTIQUE le *Minho*, le

Douro, le Tage, grand torrent bourbeux, profondément encaissé, qui se jette au-dessous de *Lisbonne* par une large embouchure ; la *Guadiana* et le *Guadalquivir*, large fleuve semé d'îles marécageuses qui passe à *Cordoue* et à *Séville*.

V

Le versant oriental de la péninsule Ibérique (Méditerranée occidentale) est arrosé par un grand nombre de cours d'eau, dont le plus important est l'Ebre, qui prend sa source à la jonction des Pyrénées espagnoles et des monts Ibériques.

Sorti d'un glacier du Saint-Gothard, le Rhône coule entre les Alpes Pennines et les Alpes Bernoises, forme le lac de *Genève* ou *Léman*, franchit l'obstacle que lui oppose le Jura méridional, puis rejeté vers le sud par les Cévennes, les longe presque jusqu'à la mer, et s'y jette par plusieurs branches qui embrassent un vaste delta.

Dans la mer Tyrrhénienne n'arrivent que des cours d'eau d'une médiocre étendue qui naissent dans l'Apennin : l'*Arno* (Florence), le Tibre, rivière profonde et rapide (Rome).

La mer Adriatique ne reçoit du versant oriental de l'Apennin que des torrents sans importance géographique. Les eaux des Alpes Occidentales et des Alpes Centrales s'y déversent par deux grands cours d'eau, l'*Adige* qui naît dans les Alpes Rhétiques, et le Pô qui descend du mont Viso, coule d'abord du sud au nord, puis de l'ouest à l'est dans les riches plaines du Piémont et de la Lombardie, se divise en plusieurs bras à quelque distance de l'Adriatique, et s'y jette par plusieurs bouches en formant de vastes lagunes qui s'accroissent sans cesse grâce aux alluvions du fleuve et des autres cours d'eau nés dans les Alpes Centrales et Orientales, l'*Adige*, la *Brenta*, la *Piave*, le *Tagliamento*, l'*Isonzo*.

Le Pô reçoit sur sa rive droite les eaux des Alpes Maritimes par le *Tanaro*, celles de l'Apennin septentrional par la *Trébie*, le *Taro*, le *Panaro*, le *Reno*. Sur la rive gauche, les deux *Doires*, la *Sésia*, le *Tessin*, qui naît au Saint-Gothard et forme le lac *Majeur* ; l'*Adda*, qui naît dans les Alpes Rhétiques, et forme le lac de *Côme* ; l'*Oglio*, le *Mincio* qui forme le lac de *Garde*, y jettent toutes les eaux du versant méridional des Alpes depuis le mont *Genèvre* jusqu'au mont *Ortler*.

Sur la rive orientale, l'Adriatique ne reçoit que des torrents, dont le plus important, le *Drin*, descend des montagnes d'Albanie.

Les tributaires de la mer Ionienne et de l'Archipel, qui descendent des Alpes Helléniques, ne sont également que des torrents, dont aucun n'est navigable : l'*Aspropotamo*, le *Roufia*, l'ancien *Alphée*, l'*Eurotas*, dans le golfe de Laconie ; le *Pénée* ou *Salempria* dans l'Archipel.

Le versant méridional des Balkans envoie à l'Archipel des cours d'eau plus considérables, le *Vardar*, le *Strouma* (ancien *Strymon*) et la Maritza, qui arrosent la Turquie d'Europe.

La mer Noire a pour principal tributaire le Danube (en allemand *Donau*) qui prend sa source dans la Forêt-Noire et coule, de l'ouest à l'est, dans une vallée encaissée qui coupe le plateau de Bavière. Il reçoit sur la rive droite, dans cette partie supérieure de son cours, les eaux des Alpes Algaviennes et des Alpes Bavaroises par les torrents du *Lech* et de l'*Isar*, et celles des Alpes Centrales et Rhétiques par la puissante rivière de l'*Inn*, sortie des glaciers du mont *Bernina* et qui arrose le Tyrol.

Après avoir franchi la frontière d'Autriche, le Danube entre dans son second bassin par un étroit passage entre un chaînon des Alpes Autrichiennes et les monts de Bohême, puis coule dans un large lit semé d'îles boisées ou marécageuses, arrose *Vienne*, se resserre à Presbourg et continue de se diriger vers l'est jusqu'à ce qu'un rameau des Carpathes le rejette brusquement vers le sud. Il traverse alors un nouveau défilé et entre dans son troisième bassin. A partir de *Pesth* il coule dans une plaine marécageuse, reprend, après avoir reçu la *Save*, la direction de l'est, et entre dans son quatrième bassin en franchissant, par une brèche longue de plus de 100 kilomètres (défilé des Portes de Fer), la barrière que lui opposent les Alpes de Transylvanie et les monts de Serbie. Dans la partie moyenne de son cours, il reçoit, à droite, les eaux des Alpes Noriques par l'*Enns* et la *Raab*, celles des Alpes Carniques et Styriennes par la *Drave*, et des Alpes Juliennes par la *Save*; à gauche, celles des Sudètes par la *March* ou *Morawa*, et celles des Carpathes par la *Theiss* qui coule du nord au sud et dont les nombreux affluents sillonnent les plaines de Hongrie et le plateau transylvanien.

Dans la partie inférieure de son cours, le Danube, dont la rive gauche appartient à la Roumanie, la rive droite à la Serbie et à la Bulgarie, coule dans un lit assez large, marécageux, semé de grandes îles, et vient se jeter dans la mer Noire après avoir contourné les plateaux qui le forcent à se diriger vers le nord. Le fleuve a trois branches, dont une facilement navigable, celle de *Soulina*. Il reçoit, à droite, les eaux du versant méridional et oriental des Carpathes par l'*Aluta*, par le *Séreth* et par le *Pruth*. Long de près de 2800 kilomètres, traversant de l'ouest à l'est presque toute l'Europe centrale et méridionale, communiquant avec le Main, affluent du Rhin, par un canal qui franchit le Jura franconien, le Danube est par son étendue le second des fleuves de l'Europe, le premier par son importance commerciale.

Le *Dniester*, qui descend des Carpathes, le Dniéper, qui prend sa source au sud du plateau de Valdaï, courent du nord-ouest au sud-est dans les vastes plaines de la Russie méridionale. Les affluents de droite du Dniéper, la *Bérézina* (1812) et la *Pripet*, traversent une région marécageuse, les marais de Pinsk.

Le Don coule du nord-ouest au sud-est à travers les steppes de la Russie et se jette dans la mer d'Azof. Enfin le *Kouban* apporte à la mer Noire et à la mer d'Azof les eaux du versant nord-ouest du Caucase.

La mer Caspienne reçoit un long torrent descendu du Caucase, le *Térek*, et deux grands fleuves, l'Oural, qui descend des monts Ourals, et le Volga (3800 kilomètres), qui naît dans un lac du plateau de Valdaï, coule d'abord vers le nord, puis vers l'est, enfin vers le sud et le sud-est. Il se jette au-dessous d'Astrakhan en formant un delta marécageux. Il a de nombreux affluents :

à droite l'*Oka*, à gauche la *Kama*, qui vient des monts Ourals, etc. C'est le plus long des fleuves européens.

VI

A l'exception de quelques marécages salés de la Russie orientale, les lacs d'Europe sont des lacs d'eau douce. Les principaux lacs de montagnes sont : 1° ceux de la région des Alpes, en France (lacs d'*Annecy* et du *Bourget*); en Suisse (lacs de GENÈVE, formé par le Rhône, de CONSTANCE, formé par le Rhin, des *Quatre-Cantons*, formé par la Reuss, de *Zurich*, formé par la Linth, de *Neuchâtel* et de *Bienne*, formés par l'Orbe; de *Brienz* et de *Thun*, formés par l'Aar); les lacs de Bavière (*Chiemsee*, *Wurmsee*); du Tyrol et de la haute Autriche (*Traunsee*), etc.; du nord de l'Italie (lacs MAJEUR, formé par le Tessin, de CÔME, formé par l'Adda, de GARDE, formé par le Mincio); 2° ceux de la péninsule des Balkans (lacs d'*Ochrida*, formé par le Drin, de *Scutari*, de *Janina*); 3° ceux de la région du Jura (lac de *Saint-Point*) et des Vosges (lac de *Gérardmer* en France); 4° ceux des hautes terres d'Écosse (lacs *Lomond*, *Ness*, *Katrine*, etc.); 5° ceux de la Scandinavie, au pied des Alpes scandinaves (lacs VENERN, qui se déverse par la Gota, VETTERN, MÆLAR, MIŒSEN).

Les lacs de plateaux et de plaines sont : 1° ceux de la Russie septentrionale et de la Finlande (lacs *Saïma*, LADOGA, le plus grand de l'Europe (18500 kil. car.), ONÉGA, le lac *Ilmen*, déversés dans le golfe de Finlande par la Néva; le lac *Peïpous*, déversé par la Narva; 2° ceux des plateaux de la *Prusse orientale*, de la *Poméranie*, du *Mecklembourg* (lac de Schwérin) et du *Holstein*; 3° ceux de la plaine hongroise, le lac intermittent de *Neusiedel* et le lac *Balaton* ou *Platten* qui s'écoulent dans le Danube; 4° en France, le lac de *Grandlieu*; 5° les lacs d'Irlande (lacs *Neagh*, *Ree*, *Derg*, ces deux derniers formés par le Shannon).

Les principaux lacs volcaniques sont ceux de l'Italie (lacs de *Bolsena*, *Trasimène*, d'*Albano*, lac *Averne*, etc.) et de l'Auvergne.

Les régions de marécages sont, en Russie, les MARAIS DE PINSK, une grande partie de la Russie septentrionale et occidentale, la Bessarabie danubienne et le littoral de la mer d'Azof; en Allemagne, le bas Hanovre, le bas Oldenbourg et la *vallée de l'Ems*; en Hollande, les provinces de Groningue, de DRENTHE et d'*Over-Yssel*; en France, les *Dombes*, la *Sologne*, la *Brenne*, les *Landes*, et le marais vendéen; en Autriche-Hongrie, la *vallée inférieure de la Theiss* et une partie de celle du Danube; en Roumanie, le *delta du Danube* et la DOBROUTSCHA; en Grèce, la Thessalie; en Italie, les MARAIS PONTINS et la MAREMME TOSCANE; en Irlande, presque toute la plaine centrale.

LIVRE II

GÉOGRAPHIE POLITIQUE ET ÉCONOMIQUE DE L'EUROPE

CHAPITRE PREMIER

ILES BRITANNIQUES

I

GÉOGRAPHIE PHYSIQUE ET POLITIQUE

Limites. — Le Royaume-Uni de Grande-Bretagne et d'Irlande est situé entre 50° et 61° de latitude nord. Il est borné au nord et à l'ouest par l'océan Atlantique, au sud par la Manche et le Pas de Calais, à l'est par la mer du Nord.

Il comprend deux grandes îles : la **Grande-Bretagne** (Angleterre et Ecosse) et l'**Irlande**, séparées par le *canal du Nord*, la *mer d'Irlande* et le *canal Saint-Georges*, et des groupes secondaires : au nord les îles *Orcades* et *Shetland*, groupes rocheux et stériles ; au nord-ouest, les *Hébrides*, avec leur sol de granit et leurs cavernes basaltiques (grotte de Fingal dans l'île de *Staffa*) ; à l'ouest, l'île de *Man*, qui forme une sorte de petit Etat autonome, et *Anglesea*, l'île des jardins et des vergers, dans la mer d'Irlande ; au sud-ouest, les îles *Sorlingues* ou *Scilly* ; au sud, la fertile et riante île de *Wight* dans la Manche, et le groupe pittoresque de *Jersey* (capitale *Saint-Hélier*), de *Guernesey* et d'*Aurigny* ou *Alderney*, près des côtes de France.

Revision de la géographie physique. — La configuration de la Grande-Bretagne semble l'inviter au commerce et à la navigation.

Les rivages de la **Manche** (en anglais, *Channel*, le canal), du cap *Land's End* (fin de la terre), au *Sud-Foreland* (promontoire du sud), bordés de roches granitiques et de falaises crayeuses, offrent de nombreux mouillages (rade de *Spithead*, baies de *Torbay*, de *Plymouth*, de *Falmouth*, etc.), des ports sûrs et qui ne s'ensablent pas comme nos ports français.

Sur la **mer du Nord**, du *Sud-Foreland* au cap *Duncansby*, la côte d'Angleterre est basse, sablonneuse, creusée par les estuaires de la *Tamise* et de l'*Humber* et le golfe vaseux du *Wash* ; celle d'Écosse est élevée, rocheuse et profondément découpée par les golfes (firth) du *Forth* et de *Murray*.

Sur le **versant de l'Atlantique** et de la **mer d'Irlande**, du cap *Wrath* au cap *Land's End*, la côte escarpée, tortueuse, hérissée de rochers, projette de tous côtés des caps et des presqu'îles (*Cornouaille*, *pays de Galles*, presqu'île de *Cantyre* en Écosse), ou se creuse en golfes capricieux, ceux de *Lorn*, de la *Clyde*, de *Solway*, de la *Mersey*, de *Caernarvon*, de *Cardigan*, de *Bristol*.

Du sud au nord de la Grande-Bretagne, court, sous les noms de hauteurs de *Cornouaille*, de *Cotswold Hills*, de monts *Moorlands*, de *chaîne Pennine* en Angleterre, de monts *Grampians*, de monts de *Ross*, en Écosse, une chaîne de montagnes, de plateaux ou de collines interrompues par d'assez nombreuses dépressions et dont le point culminant est le *Ben-Nevis*, en Écosse (1 335 m.). La région de plaines tournée vers la mer du Nord est arrosée par la *Spey*, le *Tay*, le *Forth*, le *Tweed* (Écosse), l'*Humber*, formé de l'*Ouse* et du *Trent*, et la Tamise (350 kilom., Angleterre) ; à l'ouest, du côté de l'**Atlantique** et de la **mer d'Irlande**, coulent la *Clyde* (Écosse), la *Mersey* (mer d'Irlande), et la *Severn* qui finit dans le golfe de Bristol.

De cette chaîne se détachent plusieurs rameaux, à l'est les monts *Cheviots* en Écosse, à l'ouest les monts du *Cumberland*, en Angleterre ; le massif du *Pays de Galles* (1 100 mètres au pic *Snowdon*) se dresse isolé entre le golfe de Bristol et la mer d'Irlande.

Au sud de la Tamise se développent les collines verdoyantes des **Downs**. À l'exception des hautes-terres d'Écosse, du nord de l'Angleterre et du *Pays de Galles*, qui sont des régions montagneuses, la Grande-Bretagne est un pays de plaines fort accidentées par de petites collines.

L'Irlande, moins découpée que la Grande-Bretagne, bien qu'elle offre des baies profondes et bien abritées, est presque enveloppée par des massifs de montagnes peu élevées (point culminant, 1060 m.) dispersés le long de la côte; l'intérieur est une plaine humide et semée de nombreux lacs (lac *Erne*, lac *Ree*, lac *Corrib*, lac *Neagh*); le principal cours d'eau est le *Shannon* qui se jette dans l'océan Atlantique.

Superficie. — La superficie totale du Royaume-Uni de Grande-Bretagne et d'Irlande est de près de 312000 kilomètres carrés.

Formation territoriale. — Notions historiques. — La Grande-Bretagne, la *Britannia* des anciens, a reçu à une époque inconnue des émigrants appartenant à la même race que les populations de la Gaule, et qui portaient le nom de *Cambriens* à l'ouest et de *Logriens* à l'est; la partie septentrionale de l'île, l'Écosse moderne (*Caledonia* ou pays des forêts), occupée par des peuples barbares, les *Pictes* et les *Scots* (d'où le nom d'*Écosse*), échappa à la domination romaine, qui, un demi-siècle après Jésus-Christ, s'étendit sur toute la partie méridionale, appelée aujourd'hui Angleterre.

L'*Irlande* (*Erin*, l'île verte) resta également indépendante.

Les Bretons ne recouvrèrent leur indépendance au cinquième siècle après Jésus-Christ que pour la perdre bientôt après, grâce aux *invasions* des *Saxons* et des *Angles*, peuples d'origine germanique, dont le dernier a donné son nom à l'Angleterre. Mais les envahisseurs ne purent soumettre ni le pays de Galles, ni l'Écosse, ni l'Irlande où se conservèrent la langue des Gaëls (Gaulois), et les souvenirs nationaux. Les Danois renversèrent à leur tour la dynastie saxonne, mais celle-ci ne tarda pas à se relever. Le royaume anglo-saxon ne tomba qu'en 1066 sous les coups de Guillaume le Conquérant, duc de Normandie. Ses successeurs soumirent au douzième et au treizième siècle le pays de Galles et l'Irlande; mais l'Écosse forma un royaume indépendant jusqu'au commencement du dix-huitième, et la réunion de la couronne d'Écosse à celle d'Angleterre ne fut pas le résultat de la conquête, mais de l'avènement d'une dynastie écossaise, celle des Stuarts, au trône d'Angleterre (1603).

Divisions politiques. — Villes principales. —

Les anciennes divisions historiques, *Angleterre* (**England**),
Pays de Galles (**Wales**), *Ecosse* (**Scotland**) et *Irlande*
(**Ireland**), ont disparu comme divisions politiques ; le
royaume est divisé en *comtés*, dont la plupart portent le nom
de leur capitale.

Angleterre et Pays de Galles. — La capitale du
Royaume-Uni est **Londres** (*London*, 4 536 000 habitants),
la plus grande ville du monde, la capitale du commerce et
de l'industrie.

Londres est situé sur les deux rives de la Tamise, à 73 kilomètres de la mer, et se compose pour ainsi dire de trois
villes distinctes : sur la rive droite du fleuve, *Southwark*, la
ville neuve ; sur la rive gauche, la *Cité*, la ville du commerce, du travail et de la misère, et le *Westend*, la résidence
de la cour et du parlement, avec ses palais, ses musées et
ses jardins. Londres a d'antiques monuments : la *Tour*, forteresse royale, devenue plus tard une prison d'État, l'abbaye
de *Westminster*, l'église *Saint-Paul* ; mais ce qui frappe surtout l'étranger, ce sont les docks gigantesques où s'entassent
les produits du monde entier, les quais de la Tamise, les
milliers de navires qui couvrent le fleuve, les parcs aux ombrages séculaires qui contrastent avec les rues étroites et les
maisons enfumées de la vieille cité. *Sheerness*, *Chatham*,
ports fortifiés, *Gravesend*, ville de plaisance, *Woolwich*,
célèbre par son arsenal, *Greenwich*, par son observatoire,
sont échelonnés sur la Tamise et servent d'avant-port à
Londres.

Les principales villes de commerce sont : 1° sur la mer
du **Nord**, *Hull* (241 000 hab.), à l'embouchure de l'Humber,
Sunderland (147 000 hab.), et *Newcastle* (220 000 hab.), débouchés de la région de l'est.

2° Dans le **versant de l'Atlantique**, sur la mer
d'Irlande : *Liverpool*, à l'embouchure de la Mersey
(700 000 hab. avec les faubourgs), le troisième port du
Royaume-Uni ; sur le canal ou golfe de Bristol, *Swansea*,
Cardiff (115 000 hab.), le second port de commerce,
tous deux débouchés des houillères du Pays de Galles,
et *Bristol* (329 000 hab.), sur l'Avon, autrefois l'un des
principaux ports de l'Angleterre.

3° Sur la **Manche** : *Southampton*, *Brighton* (120 000 h.),
Douvres (*Dover*), important surtout par ses relations avec
la France, et les deux grands ports militaires : *Plymouth*

Fig. 29. — Westminster à Londres.

(122 000 hab., comté de Devon), et *Portsmouth*, sur la rade de Spithead (189 000 hab.).

Les grandes villes industrielles sont : dans le nord, *Manchester* (544 000 hab. avec *Salford*), *Oldham*, *Bolton*, *Preston*, immenses agglomérations de filatures et d'usines (comté de Lancastre); *Leeds* (429 000 hab.), *Bradford* (280 000 hab.), *Halifax*, dans le comté d'York, *Leicester*, capitale du comté du même nom, centres des industries textiles; dans le centre, *Sheffield* (381 000 hab.), *Wolverhampton* (comté de Stafford), *Birmingham* (522 000 hab.), avec leurs fonderies, leurs fabriques de machines, d'armes, de quincaillerie, d'aciers, de coutellerie; *Nottingham* (240 000 hab.), avec ses tanneries; *Stoke* (155 000 hab.), sur le Trent, centre de l'industrie des poteries du comté de Stafford.

A côté des centres industriels, citons les universités célèbres d'*Oxford*, sur la Tamise, et de *Cambridge*, la résidence royale de *Windsor*; *Canterbury*, la métropole de l'Église anglicane, dans le comté de Kent; la vieille ville d'*York*, autrefois la rivale de Londres, *Chester*, au nord du Pays de Galles, commerce de fromages, *Lincoln*, avec sa cathédrale du treizième siècle, *Stratford-sur-Avon* (comté de Warwick), patrie du poëte Shakespeare, le port d'*Hastings*, sur la Manche, fameux par la victoire de Guillaume le Conquérant (1066).

Écosse. — L'Écosse, plus froide que l'Angleterre, est un pays de montagnes, de tourbières et de pâturages, entrecoupé de lacs (lac *Lomond*, lac *Katrine*), et de vallées pittoresques, mais où ne réussissent guère d'autres cultures que celles du lin, de l'orge et de la pomme de terre; il est vrai que les richesses minérales compensent la pauvreté du sol, et ne le cèdent pas à celles de l'Angleterre.

L'ancienne capitale est **Edimbourg** (*Edinburgh*, 316 000 hab.), qui a pour port la ville de *Leith*, à l'embouchure du Forth. Situé sur une hauteur que couronne l'ancien château des rois d'Écosse, Edimbourg se compose d'une ville neuve, aux larges rues et aux squares aristocratiques, et de l'ancienne cité, la *Vieille enfumée*, comme l'appellent les Écossais, avec ses maisons de dix étages entassées sur les flancs du rocher.

Edimbourg le cède, par sa population et son importance, à *Glasgow*, sur la Clyde (760 000 hab.), le premier port et la première ville industrielle de l'Écosse, industrie du coton, de

ILES BRITANNIQUES
Myriamètres
LONDRES   3.000.000 hab.
I. Shetland
I. Orcades
Aberdeen
EDIMBOURG
Glascow
York
M. D'IRLANDE
Liverpool
Manchester
Galway
DUBLIN
Nottingham
Birmingham
Norwich
Limerick
Cambridge
Cork
Canal St Georges
Bristol
LONDRES
Southampton
GRANDE BRETAGNE
LA MANCHE
FRANCE

Carte II.

7.

la laine, des voiles, des produits chimiques, travail du fer, chantiers de construction.

Les ports de *Dundee*, sur le Tay (161 000 hab.) et d'*Aberdeen*, sur le Dee (153 000 hab.), tributaires de la mer du Nord, et la ville de *Perth* comptent parmi les plus anciennes villes écossaises. On doit encore citer *Inverness*, sur le golfe de Murray, *Stirling*, exploitation de la houille, *Paisley*, près de Glasgow, grande ville manufacturière.

Irlande. — L'Irlande, accidentée au nord et au sud, plate et marécageuse au centre, possède de belles prairies et cultive les céréales, la pomme de terre et le lin. L'Angleterre protestante a longtemps traité l'Irlande catholique en pays conquis, l'Irlandais s'est vu humilié, persécuté et dépossédé : aujourd'hui encore, le sol est aux mains d'un millier de propriétaires (*landlords*) anglais, qui ne résident même pas sur leurs domaines. L'émigration causée par la misère a créé, surtout aux Etats-Unis, des groupes de populations irlandaises, qui ont conservé contre l'Angleterre d'implacables rancunes, et qui entretiennent dans la mère patrie une agitation de jour en jour plus redoutable. L'Angleterre a dû faire des concessions ; mais sa politique plus libérale n'a pu effacer les traces de longs siècles de haine et d'oppression : la question irlandaise n'est pas seulement une question sociale, c'est une question nationale : il est à craindre qu'elle ne se résolve pas par une entente pacifique.

La capitale est le port de **Dublin** (373 000 hab.), sur la mer d'Irlande, à l'embouchure de la Liffey.

Les autres ports sont : sur la mer d'Irlande, *Belfast* (349 000 hab.), le centre de l'industrie linière ; sur l'Atlantique, *Londonderry*, au nord, *Galway*, *Limerik*, sur le Shannon, à l'ouest de l'Irlande, et *Cork*, au sud.

Population. — La population des îles Britanniques s'élève à plus de 41 millions d'habitants, dont plus de 30 millions pour l'Angleterre. La langue anglaise, où dominent les racines germaniques combinées avec de nombreux éléments empruntés au français, est celle de l'immense majorité ; il existe encore en Irlande, dans le pays de Galles, et en Ecosse, des traces des dialectes gaéliques. Le fond de la population est celtique avec un mélange de Germains, de Scandinaves et de Français.

Religion. — La religion dominante est le protestantisme, qui se divise en plusieurs sectes ; les principales

Fig. 30. — Château de Windsor

sont : le *culte anglican*, religion officielle de l'Angleterre, et le *presbytérianisme*, répandu surtout en Écosse. On compte 5 ou 6 millions de catholiques, principalement en Irlande.

Gouvernement. — Le gouvernement est une *monarchie parlementaire*. Le souverain, assisté de ministres responsables, partage le pouvoir avec un *parlement* composé de deux chambres : l'une élective, celle des *Communes*, l'autre héréditaire ou à la nomination du souverain, celle des *Lords*. Le cens est la base des droits électoraux ; mais des réformes successives les ont étendus au quart des citoyens.

Le budget annuel de l'État a été un moment mis en déficit par la guerre sud-africaine ; le capital de la dette publique dépasse 17 milliards.

L'armée régulière se recrute par enrôlements volontaires, la durée du service est de douze ans.

Il existe, en outre, une sorte d'armée territoriale destinée à la défense intérieure du royaume, et qui se compose d'une cavalerie dite *yeomanry* (de *yeoman*, petit propriétaire), d'une *milice* astreinte à des exercices annuels, et de *volontaires*.

L'Angleterre, défendue par la mer, n'a pas de forteresses à l'intérieur, mais les côtes sont hérissées de batteries, et les ports de *Plymouth*, de *Portsmouth*, de *Sheerness*, sur la Tamise, comptent parmi les places les plus fortes de l'Europe.

Les équipages de la flotte qui se recrutent par enrôlements volontaires, et les *troupes de marine*, comptent environ 243 000 hommes ; la *flotte*, la première du monde, comptait, en 1901, 563 navires, dont près de 100 cuirassés. L'Angleterre, par des constructions nouvelles, s'efforce toujours de maintenir sa flotte égale à celle de deux grandes puissances du continent européen.

Instruction publique. — L'instruction primaire, obligatoire dans tout le royaume, est développée surtout en Écosse.

L'instruction secondaire se donne dans des collèges dépendant des universités et dans les établissements particuliers. Le plus célèbre est celui d'*Eton*. L'instruction supérieure est donnée dans douze universités dont les plus fréquentées sont celles d'Oxford, de Cambridge, de Londres, d'Édimbourg et de Dublin.

II

GÉOGRAPHIE ÉCONOMIQUE

La production agricole, minérale et manufacturière.

Supériorité économique de la Grande-Bretagne. — L'Angleterre, qui est un des petits États de l'Europe par sa superficie, en est le premier par la richesse et par le commerce. Les principales causes physiques qui expliquent cette supériorité sont : la position géographique, la configuration de la Grande-Bretagne et les richesses minérales qui ont favorisé le développement industriel ; mais il a fallu tirer parti de cette position, il a fallu exploiter ces richesses : l'Angleterre ne l'a fait que tardivement. Jusqu'au quatorzième siècle, elle n'a pas d'industrie ; et sa marine marchande est incapable de lutter contre celle des grandes villes italiennes, flamandes ou hanséatiques. C'est au milieu des guerres sanglantes contre la France, des troubles intérieurs du quinzième et du seizième siècle, que le génie anglais, trempé par ses longues épreuves, s'est dégagé lentement, et que toutes les forces intellectuelles et morales de la nation, surexcitées par la lutte même, se sont révélées à la fois. L'Acte de navigation (1652), en la forçant à développer sa marine marchande, a fait la fortune de l'Angleterre.

Caractère national. — Marin par nécessité, surtout depuis qu'il a dû aller chercher dans des mers éloignées les débouchés qu'il trouvait autrefois dans ses provinces continentales de Guienne et de Gascogne, l'Anglais est devenu voyageur, il a pris l'habitude des entreprises lointaines et périlleuses. Il ne redoute pas l'émigration, comme nos populations plus sédentaires et plus attachées au sol où la vie est plus douce et plus facile. Chaque année, l'esprit d'aventures, et, il faut bien le dire aussi, la misère entraîne près de deux cent cinquante mille Anglais ou Irlandais aux États-Unis, en Australie, dans la Nouvelle-Zélande, dans le Canada ; partout où il y a un sol à défricher et une fortune à conquérir. Mais c'est surtout à ses fortes traditions de famille, aujourd'hui ébranlées, que l'Anglais a dû ce génie colonisateur qui a fait la grandeur de sa patrie. Le droit d'aînesse, en forçant les cadets à se créer par eux-mêmes une situation indépendante, a donné à la Grande-Bretagne ses meilleurs marins, ses soldats les plus intrépides et les fondateurs les plus intelligents de son empire colonial.

L'organisation même de la société et les institutions politiques qui en sont la conséquence ont puissamment contribué à développer l'esprit commercial de la nation.

La société anglaise est aristocratique, et l'aristocratie favorise la grande culture, la grande industrie et le grand commerce par la concentration des capitaux et des terres dans un petit nombre de mains.

D'autre part, l'habitude des luttes politiques, les institutions qui laissent à l'individu une large part d'initiative, ont développé, en même temps que l'égoïsme, l'orgueil et la rudesse reprochés par l'étranger au caractère britannique, la persévérance et le sentiment de la responsabilité personnelle, conséquence nécessaire de la liberté. L'Anglais n'a pas l'idée de recourir à l'État pour inspirer, diriger ou réglementer ses entreprises particulières ; chez lui, il ne compte que sur ses propres forces, et n'attribue qu'à lui-même la responsabilité de ses échecs et le mérite de ses succès ; mais, à l'étranger, il sait que ses biens et sa personne sont sous la sauvegarde de l'Angleterre : il a confiance dans son titre de citoyen anglais, et cette confiance est justifiée, car l'Angleterre n'abandonne pas les siens.

Avantages de la situation de l'Angleterre. — Située au nord-ouest du continent, l'Angleterre domine la mer du Nord sur une étendue de plus de 1 000 kilom. : elle observe l'entrée de la Baltique, et elle commande la Manche et le Pas de Calais, et semble jetée dans l'océan Atlantique comme un avant-poste de l'Europe tandis qu'elle n'est séparée de l'Amérique que par moins de huit jours de traversée.

Configuration. — La configuration des Îles Britanniques n'est pas moins favorable au commerce que leur position. Baignées par deux mers orageuses mais toujours navigables, creusées par des golfes profonds et de vastes estuaires : ceux de la Tamise, de l'Humber, du Forth, de la Clyde, de la Severn, elles présentent un développement total de plus de 10 000 kilom. de côtes. Aucun point du territoire n'est éloigné de la mer de plus de 150 kilomètres.

Climat et nature du sol. — Régime de la propriété. — Aux avantages de sa situation géographique et de sa configuration, la Grande-Bretagne joint ceux d'une immense production qu'elle doit en partie à la nature, en partie à l'industrie de ses habitants. Située moitié dans la zone tempérée, moitié dans la zone froide septentrionale, son climat est humide et brumeux, mais plus doux et plus égal que celui des pays continentaux placés sous les mêmes latitudes (température moyenne + 10°, vent dominant S.-O., moyenne des pluies 80 centimètres). Les myrtes poussent en pleine terre en Irlande et dans la Cornouaille et le raisin mûrit dans l'île de Wight. La fertilité du sol, en partie granitique, en partie calcaire, est loin d'égaler celle de la France ou de la Belgique. Cependant le génie de l'homme a triomphé de la nature et a fait du sol anglais, occupé presque entièrement par la grande propriété, un des plus productifs pays du monde, parce qu'il est un des mieux cultivés. Le propriétaire anglais ou écossais (on n'en compte pas 200 000 dans toutes les campagnes du Royaume-Uni), riche, intelligent, passant sur ses domaines une grande partie de l'année, peut consacrer à la culture des capitaux considérables, et sait se tenir au courant de tous les progrès. Les fermiers eux-mêmes forment presque partout, sauf en Irlande, une classe aisée et industrieuse ; mais les 4 ou 5 millions de paysans qui leur louent leur travail ne sont que de simples journaliers, vivant de leur salaire, sans espoir d'arriver jamais à la propriété, et peu soucieux de faire des épargnes dont ils ne voient pas l'emploi. La misère est aussi grande et les grèves commencent à devenir aussi fréquentes dans les campagnes que dans les villes.

Production agricole. — La production des céréales, malgré l'habileté de la culture, ne suffit pas aux besoins du pays, et l'Angleterre est obligée d'importer chaque année de grandes quantités de blé : la *pomme de terre* remplace le froment en Irlande et en Écosse ; l'*orge* et le *houblon* remplacent la vigne qui ne mûrit pas sous le ciel brumeux de la Grande-Bretagne ; les *fruits* et les *légumes* abondent dans la région méridionale ; les *cultures industrielles*, plantes oléagineuses, plantes textiles (*lin*), perdent du terrain malgré la perfection des procédés agricoles. Les *forêts* n'occupent plus qu'un espace insignifiant. Dans les serres, près de Londres et d'Édimbourg a été développée la culture des raisins, des fruits et des fleurs rares.

Cependant, de toutes les productions agricoles, une seule

suffit à peu près à la consommation de la Grande-Bretagne; celle des *prairies artificielles* et *naturelles*, favorisée par l'humidité féconde du sol et du climat, et qui a créé en Angleterre ces admirables races de bestiaux que le continent tout entier lui envie et lui emprunte. Depuis longtemps l'**élève du bétail** est la principale industrie de la Grande-Bretagne.

Les races de *Durham* pour les bœufs, celles d'*York* et de *Lincoln* pour les chevaux, celles d'*Essex* et de *Dishley* pour les moutons, que le propriétaire anglais élève aujourd'hui pour la viande beaucoup plus que pour la laine, présentent les types les plus perfectionnés, et ceux que l'étranger a surtout cherché à imiter.

D'abondantes *pêcheries* de harengs, d'huîtres, de saumons, fournissent également à l'Angleterre de grandes ressources.

Industries extractives. — La richesse minérale de l'Angleterre, une des principales sources de sa prospérité industrielle et commerciale, est sans rivale dans le monde.

Les **houillères** fournissent aujourd'hui plus de 223 millions de tonnes dont les trois quarts sont absorbés par la consommation britannique.

Les principaux bassins houillers sont ceux de *Glasgow* et d'*Édimbourg*, en Écosse; ceux du *Northumberland* (Newcastle), du *Yorkshire* (Leeds, Barnsley), du *Cumberland* et du *Stafforshire* (Whitehaven), du *Lancashire* (Liverpool, Manchester), et du *Pays de Galles* (Cardiff, Swansea), en Angleterre.

Les **mines de fer** livrent aujourd'hui à l'industrie plus de 16 millions de tonnes. Les principales exploitations sont celles du *Yorkshire*, de l'*Écosse* et du *Pays de Galles*.

Les **mines de cuivre**, aujourd'hui très insuffisantes, fournissaient autrefois près des deux tiers du cuivre consommé dans les deux continents. La *Cornouaille* et le *Pays de Galles* sont les principaux centres d'exploitation.

Les **mines d'étain** du *Cornouaille*, jadis fort riches, commencent aujourd'hui à s'épuiser. Le *Pays de Galles*, le *Cumberland*, le *Comté d'York*, possèdent des **mines de plomb** argentifère qui produisent annuellement plus de 50 000 tonnes de minerai.

Le sel est recueilli dans les *marais salants* et les mines de *sel gemme*, dont les plus riches sont celles de l'*Irlande*.

On exploite aussi le granit en *Écosse* et dans le *Cornouaille*, les pierres de taille en *Écosse* et dans le *Yorkshire*, le graphite du *Cumberland*, les ardoisières du *Pays de Galles*, le kaolin de *Cornouaille*.

Industrie manufacturière. — Les richesses agricoles et minérales de la Grande-Bretagne dont nous venons de présenter le tableau sont un des éléments de sa supériorité industrielle ; mais c'est aux machines et surtout à la vapeur que l'Angleterre doit cette puissance illimitée de production qui lui permet d'accepter sans crainte toutes les concurrences, qui centuple la somme du travail, et qui grandit sans cesse avec les besoins de la consommation. On a calculé qu'avant l'invention des premiers métiers mécaniques, en 1767, il aurait fallu 94 millions d'hommes pour produire la quantité de cotons filés et tissés que l'Angleterre livre au commerce en une seule année : or le nombre des ouvriers employés aujourd'hui par l'industrie cotonnière ne dépasse pas 111 000.

Industries textiles. — Les industries textiles tiennent le premier rang.

1° **Fils et tissus de coton**. — L'industrie cotonnière de la Grande-Bretagne, qui consomme à elle seule plus de la moitié du coton produit dans le monde, date de la seconde partie du dix-huitième siècle.

Le coton est importé des Etats-Unis, de l'Egypte, de l'Inde. L'Angleterre possède plus de 43 millions de broches et de 600 000 métiers.

Les principaux centres de fabrication sont en Angleterre : **Manchester**, dans le *Lancashire* ; en Ecosse, **Glasgow**, avec leur ceinture de villes vassales, *Salford*, *Bolton*, *Oldham*, *Preston*, *Rochdale* (Angleterre), *Paisley* et *Lanark* (Ecosse).

2° **Fils et tissus de laine**. — L'industrie de la laine est nationale en Angleterre : la laine est importée du Cap, d'Australie, de la République Argentine, et son travail donne des produits de grande valeur.

Leeds, pour la filature et les draps ; **Bradford**, pour les châles et les tissus mélangés ; **Halifax**, pour les tapis et les étoffes d'ameublement ; *Norwich* et *Leicester* (Angleterre), pour les flanelles ; *Perth* et **Glasgow** (Ecosse), sont les grands centres de production.

3° **Tissus de lin et de jute**. — Le Royaume-Uni est sans rival pour la filature du lin et pour la fabrication des toiles de toute espèce.

Belfast, *Dublin*, *Cork*, en Irlande, *Dundee*, en Ecosse ;

Leeds, en Angleterre, possèdent les manufactures les plus importantes.

Sans avoir la même supériorité, les **soieries** de *Manchester*, de *Londres*, de *Coventry*, de *Paisley* (Ecosse); les **dentelles** de *Nottingham*, les **broderies** d'*Irlande*, n'ont guère à redouter que la concurrence française.

Industries métallurgiques. — **Fontes, fers et aciers.** — L'abondance du minerai et du combustible, la facilité des transports assurent à l'Angleterre une supériorité décisive sinon pour la qualité, du moins pour la masse de ses produits. Plus de quatre cents hauts fourneaux produisent annuellement d'énormes quantités de fer, de fonte et d'acier. Les principaux groupes métallurgiques sont :

1° *Pour les* **hauts fourneaux** et les **forges**, le *Pays de Galles*, où l'agglomération d'usines, qui porte le nom de *Merthyr-Tydwill*, compte plus de 100 000 habitants ; le *Yorkshire*, le *Staffordshire* avec les établissements gigantesques de *Wolverhampton* : la région de la *Clyde* et du *Forth*, en Ecosse, avec ses forges de *Glasgow*, de *Carron*, etc., et ses hauts fourneaux, qui produisent annuellement plus d'un million et demi de tonnes de fonte.

2° *Pour les* **aciers**. *Sheffield* et *Barnsley*.

3° *Pour les* **ouvrages en fer et en acier** et les industries mécaniques, *Birmingham*, avec ses manufactures d'armes, de machines, de quincaillerie, dont les produits peuvent s'écouler, par les canaux et les chemins de fer, vers tous les ports du Royaume-Uni ;

Sheffield, la première fabrique et le premier marché de coutellerie du monde entier ;

Presque tous les grands centres industriels pour la fabrication des machines à vapeur, des métiers mécaniques et de l'outillage des filatures.

Autres industries. — Parmi les autres industries anglaises qui rivalisent avec celles du continent, on doit citer :

1° Dans la catégorie des industriels du **vêtement** et de la **toilette** : la *chapellerie* de Londres et de Manchester ; la *ganterie* de Londres et d'Oxford, la *cordonnerie* de Northampton.

2° Parmi les industries du **bâtiment** et du **mobilier**, la *verrerie* de Newcastle et de Birmingham, les *glaces* de *Saint-Helens* ; la *porcelaine* tendre de *Worcester* ; et surtout la **poterie** du *Staffordshire*. Les manufactures de *Stoke-sur-Trent* sont renommées pour les poteries communes ou les faïences fines. Newcastle, Bristol, Glasgow suivent de loin le Stafford-shire.

3° Parmi les industries **alimentaires**, les salaisons (jambons) d'*York* et d'*Irlande*, les *conserves* de poisson, de viande, de légumes, de lait, *beurres salés* d'Irlande (Cork), les *fromages* de Chester, les *distilleries* d'alcool (whisky) et les *brasseries*, répandues dans tous les grands centres de po-pulation, les *raffineries* de sucre de cannes de Londres, de Liverpool, de Bristol, suffisent à la consommation intérieure et à une exportation considérable.

4° Parmi les **industries chimiques**, les *huileries* et les *savonneries* de Liverpool, les *produits chimiques* de Glas-gow, de Newcastle, de Birmingham, soutiennent sans fléchir la concurrence de l'Allemagne et de la France.

5° Parmi les industries du **transport**, la *carrosserie* et la *sellerie* de Londres, la fabrication des wagons et des ma-chines à vapeur à Birmingham, Wolverhampton, etc., n'ont pas de rivales sur le continent.

Les chantiers de **constructions maritimes** de *Gree-nock* sur la Clyde, de *Glasgow*, *Liverpool*, *Newcastle*, *Sun-derland*, *Londres*, *Cork*, ont pour débouché non seulement la Grande-Bretagne, mais tous les pays civilisés.

6° Londres, Sheffield, Birmingham fabriquent pour le monde entier les instruments de **marine**, d'**optique** et de **précision**.

La **papeterie** (Maidstone), la **librairie** et l'**imprimerie** (Londres, Glasgow, Edimbourg) doivent à la multiplicité des publications périodiques ou autres une prodigieuse activité.

Tel est dans ses principaux traits le tableau de cette indus-trie britannique, qui a devancé toutes les autres, qui a osé la première accepter la libre concurrence de l'étranger, qui ne regarde un progrès que comme un pas vers un autre progrès, et qui, en substituant de plus en plus la machine aux bras de l'ouvrier, en multipliant à l'infini la division du travail, a atteint l'extrême limite de la production rapide et à bon marché : mais cette prospérité même soulève de redoutables problèmes, la misère grandit avec la richesse, les populations entassées dans les villes s'étiolent et se démoralisent, l'ouvrier réclame une augmentation de salaire et une diminution des heures de travail, des associations puissantes (*trade's unions*) stimulent et soutiennent les grèves et les coalitions. L'Au-

gleterre n'expiera-t-elle pas sa suprématie industrielle comme
la France a expié ses prétentions à la suprématie politique et
militaire ?

Voies de communication intérieures et extérieures.

Les Iles Britanniques sont en communication avec tous les
points du globe par de grandes lignes de navigation maritime, qui ont pour point de départ et d'arrivée les principaux
ports du Royaume-Uni.

Les ports anglais peuvent se diviser, au point de vue de
leurs relations et de la nature de leur commerce, en trois
groupes : *ports de grande navigation* à vapeur et à voiles ;
ports charbonniers ; *ports de cabotage*.

Quatre ports de la Grande-Bretagne entretiennent avec
presque tous les points du globe des communications régulières, par des lignes de paquebots qui sillonnent les mers
dans toutes les directions, et dont le réseau s'agrandit à
mesure que de nouveaux débouchés s'ouvrent au commerce
européen : ce sont Londres, Liverpool, Southampton et
Glasgow.

Londres est situé sur la Tamise, à 73 kilomètres de la
mer du Nord. C'est le premier port de commerce du monde.

Ses puissantes compagnies de navigation à vapeur embrassent dans leur immense réseau tous les ports et toutes les
mers.

Si l'on ajoute à leur mouvement régulier les relations
avec les possessions britanniques, la France, les Etats Scandinaves, la Hollande, la Russie, l'Allemagne, les Etats-
Unis, etc., on atteint le chiffre énorme de 16 millions
260 000 tonnes.

Centre des chemins de fer, des lignes télégraphiques,
Londres est le principal entrepôt et le plus grand marché de
l'Angleterre pour les cafés, les sucres, les thés, les épices, le
tabac, les vins et spiritueux, les céréales, les graisses, la laine,
la soie, les peaux, le pétrole, etc... ; il reçoit les deux tiers
des produits manufacturés de l'étranger, et la presque totalité
des métaux précieux.

Une partie de ces marchandises sont réexportées à l'étranger,
avec les produits de l'industrie britannique dont Londres est
le plus vaste débouché : toutes ces richesses sont entassées
dans des docks gigantesques, ceux des Indes Orientales et

Occidentales, de Londres, de Sainte-Catherine, docks Victoria, docks Commerciaux, etc., qui couvrent une superficie de plus de 600 hectares.

Liverpool, sur la Mersey, est tombé au troisième rang parmi les ports du Royaume-Uni.

Favorisé par un admirable système de canaux et de chemins de fer, débouché du comté de Lancastre et de l'industrie de Manchester, Liverpool est en communication régulière avec tous les ports du globe, mais surtout avec l'Amérique, les Indes, l'Afrique et l'Australie.

Le mouvement général de la navigation de Liverpool est de 11 millions 860 000 tonneaux.

Liverpool reçoit et exporte toute espèce de marchandises, mais son marché est sans rival pour les cotons, les céréales, les bois, et ne le cède qu'à Londres pour les sucres, les denrées coloniales, les tabacs, les laines, les peaux brutes, etc.

Southampton (60 000 hab.) est situé sur la Manche : c'est un port de transit, une sorte de déversoir par où s'écoule le trop-plein du commerce maritime de Londres. Sa position favorable dans la partie la plus large de la Manche l'a désigné comme le point de départ des lignes postales de l'Amérique du Sud, de l'Orient et de l'Australie.

Glasgow, sur la Clyde et le canal du Forth, avec ses avant-ports, Port-Glasgow et Greenock, est en communication régulière avec les États-Unis par New-York, l'Amérique anglaise par Halifax, les Indes par Bombay et Calcutta, le Portugal, l'Italie, la Hollande et la Belgique.

Les autres ports les plus fréquentés sont :

Bristol, sur l'Avon, près de l'embouchure de cette rivière dans la Severn, en relations régulières avec l'Espagne, le Portugal, les États-Unis, le Canada et les Antilles ;

En Irlande, *Limerik*, sur le Shannon ; *Cork*, au sud de l'île, le premier marché de l'Europe pour le beurre et les viandes salées ; *Dublin*, sur la mer d'Irlande, à l'embouchure de la Liffey, rattaché par des services réguliers aux principaux ports du Royaume-Uni, au Havre et à Bordeaux ; *Belfast*, sur le canal du Nord, principal débouché du commerce de l'Irlande avec la Grande-Bretagne ;

Plymouth, le second port de guerre de la Grande-Bretagne, et le point de départ d'une ligne régulière qui communique avec le Cap et Natal par Sainte-Hélène, en 30 jours ;

Hull, à l'embouchure de l'Humber, centre des relations avec le nord de l'Europe ;

Newcastle, sur la Tyne, à 16 kilom. de la mer, l'un des entrepôts les plus considérables de la Grande-Bretagne pour les marchandises tirées de l'Europe septentrionale, le débouché de l'industrie et des mines du Northumberland ;

Leith, sur le Forth, port avancé d'Édimbourg ;

Dundee, sur le Tay, et *Aberdeen*, sur le Dee, en relations avec le nord de l'Europe.

Ports charbonniers. — Les plus septentrionaux sont *Ayr*, sur le golfe de la Clyde (Écosse), et *White-Haven*, sur la mer d'Irlande, débouché des houillères du Cumberland.

Le *Pays de Galles* exporte ses houilles par *Swansea*, *Cardiff* qui, grâce à l'exportation de la houille, occupe aujourd'hui le deuxième rang parmi les ports de commerce des Iles Britanniques avec un mouvement de 13 420 000 tonnes.

Sur la mer du Nord, les ports du Northumberland, *Blyth*, *Hartlepool*, *Stockton*, partagent le commerce de la houille avec Newcastle et *Sunderland*, l'un des ports les plus actifs.

Ports de communication spéciale avec la France. — Un grand nombre de ports anglais de la Manche doivent leur importance à leurs communications avec les ports français.

Les principaux sont : *Douvres*, *Folkestone*, *Newhaven*, *Brighton*, *Saint-Hélier* dans l'île de Jersey, en relations journalières avec Calais, Boulogne, Dieppe, le Havre, Granville et Saint-Malo par des lignes de vapeurs anglais. Il faut encore citer les lignes de Londres à Dunkerque, Boulogne, le Havre, Bordeaux, de Liverpool au Havre et à Bordeaux, de Southampton au Havre et de Hull au Havre.

Mouvement de la navigation. Effectif maritime. — En résumé, le mouvement total de la grande navigation dans tous les ports du Royaume-Uni s'élève à près de 160 millions de tonneaux. La navigation à vapeur entre pour plus des quatre cinquièmes dans le chiffre total du tonnage.

Navigation intérieure, fleuves et canaux. — La configuration de la Grande-Bretagne, longue et étroite, la disposition du relief, ne lui permettent point d'avoir de grands fleuves ; mais le nombre de ses cours d'eau, la largeur et la profondeur de leur lit, leur admirable distribution compensent leur peu d'étendue.

La navigation intérieure de la Grande-Bretagne est complétée par un des systèmes de canaux les plus parfaits et les plus développés qui existent en Europe. La Grande-Bretagne n'a pas de chaînes de montagnes considérables, sauf les monts Grampians en Écosse et les montagnes du Pays de Galles, les collines de l'Angleterre sont séparées par des passages naturels qu'ont assez facilement empruntés les canaux.

Le développement du réseau britannique est aujourd'hui de plus de 5 000 kilomètres : de nombreux canaux unissent la Tamise et la Severn, l'Humber et la Mersey, la Clyde et le Forth, le golfe de Murray et celui de Lorn (canal *Calédonien* achevé en 1822), et, malgré l'activité des chemins de fer, les canaux entrent encore pour une part considérable dans la circulation du Royaume-Uni, et surtout dans le transport des houilles, des sels et des matériaux de construction.

Chemins de fer. — L'exploitation sérieuse des chemins de fer n'a commencé dans la Grande-Bretagne qu'en 1830 : aujourd'hui l'étendue des lignes exploitées est de 35 000 kilomètres : elles transportent 870 millions de voyageurs et 320 millions de tonnes de marchandises ; pas une ville, pas une usine, pas une exploitation minérale de quelque importance ne reste en dehors de cet immense réseau.

Les principales lignes de chemins de fer sont :

1° *En Écosse* :

D'Édimbourg à la côte septentrionale par Perth, Stonehaven, Aberdeen et Inverness ;

D'Édimbourg à Glasgow ;

D'Édimbourg à Londres ;

De Glasgow à Londres.

2° *En Angleterre* :

De Londres aux divers ports de la Manche, surtout à Douvres, Folkestone, Brighton, Southampton, à Penzance à l'extrémité du Cornouaille ;

De Londres à Édimbourg par Notthingham, York et Newcastle ;

De Londres à Glasgow par Stoke et Preston ;

De Londres à Holy-Head par Oxford, Birmingham, Chester, et l'île d'Anglesey ;

De Londres à Swansea par Bristol et Cardiff.

Trois lignes transversales réunissent :

Carlisle à Newcastle ;

Hull à Liverpool par Leeds et Manchester ;

Hull à Bristol par Nottingham ;

Birmingham à Gloucester.

3° *En Irlande* :

De Dublin à Belfast ;

De Dublin à Galway ;

De Dublin à Limerick ;

De Dublin à Cork.

Lignes télégraphiques. — Tous les points du territoire britannique sont en communication par des lignes télégraphiques, dont plusieurs sous-marines. Le câble sous-marin de Douvres à Calais rattache la Grande-Bretagne à tout le continent, depuis 1852. D'autres lignes télégraphiques internationales fonctionnent entre Folkestone et Boulogne, Dieppe et Beachy-Head, Cherbourg et Southampton.

Londres communique avec la Belgique, par Ostende, et avec les Pays-Bas ;

Avec l'Allemagne, le Danemark et la Scandinavie par des lignes directes ;

Enfin avec les Etats-Unis par les câbles transatlantiques, et directement avec les Indes par le câble de la Méditerranée et de l'océan Indien.

Commerce extérieur.

Commerce de la Grande-Bretagne. — Le *commerce extérieur* de la Grande-Bretagne n'a pas de rival dans le monde. Après avoir présenté durant plusieurs années une moyenne de 18 milliards, il est monté en 1900 à 20 milliards 277 millions, mais a présenté en 1901 une assez forte diminution qui tient à la guerre sud-africaine et à la concurrence de plus en plus âpre que lui font les Etats-Unis et l'Allemagne.

Les principaux objets de l'importation sont : parmi les **matières premières**, les *cotons* fournis par les Etats-Unis, les Indes, le Brésil, l'Egypte ;

Les *laines* provenant d'Espagne, d'Allemagne, de Russie, des colonies anglaises d'Afrique et d'Australie, et de l'Amérique du Sud ;

Les *lins*, les *chanvres*, de Belgique, de Russie, de Prusse, le *jute* des Indes, les *soies grèges* de la Chine, du Japon, du Levant et d'Italie.

Malgré la richesse de ses mines, l'Angleterre, dont la dévorante industrie dépasse la production nationale, demande à la Suède et à la Russie leurs fers ; à la Malaisie, ses étains ; à l'Espagne, à l'Australie, au Chili, leurs cuivres ; à l'Allemagne et à l'Espagne, leurs minerais de plomb ; à la Belgique et à la Prusse, leur zinc, qu'elle reçoit par Hull, Newcastle, Londres, Swansea, Liverpool et Bristol.

Les États-Unis, le Mexique, le Pérou, la Russie envoient à Londres l'argent ; la Californie et l'Australie, l'or, que la Banque d'Angleterre revend au monde entier.

Les *matières tinctoriales*, indigo du Bengale, bois de teinture du Honduras et du Brésil ; les *graisses* de Russie et de l'Amérique du Nord, les *engrais* et le guano des mers du Sud, se négocient surtout à Londres, qui partage avec Hull le commerce des *bois de construction*, avec Liverpool celui des bois d'*ébénisterie*, des *peaux* de Russie et d'Amérique, des *huiles* végétales ou minérales et surtout du pétrole des États-Unis.

Parmi les denrées alimentaires, les plus importantes sont les *céréales* de Russie, des États-Unis, des provinces du Danube, de France et d'Égypte ; les *vins* de France, d'Espagne, de Portugal et des Deux-Siciles ; les *sucres* des Antilles anglaises, de l'Inde, de Cuba, du Brésil et de Java ; les *cafés* fournis pour les deux tiers par les colonies anglaises ; les *thés* de Chine et de l'Inde ; les *tabacs*, les *cacaos*, les *épices*, etc.

Parmi les produits manufacturés, les soieries, les lainages, les étoffes imprimées, la mercerie, les articles de modes, la ganterie, les bronzes, les porcelaines de France, les toiles et les dentelles de Belgique, les tissus de Suisse et du Zollverein, les châles de l'Inde trouvent en Angleterre, malgré la prodigieuse activité de l'industrie nationale, de nombreux débouchés.

Trois articles forment à eux seuls les trois quarts de l'exportation des produits du sol ou de l'industrie nationale.

1° Les *tissus et fils de coton*.

Les *tissus et fils de laine*.

Les *tissus et fils de lin*.

2° Les *fers*, la fonte et l'acier.

Les machines.

3° La *houille*.

Les cuivres, le plomb et l'étain, la poterie, la verrerie, la bière, les peaux ouvrées, etc..., en forment le complément.

La Grande-Bretagne n'exporte pas seulement les matières premières tirées de son sol ou mises en œuvre par son industrie, elle est encore le plus vaste entrepôt de l'Europe, le canal par où se déversent sur toute la surface du globe les denrées ou matières premières qu'elle tire des lieux de production, et qu'elle revend au consommateur moins hardi, ou moins favorisé par sa position géographique.

La valeur des marchandises réexportées dépasse en moyenne 500 millions. Les principales sont : les *cotons*, la *laine*, le *lin*, les *soies*, les *denrées coloniales*, les *céréales*, le *tabac* et les *produits manufacturés*, surtout les soieries et les articles de modes français.

Compagnies de transport. — Le commerce de l'Angleterre est particulièrement actif avec les États-Unis (plus de 3 milliards 1/2), avec la France (plus de 1 800 millions), puis avec l'Inde, l'Australie, l'Allemagne, les Pays-Bas et la Belgique.

Les principales compagnies en exercice sont : 1° les **Compagnies de transport**. Les chemins de fer, les canaux et les grandes lignes de navigation sont exploités par des compagnies dont quelques-unes seulement reçoivent une subvention de l'État pour les transports postaux.

Les compagnies de navigation les plus importantes sont : la *Compagnie péninsulaire et orientale* (Londres, Southampton), qui dessert l'Espagne, la Méditerranée, l'océan Indien, l'Asie orientale et l'Australie.

Compagnie des Indes occidentales et de l'océan Pacifique (Liverpool), fondée en 1864, et qui dessert les Antilles, le golfe du Mexique, et, par ses correspondances, la côte occidentale de l'Amérique, depuis la Californie jusqu'au Chili.

Compagnie du Pacifique, qui dessert les ports de l'Amérique du Sud, de Pernambouc à Valparaiso et Callao par l'Atlantique et le détroit de Magellan (Liverpool).

Compagnie d'Orient et du Pacifique, qui dessert l'Australie par la voie du cap de Bonne-Espérance.

Compagnie générale de navigation à vapeur, qui dessert la Belgique, la Hollande et Hambourg (Londres).

Compagnie nationale de navigation à vapeur (Londres, Liverpool), *Compagnie Cunard* (Liverpool), *Anchor-Linie* (Londres, Glasgow et Liverpool), qui desservent concurremment les lignes des États-Unis.

Compagnie d'Afrique (Liverpool).

Compagnie de l'Union (Southampton) et *Compagnie coloniale*, qui desservent concurremment le Cap et Natal par Madère et Sainte-Hélène.

Compagnie royale des Paquebots à vapeur des Indes occidentales, à Southampton, pour les Antilles, le Brésil et l'Amérique du Sud.

2° Les *principales* **Compagnies télégraphiques** sont la Compagnie internationale, la Compagnie transatlantique et celle du télégraphe indien.

Les économistes anglais évaluaient, il y a quinze ans, les fortunes particulières du Royaume-Uni à plus de 220 milliards.

Régime douanier. — La liberté du commerce et de l'industrie est une conséquence logique de toutes les institutions de l'Angleterre ; aussi toutes les industries s'exercent-elles librement, sauf les restrictions exigées par la sûreté publique. En matière de douanes, nulle législation n'est, jusqu'à présent, plus libérale. Ajoutons que cette politique libre-échangiste date d'une époque où l'Angleterre n'avait rien à redouter des concurrences étrangères, et qu'elle a été inspirée beaucoup plus par le sentiment des intérêts nationaux que par des principes abstraits et théoriques.

Aucun droit n'existe à l'exportation. A l'importation, toutes les matières premières et objets manufacturés sont exempts, quelle que soit leur provenance. Les droits ne pèsent que sur certaines denrées alimentaires ; la prohibition a complètement disparu, depuis 1846, du système douanier de l'Angleterre.

A l'extérieur, le commerce anglais est protégé par de nombreuses agences consulaires et par des stations navales répandues par toutes les mers ; jamais peuple ne s'est montré plus jaloux des droits de ses citoyens, et plus disposé à venger toute atteinte portée à l'honneur de son pavillon, ou à ses intérêts commerciaux.

Empire colonial anglais.

Dans chacune des parties du monde, la Grande-Bretagne

possède au moins un grand centre colonial, rattaché à la métropole par une série de possessions secondaires, qui marquent comme autant d'étapes anglaises sur toutes les routes commerciales du globe et où sont installés des ports de relâche avec des dépôts de charbon.

En **Asie**, c'est l'**Empire anglais des Indes** avec ses 290 millions d'habitants, d'où partent et où viennent aboutir quatre grandes routes de commerce.

1° *Route de l'Europe vers l'Asie méridionale et orientale par Suez.* **Gibraltar** et **Malte** à l'entrée du premier et du second bassin de la Méditerranée, **Chypre** sur les côtes de l'Asie Mineure, **Aden** et Périm au débouché de la mer Rouge, observent ou commandent les stations importantes de cette route, et l'**Egypte**, occupée par une armée britannique et administrée par des Anglais, peut être regardée aujourd'hui, malgré l'illégalité de l'occupation, comme une possession anglaise.

2° *Route de la Chine et du Japon.* L'île de **Ceylan**, l'île de **Singapour** à l'entrée du détroit de **Malacca**, celle de **Hong-Kong** sur les côtes de Chine, sont les trois grandes étapes du commerce, et toutes trois sont des colonies anglaises.

3° *Route de l'Australie, de la Nouvelle-Zélande et des îles malaises.* Ceylan et Singapour en sont les relâches nécessaires.

4° *Route de l'Afrique orientale et australe.* L'île *Socotora*, les îles Seychelles, l'île de **Zanzibar** et l'île **Maurice** avec son excellent mouillage, sont échelonnées comme des sentinelles anglaises sur cette quatrième route, à laquelle les récentes acquisitions de l'Angleterre dans l'Afrique orientale donnent une haute importance.

Dans l'**Afrique australe**, le centre de la domination anglaise est la **Colonie du Cap**, autrefois la clef de la route des Indes, mais qui peut retrouver dans ses richesses agricoles et minières, dans son influence prépondérante sur toute l'Afrique australe, l'importance que lui enlève le percement du canal de Suez.

Une chaîne de comptoirs et de possessions anglaises, *Lagos*, *Cape-Coast*, *Sierra-Leone*, *Bathurst*, échelonnés depuis les bouches du Niger jusqu'au Sénégal, et les possessions de la *Compagnie royale du Niger* qui comprennent le **Soudan** méridional presque tout entier, dominent la côte occidentale d'Afrique. Le Natal, les possessions de la *Compagnie du*

Sud de l'Afrique et celles de la *Compagnie de l'Afrique orientale* disputent au Portugal et à l'Allemagne l'est et le centre du continent africain ; enfin l'Ascension et Sainte-Hélène assurent à l'Angleterre deux des principaux mouillages qui existent dans l'océan Atlantique sur la grande route de l'Europe au cap de Bonne-Espérance.

Dans l'**Amérique du Nord**, la **Confédération canadienne**, avec ses richesses minérales et agricoles, avec ses forêts et ses pêcheries, avec son immense territoire qui s'étend de l'océan Atlantique au Grand Océan, occupe plus d'un tiers du continent.

Sur la route de l'isthme de Panama, qui peut devenir pour l'océan Pacifique ce que celle de Suez est pour l'océan Indien, l'Angleterre possède les *îles Bahama*, l'archipel presque entier des *Petites Antilles*, *Balise* sur la côte de Honduras, et l'*île de la Jamaïque*.

Dans l'**Amérique du Sud**, la *Guyane* donne à l'Angleterre un poste d'observation sur le continent, et les îles *Falkland*, une relâche sur la route du cap Horn.

Enfin, en **Océanie**, tout un continent, l'**Australie**, dont les annexes, la *Tasmanie*, la *Nouvelle-Zélande*, les îles *Fidji*, le sud de la *Nouvelle-Guinée*, seraient à elles seules de riches possessions coloniales, s'ouvre au génie colonisateur du peuple anglais et fait déjà concurrence à l'Europe par ses laines, à l'Amérique par ses métaux précieux.

La superficie totale des possessions britanniques est de plus de 28 millions de kilomètres carrés ; la population coloniale, de plus de 350 millions d'habitants.

RÉSUMÉ

Région du nord-ouest

I

1. Le Royaume-Uni de Grande-Bretagne et d'Irlande est situé entre l'Atlantique, au nord et à l'ouest, la Manche, au sud, et la mer du Nord, à l'est. La superficie totale est de 315000 kilomètres carrés. Les *îles* Orcades, Shetland, Hébrides dans l'Atlantique, de Man et Anglesea dans la mer d'Irlande, Sorlingues, Wight, et l'Archipel anglo-normand dans la Manche lui appartiennent.

L'*Angleterre* proprement dite est un pays de plaines ou de collines, sauf dans le nord (chaîne pennine) ; l'*Écosse* (point culminant, le Ben-Nevis dans les Grampians, 1335 mètres) et le

Pays de Galles (point culminant, 1100 mètres) sont des pays de montagnes. L'*Irlande* est plate au centre et accidentée sur la côte (point culminant, 1060 mètres).

Les principaux *fleuves* sont la Tamise, l'Humber (Angleterre), le Forth, le Tay (Écosse), sur le versant de la mer du Nord ; la Severn (Angleterre) et la Clyde (Écosse), dans l'Atlantique ; la Mersey (Angleterre), dans la mer d'Irlande ; le Shannon, en Irlande, dans l'Atlantique.

II

La Grande-Bretagne (*Britannia*) a été peuplée par des tribus de race celtique et conquise successivement par les Romains, les Anglo-Saxons et les Normands.

L'Irlande a été réunie au royaume d'Angleterre au douzième siècle, l'Écosse au dix-huitième.

La *capitale* est Londres, sur la Tamise (4536000 hab.), la plus grande ville du monde. *Villes principales :* Hull, Newcastle, Sunderland, sur la mer du Nord ; Liverpool, sur la mer d'Irlande ; Bristol, près du golfe de la Severn ; Plymouth, Portsmouth, Southampton, Douvres, sur la Manche ; Manchester, Leeds, Bradford, Birmingham, Sheffield, centres industriels ; York, Canterbury, Oxford, Cambridge, en ANGLETERRE. — Édimbourg, sur le Forth, Dundee, Aberdeen, sur la mer du Nord ; Glasgow, sur la Clyde (Atlantique), en ÉCOSSE. — Dublin et Belfast, sur la mer d'Irlande ; Cork et Limerik, sur l'Atlantique, en IRLANDE.

Population : 41000000 d'habitants. — 130 habitants par kilomètre carré.

Le *gouvernement* est une monarchie parlementaire avec deux chambres, celle des *Communes* et celle des *Lords*. — La *religion* est protestante en Angleterre et en Écosse, catholique en Irlande.

III

Les Îles Britanniques, avec leur climat brumeux, leur sol humide, doivent cependant à une admirable culture et à des prairies qui nourrissent les plus beaux bestiaux de l'Europe, une prospérité agricole qui n'est surpassée que par leurs richesses minérales. Des mines de houille qui produisent 223 millions de tonnes par an, d'abondantes mines de fer, de plomb, de cuivre, d'étain, y ont développé une activité industrielle qui alimente à son tour un commerce sans rival (20 milliards) favorisé par un réseau de chemins de fer (35000 kilomètres), de canaux (5000 kilomètres), et par une situation maritime unique en Europe.

Les principaux ports de commerce sont : 1° sur la MER DU NORD : en Angleterre, *Londres*, sur la Tamise, qui n'a de rivale que *Liverpool*, *Hull*, sur l'Humber, *Sunderland* et *Newcastle*, débouchés des houilles de la région de l'est.

En Écosse, *Leith*, qui sert de port à ÉDIMBOURG, *Dundee*, sur le Tay, et *Aberdeen*.

2° Sur l'ATLANTIQUE (du nord au sud) : en Écosse, *Glasgow*, sur la Clyde ;

En Angleterre, *Liverpool*, sur la Mersey.

Swansea et *Cardiff*, sur le canal de Bristol, débouchés des charbons du Pays de Galles ;

Bristol, sur l'Avon, près de son confluent avec la Severn.

3° Sur le VERSANT DE LA MANCHE (de l'ouest à l'est), *Southampton*, le point de départ des lignes postales d'Asie, d'Océanie, de l'Amérique du Sud, *Folkestone*, *Newhaven*, *Brighton*, *Douvres*, importants surtout par leurs communications avec la France.

La marine marchande est la première du monde.

Les principaux centres d'industrie sont : en Angleterre, sur le VERSANT DE LA MER DU NORD, *Leeds*, *Bradford*, *Halifax*, pour les lainages et la filature du lin ; *Sheffield*, pour les aciers et le travail des métaux ;

Leicester, *Nottingham*, *Norwich*, pour les soieries et les lainages ;

Stoke sur le *Trent* (comté de Stafford), pour la poterie et la porcelaine ;

Sur le VERSANT DE L'OCÉAN ATLANTIQUE :

Manchester (comté de Lancastre), la métropole de l'industrie des cotons, la plus florissante de l'Angleterre ;

Birmingham et *Wolverhampton*, métropoles de l'industrie des fers et des métaux ;

Merthyr-Tydwill, centre des forges du Pays de Galles.

En ÉCOSSE, le grand centre industriel est *Glasgow*, rival de Manchester par ses filatures de coton, et de Birmingham par ses forges et ses machines.

En IRLANDE, *Dublin*, sur la mer d'Irlande, possède des fabriques de toiles et de soieries.

Les autres ports irlandais, qui presque tous se livrent à l'industrie linière, sont : sur la mer d'Irlande, *Belfast* ; sur l'océan Atlantique au sud de l'île, *Cork* ; à l'ouest *Limerik*, sur le Shannon, et *Galway* ; au nord *Londonderry*.

COLONIES. — L'Angleterre possède en Europe : *Gibraltar* et *Malte*.

Ses possessions les plus importantes hors de l'Europe sont :

En Asie, l'île de *Chypre*, les *Indes*, une partie de l'*Indo-Chine* ; *Aden* (Arabie), et *Hong-Kong* (Chine).

En Afrique, les comptoirs du *Sénégal* et de la *Guinée*, le *Soudan* méridional, l'île *Sainte-Hélène*, le *Cap*, *Natal*, les territoires du *Zambèze*, *Zanzibar*, l'Afrique orientale anglaise, l'île *Maurice*.

En Amérique, la puissance du Dominion du *Canada*, *Terre-Neuve*, les *Bermudes*, les *Lucayes*, la *Jamaïque*, la plupart des *Petites Antilles* et la *Guyane anglaise*.

En Océanie, l'*Australie*, la *Tasmanie*, la *Nouvelle-Zélande*, les îles *Fidji*, une partie de la *Nouvelle-Guinée*.

CHAPITRE II

Royaume de Belgique.

I

DESCRIPTION PHYSIQUE ET POLITIQUE

Limites. — Le royaume de Belgique est situé par 49° 30' et 51° 31' de latitude N., 0° 12' et 3° 47' de longitude E. Il est borné, au nord, par les Pays-Bas ; à l'est par la Prusse rhénane et le grand-duché de Luxembourg ; au sud par la France ; à l'ouest par la mer du Nord. Sa superficie est d'un peu plus de 29 000 kilomètres carrés.

Revision de la géographie physique. — La Belgique, dont le sol est peu accidenté, est traversée du sud au nord par les hauteurs insignifiantes qui longent la rive gauche de la Sambre et de la Meuse sous le nom de *Collines de Belgique*, et sillonnée au sud et à l'est par le plateau des *Ardennes*. Elle est arrosée : à l'est par la *Meuse*, qui reçoit sur sa rive droite l'*Ourthe*, et, sur sa rive gauche, la *Sambre* ; à l'ouest par l'*Escaut*, qui reçoit à gauche la *Lys*, à droite la *Dender* et le *Ruppel*, formé des deux *Nèthes*, de la *Dyle* et de la *Senne*. De nombreux canaux réunissant ces deux fleuves et leurs affluents contribuent à la facilité des communications.

Formation territoriale. — Le territoire qui constitue aujourd'hui le royaume de Belgique n'était qu'une partie de l'ancienne *Gaule Belgique* à laquelle il doit son nom. La Belgique, ancienne possession de la maison de Bourgogne, puis de la maison d'Autriche, fut conquise par les armées françaises en 1794 et annexée à la France. Les traités de 1815 la réunirent à la Hollande, sous le nom de royaume des Pays-Bas. Une révolution, qui éclata en 1830 à Bruxelles, eut pour conséquence la séparation de la Hollande et de la Belgique, qui forment, depuis 1831, un royaume indépendant.

La Belgique n'a pas de frontières naturelles : deux races, ou tout au moins deux langues, le français et le flamand, se partagent son territoire ; cependant, ce n'est pas comme tant d'autres États une création artificielle, c'est une nation à part qui a ses traditions, son passé, son caractère, et qui, depuis huit siècles, sous les noms de Flandre, de Pays-Bas espagnols ou autrichiens, a toujours tenu sa place dans l'histoire. Forcé, comme le peuple anglais, de créer et de mettre en œuvre des ressources que la nature n'accordait qu'au travail, le peuple belge a la ténacité, l'énergie patiente, le sens pratique et l'esprit d'indépendance des races qui ont grandi par la lutte. Les Belges sont les héritiers directs de ces tisserands, de ces brasseurs de Gand et de Bruges, de ces tanneurs de Liège, jaloux de leur liberté, intrépides soldats autant qu'habiles artisans, mais qui n'ont désiré la liberté politique que comme la sauvegarde de leur commerce et de leur industrie, et chez qui le soldat n'était que le marchand armé pour la défense de ses intérêts.

Divisions politiques. — La Belgique a pour capitale **Bruxelles**, sur la Senne (211 000 habitants, 450 000 avec les faubourgs), grande et belle ville, assainie et transformée depuis quelques années, mais qui a conservé de nombreux monuments du moyen âge, sa cathédrale Sainte-Gudule, son Hôtel de Ville et beaucoup de maisons du quinzième et du seizième siècle. La Belgique se divise politiquement en 9 provinces.

Celles de l'**ouest**, la **Flandre occidentale**, que baigne la mer du Nord, et la **Flandre orientale** qu'arrose l'Escaut, sont basses, humides, coupées d'innombrables canaux, couvertes de prairies, de tourbières et de marais desséchés où croissent aujourd'hui les céréales, le lin, le tabac, le colza et le houblon. C'est le berceau de cette industrie qui porta si haut la richesse et la puissance de la Flandre, et dont les centres sont : dans la **Flandre occidentale**, *Bruges*, le chef-lieu (52 000 hab.), l'une des villes qui a le mieux conservé la physionomie des vieilles cités flamandes, *Ypres*, *Courtrai*, sur la Lys (manufactures de toiles), et le port d'*Ostende* avec ses riches pêcheries; dans la **Flandre orientale**, *Gand*, sur l'Escaut, chef-lieu de la province (155 000 hab.), autrefois la plus puissante commune de Flandre, centre de l'industrie du coton.

Des deux provinces du **nord**, l'une, le **Limbourg** (capitale *Hasselt*), est une région insalubre et marécageuse; l'autre, la province d'**Anvers**, que couvrent en partie les plaines sablonneuses de la Campine, rachète par l'activité de son commerce la médiocre qualité du sol. Les principales

BELGIQUE
ET
HOLLANDE
OU PAYS-BAS
Echelle
Kilomètres
Chemins de fer
Canaux
FRISE
GRONINGUE
Groningue
Assen
DRENTHE
HOLLANDE
SEPT.
Zwolle
OVER-YSSEL
Haarlem
Amsterdam
HOLLANDE
LA HAYE
UTRECHT
GUELDRE
HOLLANDE
MER
BRABANT
SEPT.
Bois-le-Duc
ANVERS
Venloo
LIMBOURG
BELGE
Bruges
Hasselt
FLANDRE
Cologne
OCCID.
ORIENT.
BRUXELLES
BRABANT
MÉRID.
BELGIQUE
LIÉGE
Lille
HAINAUT
NAMUR
Arras
Cambrai
LUXEMBOURG
BELGE
Mézières
Arlon
Trèves
Laon
Luxembourg
FRANCE

Carte III.

villes sont *Anvers*, sur l'Escaut (285 000 hab.), la première place forte (siège de 1832), le premier port de commerce de la Belgique et l'un des grands marchés européens, et *Malines*, sur la Dyle, où se trouve l'archevêché de la Belgique.

Les provinces **méridionales** et **centrales**, le **Hainaut** (cap. **Mons**, villes principales *Charleroi*, sur la Sambre (houille), et *Tournai*, sur l'Escaut), le **Brabant** (cap. *Bruxelles*) et la province de **Namur** (cap. *Namur*, sur la Meuse), sont sillonnées de vallées peu profondes, couvertes de prairies et de champs de blé ou de betteraves qu'entourent des clôtures d'arbres et qu'interrompent çà et là quelques forêts. Les produits de l'agriculture, les riches houillères du Hainaut, les mines de fer, les carrières de marbres et de pierres à bâtir, y ont créé une industrie qui le dispute à celle de l'Angleterre. Cette partie de la Belgique a servi, depuis le treizième siècle, de champ de bataille à l'Europe : il est peu de villes ou de villages qui ne rappellent des souvenirs glorieux et sanglants : *Senef* (1674), *Steinkerque* (1692), *Fleurus* (1690-1794-1815), *Fontenoy* (1745), *Jemmapes* (1792) dans le Hainaut, *Ramillies* (1706), *Waterloo* (1815) dans le Brabant, *Ligny* (1815).

Les provinces de l'est, **Liège** (cap. *Liège*, sur la Meuse) et **Luxembourg** belge (cap. *Arlon*), sont les plus accidentées de la Belgique. Des plateaux sablonneux, des forêts, des bruyères, des ravins étroits, des vallées profondément encaissées où coulent la Meuse et ses affluents, tel est l'aspect de cette région dont les villes les plus importantes sont *Verviers* (province de Liège) et *Liège* (174 000 hab.), place forte, célèbre par ses industries et son Université qui rivalise avec celles de *Bruxelles* et de *Louvain* (Brabant). *Spa*, près de Liège, est connu par ses eaux minérales.

Population. Religion, Gouvernement. — La population de la Belgique est de 6 815 000 habitants. Dans les provinces de l'ouest et du nord, et dans une partie du Brabant, on parle un dialecte d'origine germanique, le flamand ; dans les provinces du sud et de l'est, dites wallonnes, la langue est le français.

Le catholicisme est presque la seule religion, bien qu'il y ait quelques protestants.

Le gouvernement est une monarchie constitutionnelle. Le souverain partage le pouvoir avec deux chambres, la

Chambre des députés et le Sénat, toutes deux électives.

Le capital de la dette publique dépasse 2 milliards 600 millions.

L'instruction primaire en Belgique, malgré le nombre des écoles, laisse encore à désirer. Les universités (enseignement supérieur) sont au nombre de quatre : Gand, Liége, Bruxelles et Louvain.

L'armée belge, qui n'est destinée qu'à protéger la neutralité de la Belgique, reconnue par les puissances européennes, est de 50 000 hommes sur le pied de paix. Elle se recrute jusqu'à présent par les engagements volontaires et la conscription.

II

GÉOGRAPHIE ÉCONOMIQUE

Situation commerciale. — Dès le douzième siècle, la Belgique était une des contrées les plus riches et les plus commerçantes de l'Europe. Les tisserands de Gand et de Bruges étaient une puissance avec laquelle comptaient les rois de France et d'Angleterre, et la Flandre jouait dans le nord de l'Europe un rôle égal à celui des grandes républiques d'Italie dans le midi. La Belgique doit cette antique prospérité qu'elle a conservée à deux causes principales : sa situation géographique et la facilité de ses voies de communication.

Sa proximité de l'Angleterre en fait un des débouchés du commerce anglais avec le continent. Sa position intermédiaire, entre la France d'une part, les Pays-Bas et l'Allemagne du Nord de l'autre, lui assure un immense commerce de transit et suffirait à expliquer son importance et sa prospérité commerciale.

Production agricole. — La Belgique comprend quatre régions agricoles :

1º *les Flandres*, plaines basses fertilisées par des engrais ; elles sont couvertes de prairies et produisent les céréales, le lin et le chanvre, le houblon, la betterave, le tabac ;

2º *la Hesbaye*, sur le versant occidental des collines de Belgique, région très fertile qui produit le blé, la betterave, les graines oléagineuses, possède des fermes nombreuses et riches et dont le sous-sol fournit la houille ;

3° *le Condroz*, correspondant aux plateaux et aux vallées de l'Ardenne. Dans ce pays au climat rigoureux et au sol médiocre on trouve comme ressources les forêts, les pâturages, la pomme de terre;

4° *la Campine*, pays de landes et de marécages situé vers la frontière de Hollande; cette plaine, dont la conquête agricole a été entreprise, est dépourvue d'arbres, mais possède quelques oasis où s'élèvent de gros villages.

Le climat de la Belgique est tempéré comme la plupart des climats maritimes. Les productions principales sont : les *céréales*, les *cultures industrielles*, le chanvre, le lin, le colza, le tabac, la betterave, le houblon; les *forêts*, les *jardins potagers*, les *prairies* permanentes et artificielles, qui nourrissent des bestiaux, des moutons, et une race de chevaux de trait fort estimée (chevaux flamands).

Production minérale. — La richesse minérale de la Belgique n'a pas moins contribué à sa prospérité que sa richesse agricole.

La nature lui a donné en abondance la houille et le fer, ces deux puissants agents de la civilisation moderne.

Houille. — La production de la *houille* en Belgique est de 25 millions de tonnes, dont plus de 16 millions absorbés par la consommation intérieure. Les centres d'exploitation sont le *Hainaut* (Mons, Charleroi), la province de *Liège* et celle de *Namur*.

Fer. — *Charleroi*, *Liège* et *Namur* sont les principaux centres d'exploitation pour le fer, dont la production est abondante.

Zinc. — La Belgique occupe le second rang en Europe pour la production du *zinc* et vient après la Prusse : le zinc est exploité dans la province de Liège par les sociétés de la Vieille et de la Nouvelle-Montagne.

Le cuivre, le plomb, le nickel, sont également l'objet d'une exploitation assez importante ; enfin les marbres, les pierres de taille du Hainaut et de la province de Namur, les ardoises du Hainaut et du Luxembourg, les argiles, la tourbe, donnent lieu à un commerce très actif dont la France est le principal débouché.

1° Industries textiles. — La richesse agricole et minérale de la Belgique, la facilité de la circulation, le nombre et l'importance de ses débouchés, ont conservé à son industrie sa supériorité traditionnelle.

Coton. — Le coton, importé par Anvers, alimente une des grandes industries de la Belgique. Le centre de la filature et de la fabrication belge est *Gand*, sur l'Escaut, que son admirable situation, ses canaux, ses chemins de fer, sa proximité d'Anvers et d'Ostende, désignent comme le Manchester belge.

Tissus de chanvre et de lin. — La Belgique, après une crise amenée par la substitution du tissage mécanique au tissage à la main, a reconquis sa supériorité dans cette industrie qui fit autrefois la richesse de la Flandre. *Gand*, *Bruxelles*, *Bruges*, *Courtrai*, sur la Lys, sans rivale pour la fabrication des toiles fines, soutiennent l'antique réputation de l'industrie flamande.

Tissus de laine. — La Belgique fabrique une grande quantité de tissus de laine, dont une partie destinée à l'exportation. Le principal centre de l'industrie des lainages est *Verviers*, dans la province de Liège. *Tournay* fabrique les tapis.

Dentelles. — Pour l'industrie des dentelles le principal centre est *Bruxelles*, qui exporte ses produits dans le monde entier; *Ypres*, *Gand*, *Bruges*, *Courtrai*, *Malines*, *Louvain* et *Anvers*, tiennent un rang important dans cette industrie.

2° **Industries métallurgiques**. — **Fers et aciers.** Les métropoles de l'industrie du fer sont : *Charleroi*, sur la Sambre, *Liège*, avec ses armes à feu, *Seraing*, avec ses machines, et *Namur*, avec la coutellerie. Bruxelles, Mons, Charleroi, Liège fabriquent les machines.

3° **Autres industries.** — Les *tanneries* d'Anvers, de Bruxelles et de Gand; les *fabriques de produits chimiques* des provinces de Namur, de Liège et du Hainaut, rivalisent avec celles d'Allemagne et de France.

La **papeterie** belge fabrique d'énormes quantités de papier, dont elle exporte les deux tiers. Les centres de cette fabrication, Bruxelles, Tournai, Gand, Namur, Louvain, Malines, sont également les principaux marchés de la librairie belge, l'une des plus actives de l'Europe.

Charleroi et *Liège* sont les deux principaux centres de la fabrication du *verre* et des *glaces* en Belgique.

Parmi les *industries alimentaires*, les seules qui méritent une mention sont les *brasseries* (Bruxelles, Louvain, Mons, etc.), les *raffineries* de sucre de betterave, la fabrication de la *chicorée*.

Lignes de navigation fluviale. Canaux. — La Belgique est traversée du sud au nord par deux fleuves importants, l'*Escaut* et la *Meuse*, tous deux tributaires de la mer du Nord, mais dont les bouches appartiennent à la Hollande, et les sources à la France. Ce sont les deux grandes artères de la navigation intérieure de la Belgique et deux des grands chemins de son commerce avec la France et les Pays-Bas.

La navigation fluviale est complétée par un système de canaux qui n'a de rival qu'en Angleterre et en Hollande, et qui présente avec les fleuves et rivières un développement de près de 2 000 kilomètres de voies navigables.

On peut diviser les canaux de la Belgique en deux grandes classes : 1° canaux de communication internationale ; 2° canaux de jonction entre la Meuse et l'Escaut.

I. La **France** communique avec la Belgique par trois canaux : celui de *Mons à Condé*, important pour le transport des houilles ; celui de *Roubaix à l'Escaut*, et celui de *Dunkerque à Furnes*, qui se prolonge en suivant le littoral belge par Nieuport, Ostende, Bruges jusqu'à l'embouchure de l'Escaut.

Avec la **Hollande**, la Belgique communique : 1° par le *canal de la Meuse*, de Liège à Bois-le-Duc et Rotterdam ; 2° par le *canal de l'Écluse*, et le canal du Sas de Gand, entre Gand et les bouches de l'Escaut.

II. La Meuse est unie à l'Escaut par trois canaux principaux :

1° Le *canal de la Meuse*, prolongé par celui de la Campine et par le canal du Nord, qui établit la communication entre Liège et Anvers.

2° Le *canal de Charleroi* (sur la Sambre), à *Bruxelles*, et à *Anvers*.

3° Le *canal de Charleroi à Mons*, prolongé jusqu'à l'Escaut par le canal d'Anthoing.

Enfin le *canal d'Ostende à Bruges*, et de Bruges à Gand, établit une communication intérieure entre Anvers et Ostende, et sert de débouché à Bruges.

Chemins de fer. Lignes télégraphiques. — Le réseau des chemins de fer, dont le développement dépasse 6 000 kilomètres, est le plus vaste de l'Europe, par rapport à l'étendue du territoire.

On peut ramener les chemins de fer à quatre lignes principales :

1° *Ligne de l'Ouest*, de Lille à Anvers par Courtrai et Gand, l'une des grandes voies de transit entre les Pays-Bas et la France.

2° *Lignes du Centre*, de Lille à Anvers par Bruxelles; de Valenciennes à Bruxelles par Mons; de Maubeuge à Bruxelles par Mons et à Anvers par Erquelines, Charleroi et Louvain.

Ces trois lignes servent également de débouché au transit entre les Pays-Bas et la France.

3° *Ligne de l'Est*, de Maubeuge à Aix-la-Chapelle, par Charleroi, Namur, Liége et Verviers. (Grande voie du transit entre la France et l'Europe septentrionale, faisant partie de la ligne de Paris à Berlin et Saint-Pétersbourg.)

4° *Lignes de la mer du Nord*, à la frontière orientale d'Ostende et d'Anvers, à Dusseldorf, à Cologne et à Trèves (Prusse rhénane).

Ces diverses lignes sont la voie du transit entre la Suisse, l'Allemagne et l'Angleterre.

Des lignes télégraphiques rattachent la Belgique à tous les points du continent, et à l'Angleterre par Ostende.

Principaux ports. Lignes de navigation maritime. — La Belgique n'a que deux grands ports, Ostende sur la mer du Nord, et Anvers sur l'Escaut dont les bouches appartiennent à la Hollande; Nieuport, sur l'Yser et sur le canal de Furnes, n'est qu'un port de pêche et de cabotage; Gand et Bruges sont des ports fluviaux.

Ostende doit sa prospérité aux canaux, aux voies ferrées qui le rattachent à toute la Belgique et qui se prolongent vers Bâle, le Saint-Gothard et l'Italie, et surtout à sa proximité de l'Angleterre.

Deux lignes de paquebots le relient à Londres et à Douvres: c'est, après Anvers, le principal débouché du commerce anglais avec la Belgique, et du transit entre l'Angleterre et l'Allemagne.

Anvers, sur la rive droite de l'Escaut, est la seconde ville de Belgique. La sûreté de son port, son fleuve large de 700 à 800 mètres et qui porte les plus gros navires; ses canaux et ses chemins de fer qui l'unissent à la France, à la Hollande, à l'Allemagne; sa situation au centre des populations les plus commerçantes de l'Europe, les lignes régulières de steamers qui communiquent avec Glasgow, Liverpool, Dublin, Londres, Hull, Newcastle, Leith, Rotterdam, Hambourg, Christiania, Dantzig, le Havre, les ports espagnois de Santander et Barcelone, avec Syra, Constantinople, Odessa, New-York, Rio-Janeiro, Montévidéo et Buenos-Ayres, Valparaiso, Callao, le Cap, le Natal, l'Australie et la Chine, sont la garantie du plus brillant avenir. Il occupe le quatrième rang parmi les grands ports du monde.

La marine marchande de la Belgique est très faible.

Commerce extérieur. — Le commerce extérieur de la Belgique s'élève à 4 milliards et demi. Ce commerce est surtout actif avec la France (plus de 700 millions), l'Allemagne, l'Angleterre et les Pays-Bas. Il est devenu, depuis 1898, très actif avec l'État indépendant du Congo dont les produits arrivent surtout à Anvers.

Les importations de la Belgique se composent des éléments suivants :

Parmi les matières premières, Anvers, le grand marché de la Belgique, demande en partie à l'Amérique, en partie aux entrepôts anglais, les cotons et les laines, à l'Angleterre et à la Russie, les bois et les chanvres. Le Zollverein envole ses fers et ses fontes ; les mines de Cornouaille, leurs cuivres ; l'Allemagne et l'Espagne, leurs plombs bruts ; Londres, les métaux précieux entassés dans les caves de la Banque ; la Suisse et la Russie, leurs bois de construction, leurs graisses et leurs résines.

Anvers le dispute aux grands marchés anglais pour les bois de teinture, les huiles de pétrole, les peaux, les laines du Brésil et de la Plata.

Parmi les denrées alimentaires, les céréales viennent des États-Unis et de la Russie.

Anvers rivalise avec le Havre pour le commerce des *sucres*, du tabac, du café, du riz et des épices.

Parmi les produits manufacturés, les tissus de France, d'Allemagne, de Suisse et d'Angleterre, les modes, l'ébénisterie, les glaces, la mercerie françaises, les machines d'Angleterre, la faïence et la porcelaine du Zollverein, sont les principaux objets importés.

Les principaux objets exportés sont :

1° *Parmi les matières premières*, les houilles à destination de la France et des Pays-Bas ; les fers et fontes brutes ; le zinc brut ou laminé ; le lin brut ou filé pour la France et l'Angleterre ; le houblon ; les pierres brutes ou taillées.

2° *Parmi les denrées alimentaires*, les bestiaux, le beurre, le riz mondé et blanchi et surtout les sucres bruts ou raffinés.

3° *Parmi les produits manufacturés*, les industries métallurgiques, clouterie, armurerie, rails, machines, quincaillerie, figurent au premier rang dans l'exportation belge.

La verrerie et la cristallerie exportent leurs produits vers le Levant, l'Europe méridionale et l'Amérique.

L'exportation des dentelles, des tissus de laine, de coton et de lin rivalise avec les produits similaires de France, d'Angleterre et du Zollverein.

Le *transit* porte principalement sur les denrées coloniales, les laines, les peaux, les huiles des entrepôts d'Anvers, les cafés et les épices expédiés par la Hollande pour la France, et les produits manufacturés anglais et français (soieries, lainages, etc.), à destination du Zollverein et du nord de l'Europe.

Le roi des Belges est depuis 1885 le souverain de l'État libre du **Congo**, qui deviendra certainement un jour une colonie de la Belgique.

Royaume des Pays-Bas. (Nederlanden.)

I

GÉOGRAPHIE PHYSIQUE ET POLITIQUE

Bornes. Superficie. — Le royaume des Pays-Bas est situé entre 50° 45' et 53° 30' lat. N., 1° 4' et 4° 53' long. E. Il est borné à l'ouest et au nord par la mer du Nord, à l'est par la Prusse, au sud par la Belgique. On lui donne souvent le nom de **Hollande** (pays creux) qui est celui de deux de ses provinces, les plus riches et les plus peuplées.

Le grand-duché de Luxembourg, enclavé entre la Prusse, la Belgique et la France, appartenait au roi des Pays-Bas, mais fait partie du Zollverein et ne dépend plus de la Hollande depuis 1890.

La superficie totale et de 33 000 kilomètres carrés.

Revision de la géographie physique. — La Hollande est un pays plat, marécageux, dont une partie n'est protégée que par des digues contre l'invasion de la mer, et que sillonnent d'innombrables canaux et trois grands fleuves : l'*Escaut* (*Schelde*), qui se divise à son embouchure en Escaut oriental et Escaut occidental, la *Meuse* (*Maas*), et le *Rhin* (*Rijn*), divisé en plusieurs bras dont les deux principaux, le *Lek* et le *Waal*, se confondent avec la Meuse, tandis que d'autres, moins importants, se jettent dans le Zuyderzée (le *Vecht*) ou dans la mer du nord (le *Vieux-Rhin*).

Formation territoriale. — Le pays qui forme aujourd'hui le royaume des Pays-Bas portait autrefois le nom de *Batavia*, et était habité par des populations germaniques tributaires de l'empire romain. Après la dissolution de l'empire carlovingien, de la maison de Bourgogne il passa à la maison d'Autriche, en même temps que les provinces belges, et devint comme elles une possession des rois d'Espagne ; mais il se souleva contre eux au seizième siècle et se constitua en république indépendante, sous le nom de Provinces-Unies. Au dix-septième siècle, les Provinces-Unies devinrent la première puissance maritime de l'Europe, mais ne tardèrent pas à voir leur prépondérance menacée par la rivalité de la France et la concurrence de l'Angleterre. Sous Napoléon Ier, la Hollande fut un moment réunie à l'empire français ; les traités de 1815 lui rendirent son indépendance et en firent avec la Belgique le royaume des Pays-Bas ; la perte de la Belgique, en 1830, a réduit le royaume à ses limites actuelles.

Divisions politiques. — Le siège du gouvernement est *la Haye* (*S'Gravenhage*, 212 000 habitants), ville élégante, et à demi française ; mais la vraie capitale est *Amsterdam* (321 000 habitants), la vieille cité hollandaise, avec ses canaux, ses ponts, ses bassins encombrés de navires, ses admirables musées et ses maisons de bois et de briques à pignons sculptés.

Le royaume des Pays-Bas se divise en onze provinces.

Huit provinces sur onze sont baignées par la mer du Nord :

1° La **Zélande**, capitale *Middelbourg* ; ville principale *Flessingue* (*Vlissingen*), place forte dans l'île de Walcheren, port hollandais de l'Escaut.

2° La **Hollande méridionale**, capitale *la Haye* ; villes principales : *Leyde*, sur le Rhin, université, patrie du peintre Rembrandt ; *Dordrecht* et *Rotterdam*, sur la Meuse, le second port des Pays-Bas, *Delft*, célèbre par ses faïences, *Schiedam*, par ses distilleries de genièvre.

3° La **Hollande septentrionale**, capitale *Amsterdam*.

sur le Zuiderzée, l'une des premières places de commerce du monde; villes principales : *Haarlem*, ville des jardins, près d'un ancien lac desséché, *Zaandam* où habita Pierre le Grand, et le port militaire du *Helder*.

4° La province d'**Utrecht**, capitale *Utrecht* (104 000 hab.), sur le Rhin, célèbre par les traités de 1713.

5° La **Gueldre**, capitale *Arnhem*, sur le Rhin; ville principale *Nimègue* (*Nijmegen*), sur le Waal (traités de 1678);

6° L'**Over-Yssel**, capitale *Zwolle*; 7° la **Frise**, capitale *Leeuwarden*, ville principale *Harlingen*, port sur le Zuiderzée; 8° la province de **Groningue**, capitale *Groningue*,

Des trois provinces continentales, l'une, la **Drenthe**, capitale *Assen*, n'est qu'un vaste marécage; les deux autres, le **Brabant septentrional**, capitale *Bois-le-Duc* (*Hertogenbosch*); villes principales : *Berg-op-Zoom*, *Breda*, places fortes; et le **Limbourg hollandais**, capitale *Maestricht*, ancienne place forte sur la Meuse, sont rattachées aux provinces maritimes par le cours de la Meuse et de nombreux canaux.

Population. Religion. Gouvernement. Notions de statistique. — La population de la Hollande est de 5 179 000 habitants; la langue nationale, le hollandais, est un dialecte germanique qui ne diffère pas sensiblement du flamand.

Le *protestantisme* calviniste est la religion dominante, mais les catholiques sont nombreux; il y a beaucoup de Juifs, surtout à Amsterdam et à Rotterdam.

Le gouvernement est une monarchie constitutionnelle. Le pouvoir législatif est exercé par les Etats généraux composés de deux Chambres, l'une élue par les Etats provinciaux, l'autre par le suffrage direct.

La Hollande compte trois universités : Leyde, Utrecht et Groningue.

L'armée et la marine de guerre sont assez faibles.

Les vraies défenses de la Hollande sont ses canaux et ses écluses qui permettent d'inonder le pays ; cependant les côtes et les principales routes sont gardées par quelques places fortifiées ou des forts détachés.

La dette publique est de 2 300 000 000. Le crédit de la Hollande, qui n'avait pas de rival au dix-septième et au dix-huitième siècle, est resté l'un des plus solides de l'Europe contemporaine, malgré l'effacement de la puissance hollandaise et les inquiétudes que peuvent inspirer le voisinage et les convoitises mal dissimulées de l'empire allemand.

II

GÉOGRAPHIE ÉCONOMIQUE

La Hollande n'occupe qu'un espace insignifiant sur la carte d'Europe : cependant elle a été au dix-septième siècle la première puissance commerçante du monde, et aujourd'hui son commerce, sa marine, son empire colonial, lui assurent encore un des premiers rangs après l'Angleterre, la France et l'Allemagne.

Cette prospérité, hors de proportion avec ses ressources apparentes, la Hollande la doit à ses voies navigables, au développement de ses côtes, à son admirable situation maritime, situation qui a fait des Hollandais les rouliers des mers, les courtiers du commerce universel, et les banquiers de l'Europe. Elle le doit surtout à cette race patiente et opiniâtre, âpre au gain et au travail, trempée dans une lutte incessante contre la nature, qui a arraché à la mer jusqu'au sol qu'elle habite, et dont l'énergie silencieuse ne se rebute jamais.

Climat, nature du sol. — Le climat de la Hollande est brumeux, froid et humide : le sol, en partie situé au-dessous du niveau de la mer, est sablonneux ou marécageux, mais le travail a triomphé de la nature : les marais et les lacs (mer de *Haarlem*, desséchée de 1840 à 1843, Biesboch, golfe de l'Y, etc.), entourés de digues, desséchés par de puissantes machines, sont devenus des polders couverts de prairies et de moissons ; on projette aujourd'hui de dessécher la partie méridionale du Zuyderzée ; la mer a reculé, et si, dans cette lutte corps à corps avec l'Océan, l'homme a parfois été vaincu, il ne s'est jamais découragé.

Production agricole. — Près de la moitié du sol de la Hollande est occupé par d'immenses *prairies* qui nourrissent de nombreux bestiaux, des moutons, des chevaux robustes et de haute taille et des porcs.

La production des céréales est faible, mais la culture de la pomme de terre très répandue.

Parmi les *cultures industrielles*, les plus importantes sont celles du lin et du chanvre, du tabac et du colza.

Fig. 31. — La machine de Harlem.

Les jardins potagers et ceux qui sont destinés à la culture des fruits et des fleurs occupent de vastes espaces, surtout dans la Hollande proprement dite, et leurs produits n'ont pas de rivaux en Europe : mais les Pays-Bas manquent de forêts.

Production minérale et pêcheries. — L'*argile* et la *tourbe* sont à peu près les seules productions minérales de la Hollande, qui n'a ni houille, ni pierres à bâtir, et qui construit ses édifices en bois ou en briques.

Les *pêcheries* des côtes de Hollande comptent parmi les plus riches de l'Europe ; mais les Hollandais ne se contentent pas de la pêche côtière, et chaque année des centaines de barques ou de navires vont se livrer, dans la mer du Nord, sur les côtes d'Écosse et même à Terre-Neuve et en Islande, à la pêche de la morue, du maquereau, du hareng, dont leur pays avait autrefois le monopole et qui est encore aujourd'hui l'une des ressources de sa nombreuse population maritime.

Production industrielle. — La Hollande, commerçante et maritime, n'est pas un pays industriel : la nature lui a refusé la plupart des matières premières et le combustible, et les conditions d'infériorité où elle se trouve ne lui permettent pas de lutter contre la Belgique, l'Angleterre, l'Allemagne et la France, qui l'entourent.

Les seules industries importantes sont celles qui se rattachent directement à l'agriculture et au commerce :

La fabrication du beurre et **du fromage** dans toute la presqu'île de Hollande.

Les distilleries de genièvre et de **curaçao**, de *Schiedam*, sur la Meuse, de *Delft* et d'*Amsterdam*.

Les raffineries de sucre d'*Amsterdam*, de *Leyde*.

Les briqueteries de *Groningue* et de la Frise.

La taille des diamants, industrie spéciale d'*Amsterdam*, occupe 10 000 ouvriers et le commerce des diamants atteint une valeur de plus de 100 millions.

La papeterie, la librairie et **l'imprimerie** de *Leyde*, d'*Utrecht*, de *Haarlem*, d'*Amsterdam*, autrefois le grand atelier de la contrefaçon et des publications clandestines.

Enfin les **constructions maritimes**, la plus ancienne et l'une des plus actives industries des Pays-Bas.

Principaux ports. Lignes de navigation. — Les côtes de la Hollande, semées de bancs de sable et d'îles basses et marécageuses, creusées par le golfe du Zuyderzée, petite mer intérieure qu'on veut aujourd'hui dessécher et rendre à la culture, sont formées de dunes sablonneuses depuis l'embouchure de la Meuse jusqu'au Texel, plates et inondées, sur les bords du Zuyderzée et jusqu'à l'embouchure de l'Ems (golfe du Dollart).

Deux grands ports centralisent presque tout le commerce extérieur : Rotterdam et Amsterdam.

Rotterdam, près de l'embouchure de la Meuse, est la première place de commerce de la Hollande. Des services réguliers le font communiquer avec tous les grands ports d'Angleterre, avec *Dunkerque*, *le Havre*, *Marseille*, en **France**, avec les principaux ports de la mer du Nord, de la Baltique et de la Méditerranée ; avec New-York et Batavia. Les bateaux à vapeur du Rhin le rattachent à l'Allemagne continentale, les chemins de fer à la Belgique et à la Prusse. Entrepôt des produits des colonies hollandaises : cafés, sucres, tabacs, indigos, thés, riz, épices, que lui apportent les navires de la *Société de Commerce des Pays-Bas*, principal dépôt des produits agricoles de la Hollande. Rotterdam est le neuvième port du monde et a réalisé de très grands progrès de transit entre le Zollverein et l'Angleterre.

Amsterdam, la seconde capitale de la Hollande, est situé à l'embouchure de l'*Amstel*, sur un enfoncement du Zuyderzée, le golfe de l'Y, et communique avec la mer du Nord par un canal large et profond, qui débouche à Nieuwe-Diep, près du port militaire du Helder, en face de la rade du Texel et par un canal direct, creusé dans le prolongement de l'Y, coupant les dunes, et débouchant près de Zandwoort.

Amsterdam est le plus grand marché financier et le premier entrepôt des Pays-Bas, le principal marché des cafés coloniaux et entretient des relations plus actives que Rotterdam avec l'Amérique, les Indes, la Chine et le Japon.

Les ports de *Flessingue* et de *Middelbourg*, dans l'île de Walcheren, à l'embouchure de l'Escaut occidental, de *Dordrecht*, sur la Meuse, sont en relations avec la Belgique, l'Angleterre et même les Indes orientales.

Harlingen, sur le Zuyderzée, est le port d'exportation de la Frise, et communique avec Londres et Hull par un service régulier.

La marine marchande de la Hollande, qui était au

dix-septième siècle la première de l'Europe, est aujourd'hui en décadence.

Navigation fluviale, canaux. — La Hollande possède les embouchures de trois grands fleuves : l'Escaut, la Meuse et le Rhin, principale voie de commerce avec l'Allemagne et du transit entre la Grande-Bretagne et le Zollverein.

Le système de canalisation, favorisé par la nature du sol, est le plus complet de l'Europe : les canaux sont les grandes routes, et des milliers de barques ou de bateaux à vapeur y transportent sans cesse les voyageurs et les marchandises. Les principaux sont :

1° Les canaux, déjà cités, d'*Amsterdam au Helder* et d'*Amsterdam à Zandwoort* ;

2° Le *canal d'Amsterdam* à Rotterdam, par Haarlem, Leyde, la Haye, et Delft, avant-port de Rotterdam ;

3° Le *canal d'Amsterdam à Utrecht* ;

4° Le *canal de Harlingen au golfe du Dollart*, et à l'embouchure de l'Ems, par Leeuwarden, capitale de la Frise, Groningue, et le port de Delfzyl en face d'Emden ;

5° Le *canal de Groningue à l'Yssel*, par Zwolle ;

6° Le *canal Guillaume*, de Maëstricht à Bois-le-Duc.

Chemins de fer. — Malgré l'activité de sa navigation intérieure, et les nombreuses routes de terre qui circulent sur les digues de ses canaux et suppléent pendant l'hiver à la navigation, la Hollande a environ 3200 kilomètres de chemins de fer en exploitation.

Les lignes principales, qui font aux canaux une concurrence sérieuse, sont :

1° Celle d'*Anvers à Amsterdam*, par Rotterdam, la Haye et Leyde ;

2° Le *chemin de fer central néerlandais*, d'Utrecht à Zwolle, Groningue et Leeuwarden ;

3° La ligne d'*Utrecht à Wesel et en Allemagne*, par Arnhem ;

4° La ligne d'*Amsterdam à Maëstricht*, par Utrecht, qui se prolonge soit sur Aix-la-Chapelle, soit sur Liège.

Lignes télégraphiques. — La Hollande est couverte d'un réseau télégraphique qui la met en communication avec tout le continent et avec l'Angleterre par un câble sous-marin, entre Scheveningen et Oxford-Ness.

Valeur des échanges. — Le commerce extérieur

de la Hollande atteint aujourd'hui près de 7 milliards.

Les pays qui prennent à ce commerce la part la plus active sont, d'après les estimations hollandaises, l'*Allemagne*, la *Grande-Bretagne*, la *Belgique*, la *Russie*, la *France*, la *Norvége* et la *Suède*, les *colonies hollandaises*, les *Etats-Unis*, les *Indes anglaises*, la *Chine* et le *Japon*, où la *Hollande* a perdu le monopole commercial qu'elle y exerçait depuis deux siècles.

Parmi les produits importés, les principaux sont : 1° *Matières premières :* la *houille* et les métaux (fer, cuivre, etc.) d'Angleterre, du Zollverein et de la Belgique, l'étain de Banca destiné à la réexportation ; les cotons d'Asie et d'Amérique dont une partie en transit, les chanvres, le lin, les graines oléagineuses, la potasse, les résines, les graisses de la Russie et des pays de la Baltique, les bois de construction de la Suède et de la Norvége, les peaux de l'Amérique du Sud et de la Russie, les matières tinctoriales de Java et de l'Inde.

2° *Denrées alimentaires :* les céréales de la Baltique, les vins de France et d'Espagne, les riz, le sucre, les cafés, les thés, les épices des Indes hollandaises dont Rotterdam et Amsterdam sont les principaux marchés, et que leurs entrepôts, rivaux de ceux de Londres, déversent dans le monde entier ; enfin, les tabacs que reçoit le port d'Amsterdam, et qui sont manufacturés à Utrecht et à la Haye.

La Hollande tire de l'étranger un grand nombre de produits manufacturés, destinés à la consommation ou à la réexportation : tels que les tissus d'Angleterre, de Belgique, du Zollverein, de France et de Suisse, la quincaillerie, les armes, les machines belges, anglaises et prussiennes ; les modes, la mercerie et la verrerie françaises, etc.

L'exportation ne comprend guère que des produits du sol ou de l'industrie hollandaise : le tabac pour Londres et pour la France, les légumes, les bestiaux, le beurre, le fromage, le genièvre à destination des ports anglais, le poisson frais ou salé, qui s'exporte surtout dans le midi de l'Europe, les tissus de coton et de laine destinés aux colonies et à la Chine, les pierres précieuses, polies et taillées à Amsterdam, les sucres raffinés, les peaux préparées, les navires et les agrès qui s'échangent avec les produits de l'Europe septentrionale.

Les produits des colonies : cafés, sucres, riz, épices, thés, indigo, cochenille, étain de Banca, sont considérés comme hollandais et se répandent dans toutes les parties de l'Europe, surtout dans les pays de la Baltique et en Allemagne.

Colonies. — Une des principales causes de la prospérité de la Hollande, que nous ne pouvons qu'indiquer ici, c'est son empire colonial, le troisième du monde après celui de l'Angleterre et de la France. Si les comptoirs de *Guinée* ont été cédés à l'Angleterre, si la *Guyane* et les *Antilles* hollandaises ne se développent que lentement, les immenses colonies de l'Océanie, *Java*, *Sumatra*, Banca, Bornéo, Timor, les Moluques, Célèbes, avec leur population de plus de 30 000 000 d'habitants, marchent de progrès en progrès, malgré le système du monopole qui a fait longtemps de l'État le seul propriétaire, le seul agriculteur et le seul commerçant dans les Indes néerlandaises, et qui a fini par céder à l'opposition du parti libéral, en Hollande.

Grand-duché de Luxembourg (2387 kil. car.).

Le grand-duché de Luxembourg est situé entre la France au sud-ouest, l'Alsace-Lorraine au sud, l'Allemagne à l'est et au nord, la Belgique à l'ouest.

C'est un pays accidenté, sillonné en tous sens par les rameaux des Ardennes, mais dont les plus hautes collines n'atteignent pas 300 mètres. Il est séparé de la Prusse rhénane par la *Moselle* et par son affluent de gauche, la *Sûre*, grossie elle-même à droite de l'*Alzette*, à gauche de l'*Our* qui coulent dans des vallées encaissées et pittoresques.

Le Luxembourg cultive les céréales, les pommes de terre, le lin et la vigne, mais les *prairies*, les *pâturages* et les *forêts* occupent la plus grande partie du territoire.

On exploite, surtout dans la région méridionale, de riches mines de fer qui produisent un million et demi de tonnes de minerai. Les forges et les hauts fourneaux sont la grande industrie luxembourgeoise; cependant les tanneries, les brasseries, les fabriques de lainages et de cotonnades ont une certaine activité.

Le grand-duché de Luxembourg, après avoir appartenu aux Pays-Bas espagnols et autrichiens, avait été attribué en 1814 au roi de Hollande, mais comme État souverain, ayant une administration distincte de celle du royaume des Pays-Bas, et rattaché à la confédération germanique. En 1830, lors de la constitution du royaume de Belgique, la partie orientale resta au roi des Pays-Bas. En 1867, après la dissolution de la Confédération germanique, le grand-duché fut déclaré neutre. La mort du dernier roi des Pays-Bas, Guillaume III, qui ne laissa pas d'héritier mâle, a fait passer le Luxembourg aux mains du chef de la famille de Nassau, dépossédée par les Prussiens du duché de Nassau, en 1866, mais réconciliée depuis avec la Prusse.

La capitale est *Luxembourg*, sur l'Alzette (20 000 hab.), autrefois l'une des places les plus fortes de l'Europe, mais dont les fortifications, chef-d'œuvre de Vauban, ont été démolies depuis 1867.

La population est d'environ 215 000 habitants, presque tous catholiques : la majorité parle un dialecte germanique, mais le français, qui est resté la langue officielle, est très répandu dans les villes et dans un certain nombre de villages de la frontière méridionale.

Les communications sont faciles, et le réseau des chemins de fer a un développement de 400 kilomètres.

Le grand-duché, bien qu'aucun lien politique ne le rattache à l'Allemagne, a continué à faire partie du Zollverein ou union douanière allemande.

RÉSUMÉ

Belgique.

I

Le royaume de BELGIQUE est borné par la France au sud, l'Allemagne à l'est, les Pays-Bas au nord, la mer du Nord à l'ouest.

C'est un pays de plaines, sauf dans la partie orientale, sillonnée par les rameaux des Ardennes.

La Belgique est arrosée par l'Escaut et ses affluents : la Lys, la Dender et le Ruppel, et par la Meuse avec ses affluents, la Sambre et l'Ourthe. La superficie est d'un peu plus de 29 000 kilomètres carrés.

La Belgique faisait partie de l'ancienne Gaule ; elle appartint à la maison de Bourgogne, puis aux rois d'Espagne, et, plus tard, aux empereurs allemands.

Annexée à la France en 1794, puis à la Hollande en 1815, elle forme, depuis 1831, un royaume indépendant.

Elle se divise en 9 provinces. Au centre : 1° *Brabant*, capitale *Bruxelles* (450 000 habitants), capitale du royaume ; villes principales, Louvain, Waterloo ; 2° *Flandre orientale*, capitale Gand ;

3° *Flandre occidentale*, capitale Bruges ; villes principales, Courtrai, Ostende, sur la mer du Nord ; 4° au sud, le *Hainaut*, capitale Mons ; villes principales, Charleroi, Tournay, Fontenoy, Fleurus ; 5° *province de Namur*, capitale Namur ; 6° à l'est, le *Luxembourg*, capitale Arlon ; 7° la *province de Liége*, capitale Liége, ville principale, Verviers ; 8° au nord, le *Limbourg*, capitale Hasselt ; 9° la *province d'Anvers*, capitale Anvers, sur l'Escaut, le principal port de la Belgique ; ville principale, Malines.

La *population* est de 6815000 habitants, 231 par kilomètre carré.

Le *gouvernement* est une monarchie constitutionnelle avec un Sénat et une Chambre des députés.

La *religion* est en majorité catholique.

La Belgique est un pays neutre.

II

Une agriculture prospère (céréales, houblon, lin, colza, tabac, betteraves, bœufs et chevaux), de riches mines de houille dans le Hainaut et la province de Liége (25 millions de tonnes), des mines de fer et de zinc, des carrières de marbre et d'ardoises, une industrie qui rivalise d'activité avec celle de l'Angleterre, un magnifique réseau de voies navigables (2000 kilomètres) et de voies ferrées (6000 kilomètres), ont donné à ce pays une importance hors de proportion avec son étendue.

Les principaux ports sont : *Ostende* sur la mer du Nord, dans la Flandre occidentale, et *Anvers* sur l'Escaut, l'un des grands marchés de l'Europe pour les cuirs, les cotons, les cafés et les bois de teinture. Les principales villes industrielles sont : *Gand*, pour les cotonnades, *Courtrai*, *Bruges* pour les toiles et les dentelles, *Mons* et *Charleroi* dans le HAINAUT, centres de l'industrie métallurgique, de la verrerie et de l'exploitation des houillères ; *Liége*, chef-lieu d'une région industrielle sans rivale sur le continent pour la fabrication des armes et le travail de l'acier ; *Verviers* et *Bruxelles* pour les draps.

Le commerce extérieur atteint 4 milliards et demi.

Pays-Bas ou Hollande.

I

Le royaume des PAYS-BAS est borné, au nord et à l'ouest, par la mer du Nord, au sud par la Belgique, à l'est par l'Allemagne.

C'est un pays de plaines basses et marécageuses arrosé par la Meuse, le Rhin, et coupé de nombreux canaux.

La Hollande portait, au temps de la domination romaine, le nom de *Batavia*. Elle tomba, comme la Belgique, aux mains de la maison de Bourgogne, puis de la branche espagnole de la maison d'Autriche.

Les provinces hollandaises se soulevèrent au seizième siècle et formèrent la République indépendante des Provinces-Unies, devenues, depuis 1815, le royaume des Pays-Bas. La superficie est de 33000 kilomètres carrés.

Les Pays-Bas se divisent en 11 provinces : 1° à l'ouest, la *Hollande méridionale*, capitale LA HAYE, résidence du gouvernement (212000 habitants); villes principales, Rotterdam, grand port sur la Meuse, et Leyde ; 2° la *Hollande septentrionale*, capitale Haarlem ; villes principales, AMSTERDAM (521000 habitants), la vraie capitale de la Hollande ; 3° la *Zélande*, capitale Middelbourg ; ville principale, Flessingue ; 4° au sud, le *Brabant* hollandais, capitale Bois-le-Duc ; 5° le *Limbourg*, capitale Maëstricht sur la Meuse ; 6° à l'est, la *Gueldre*, capitale Arnhem; ville principale, Nimègue ; 7° la province d'*Utrecht*, capitale Utrecht ; 8° au nord, l'*Over-Yssel*, capitale Zwolle ; 9° la *Drenthe*, capitale Assen ; 10° la *Frise*, capitale Leuwarden ; 11° la province de *Groninque*, capitale Groningue.

La *population* est de 5179000 habitants, 157 par kilomètre carré.

Le *gouvernement* est une monarchie constitutionnelle avec deux chambres.

La *religion* de la majorité est le protestantisme.

II

Les prairies et l'élève du bétail sont la principale richesse agricole de la Hollande ; elle n'a pas de mines, et son industrie (beurres, fromages, distilleries, papeterie, taille des diamants) est inférieure à celle des Etats voisins, mais elle doit à ses fleuves, à ses canaux, à ses chemins de fer (3200 kilomètres), à sa situation maritime, à ses colonies, une prospérité commerciale qui ne redoute aucune comparaison.

Ses principaux ports sont Rotterdam et Amsterdam. Le commerce extérieur atteint près de 7 milliards.

Les colonies hollandaises d'Amérique et d'Océanie ont une population de plus de 30 millions d'habitants.

Le GRAND-DUCHÉ DE LUXEMBOURG (215000 habitants), enclavé entre l'Allemagne, la Belgique et la France, est un Etat indépendant et neutre, bien qu'il fasse partie de l'union douanière allemande. La capitale est *Luxembourg*. Les forêts et les mines sont les principales richesses du pays.

CHAPITRE III

Région centrale.

EMPIRE D'ALLEMAGNE (DEUTSCHLAND)

(Superficie 540792 kilomètres carrés).

I

DESCRIPTION PHYSIQUE ET POLITIQUE

On désigne sous le nom d'Allemagne (*Alemania*, région habitée par les *Alemani*, ancienne confédération de tribus germaines) des pays qui faisaient presque tous partie avant 1866 de la Confédération germanique et qui sont presque entièrement habités par des populations de langue allemande. La Confédération germanique se composait, avant 1866, de trente-neuf États dont deux, la *Prusse* et l'*Autriche*, n'y entraient pas pour tout leur territoire, et s'étendait entre la mer du Nord, le Danemark et la Baltique au nord, les parties non allemandes de la Prusse et de l'Autriche à l'est, l'Italie et la Suisse au sud, la France, la Belgique et les Pays-Bas à l'ouest.

Les événements de 1866 et ceux de 1871 ont profondément modifié cette géographie ; la confédération n'existe plus, et l'Allemagne nouvelle, dont l'Autriche est exclue, après avoir été pendant quatre ans (1867-1871) séparée en deux groupes, celui du sud et celui du nord, forme un empire unique sous la souveraineté du roi de Prusse qui porte en même temps depuis 1871 le titre d'empereur d'Allemagne, et gouverne avec le concours du conseil fédéral et du parlement élu (*Reichstag*), où tous les États sont représentés.

Limites. — Les limites de l'Allemagne, telle qu'elle est organisée aujourd'hui, sont, au nord, la mer du Nord, le Danemark et la Baltique ; à l'est, l'empire de Russie ; au sud, l'empire d'Autriche-Hongrie et la Suisse ; à l'ouest, la France, le grand-duché de Luxembourg, la Belgique et les Pays-Bas.

Elle comprend 26 États qui conservent, malgré la résurrection de l'Empire d'Allemagne, leurs souverains particuliers et leur autonomie intérieure; ce sont les 4 royaumes de Prusse, de Saxe, de Bavière et de Wurtemberg, les 6 grands-duchés de Mecklembourg-Schwerin et Strelitz, d'Oldenbourg, de Saxe-Weimar, de Bade et de Hesse-Darmstadt, les 3 villes hanséatiques, 7 principautés et 5 duchés. Il faut y ajouter le territoire d'Alsace-Lorraine formé des départements enlevés à la France en 1871 et qui, sans avoir été incorporé à aucun État, est considéré comme possession directe de l'Empire, et l'île d'*Helgoland* cédée par l'Angleterre à l'Allemagne en 1890.

Révision de la géographie physique. — L'Allemagne est divisée en deux versants, celui de la mer du Nord et de la Baltique au nord, et celui de la Mer Noire au sud, par la chaîne de partage des eaux de l'Europe qui la traverse ou qui la limite sous le nom d'*Alpes Algaviennes, plateaux de Constance, Forêt Noire, Jura de Souabe, Jura Franconien, Fichtelgebirge* et *Monts de Bohême.*

1° Le **versant de la mer Noire** appartient tout entier au bassin supérieur du *Danube (Donau)*, qui prend sa source dans la *Forêt-Noire* (grand-duché de Bade) et traverse de l'ouest à l'est le Wurtemberg et la Bavière avant d'entrer en Autriche. Le fleuve reçoit, à droite, les eaux des *Alpes Algaviennes* et *Bavaroises*, par les torrents de l'*Iller*, du *Lech* et de l'*Isar*, et celles des *Alpes Rhétiques* par la puissante rivière de l'*Inn*, dont la vallée supérieure appartient à la Suisse et à l'Autriche, le cours inférieur à la Bavière.

2° Le versant de la **mer du Nord** comprend comme relief :

A l'ouest, les *Alpes Bernoises* (Suisse), le *Jura*, les *monts Faucilles* et les *Ardennes* (France); au sud et à l'est, les *Alpes centrales*, les *Alpes Algaviennes* (Suisse), plus loin les *Montagnes des Pins (Fichtelgebirge)* et les hauteurs boisées (*Rhône Gebirge, Vogesberg*, forêt de *Teutberg*) qui vont se perdre dans les plaines du Hanovre.

Le bassin du **Rhin** ne le cède en étendue qu'à ceux du Danube et du Volga. Alimenté par les neiges et les glaces du massif du *Saint-Gothard*, le fleuve court d'abord du sud au nord dans une étroite vallée qui appartient à la Suisse, forme le *lac de Constance (Bodensee)*, se dirige vers l'ouest jusqu'à Bâle, en séparant la Suisse du grand-duché de Bade, se détourne vers le nord, depuis Bâle jusqu'à son confluent avec le *Main*, et coule dans une large vallée entre la chaîne des *Vosges* sur la rive gauche et celle de la *Forêt Noire* sur la rive droite.

Dans cette partie supérieure de son cours il ne reçoit qu'un seul affluent de quelque importance, sur sa rive droite, le *Neckar*. Sur sa rive gauche, l'*Ill*, la *Moder*, la *Lauter*, la *Queich*, lui apportent les eaux des Vosges.

A partir de son confluent avec le *Main*, le Rhin incline vers le nord-ouest et coule dans une vallée pittoresque que dominent à gauche le *Hunsruck* et l'*Eifel*, à droite le *Taunus*, le *Westerwald* et les *Sept-Montagnes*. Il reçoit à droite la *Lahn*, la *Sieg*, la *Ruhr* et la *Lippe*, à gauche la *Nahe* et la *Moselle* grossie de la *Sarre* sur la rive droite et de la *Sure* sur la rive gauche. La partie inférieure du bassin appartient aux Pays-Bas.

L'**Ems** traverse des landes pierreuses ou une plaine basse, où les marais de Bourtange s'étendent entre l'Allemagne et la Hollande.

Le **Weser**, formé de la *Werra* et de la *Fulda*, qui descendent l'une du Thuringer-wald, l'autre du Rhône Gebirge, coule du sud au nord. Il est resserré dans la partie supérieure de son cours entre les collines qui limitent le bassin du Rhin, et les hauteurs boisées connues sous le nom de *Forêt de Thuringe* et de *Harz*, qui forment la limite occidentale de la vallée de l'Elbe. Il reçoit à droite l'*Aller* grossi de la *Leine*.

L'**Elbe** prend sa source en Bohême dans les *monts des Géants*, qui se rattachent au *Fichtelgebirge* par les *monts de Lusace* et les *monts Métalliques*; il franchit ces montagnes en traversant une gorge étroite (défilé de Schandau), puis coule du sud-ouest au nord-ouest à travers les plaines de l'Allemagne du nord. Il reçoit à gauche la *Saale* grossie de l'*Elster*, qui lui apportent les eaux des *monts Métalliques* et du *Harz*, à droite la *Havel*, grossie de la rivière marécageuse de la *Sprée*, née dans les *monts de Lusace*.

3° Sur le **versant de la Baltique** on trouve : la *Trave*, la *Warnow*, l'*Oder*, qui prend sa source en Autriche dans les monts *Sudètes*, reçoit à gauche la *Bober* et les deux *Neisse*, et coule du sud-est au nord-ouest, jusqu'à son confluent avec la *Wartha* (rive droite), du sud au nord, jusqu'à la mer;

Fig. 52. — Le pont de Kehl, sur le Rhin.

la *Vistule* (*Weichsel*) qui se jette dans le golfe de Danzig, et n'appartient à l'Allemagne que dans la partie inférieure de son cours; la *Pregel* qui reçoit l'*Alle* et aboutit aux lagunes de *Frisches-Haff*, et le *Niémen*, qui sépare la Prusse de la Russie.

Relief du sol. — L'Allemagne, par sa configuration générale, se divise en deux parties. La *haute Allemagne* comprend la vallée du Danube dominée et sillonnée en tous sens par les ramifications des Alpes, les vallées supérieures de l'Oder et de l'Elbe, et presque tout le bassin du Rhin, c'est-à-dire les montagnes et les plateaux de l'Allemagne méridionale, occidentale et centrale. La partie la moins élevée de la haute Allemagne est la vallée du Rhin, de Bâle à Mayence.

La *basse Allemagne*, qui comprend les régions de la Vistule, de l'Oder, les vallées moyennes et inférieures de l'Elbe et du Weser et celle de l'Ems, est un pays de plaines sablonneuses et marécageuses qui se prolongent jusqu'au littoral de la Baltique et de la mer du Nord.

Formation territoriale. — Les anciens connaissaient l'Allemagne sous le nom de *Germania* : elle était habitée par des peuples belliqueux et barbares, ancêtres des Allemands, que les Romains combattirent pendant des siècles, sans que les frontières de l'empire aient dépassé de beaucoup le Rhin et le Danube.

Au cinquième siècle après Jésus-Christ, les Germains, poussés par les Huns, se jetèrent successivement sur l'empire romain d'Orient et sur celui d'Occident où s'établirent les Goths, les Burgondes, les Suèves, les Vandales, les Francs, etc., pendant que des peuples slaves occupaient les contrées situées à l'est de l'Elbe et des montagnes de Bohême, abandonnées par les émigrants.

Les Francs, héritiers de l'empire romain, après avoir conquis la Gaule, imposèrent leur domination et le christianisme aux populations germaniques restées indépendantes, Thuringiens, Alemans, Bavarois, Saxons. Après le premier démembrement de l'empire de Charlemagne, l'Allemagne forma un royaume dont les souverains ressuscitèrent en leur faveur, en 962, le *saint-empire romain* et furent, jusqu'au milieu du treizième siècle, les princes les plus puissants de l'Europe. Outre l'Allemagne, le Danemark, la Hongrie, la Pologne, l'Italie reconnaissaient leur suzeraineté qui s'étendait en France sur la vallée du Rhône et sur une partie de celle de la Meuse.

L'empire, morcelé à la fin du treizième siècle, se releva au seizième avec la maison d'Autriche, et le titre d'empereur resta dans cette maison jusqu'en 1806, bien qu'il fût électif[1]. Napoléon Ier ayant organisé sous son protectorat la Confédération du Rhin qui comprenait une partie de l'Allemagne, l'empereur François II abdiqua pour prendre le titre d'empereur d'Autriche. Les traités de 1815 ne firent pas revivre l'empire germanique. Ils firent de l'Allemagne une confédération de trente-neuf États gouvernée par une diète qui se composait des représentants de tous les États et que présidait l'Autriche.

Cette organisation, renversée un moment en 1848, a disparu définitivement en 1866 par les triomphes de la Prusse, qui ont exclu l'Autriche de la Confédération et préparé la résurrection de l'empire d'Allemagne en 1871.

Allemagne du Nord.

ROYAUME DE PRUSSE

Limites. — Le royaume de Prusse (*Preussen*) est borné, au nord, par la mer du Nord, le Danemark et la mer Baltique ; à l'est, par l'empire de Russie ; au sud, par l'Autriche (Bohême et Silésie), la Saxe, les petits duchés saxons, le royaume de Bavière et le grand-duché de Hesse-Darmstadt ; à l'ouest, par la France, la Belgique et les Pays-Bas.

Notions historiques. — La Prusse, conquise sur des princes slaves par un ordre militaire, les chevaliers Teutoniques, et devenue plus tard une principauté héréditaire dans la maison électorale de Brandebourg (*Hohenzollern*), fut érigée en royaume en 1701. Le véritable fondateur de la puissance prussienne est Frédéric II (1740-1786).

Divisions politiques. — La capitale de la Prusse est Berlin sur la *Sprée* (1884000 hab.), la première

1. Il y avait en 1789 neuf électorats, les archevêchés de Trèves, Cologne et Mayence, le royaume de Bohême, le Palatinat réuni à la Bavière, les duchés de Saxe et de Bavière, le margraviat de Brandebourg, qui appartenait au roi de Prusse, et le royaume de Hanovre.

RÉGION DU CENTRE ET DU NORD
EMPIRE D'ALLEMAGNE
EMPIRE AUSTRO-HONGROIS
ÉTATS SCANDINAVES
EMPIRE D'ALLEMAGNE
PRUSSE OCCIDENTALE
PRUSSE ORIENTALE
POSEN
HANOVRE
WESTPHALIE
HESSE
DANEMARK
BERLIN
BOHÊME
MORAVIE
GALICIE
MUNICH
TRANSYLVANIE
HONGRIE
CROATIE ET SLAVONIE
BOSNIE
SERBIE
BELGRADE
ROUMANIE
BUCHAREST
COPENHAGUE
STOCKHOLM
I. Gotland
I. Öland
Golfe de Gênes

Carte IV.

ville manufacturière du royaume et la capitale du nouvel empire allemand. Bâtie dans une plaine sablonneuse et formée d'agglomérations successives, dont les plus anciennes datent du treizième siècle, Berlin est une ville sans caractère et qui n'a guère que des monuments modernes : le château, le musée, etc., et d'assez belles promenades. Mais Berlin est devenu le principal port fluvial de l'Allemagne, et sa Bourse est l'une des plus actives de l'Europe.

La Prusse se divise en douze provinces, sans y comprendre la principauté de **Hohenzollern**, au sud du Wurtemberg.

1°, 2° et 3° Les provinces de l'**ouest** appartiennent au bassin du Rhin. La **Prusse rhénane** (*Rhein Preussen*), capitale *Coblentz*, place forte sur le Rhin ; la **Westphalie**, capitale *Munster*, célèbre par les traités de 1648, ville principale *Minden* sur le Weser ; la province de **Hesse-Nassau**, capitale *Cassel*, avec le territoire de l'ancienne ville libre de **Francfort-sur-le-Main** (288000 hab.), forment une région boisée, sillonnée de hauteurs rocheuses, de collines volcaniques (*Westerwald*, *Taunus*), qui semblent prolonger sur la rive droite du fleuve la chaîne de la Forêt-Noire, tandis que sur sa rive gauche, le *Hardt*, le *Hunsrück* et les *Ardennes* sous le nom d'*Eifel*, s'épanouissent en plateaux arides et couverts de bruyères. Une civilisation florissante s'est développée cependant au milieu de cette nature sévère et presque sauvage : sur les coteaux du Taunus et du Hunsrück se récoltent les vins du Rhin et de la Moselle : aux bords du fleuve, au pied des rochers couronnés de ruines pittoresques s'élèvent les villes importantes de *Coblentz*, camp retranché au confluent de la Moselle et du Rhin, de *Cologne* (*Koeln*, 372000 hab.), connue par son immense cathédrale, de *Dusseldorf* (215000 hab.). *Trèves* (*Trier*) sur la Moselle, l'ancienne capitale des Gaules, *Aix-la-Chapelle* (*Aachen*, 135000 hab.), le séjour de Charlemagne, ont reconquis, grâce à l'industrie du fer et des draps, une partie de leur antique prospérité. Autour de ces métropoles se groupent les villes industrielles de *Barmen*, d'*Elberfeld*, de *Crefeld*, d'*Essen*, et, dans la vallée de la Sarre, de *Sarrebruck*. On y remarque encore *Bonn*, sur le Rhin, université célèbre, *Clèves*, *Juliers* (*Jülich*), capitales d'anciens duchés, *Kreuznach* et *Wiesbaden*, ancienne capitale du duché de Nassau, toutes deux renommées par leurs eaux minérales.

4°, 5° et 6° Les provinces du **nord** : **Hanovre**, baigné par la mer du Nord, capitale *Hanovre*, sur la Leine, université (235 000 hab.); villes principales, Osnabrück, Gœttingen (université), *Klausthal*, au centre des mines du Harz ; **Lauenbourg**, **Holstein** et **Schleswig** (capitale *Schleswig*, villes principales *Kiel*, grand port militaire, *Glückstadt*, *Altona*, *Tœnningen*), qui forment la base de la péninsule danoise ; **Poméranie** (*Pommern*, capitale *Stettin* (210 000 hab., v. pr. *Stralsund*), sur la mer Baltique, appartiennent aux vallées de l'Ems, du Weser, de l'Elbe et de l'Oder. C'est une immense plaine, à l'aspect monotone, humide ou sablonneuse, au climat froid et brumeux, mais qui produit en abondance le lin, les céréales, la betterave, et qui nourrit les plus beaux bestiaux et les chevaux les plus robustes de l'Allemagne. Pays de commerce et d'agriculture plutôt que d'industrie, cette région possède les ports d'*Emden* et de *Wilhelmshafen*, grand port militaire, sur la mer du Nord, de *Stade* et d'*Altona*, sur l'Elbe, de *Kiel* (Holstein), sur la Baltique, de *Stralsund*, en face de l'île de Rügen, et de *Stettin*, à l'embouchure de l'Oder.

7°, 8° et 9° Des trois provinces de l'**est**, deux, la **Prusse occidentale** (capitale *Danzig*) et la **Prusse orientale** (capitale *Kœnigsberg*), forment une région de marais et de pâturages arrosés par la Vistule, la Prégel et le Niémen, au sol bas et humide, aux côtes bordées de lagunes et de dunes mouvantes, assez riche du reste en céréales, en lin et en bestiaux, et qui a pour débouchés quatre des plus grands ports de la Baltique, *Kœnigsberg* (188 000 hab.), sur la Prégel, *Elbing*, *Danzig*, sur la Vistule (141 000 hab.), et *Mémel*, sur le *Kurisches-Haff*, *Thorn*, camp retranché ; *Eylau*, *Friedland* et *Tilsitt* rappellent les glorieux souvenirs de la campagne de 1807.

La troisième, le duché de **Posen**, limitrophe de la Pologne russe, est un pays de plaines légèrement ondulées et qui produisent surtout les céréales et la betterave. La capitale est *Posen*, sur la Wartha (117 000 hab.), la principale ville *Bromberg*, sur un canal qui unit la Netze, affluent de la Wartha, à la Vistule.

10°, 11° et 12° Les provinces du **midi** et du **centre**, la **Silésie** (*Schlesien*), capitale *Breslau*, 423 000 hab., sur l'Oder, le **Brandebourg** (*Brandenburg*, capitale *Potsdam*), la **Saxe** (*Sachsen*, capitale *Magdebourg*, 230 000 hab., sur

Fig. 39. — Vue de Potsdam.

l'Elbe), sont en général plus accidentées, plus saines et plus fertiles, à l'exception du Brandebourg, dont les sables et les marécages reculent devant les plantations de pins et les travaux de canalisation.

La **Silésie**, grâce à ses mines, à ses manufactures (*Breslau, Oppeln, Schweidnitz, Liegnitz*), est une des provinces les plus riches de la Prusse. Le **Brandebourg**, moins fertile et moins bien cultivé, possède en revanche la capitale du royaume, **Berlin**, la résidence royale de *Potsdam*, et *Francfort-sur-l'Oder*.

La **Saxe** prussienne, arrosée par l'Elbe et par la Saale, est en partie couverte par le massif du Harz qui renferme des mines de plomb, d'argent, de cuivre, de sel gemme. Les villes d'*Erfurt* et de *Halle* (157 000 hab.) sont les centres les plus actifs de l'exploitation de salines.

Lutzen, où périt Gustave-Adolphe, roi de Suède, et où Napoléon vainquit les alliés en 1813; *Rosbach*, célèbre par une défaite des Français en 1757; *Wittenberg*, où Luther commença ses prédications, *Eisleben*, sa ville natale, sont situés dans la Saxe prussienne.

Population, religion, gouvernement. — La population est de plus de 34 millions et demi d'habitants : la langue est l'allemand, sauf dans la Posnanie, où le polonais domine encore; mais le fond de la population est slave dans les provinces situées sur la rive droite de l'Elbe. Le *protestantisme luthérien* est la religion la plus répandue; la Posnanie et les provinces du Rhin comptent une majorité de catholiques.

Le gouvernement est constitutionnel. Le roi partage l'exercice du pouvoir législatif avec deux chambres, l'une héréditaire, celle des seigneurs, l'autre élective, celle des députés.

Alsace-Lorraine (*Elsass-Lothringen*). — Aux agrandissements de la Prusse, il faut ajouter une conquête qui n'a pas été, il est vrai, incorporée au royaume, et qui est considérée officiellement comme un territoire d'empire (*Reichsland*) : c'est le gouvernement d'**Alsace-Lorraine** (capitale *Strasbourg*), enlevé à la France en 1871. L'Allemagne a ainsi acquis, outre une augmentation de territoire de près de 15 000 kilomètres carrés, un accroissement de population de plus de 1 650 000 habitants et une position menaçante, grâce à la possession de la chaîne des Vosges, et à celle de deux places fortes de premier ordre, *Strasbourg* (150 000 hab.) qui commande la vallée du Rhin, et *Metz* (58 000 hab.) qui domine celle de la Moselle; les verreries de *Forbach*, la cristallerie de *Saint-Louis*, les faïences de *Sarreguemines* (*Saargemünd*), dans l'ancien département de la Moselle; les salines de la Meurthe (*Dieuze*); les établissements métallurgiques de *Strasbourg* et de *Niederbronn*, dans le Bas-Rhin; les industries textiles de *Mulhouse* (*Mühlausen*), de *Sainte-Marie-aux-Mines* (*Markirch*), de *Colmar*, et de *Thann*, dans le Haut-Rhin.

ÉTATS SECONDAIRES

1° Le **royaume de Saxe**, entre l'Autriche au sud, la Prusse à l'est et au nord, les petits États de *Thuringe* à l'ouest, arrosé par l'*Elbe* et séparé de la Bohême par les *monts Métalliques* et les *monts de Lusace*, est une région accidentée qui prend dans le sud le caractère d'un vrai pays de montagnes. Il a pour capitale **Dresde** (395 000 hab.), sur l'Elbe, un des foyers les plus actifs du mouvement artistique en Allemagne; pour villes principales, *Leipzig* (455 000 hab.), centre d'industries métallurgiques et chimiques, ville célèbre par ses imprimeries et ses foires, siège de la Cour suprême de l'Empire (bataille de 1813), *Bautzen* (bataille de 1813), *Meissen*, célèbre par ses porcelaines, *Chemnitz* et *Zwickau*, par leurs draps et leurs forges, *Plauen*, par ses broderies, *Freiberg*, par ses mines.

2° et 3° Les grands-duchés de **Mecklembourg-Schwerin** (cap. *Schwerin*) et de **Mecklembourg-Strelitz** (cap. *Neu-Strelitz*), situés sur la Baltique, pays de plateaux et de plaines marécageuses, ont pour ports principaux *Rostock* et *Wismar*, débouchés des céréales et des laines du pays.

4° Le grand-duché d'**Oldenbourg**, capitale *Oldenbourg*, est une plaine marécageuse et sablonneuse baignée par la mer du Nord, et située à l'ouest du Weser.

5°, 6°, 7° Les trois villes **Hanséatiques** sont : *Lubeck*, sur la Trave (Baltique), *Hambourg* (705 730 hab.), sur l'*Elbe*, la première place de commerce et le premier port de l'Allemagne, et *Brême* (163 000 hab.), le second port de l'Empire, sur le Weser.

8° Le grand-duché de **Hesse-Darmstadt**, région accidentée, coupée par le Main, a pour capitale *Darmstadt*, pour villes principales, *Worms*, sur le Rhin, et la place forte de *Mayence* (84 000 hab.), sur le Rhin.

9° Le grand-duché de **Saxe-Weimar**, capitale *Weimar*, ville principale *Iéna* (bataille de 1806), est situé au sud de la Saxe prussienne et à l'ouest du royaume de Saxe.

10° à 17° Les sept principautés sont : les deux *Lippe* (*Detmold* et *Schaumbourg*) et *Waldeck* (villes principales, *Arolsen* et *Pyrmont*), au sud du Hanovre.

Les deux *Reuss* (*Greiz* et *Schleiz*), à l'ouest de la Saxe.

Les deux principautés de *Schwarzbourg* (*Rudolstadt* et *Sondershausen*), enclavées au milieu des duchés saxons.

18° à 22° Les cinq duchés dont les quatre premiers correspondent à peu près à l'ancienne **Thuringe**, sont ceux de *Saxe-Cobourg-Gotha*, *Saxe-Meiningen*, *Saxe-Altenbourg*, au sud de la Saxe prussienne ; celui d'*Anhalt* (cap. *Dessau*), enclavé dans cette même province, et le duché de *Brunswick* (*Braunschweig*, cap. *Brunswick*), entre le Hanovre et la Saxe prussienne.

La population des États secondaires de l'Allemagne du Nord est composée en majorité de protestants.

Allemagne du Sud.

Les États de l'Allemagne du Sud sont :

1° Le **royaume de Bavière** (*Bayern*), vaste plateau coupé de l'est à l'ouest par le *Main*, de l'ouest à l'est par le *Danube*, du sud au nord par ses affluents de droite, l'*Iller*, le *Lech*, l'*Isar* et l'*Inn*, est dominé au sud par les Alpes bavaroises, à l'est par la forêt de Bohème et le Fichtelgebirge. Il est borné : au nord, par les duchés saxons et la Prusse ; à l'ouest, par le grand-duché de Hesse-Darmstadt, le grand-duché de Bade et le royaume de Wurtemberg ; au sud-ouest par le lac de Constance ; au sud et à l'est par l'Autriche. La capitale est **Munich** (407 000 hab., *München*), dans la Haute-Bavière, sur l'Isar, ville industrielle, l'un des centres intellectuels de l'Allemagne ; les principales villes sont : *Wurzbourg*, sur le Main, dans la Basse-Franconie, *Bayreuth*, dans la Haute-Franconie, *Bamberg* et *Nuremberg* (262 000 hab.), sur le canal *Louis*, qui joint le Rhin au Danube par le Main, *Augsbourg*, sur le Lech, capitale de la Souabe, *Nœrdlin-*

gen (1645), *Hochstedt* (1704 et 1800), *Ratisbonne* (en allemand *Regensburg*), centre de la batellerie du Danube, et *Passau*, sur le Danube. Non loin de Ratisbonne, sur les bords du Danube, s'élève le fameux temple de la *Walhalla*, consacré aux gloires de l'Allemagne.

La Bavière possède, en outre, sur la rive gauche du Rhin, à l'est de la Prusse rhénane et au nord de l'Alsace, le *Palatinat* (*Pfalz*) ou *Bavière rhénane* (plateaux du *Hardt* et vallée du Rhin), capitale *Spire* (*Speyer*), ville principale *Landau*.

La population est de 6 millions d'habitants, en majorité catholiques. Le gouvernement est une monarchie constitutionnelle avec une Chambre des pairs et une Chambre des députés. Les troupes bavaroises forment trois corps de l'armée allemande.

2° Le **royaume de Wurtemberg**, entre le grand-duché de Bade à l'ouest et au nord-ouest, la Bavière au nord et à l'est, la Suisse au sud, est en partie couvert par les ramifications de la Forêt-Noire et du Jura de Souabe. Il a pour capitale *Stuttgart* (177 000 hab.), et pour villes principales *Ulm* sur le *Danube* (victoire de Napoléon en 1805), *Heilbronn* sur le *Neckar*, ville industrielle, et *Tubingen*, université. La population est de plus de 2 millions d'habitants, en majorité protestants.

3° Le **grand-duché de Bade**, entre le Rhin à l'ouest et au sud, la Forêt-Noire à l'est, qui le sépare du Wurtemberg, la Hesse-Darmstadt et la Bavière au nord, a pour capitale *Carlsruhe* (96 000 hab.), pour villes principales *Manheim* et *Kehl*, sur le Rhin, *Constance*, sur le lac du même nom, *Baden*, l'une des villes d'eaux les plus fréquentées, *Fribourg* (victoire de Condé, en 1644), *Pforzheim*, villes industrielles, et *Heidelberg*, célèbre par son université. La population est de 1 725 000 habitants, en majorité catholiques.

Population totale de l'Allemagne. Religions. — La population totale de l'empire d'Allemagne est de 56 345 000 habitants (104 habitants par kilomètre carré), parlant presque tous allemand, sauf dans une partie de l'Alsace-Lorraine (français), de la Posnanie (polonais) et du Schleswig (danois), mais appartenant aux races celtique, slave, scandinave dans une proportion très forte. Les protestants sont au nombre de plus de 32 millions.

Fig. 34. — La Wilhelma.

Institutions d'empire. — L'empire est gouverné par l'empereur, assisté du chancelier de l'empire, seul ministre responsable, du conseil fédéral (*Bundesrath*), formé des représentants des différents États, et du *Reichstag* (diète de l'empire), élu par le suffrage universel. L'accord de la majorité des deux assemblées est nécessaire pour faire une loi d'empire. Le pouvoir impérial a dans ses attributions les affaires étrangères, les armées de terre et de mer, les finances de l'empire, le commerce extérieur et les douanes, les chemins de fer, postes et télégraphes, considérés comme instruments de la défense nationale, le système monétaire, les poids et mesures.

Le budget de l'empire, distinct des budgets particuliers de chaque État, et alimenté par les douanes, les impôts de consommation et autres recettes, s'élève à 2 950 millions environ ; la dette de l'empire dépasse 3 milliards.

L'armée, où le service est obligatoire et personnel (armée active : 2 ans de service pour l'infanterie, 3 ans pour la cavalerie ; réserve, cinq ans ; landwehr, 12 ans), est divisée en 23 corps d'armée et comprend sur le pied de paix 575 000 hommes qui peuvent être portés en temps de guerre à plus de 3 millions.

La **marine** impériale, qui comprend des bâtiments de modèles récents, se compose, sans compter les torpilleurs, de 110 bâtiments de guerre dont 36 cuirassés ; en trente ans, l'Allemagne a dépensé 2 milliards et demi pour constituer sa flotte.

L'Allemagne, qui n'a pas de frontières naturelles, y a suppléé par un formidable système de places fortes : à l'est, *Kœnigsberg*, *Thorn*, *Danzig*, *Posen* ; au sud, *Neisse*, *Glatz*, *Glogau*, sur l'Oder, *Kœnigstein* et *Torgau*, sur l'Elbe, *Passau*, *Ingolstadt*, *Ulm* sur le Danube ; à l'ouest, *Strasbourg* et *Metz* qui observent la frontière française, *Rastadt*, *Mayence*, *Coblentz*, *Cologne*, *Wesel* qui gardent le cours du Rhin ; au nord, *Wilhemshafen* et *Cuxhafen* sur la mer du Nord, *Kiel*, *Stralsund*, *Swinemunde* sur la Baltique ; enfin *Magdeboury* sur l'Elbe, *Küstrin* sur l'Oder, et *Spandau* sur le Havel, qui défendent les routes de Berlin.

L'instruction publique est obligatoire dans toute l'Allemagne, qui compte plus de 59 000 écoles primaires, de nombreuses écoles secondaires, avec plus de 288 000 élèves, et 22 universités, dont les plus célèbres sont celles de Berlin, de Breslau, de Bonn, de Goettingen, de Kiel (Prusse), de Leipzig (Saxe), de Munich et de Wurzbourg (Bavière), de Heidelberg et de Fribourg (Bade), de Tubingen (Wurtemberg), de Strasbourg (Alsace) et d'Iéna (Saxe-Weimar). Il y a en outre, en Allemagne, de très nombreuses écoles commerciales.

Caractère national. — L'Allemagne a conquis son unité diplomatique et militaire à ses propres dépens, et surtout aux dépens de ses voisins. Acquerra-t-elle cette unité morale, cette communauté de traditions et d'aspirations, qui seule peut faire une nation? La tâche sera difficile, parce qu'il faut lutter contre des habitudes séculaires et contre des tendances particularistes qui remontent aux origines mêmes de la race germanique, mais nous nous ferions illusion si nous la croyions impossible. Entre le Prussien protestant, Slave germanisé, unissant à la brutalité et aux convoitises des races barbares la dissimulation savante des civilisations les plus raffinées, et dont l'esprit froid, méthodique et dominateur s'est montré également propre aux combinaisons de la guerre, de la diplomatie, de la science et du commerce, et le Bavarois catholique, métis de Celte et de Germain, artiste plutôt que savant, apte à l'agriculture plus qu'au commerce et à l'industrie, offrant quelques traits de cette bonhomie attribuée si naïvement par nous autres Français à toute la race allemande, l'opposition de caractère et de type n'est pas plus grande qu'entre le Provençal, le Breton et le Franc-Comtois. L'un et l'autre ont déjà au moins un sentiment commun, c'est la haine de l'étranger et surtout du Français : c'est par là que les nationalités commencent.

Au point de vue de l'avenir économique de l'Allemagne, la race allemande, robuste, laborieuse, patiente, a toutes les qualités qui font les peuples commerçants et industrieux : l'habitude du travail que lui impose un climat sévère et un sol ingrat, la persévérance, la discipline, enfin l'esprit d'entreprise qui formait au moyen âge ces ligues maîtresses du commerce du Nord, et qui aujourd'hui aiguillonné par la misère pousse chaque année des milliers d'émigrants en Pologne, en Hollande, en France, en Amérique, en Australie, où ils restent Allemands sans regretter pourtant leur patrie et sans songer à y revenir. L'ouvrier n'a ni l'intelligence, ni la souplesse de main, ni l'esprit inventif du nôtre, mais il sait imiter, il a moins de besoins, et, en attendant la réalisation des utopies socialistes qui lui sont chères, il sait mieux se résigner aux nécessités de l'heure présente et travailler à meilleur marché. Le commerçant n'est ni plus actif, ni plus honnête que le commerçant français, mais il est plus instruit et plus hardi, il hésite moins à s'expatrier et connaît mieux les marchés étrangers. Enfin, l'industrie allemande sait produire à moins de frais que la nôtre, et, si la qualité de ses produits en souffre, leur bas prix leur assure des débouchés plus faciles. Aussi le commerce allemand a-t-il réalisé, dans toutes les parties du monde, des progrès étonnants et qui deviennent de plus en plus dangereux pour l'Angleterre.

II

GÉOGRAPHIE ÉCONOMIQUE

Situation commerciale. — Située au centre de l'Europe, l'Allemagne donne la main à la Russie et à la France, à la Suisse et aux pays scandinaves ; c'est le cœur du monde européen ; toutes les grandes artères commerciales la traversent, toutes les voies du transit continental lui appartiennent : mais en multipliant les douanes, en hérissant d'obstacles le sol germanique, le morcellement politique entravait le mouvement commercial : les petits intérêts mal compris paralysaient la prospérité générale ; aussi le Zollverein, ou union douanière des différents États qui composent aujourd'hui l'empire, a-t-il rendu un grand service à l'Allemagne, sinon à l'Europe, en reportant aux limites de l'ancienne Confédération ces barrières intérieures qui à chaque pas arrêtaient le commerce et décourageaient l'industrie. En faisant son unité commerciale, l'Allemagne a préparé son unité politique ; mais elle a dû accepter ou subir en même temps une centralisation qui la livre aux ambitions de la Prusse.

Climat, nature du sol. — La vaste étendue du territoire de l'Allemagne entraîne une grande variété de sol et de climat : au nord, les brumes du *Hanovre*, les neiges et les glaces de la *Pologne* et de la *Prusse orientale* ; au sud, le ciel italien et le soleil de la *Bavière* ; sur les bords de la Baltique, des plaines immenses, des sables, des marécages, des dunes couvertes de sapins ; sur les bords du Rhin, des vallées fertiles où mûrit la vigne ; en *Saxe* et dans les montagnes du *Harz* et de la *Forêt-Noire*, des terrains granitiques, un sol tourmenté, des traces de volcans éteints. Cependant, pris dans son ensemble, le climat de l'Allemagne est âpre et inégal : hivers rigoureux, étés chauds et pluvieux, prédominance des vents du nord et de l'est, température moyenne de $+ 7°$ à $+ 10°$, il a tous les caractères des climats continentaux. Les pluies, assez abondantes dans l'Allemagne du Sud, sont beaucoup plus rares dans l'Allemagne du Nord.

Production agricole. — La production des *céréales*, peu considérable dans le nord, est très active dans le centre et dans le midi (production : 270 millions d'hectolitres dont environ 138 millions d'hectolitres de blé); la culture de la *pomme de terre* existe dans presque toute l'Allemagne (300 millions d'hectolitres).

Les *jardins* et les *vergers* dépassent les besoins de la consommation.

La *vigne* réussit sur les bords de la Moselle et du Rhin, sur ceux du Danube, et dans quelques districts de la Saxe. Les vins de *Johannisberg*, de *Rudesheim*, etc., comptent parmi les crus les plus renommés du globe. On évalue la production moyenne de l'Allemagne à environ 3 millions d'hectolitres.

Parmi les *cultures industrielles*, le premier rang appartient à celle de la *betterave* (plus de 12 millions de tonnes), puis viennent le *houblon* en Alsace, en Bavière et dans le Wurtemberg, le *lin* et le *chanvre*, les *graines oléagineuses*, le *tabac*. Enfin les belles *forêts* de chênes, de hêtres, de pins et de sapins, du Wurtemberg, de la Saxe, de la Prusse septentrionale, de la Prusse rhénane, de la Thuringe, des Vosges, occupent près de 14 millions d'hectares.

Les *prairies* du Hanovre, de la Prusse, de la Bavière, les pâturages du Wurtemberg et de la Saxe nourrissent de nombreux bestiaux que l'on évalue à 19 millions de têtes de gros bétail, pour toute l'Allemagne. Les statistiques récentes estiment le nombre des *moutons* à 10 millions : le Wurtemberg, la Bavière, la Prusse, la Saxe, comptent parmi les pays producteurs les plus importants pour la laine.

Les *chevaux* d'attelage du Mecklembourg, du Holstein et du Hanovre, les chevaux de selle de la Prusse et de la Saxe, sont l'objet d'un commerce considérable et comptent parmi les races les plus estimées de l'Europe.

Les *porcs* sont également très nombreux.

La pêche maritime, qui s'est beaucoup développée, fournit un produit annuel de 25 millions de francs.

La propriété rurale, très divisée dans l'Allemagne rhénane, a conservé dans l'Allemagne du Nord son caractère féodal. La noblesse y est encore maîtresse du sol et la petite propriété ne se développe que lentement.

Production minérale. — L'Allemagne, avec ses montagnes, ses terrains jurassiques et granitiques, est dans les conditions les plus favorables pour la production minérale.

L'exploitation de la **houille** appartient surtout à la Prusse, qui tire des bassins de la Ruhr, de la Sarre, du Rhin et de la Silésie (Beuthen) environ 125 millions de tonnes, ce qui lui permet d'en exporter en Autriche, en Suisse et en Hollande.

Pour la production du **fer** comme pour celle de la houille, la Prusse est au premier rang par ses mines de Silésie, de Westphalie, et des provinces de la rive gauche du Rhin (18 millions de tonnes de minerai brut).

Les mines du *Harz* (Hanovre et Brunswick), celles de la Silésie, de la Saxe, etc., donnent des **plombs** argentifères qui le disputent aux meilleurs plombs anglais.

Les mines de **cuivre** du Harz rivalisent avec celles de Cornouaille ; les mines de **zinc** de la Silésie, celles de la Prusse rhénane, de la Westphalie, du duché de Bade, placent l'Allemagne au premier rang de la production européenne.

L'*étain*, le *cobalt*, le *manganèse*, l'*antimoine*, le *bismuth*, l'*arsenic*, donnent lieu à des exploitations moins importantes.

Les mines de **sel gemme** et de **sels de potasse** de la Saxe prussienne (Erfurt), du Wurtemberg, de la Thuringe, de la Lorraine (Vic, Dieuze) ; les marais salants de la Baltique et de la mer du Nord produisent annuellement 1 450 000 tonnes.

A ces richesses naturelles il faut ajouter les *marbres* du Riesengebirge, les pierres *lithographiques* de Bavière, les pierres *meulières* de Saxe, le *kaolin* du Nassau et de la Saxe prussienne, les *agates* de l'Allemagne rhénane (Oberstein).

l'*ambre jaune* de la Prusse orientale, enfin les innombrables sources minérales dont plusieurs (Kissingen en Bavière, Ems, Wiesbaden en Prusse, Bade, etc.) jouissent d'une renommée universelle et attirent chaque année des milliers d'étrangers.

Industries manufacturières. — L'abondance des matières premières et du combustible végétal et minéral, l'heureuse disposition des cours d'eau, la facilité des communications, tout concourt à favoriser l'industrie allemande, qui au moyen âge rivalisait avec celle de l'Italie et des Flandres ; mais les entraves qui gênaient la liberté industrielle, le régime des corporations, les traditions opiniâtres de la féodalité, ont longtemps arrêté le progrès moderne.

Fils et tissus de coton. — Pour l'industrie du coton qui est très prospère, l'Allemagne vient au troisième rang après l'Angleterre et les États-Unis.

Le coton est importé d'Égypte, de l'Inde et des États-Unis par Brême et Hambourg.

Les principaux centres de fabrication sont :

1° En **Prusse**, dans la province rhénane, *Elberfeld* et *Barmen*, sur le Wüpper, les deux métropoles d'une région industrielle, dont l'activité et le rapide développement rappellent le prodigieux essor des industries de Manchester.

2° En **Bavière**, *Augsbourg* sur le Lech.

3° En **Saxe**, *Chemnitz*, qui se livre à la fabrication des mousselines et des étoffes légères.

4° En **Alsace**, *Mulhouse*, centre d'une région industrielle sans rivale pour la filature et la fabrication des tissus imprimés. La production totale du coton manufacturé en Allemagne dépasse 980 000 quintaux.

Tissus de laine. — L'industrie de la laine occupe environ 180 000 personnes.

La Prusse tient le premier rang dans la fabrication : *Aix-la-Chapelle*, *Cologne*, *Dusseldorf*, dans la province rhénane, rivalisent avec les fabriques d'Elbeuf et de Verviers.

La Saxe possède à *Bautzen*, à *Chemnitz*, des manufactures de tissus fins qui le disputent aux produits français.

L'Alsace (*Sainte-Marie-aux-Mines*, *Bischwiller*, *Strasbourg*), la Lorraine (*Metz*), fabriquent des fils et des draps.

Tissus de lin et de chanvre. — La filature du lin est moins prospère ; la Prusse, avec les manufactures de *Bielefeld*, en Westphalie, de *Duren* (province rhénane), de

Liebau et de *Freiberg* (Silésie), de *Stettin*, de *Hanovre*, d'Osnabrück, la Saxe avec les toiles damassées de *Chemnitz*, tiennent le premier rang dans la fabrication allemande.

Soieries. — La supériorité appartient incontestablement à la Prusse : *Elberfeld*, pour les tissus de tout genre, *Berlin*, pour les étoffes mélangées, *Crefeld*, berceau de l'industrie des soieries en Allemagne, pour les rubans et les velours, marchent sur les traces de Lyon et de Saint-Etienne.

Dentelles. — La fabrication des dentelles est répandue dans toute l'Allemagne ; en Saxe, *Dresde* et *Annaberg* sont les centres de cette industrie. Puis vient *Barmen* en Westphalie. L'exportation des dentelles atteint une valeur de plus de 41 millions de francs.

Industries métallurgiques. — Depuis un quart de siècle, les industries métallurgiques ont pris en Allemagne d'immenses développements.

La **Prusse** marche au premier rang, avec ses forges de Westphalie et de Silésie, du bassin de la Sarre et de la Ruhr, ses fonderies de la province rhénane, ses aciers de *Stolberg*, de *Dortmund*, et ses gigantesques usines d'*Essen*, qui fabriquent en même temps l'acier brut, les canons, les armes à feu, les machines à vapeur. La production totale de l'empire est de 8 millions de tonnes de fonte, 1 200 000 tonnes de fer et de 6 300 000 tonnes d'acier. La coutellerie et les armes blanches de *Solingen*, dans la Prusse rhénane, la quincaillerie de *Remscheid* (Prusse rhénane) et de *Berlin*, les fabriques de machines de Berlin et d'Aix-la-Chapelle soutiennent la concurrence belge et anglaise.

Enfin, les fonderies et les lamineries de zinc, de plomb et de cuivre occupent plus de 20 000 ouvriers.

Autres industries. — 1° Parmi les industries du **vêtement** et de la **toilette**, la *bijouterie* de Hanau et de Pforzheim (Bade), la *ganterie* de Berlin et de Dresde, les *chapeaux de paille* de Dresde, de Breslau et de Berlin, la *cordonnerie*, les fabriques de *cuirs vernis* de Mayence, de Worms et d'Elberfeld, rivalisent avec l'industrie anglaise et française.

2° Parmi les industries du **mobilier**, les *bronzes* d'Iserlohn (Westphalie) et de Berlin ; l'*horlogerie* de Willingen, dans la Forêt-Noire, de Nuremberg et de Munich ; la *tabletterie*, la fabrication des jouets et des ouvrages en bois à Nuremberg et dans la Forêt-Noire ; les *porcelaines* de Munich, de Berlin, de Meissen (Saxe), de Waldenbourg (Silésie), les *miroirs* de Furth (Bavière), la *cristallerie* de Saint-Louis (Lorraine) et de Waldenbourg (Silésie) ; les *glaces* de Berlin, placent le Zollverein après la France, la Belgique et l'Angleterre.

3° Les **produits chimiques**, soudes, acides, phosphates pour engrais, allumettes chimiques, couleurs industrielles et artistiques de Barmen, de Magdebourg, de Berlin, de Breslau, de Stuttgart, de Hanovre, le disputent à ceux de l'Angleterre.

Les **tanneries** d'Augsbourg, de Berlin, de Cologne, de Kœnigsberg, sont les premières du continent.

4° La **raffinerie des sucres indigènes** occupe 100 000 ouvriers en Allemagne, et produit plus de 1 800 000 tonnes.

Les **brasseries** de Prusse, de Bavière et d'Alsace, les *distilleries d'alcool* de la Silésie, de la Poméranie et du Brandebourg, exportent leurs produits dans toute l'Europe ; les *manufactures de tabac*, surtout celles de Brême, comptent parmi les plus actives du monde.

5° La **carrosserie** de luxe de Berlin, d'Aix-la-Chapelle, de Francfort-sur-le-Main, le dispute à celle de France et d'Angleterre.

Les *constructions maritimes* ont pris depuis quelques années une grande activité.

6° **Papeterie** et **librairie**. La fabrication du papier (850 000 tonnes), activée par un immense commerce de librairie, et par un grand nombre de publications soit périodiques, soit isolées, est répandue dans tous les pays du Zollverein.

Il en est de même du commerce des livres, des cartes et des gravures.

Stuttgart, Munich, Gotha, Berlin, Dresde, Gœttingen, Erfurt, et presque toutes les grandes villes d'Allemagne ont des imprimeries et des librairies importantes ; mais le centre de la typographie et du commerce de la librairie est **Leipzig**, siège de l'association du Bœrserverein, qui réunit toute la librairie allemande.

Les instruments de **musique**, de **précision** et d'optique de *Berlin* et de *Munich* peuvent rivaliser avec ceux de Paris et de Londres.

Principaux ports. Lignes de navigation. — La France entretient peu de relations avec les ports allemands, sauf les villes hanséatiques.

Les débouchés maritimes les plus importants des pays allemands sont :

1° Sur la mer du Nord :

Emden (Hanovre), sur le golfe du Dollart, à l'embouchure de l'Ems.

Sur la rive gauche de l'Elbe, *Stade* et *Harbourg*, situé en face de Hambourg, dont il n'est séparé que par le fleuve.

Altona (Holstein), à 3 kilomètres de Hambourg, naguère le premier port continental du Danemark, et l'un des plus vastes entrepôts commerciaux du nord de l'Europe, aujourd'hui destiné à devenir une succursale de Hambourg ; et *Tonningen*, dans le Schleswig, à l'embouchure de l'Eider, menacé par le projet de construction du canal de l'Elbe à la Baltique, qui lui a enlevé le transit entre les deux mers.

Brême, *port franc*, sur le Weser, à 80 kilomètres de son embouchure, est la capitale d'un petit Etat qui renferme une population de 170000 âmes.

Fondée au dixième siècle, devenue plus tard l'une des premières villes de la Ligue hanséatique, Brême doit son importance moderne à ses relations avec l'Angleterre et l'Amérique, et à l'émigration allemande dont elle est l'un des principaux débouchés.

Entrepôt du commerce du Hanovre, de la Westphalie et du Brunswick, rattachée à New-York, à Baltimore, à la Nouvelle-Orléans, à Rio-Janeiro, à Montevideo, à Buenos-Ayres, à Londres, à Hull, à Southampton, au *Havre*, etc., par une grande compagnie de navigation à vapeur fondée en 1856 (le Lloyd de l'Allemagne du Nord), Brême étend ses relations à toutes les parties du monde : son commerce dépasse 4315000 tonnes ; le mouvement de la navigation 6000 navires, en y comprenant ceux qui s'arrêtent à Bremerhafen et à Wegesak, sur le Weser, ses deux avant-ports.

Hambourg, *port franc*, sur la rive droite de l'Elbe, à 130 kilomètres de la mer du Nord, est souveraine d'un territoire qui renferme une population de 705530 habitants.

Fondée vers la fin du huitième siècle, par des pêcheurs,

elle était déjà, au quatorzième, la reine de la mer du Nord et le centre de la Ligue hanséatique : son admirable position entre deux mers, sur l'un des plus beaux fleuves de l'Europe, son port long de 5 kilomètres, et qui reçoit des navires de plus de 2 000 tonneaux, expliquent sa prospérité passée et garantissent son avenir.

Hambourg est à la fois le plus grand débouché du commerce de l'Allemagne, le plus vaste entrepôt, le marché financier le plus actif du nord de l'Europe.

Ses chemins de fer la rattachent à toute l'Europe septentrionale, et une ligne directe la met à 30 heures de Paris ; ses bateaux à vapeur communiquent avec l'Amérique du Nord par New-York ; avec l'Amérique centrale par Colon ; avec les ports de l'Amérique du Sud depuis Bahia jusqu'à Callao ; avec l'Extrême-Orient par Singapour, Hong-Kong et Chang-Haï ; avec l'Océanie par Melbourne, Manille, etc. ; avec la France par *Le Havre*, *Bordeaux* et *Marseille* ; avec l'Angleterre par Londres, Hull, Newcastle, Southampton, etc. ; avec la Hollande par Amsterdam et Rotterdam ; avec la Norvège par Christiania et Bergen ; avec l'Espagne par Barcelone ; avec l'Italie par Gênes, Naples et Palerme.

Plus de 30 000 navires entrent dans le port de Hambourg dont le mouvement commercial atteint 15 375 000 tonnes. Hambourg, le premier port du continent européen, n'est inférieur qu'à Londres.

L'Allemagne, la Grande-Bretagne, les États-Unis, la France, la Suède, la Norvège, les Indes occidentales, l'Amérique du Sud, les Pays-Bas sont les pays qui entrent pour le chiffre le plus considérable dans ce prodigieux total.

La marine de Hambourg compte 530 bâtiments.

Le petit port de *Cuxhafen*, à l'embouchure de l'Elbe, lui sert d'avant-port.

2° Sur la Baltique, les principaux ports sont :

Kiel, dans une admirable situation maritime, port militaire rattaché par un canal à la mer du Nord, par des lignes de paquebots à tous les ports de la Baltique, par des chemins de fer à toute l'Allemagne, un des marchés les plus actifs de l'Europe du Nord pour les céréales, les bois, le colza et les bestiaux ;

Lubeck, sur la Trave, une des trois villes hanséatiques, en communication régulière par des services à vapeur avec la Russie, la Suède, le Danemark, et l'un des grands marchés de la Baltique ; le nouveau canal qui la joint à l'Elbe va provoquer le relèvement de son commerce ;

Rostock et *Wismar*, débouchés maritimes des deux Mecklembourg ;

Stralsund, en face de l'île de Rugen ; **Stettin**, sur l'Oder, à 70 kilomètres de la mer, avec son avant-port *Swinemunde*, débouché des céréales, des bois, des laines, des métaux de la Silésie, du Brandebourg et de la Poméranie ;

Danzig, sur la Vistule, près de son embouchure, l'entrepôt des grains et des bois de la Pologne, et, depuis le quatorzième siècle, une des reines de la Baltique ;

Pillau, à l'entrée du Frisches-Haff, qui sert d'avant-port à *Elbing* et à *Kœnigsberg*, capitale de la Prusse orientale, débouché de toute cette partie de la Prusse et des provinces limitrophes de la Pologne et de la Russie ;

Memel, sur le Kurisches-Haff, non loin de l'embouchure du Niémen, fermé par les glaces du mois de décembre au mois de mars, appartient par la nature de ses relations, moins à la Prusse, dont elle fait partie, qu'à la Russie qui lui envoie par le Niémen ses bois, ses chanvres et ses céréales.

Marine marchande. — La marine marchande de l'Allemagne (4 000 navires) prend rang parmi les grandes flottes de commerce et a réalisé depuis quinze ans des progrès inouïs.

Navigation intérieure. — Le territoire de l'Allemagne, presque entièrement composé de vastes plaines ou de pays légèrement accidentés, est sillonné par de nombreux cours d'eau navigables, et par des canaux (27 300 kilomètres de voies navigables) qui servent à la fois de routes au commerce international, et de moyens de communication intérieure.

Les fleuves de la **mer du Nord** sont :

1º Le **Rhin**, dont les sources appartiennent à la Suisse, les bouches à la Hollande, mais qui, dans la plus longue et dans la plus belle partie de son cours, est allemand sur ses deux rives.

Le Rhin est à la fois une des grandes routes du commerce intérieur de l'Allemagne et l'une des voies de transit les plus fréquentées entre l'Angleterre, les Pays-Bas, la Belgique et l'Europe centrale et méridionale.

Ses principaux ports sont :

Ludwigshafen et *Mannheim*, l'un sur la rive gauche, l'autre sur la rive droite, au confluent du fleuve avec le Neckar;

Mayence, sur la rive gauche, au confluent du Rhin et du Main;

Coblentz, sur la rive gauche, dans la *Prusse rhénane*, au confluent de la Moselle;

Cologne, la principale station et le plus vaste entrepôt du commerce du Rhin;

Dusseldorf, au centre de la région manufacturière la plus riche de la Prusse rhénane, et *Wesel*, près de la frontière de Hollande.

2° Le **Weser** arrose le Hanovre, la Prusse rhénane et la Hesse prussienne, et doit au commerce de Brême presque toute son importance.

L'**Elbe**, navigable depuis son entrée sur le territoire du Zollverein, traverse les royaumes de Saxe et de Prusse. Ses principaux ports sont *Dresde*, *Magdebourg*, et sur l'Elbe inférieur Harbourg, Stade, Hambourg, Altona, que nous avons déjà cités.

Les fleuves qui aboutissent dans **la mer Baltique** sont:

1° La **Trave**, avec le port de Lubeck, unie par un canal à l'Elbe;

2° L'**Oder**, qui traverse la Prusse (Silésie, Brandebourg, Poméranie): avec les ports de *Breslau*, *Francfort* sur l'Oder et *Stettin*;

3° La **Vistule**, qui traverse toute la Pologne russe, et amène sur la frontière prussienne à *Thorn*, et de là à *Marienbourg* et à *Danzig*, les grains et les bois polonais;

4° La **Pregel** et ses affluents amènent à *Kœnigsberg* les grains et les autres produits des provinces limitrophes de la Prusse et de la Russie;

5° Les services à vapeur du **Niémen** font de *Tilsit* et de *Memel* deux des entrepôts de la Lithuanie.

Sur le **versant de la mer Noire**, le **Danube**, qui prend sa source dans la Forêt-Noire (grand-duché de Bade), devient navigable à *Ulm* dans le Wurtemberg.

Les principales étapes de la navigation du haut Danube sont: *Ratisbonne*, ville bavaroise, dont le commerce s'étendait autrefois jusqu'à Constantinople; et *Passau*, au confluent de l'Inn et du Danube, sur la frontière autrichienne, où s'arrêtent les services à vapeur autrichiens.

Les travaux de canalisation, bien qu'ils aient pris depuis un demi-siècle de vastes développements, sont encore loin de répondre à tous les besoins du commerce.

La longueur totale des canaux exploités n'est que de 4500 kilomètres. On peut les ramener à quatre systèmes principaux.

1° **Canal de jonction entre le Rhin et le Danube.**

Projeté par Charlemagne, ce canal n'a été exécuté qu'en 1840 par le roi Louis de Bavière, dont il porte le nom. Il rattache les deux fleuves par le Main, affluent du Rhin, la Regnitz, affluent du Main, et l'Atmühl, affluent du Danube. En outre, le canal Frédéric-Guillaume joint la Sprée à l'Oder. Les difficultés que présente la navigation du Main et de la Regnitz l'ont empêché d'acquérir l'importance commerciale à laquelle il semblait réservé.

2° **Canaux de jonction entre le Niémen, la Vistule, l'Oder et l'Elbe.**

Une longue ligne de navigation intérieure, parallèle aux rivages de la Baltique, unit les bouches de l'Elbe à celles de la Vistule, par le Havel, affluent de l'Elbe, le canal de *Finow*, l'Oder, la Wartha, la Netze, affluent de la Wartha, et le canal de *Bromberg* qui débouche dans la Vistule. Un canal nouveau va de *Lubeck* sur la Trave à *Lauenbourg* sur l'Elbe.

3° **Canaux de jonction entre la mer du Nord et la Baltique.**

Le canal de l'Empereur-Guillaume, accessible aux gros navires, va de la baie de Kiel à Braunsbuttel vers l'embouchure de l'Elbe. Un canal unit l'Elbe à la Trave.

4° **Canaux de l'Allemagne occidentale.**

Dans la partie occidentale de l'Allemagne un canal unit *la Meuse au Rhin* par la vallée de l'Erft ; le *canal de Dortmund à l'Ems*, construit de 1889 à 1898, permet de déverser vers Emden les produits industriels de la Westphalie; lorsque le canal projeté entre l'Ems et l'Elbe aura été construit, on pourra traverser toute l'Allemagne de l'ouest à l'est en suivant les voies navigables.

5° Les **canaux de l'Alsace-Lorraine** unissent la Saône au Rhin par le *canal du Rhône au Rhin*, et le Rhin à la Seine par le *canal de la Marne au Rhin*, qui franchit le col de Saverne.

Routes de terre. Chemins de fer. — Les routes

de terre de l'Allemagne ont un énorme développement ; mais, comme dans toute l'Europe occidentale, le rapide progrès des chemins de fer les a reléguées au second plan : l'Allemagne possède 51 000 kilomètres de chemins de fer exploités, qui appartiennent en grande partie à l'État et que l'on peut ramener à huit lignes principales :

Lignes de l'ouest à l'est.

1° La *grande ligne de l'Europe septentrionale*, voie du transit par terre entre la France, la Belgique et la Russie, traverse *Aix-la-Chapelle, Cologne, Hanovre, Magdebourg, Berlin*, l'un des premiers marchés de l'Europe pour les céréales, les huiles de graines, les alcools, les bestiaux, les laines, les sucres de betterave, les bois de construction et les métaux, *Francfort-sur-l'Oder, Bromberg* et *Kœnigsberg*.

2° Les *deux grandes lignes de l'Europe centrale* traversent également le territoire allemand : l'une passe par *Mayence, Francfort-sur-le-Main*, l'un des centres intellectuels et commerciaux de l'Allemagne, *Leipzig*, intermédiaire entre l'occident et l'orient de l'Europe, célèbre par ses foires annuelles pour les laines, les cuirs, les pelleteries, les tissus de coton, de soie et de laine, les articles de Paris, la mercerie et surtout la librairie ; *Dresde*, entrepôt des laines de la Saxe ; *Breslau*, dont les foires et les marchés aux laines, aux grains et aux bestiaux n'ont pas de rivaux dans l'Allemagne orientale.

3° La seconde ligne traverse *Strasbourg, Francfort, Wurzbourg, Nuremberg*, la principale place de commerce de la Bavière, *Amberg* et la Bohême.

4° La *ligne du Danube* appartient à l'Allemagne jusqu'à la frontière autrichienne et traverse *Carlsruhe, Ulm, Augsbourg* et *Munich*.

Lignes du sud au nord.

5° Les *chemins de fer rhénans*, parallèles au cours du Rhin, disputent à la batellerie le transit entre la Hollande, la Belgique et la Suisse, et traversent Wesel, Dusseldorf, Cologne, Coblentz, Mayence, Mannheim, Carlsruhe, pour aboutir à Bâle et de là au tunnel du Saint-Gothard.

6° La *ligne de Brême* et de *Hambourg* à la *frontière italienne* se prolonge par Gœttingen, Nuremberg, Augsbourg et Munich jusqu'à la frontière du Tyrol autrichien.

7° La *ligne de la Baltique* à l'*Adriatique* traverse Berlin et Dresde et aboutit à la frontière de Bohême.

8° La *ligne de Danzig* à Vienne passe par Bromberg, Breslau, et vient couper, au-dessous de Ratibor, la frontière autrichienne.

Lignes télégraphiques. — Un vaste réseau de lignes télégraphiques unit tous les centres de population et de commerce, et complète le système des communications internationales du Zollverein.

Commerce extérieur. — Le commerce général de l'Allemagne, longtemps gêné par le morcellement des Etats, est passé de 1300 millions vers 1850 à 7 milliards et demi en 1872, et il dépasse actuellement le chiffre de 14 milliards.

L'*Angleterre*, l'*Autriche*, la *Russie*, la *France*, les Pays-Bas, la Suisse, la Belgique, les Etats-Unis, sont les puissances qui y prennent la plus large part.

Les principales **matières premières** importées sont : le *coton*, provenant en partie des entrepôts anglais et des villes hanséatiques, les *laines* de Russie, d'Autriche, d'Espagne, d'Amérique et d'Australie, les *lins* et les *chanvres* de Russie ; les *soies grèges* de Chine et des entrepôts anglais et français ;

La *houille* de Belgique et d'Angleterre, les *métaux* anglais et espagnols, les *matières tinctoriales*, les *bois d'ébénisterie* et de construction, les *peaux*, les *huiles* non comestibles, les *tabacs* en feuilles, etc...

Parmi les **denrées alimentaires**, les plus importantes sont : les *céréales* de Russie, de Pologne et des Etats-Unis, le *bétail*, les *vins* de France, d'Espagne et d'Autriche, les *sucres coloniaux*, destinés à la réexportation, les *cafés*, les *poissons*, les *graisses*, les *œufs*, etc.

Les **produits manufacturés**, tissus belges, français, suisses et anglais, soieries et modes françaises, quincaillerie anglaise et belge, bronzes, verrerie, porcelaine, etc.

L'exportation comprend surtout, comme **matières premières** :

Les *lins* de Danzig, de Marienbourg et de Hanovre ; la *houille* de Prusse, le *fer*, le minerai de *zinc*, presque entièrement destiné à l'Angleterre, le *plomb* ; les *bois*, les *peaux* et *pelleteries*.

Les **denrées alimentaires** et objets de consommation naturels, *céréales* et *farines* de Hambourg et de Danzig, *vins* du Rhin, *alcools*, *sucres raffinés*, *bestiaux* du nord de l'Allemagne, s'exportent pour toutes les parties de l'Europe. Enfin parmi les **produits manufacturés**, les lainages, les cotonnades, les soieries, les toiles, la quincaillerie, les machines, les articles en bois et en cuir, les livres, le papier, la verrerie, la mercerie, représentent les trois quarts de l'exportation, dont le complément est formé par les tabacs, les produits chimiques, les instruments de musique et de précision.

Le commerce de transit, favorisé par la position de l'Allemagne, s'accroît sans cesse depuis la suppression des droits ; les cotons, les fers, les cafés, les tabacs, les céréales russes, les vins français, le bétail, les fils et les tissus, les machines, la bijouterie, sont les principaux objets de ce commerce. Les statistiques officielles ne le distinguent pas de l'importation destinée à la consommation nationale.

Relations de la France avec le Zollverein. — La part de la France, dans le commerce de l'Allemagne, s'élève à 750 millions, année moyenne.

Les marchandises allemandes, destinées à la consommation française, sont les *laines*, *peaux brutes*, *bois communs*, *houille*, *bestiaux*, *viandes fraîches ou salées*, *bière*, *fils* et *tissus* de coton, de soie et de laine, *métaux travaillés*, *papier*, *livres* et *gravures*, etc.

Parmi les marchandises françaises exportées, au premier rang figurent nos *soieries*, malgré la rivalité des soieries prussiennes, notre *bijouterie*, nos *lainages*, qui le disputent à ceux de la Saxe et de la Prusse, nos ouvrages en peau ou en cuir et nos *vins*.

Nos cotonnades, nos toiles, nos ouvrages en métaux, nos articles de Paris, luttent péniblement contre la concurrence des marchandises anglaises ou de la fabrication nationale, et l'ensemble de nos exportations a diminué.

Colonies. — L'Allemagne, dont les commerçants sont établis dans le monde entier, a cherché à se créer des établissements coloniaux depuis 1884.

En Asie, elle a occupé en 1898 *Kiao-tchéou*, qui est devenu une possession fort prospère à l'entrée du riche pays chinois du Chan-toung.

En Afrique, elle possède : sur la côte de Guinée, le *Togoland*, petite enclave qu'elle espérait pouvoir étendre jusqu'au Niger ; plus loin le *Camerouns*, colonie de pénétration vers le lac Tchad et le Soudan. La possession du *Sud-Ouest africain allemand*, très étendue, n'a qu'une faible valeur agricole ; mais l'*Afrique orientale allemande* (cap. Dar-es-Salam) s'étend à l'intérieur de l'Afrique jusqu'aux lacs Nyassa, Tanganika et Victoria : c'est une colonie de grand avenir.

En Océanie, l'Allemagne a occupé le nord de la *Nouvelle-Guinée* (Terre de l'Empereur-Guillaume, cap. Finschafen), les îles Marshall, l'archipel Bismarck, a partagé avec l'Angleterre les îles Salomon, a acheté à l'Espagne les îles Mariannes et Carolines, et exerce avec l'Angleterre et les États-Unis un protectorat sur les îles Samoa.

RÉSUMÉ

I

Description physique et politique.

L'EMPIRE D'ALLEMAGNE formé, en 1871, de l'union des deux groupes de l'Allemagne du Nord et de l'Allemagne du Sud, déjà liés avant cette époque, par l'association douanière (Zollverein), est situé entre la mer du Nord, le Danemark, la Baltique au nord, la Russie à l'est, l'Autriche-Hongrie et la Suisse au sud, la France, la Belgique et la Hollande à l'ouest.

La SUPERFICIE est de 540 792 kilomètres carrés.

L'Allemagne se divise en deux grandes régions : 1° HAUTE ALLEMAGNE (midi, centre, ouest), sillonnée par les rameaux des Alpes, par la Forêt-Noire, le Jura Souabe, le Jura Franconien, la forêt de Thuringe, le Harz, et limitée à l'ouest par les Vosges, à l'est par les monts de Bohême et les monts Métalliques, et 2° BASSE ALLEMAGNE (nord et nord-est), pays de plaines sablonneuses.

Les principaux COURS D'EAU sont, dans le bassin de la mer du Nord : le *Rhin* avec ses affluents : à droite, le *Neckar*, le *Main*, la *Lahn*, la *Sieg*, la *Lippe*; à gauche, l'*Ill* et la *Moselle* grossie de la *Seille* et de la *Sarre* ; — l'*Ems*, le *Weser*, l'*Elbe* grossi à droite de la *Havel* qui reçoit la *Sprée*, à gauche de la *Saale*. Dans le bassin de la Baltique, l'*Oder* qui reçoit la *Wartha* ; — la *Vistule*, la *Prégel* et le *Niémen*. Dans le bassin de la mer Noire, le *Danube* avec ses affluents de droite, l'*Isar* et l'*Inn*.

L'Allemagne, Germanie des anciens, a formé depuis 843 un royaume séparé dont les souverains ont pris, en 962, le titre d'empereurs du Saint-Empire romain. Les empereurs étaient électifs; depuis le quinzième siècle, la couronne impériale est cependant restée dans la maison d'Autriche qui l'a abdiquée en 1806. Les traités de 1815 ont organisé à la place de l'ancien empire une confédération dirigée par une diète où les 39 États étaient représentés. La confédération a cessé d'exister en 1866 par une guerre entre la Prusse et l'Autriche qui a été exclue de l'Allemagne. En 1871, le roi de Prusse, Guillaume, a pris le titre d'empereur d'Allemagne, pendant la guerre contre la France. L'empire comprend 26 États autonomes.

Le ROYAUME DE PRUSSE. *Capitale* Berlin, capitale de l'empire (1884000 habitants). Il est divisé en 12 provinces : *Prusse Rhénane*, cap. Coblentz ; *v. pr.* : Cologne (372000 habitants), Dusseldorf, sur le Rhin ; Trèves, sur la Moselle ; Aix-la-Chapelle, Barmen, Elberfeld, Crefeld, Essen ; *Westphalie, capitale* Munster ; *Hesse-Nassau, capitale* Cassel, *ville principale* Francfort-sur-le-Main (155000 habitants) ; *Hanovre, capitale* Hanovre (235000 habitants) ; *Saxe, cap.* Magdebourg, sur l'Elbe (230000 habitants) ; *Schleswig-Holstein, capitale* Schleswig, *v. pr.* : Kiel, sur la Baltique, et Altona sur l'Elbe ; *Poméranie, capitale* Stettin (210000 habitants), sur l'Oder ; *Brandebourg, capitale* Potsdam, *ville principale* Berlin ; *Silésie, capitale* Breslau (423000 habitants), sur l'Oder ; *Prusse occidentale, capitale* Danzig (141000 habitants) ; *Prusse orientale, capitale* Kœnigsberg (188000 habitants), sur la Prégel, *villes principales* : Friedland, Tilsit ; *Posnanie, capitale* Posen. — *Population*, 34 millions et demi d'habitants. — *Gouvernement*, monarchique constitutionnel. — *Religion*, en majorité protestante.

Le ROYAUME DE SAXE. *Capitale* Dresde (395000 habitants), sur l'Elbe ; *villes principales* : Leipzig (455000 habitants), Chemnitz.

Le ROYAUME DE BAVIÈRE. *Capitale* Munich (407000 habitants), *villes principales* : Nuremberg (262000 habitants), Augsbourg ; Ratisbonne, sur le Danube ; Spire, sur le Rhin. — *Population*, 6 millions d'habitants. — *Religion*, catholique.

Le ROYAUME DE WURTEMBERG. *Capitale* Stuttgart (177000 habitants), *ville principale* Ulm. — *Population*, 2 millions d'habitants.

Six grands-duchés : Mecklembourg-Schwerin et Strelitz ; Oldenbourg ; Saxe-Weimar, *capitale* Weimar, *ville principale* Iéna ; Hesse-Darmstadt, *capitale* Darmstadt, *ville principale* Mayence sur le Rhin ; Bade, *capitale* Carlsruhe, *villes principales* : Heidelberg, Mannheim. *Population*, 1725000 habitants.

Sept principautés : 2 Lippes, 2 Reuss, 2 Schwarzbourg, Waldeck.

Cinq duchés : Saxe-Cobourg-Gotha, Saxe-Altenbourg, Saxe-Meiningen, Anhalt, Brunswick.

Les *trois villes hanséatiques* : Brême sur le Weser (163000 habitants) ; Hambourg, sur l'Elbe (705730 hab.), le premier port de l'Allemagne, et Lubeck, sur la Baltique.

L'*Alsace-Lorraine : capitale* Strasbourg (150000 hab.) ; *villes principales* : Mulhouse, Colmar, Metz. — *Population* (1670000 habitants.

Population. — La population de l'Allemagne est de plus de 56345000 habitants (104 par kilomètre carré). Les protestants sont en majorité (32000000).

Gouvernement. — Les affaires communes à tout l'empire sont réglées par l'empereur assisté du chancelier, du conseil fédéral et du Parlement allemand. — Le budget commun s'élève à environ 2950 millions.

Armée. — L'armée active sur le pied de paix compte 575000 hommes et 3 millions sur le pied de guerre. La marine se compose de 110 bâtiments de guerre dont 36 cuirassés, sans les torpilleurs.

Instruction. — L'instruction est très répandue en Allemagne. Elle est donnée dans les écoles primaires, dans les écoles secondaires, dans 22 universités. Il existe en outre de très nombreuses écoles commerciales.

II

Géographie économique.

AGRICULTURE. MINES. — L'Allemagne du Nord est un pays de plateaux ; l'Allemagne du Sud une région montagneuse, mais où le soleil est plus chaud, et le sol plus fertile. Les provinces de l'ouest et du sud produisent la vigne, le houblon, le colza, le tabac, les céréales ; celles du centre, la betterave, les plantes oléagineuses, le blé ; elles élèvent, ainsi que celles du nord, du gros bétail, des moutons, des chevaux ; la culture du lin et les forêts sont les principales richesses agricoles des provinces de l'est. La houille (125 millions de tonnes, Prusse rhénane et Silésie), les mines de cuivre et de plomb (région du Harz), celles de sel gemmé (Saxe prussienne, Lorraine) assurent à la production minérale de l'Allemagne un des premiers rangs en Europe.

INDUSTRIE. — L'industrie peut le disputer pour les draps, les porcelaines, les soieries, les travaux métallurgiques, aux plus grandes puissances manufacturières de l'Europe.

Les principaux centres d'industrie sont : 1° pour les COTONS, la Prusse rhénane (*Elberfeld, Barmen*), l'Alsace (*Mulhouse*), la Saxe (*Chemnitz*).

Pour les LAINES, la Prusse rhénane (*Aix-la-Chapelle, Cologne, Dusseldorf*), la Silésie et la Saxe (*Chemnitz*).

Pour les TOILES, la Westphalie (*Bielefeld*), la Silésie, le Hanovre, la Saxe (*Chemnitz*).

Pour les SOIERIES, la Prusse rhénane (*Crefeld*), et le BRANDEBOURG (*Berlin*).

Pour les DENTELLES, la Saxe.

2° Pour les INDUSTRIES MÉTALLURGIQUES, la Prusse rhénane (Essen, forges de la Sarre), la Silésie, la Lorraine dite allemande.

3° Les autres industries les plus importantes sont : les *produits chimiques* de la Prusse rhénane, de la Saxe, du Wurtemberg, — les *tanneries* et la *cordonnerie* de Strasbourg, de Mayence, de Berlin, de Kœnigsberg, — la *ganterie* de Dresde et de Berlin, — la *bijouterie* de Hanau, — la *tabletterie* et les *jouets* de Nuremberg, — les *porcelaines* de Saxe et de Berlin ; la *cristallerie* de Lorraine (*Saint-Louis*), les *glaces* de la Prusse rhénane, — la *raffinerie* du sucre, les *distilleries d'alcool*, les *brasseries* répandues dans toute l'Allemagne, — la *papeterie* et la *librairie* de *Leipzig*, de *Gotha* et de *Berlin*.

Les grands ports sont : sur la mer du Nord *Brême*, sur le Weser, *Hambourg*, et *Altona* sur l'Elbe ; sur la Baltique *Kiel, Lubeck, Stettin* sur l'Oder ; *Danzig* sur la Vistule, *Pillau*, port de Kœnigsberg, *Memel*, près de l'embouchure du Niémen.

La marine marchande (4 000 navires) a fait de très grands progrès.

Le développement des chemins de fer (51 000 kilomètres), les canaux qui unissent la mer du Nord et la Baltique (canaux de l'Empereur-Guillaume, et de la Trave à l'Elbe); l'Elbe et le Niémen (canaux *Frédéric-Guillaume*, de *Finow*, de *Bromberg*, etc.), le Rhin et le Danube (canal *Louis*, du Main au Danube, par l'*Almühl*, affluent du Danube entre la Meuse et l'Ems (canaux de l'*Erft* et de *Dortmund* à l'Ems), ont donné la plus vive impulsion au commerce continental et maritime de l'Allemagne. 11 milliards environ d'échanges, dont 750 millions avec la France.

Outre les liens politiques, il existe entre toutes les parties de l'Allemagne un lien commercial, l'*Union douanière* ou *Zollverein*, qui, en supprimant les douanes particulières de chaque État, les a reportées aux limites de l'Empire (1).

L'Allemagne, où l'émigration, longtemps considérable, s'est aujourd'hui ralentie, cherche depuis quelques années à se créer des colonies en Asie (Kiao-tchéou), en Afrique (Togoland, Camerouns, Sud-Ouest africain allemand, Afrique orientale allemande; et en Océanie (Nouvelle-Guinée, îles Marshall, îles Mariannes et Carolines, etc...).

CHAPITRE IV

Région centrale (*Suite*).

EMPIRE AUSTRO-HONRGOIS

(Superficie 676 000 kilomètres carrés.)

I

DESCRIPTION PHYSIQUE ET POLITIQUE

Limites. — L'empire austro-hongrois est situé entre 42° et 51° de latitude nord. Il est borné, au nord, par la Saxe, la Prusse et la Pologne russe; à l'est, par la Russie et la Roumanie; au sud, par la Serbie, la Turquie d'Europe, le Monténégro et l'Adriatique, qui baigne le groupe des îles *Illyriennes*; à l'ouest, par l'Italie, la Suisse et la Bavière.

1. Le grand-duché de Luxembourg, bien qu'indépendant de l'empire d'Allemagne, fait partie du Zollverein.

Revision de la géographie physique. — La plus vaste partie de l'empire austro-hongrois appartient au bassin du *Danube*, le grand tributaire de la **mer Noire** : au nord du Danube se développent en territoire autrichien les *Monts de Bohême* et de *Moravie*, la chaîne des *Sudètes*, les *Carpathes*; au sud, les *Alpes Rhétiques* et *Carniques* avec leurs sommets neigeux, et les hauteurs boisées qui longent l'Adriatique sous le nom d'*Alpes Juliennes et Dinariques*. Après avoir franchi la frontière autrichienne, le Danube s'ouvre un passage entre les derniers contreforts des Alpes (chaîne du Hausrück) et les monts de Bohême, et continue de se diriger vers l'est, jusqu'à ce qu'un rameau des Carpathes le rejette vers le sud ; mais, à partir de son confluent avec la *Drave*, il reprend sa direction primitive, qu'il ne quittera plus qu'à peu de distance de son embouchure.

Le Danube reçoit à droite l'*Inn*, l'*Enns*, le *Raab*, la *Drave*, qui descend des *Alpes Carniques*, et la *Save*, qui prend sa source dans les *Alpes Juliennes* ; à gauche, la *Morawa*, qui naît dans les *Sudètes*, le *Waag*, le *Gran* et la *Theiss*, qui descend des *Carpathes*, et qui, par ses nombreux affluents, le *Kœrœs*, le *Maros*, etc., reçoit presque toutes les eaux du versant occidental et méridional de ce vaste système de montagnes, tandis que celles du revers septentrional se partagent entre la *Vistule*, le *Dniester* et les affluents du bas Danube (*Alutha*, *Pruth*, *Sereth*), dont l'Autriche ne possède que le cours supérieur.

L'*Oder*, qui sort des monts *Sudètes*, l'*Elbe*, qui vient des monts des *Géants*, enfin l'*Adige*, qui naît dans les *Alpes Rhétiques*, n'appartiennent à l'Autriche, comme le *Dniester* et la *Vistule*, que dans la partie supérieure de leur cours.

Formation territoriale. — L'Autriche (*OEsterreich*, pays de l'est) doit son nom à une des marches ou provinces frontières de l'empire germanique, au moyen âge.

La **Hongrie** (en allemand *Ungarn*, en hongrois *Madgyar-Orszag*) tire le sien d'un peuple d'origine asiatique, les *Hongrois* ou *Madgyars*, qui s'y établirent au dixième siècle après Jésus-Christ.

Une grande partie du territoire actuel de l'empire autrichien avait appartenu à l'empire romain sous les noms de *Dacie* (Transylvanie et Hongrie), de *Pannonie* (Hongrie, Autriche), de *Norique* (Styrie), de *Rhétie* (Tyrol), et de *Dalmatie* (Dalmatie, Croatie).

La puissance de l'Autriche date de la fin du treizième siècle et Rodolphe de Habsbourg en est le fondateur. A l'Autriche proprement dite et aux duchés de Styrie, de Carinthie et de Carniole, ses descendants ajoutèrent par élection la couronne de Hongrie et celle de Bohême, par héritage le Tyrol ; ils enlevèrent au royaume de Pologne la Galicie, aux Turcs la Croatie et l'Esclavonie, à la république de Venise la Dalmatie et l'Istrie, et joignirent à la possession de la couronne impériale d'Allemagne la domination des Pays-Bas (Belgique), de l'Italie septentrionale (Lombardie), et pendant quelque temps du royaume des Deux-Siciles. Dépossédée de la Belgique depuis 1794, de la Lombardie depuis 1858, de la Vénétie depuis 1866, la maison d'Autriche a abdiqué l'empire d'Allemagne en 1806 et a cessé depuis 1866 de faire partie de l'Allemagne nouvelle. Elle paraît vouloir se dédommager en Orient de la position perdue en Occident, et l'occupation de la Bosnie et de l'Herzégovine (traité de Berlin, 1878) est un premier pas dans cette voie.

Divisions politiques. — L'empire autrichien se divise, au point de vue des races et des langues, en quatre groupes principaux : le groupe **allemand**, le groupe **slave**, le groupe **hongrois** et le groupe **roumain**. La capitale politique et en même temps industrielle et commerciale de l'empire est **Vienne** (*Wien*), sur la rive droite du Danube (1 662 000 hab.). La vieille cité, où s'élèvent le château impérial et la cathédrale de Saint-Étienne, s'est confondue aujourd'hui, par la destruction de son enceinte fortifiée, avec les faubourgs qui l'entouraient et qui sont devenus des quartiers de la capitale. Vienne est une des villes les plus élégantes, les mieux situées de l'Europe et d'une grande activité industrielle et commerciale.

Le groupe allemand, c'est-à-dire celui où domine la langue allemande, car le fond de la population est celtique ou slave autant que germain, comprend six provinces :

Au *sud* : 1° La **Styrie**, en partie slave (*slovène*), capitale *Gratz* (138 000 hab.), région montagneuse qui possède des pâturages, des mines de houille et des industries métallurgiques.

2° Le **Tyrol** (en partie italien et romanche) et le **Vorarlberg**, le pays des lacs, des forêts, des vallées profondes dominées par les Alpes et arrosées par l'Inn et par l'Adige ; capitale *Innsbrück* sur l'Inn, villes principales *Trente*, sur

Fig. 15. — Vue de Salsbourg.

l'Adige, siège d'un célèbre concile (1545-1563), et *Roveredo*, dans le Tyrol italien.

A l'*est* : 3°, 4° et 5°, le duché de **Salzbourg** (capitale *Salzbourg*, sur la *Salza*, ville principale *Gastein*, célèbre par ses eaux minérales), qui exploite de riches mines de sel ; la **Haute-Autriche**, capitale *Linz*, sur le Danube ; et la **Basse-Autriche**, capitale *Vienne*, pays de prairies et de céréales, sillonné par les derniers rameaux des Alpes qui se prolongent jusqu'aux bords du Danube. C'est en face de Vienne, sur la rive gauche du fleuve, que se livrèrent en 1809 les sanglantes batailles d'*Essling* et de *Wagram*.

Au *nord* : 6° La **Silésie autrichienne**, où le fond de la population est slave, est arrosé par l'Oder, capitale *Troppau*.

Le groupe slave comprend onze provinces :

1° La **Bohême** (*Bœhmen*), pays slave (tchèque) pour les deux tiers, allemand pour un tiers, avec sa ceinture de montagnes, ses mines, ses sources minérales, ses riches cultures et son active industrie, capitale *Prague* (*Prag*, 226000 hab.), sur la Moldau, centre industriel. Les villes principales sont : *Budweiss*, *Reichenberg*, avec ses manufactures de coton et de lainages, *Pilsen*, avec ses brasseries, *Teplitz*, *Marienbad*, *Karlsbad*, stations d'eaux minérales qui comptent parmi les plus fréquentées d'Europe. La Bohême a été le théâtre de nombreuses batailles dont la plus récente et la plus importante par ses conséquences est celle de *Sadowa*, où les Autrichiens furent vaincus par les Prussiens en 1866.

2° La **Moravie** (Slovaques, Moraves), plaine fertile au sud, pays tourmenté au nord, où s'élèvent les Sudètes ; capitale *Brunn* (109000 hab.), ville principale *Olmutz*. C'est en Moravie que se livra, le 2 décembre 1805, la bataille d'*Austerlitz*.

3°, 4° et 5° L'ancien territoire de *Cracovie*, sur la Vistule, capitale *Cracovie* (*Krakau*, en allemand, *Krakow* en polonais, 73000 hab.) ; la **Galicie** (Polonais et Ruthènes), capitale *Lemberg* (*Lwow* en polonais, 160000 hab.), et la **Bukovine** (Ruthènes et Roumains), capitale *Czernowitz*, anciennes provinces polonaises, arrosées par la Vistule et le Dniester, et séparées de la Hongrie par les Carpathes, pays de forêts et de pâturages entrecoupés de champs de blé et de lin, plutôt agricole qu'industriel, malgré ses riches mines de fer, de zinc, de soufre et de sel gemme (*Wieliczka* près de Cracovie).

Au *sud* : 6° L'**Istrie** (Slovènes et Croates), où la population du littoral est très mêlée d'Italiens et d'Allemands. La capitale *Trieste* (179 000 hab.), sur l'Adriatique, est le principal port de commerce autrichien, et l'héritière de Venise : villes principales *Goritz* et *Gradisca* dans la vallée de l'Isonzo, et *Pola*, port militaire, au sud de l'Istrie.

7° et 8° La **Carniole** (*Krain*) et la **Carinthie** (*Kærthen*), capitales *Laybach* et *Klagenfurt* (Slaves et Allemands), pays de montagnes sillonné par les rameaux des Alpes, arrosé par la Save et la Drave, et enrichi par l'exploitation de ses forêts, de ses mines de fer, de zinc et de mercure (*Idria*).

9° Entre l'Adriatique et les Alpes Dinariques, la **Dalmatie**, habitée par une rude population de pâtres et de matelots (Serbo-Croates, Dalmates, mêlés d'Italiens sur le littoral) ; capitale *Zara*, ville principale *Raguse* sur l'Adriatique.

10° La province de **Fiume** (Serbo-Croates, avec quelques Italiens), qui dépend de la Hongrie ; capitale *Fiume* sur l'Adriatique.

11° et 12° La **Croatie** (Serbo-Croates, capitale *Agram*), et la **Slavonie** (Slovènes très mêlés d'Allemands, capitale *Eszek* sur la Drave) et les anciens *Confins militaires* (Serbo-Croates et Roumains) ; villes principales *Peterwardein*, *Orsova* et *Semlin* sur le Danube, pays de forêts et de marécages, placés sous la dépendance de la Hongrie.

Les groupes hongrois et roumain comprennent :

1° La **Hongrie**, arrosée par le Danube et par ses nombreux affluents, plaine immense où la culture des céréales, du tabac, de la vigne (vins de *Tokay*) gagne chaque jour du terrain sur les marais, et sur les pâturages où errent les troupeaux qui sont encore une des principales richesses du pays ; capitale *Buda-Pesth* (713 000 hab.), l'une sur la rive droite, l'autre sur la rive gauche du Danube ; villes principales *Szegedin* sur la Theiss, *Presbourg* (en hongrois, *Pozdony*) sur le Danube, *Kaschau*, *Temeswar*, *Debreczin*, *Arad* sur le Maros, *Maria-Theresiopel*, etc. La majorité de la population est madgyare, mais on trouve des Slovaques au nord-ouest, des Ruthènes au nord-est, des Serbo-Croates et des Roumains au sud, des Juifs et des Tziganes un peu partout.

2° La **Transylvanie**, plateau sauvage sillonné par les rameaux des Carpathes, couvert de pâturages et de forêts, et dont la population, mêlée d'Allemands et de Hongrois (*Szeklers*), est en grande partie de race roumaine, capitale *Klausenbourg* (en hongrois *Kolosvar*), villes principales *Maros-Vasarhely*, sur le Maros, *Hermannstadt* et *Kronstadt* (en hongrois, *Brasso*).

L'Autriche occupe, en vertu du traité de Berlin (1878), deux anciennes provinces turques, la **Bosnie** (capitale *Serajevo* sur la Bosna) et l'**Herzégovine** (capitale *Mostar*, ville principale *Trebigne*), habitées par des populations slaves (Serbes) et en partie musulmanes. L'administration est tout autrichienne, bien que le sultan conserve une suzeraineté nominale.

Population. Religion. — La population totale de l'empire est de plus de 46 000 000 habitants, dont 14 000 000 d'Allemands, 8 000 000 de Madgyars, 3 millions de Roumains, et plus de 19 millions de Slaves. L'allemand, les divers dialectes slaves, le roumain et le hongrois sont les langues les plus répandues. Le catholicisme domine, mais les protestants, les grecs et les juifs (1 600 000) sont nombreux.

Gouvernement. — Le gouvernement (régime du dualisme) est une monarchie dont le chef porte le nom d'empereur d'Autriche et de roi de Hongrie. Il est assisté d'un ministère Allemand à Vienne et d'un ministère Hongrois à Buda-Pesth.

Les affaires communes de l'empire d'Autriche et du royaume de Hongrie (affaires étrangères et militaires) sont réglées par un ministère de trois membres, et par des délégations parlementaires, nommées par chacun des deux parlements.

Les pays *cisleithans* (c'est-à-dire en deçà de la Leitha, affluent du Danube qui sépare la Hongrie de l'Autriche), ou pays de la couronne d'Autriche, ont un parlement (*Reichsrath*), composé d'une *chambre des seigneurs*, héréditaire ou à vie, et d'une *chambre des représentants*, élue par les quatre classes d'électeurs de chacune des provinces (grands propriétaires, villes, commerce, districts ruraux). Chaque pays a en outre des diètes provinciales.

Les pays *transleithans*, ou pays de la couronne de Hongrie (Hongrie, province de Fiume, Croatie et Slavonie, Transylvanie), ont deux chambres, la chambre ou table des *magnats* (ou des seigneurs), et celle des députés, élues par les *comi-*

tats (divisions territoriales du Royaume de Hongrie), les *districts* (subdivisions des comitats), les *villes* et les *sièges* (Stühle), nom particulier des districts allemands de la Transylvanie.

Armée. Marine. — Le service militaire est obligatoire. On évalue sur le pied de paix l'armée active à 360 000 hommes ; sur le pied de guerre elle compterait 950 000 hommes. La marine compte environ 140 navires de guerre.

L'instruction primaire est obligatoire. La moyenne de l'instruction populaire, assez élevée en Autriche et en Bohême, est très basse dans les pays de la couronne de Hongrie, en Dalmatie, en Galicie, en Carniole et même dans le Tyrol. Il y a aussi des *écoles secondaires* et des *universités* qui sont au nombre de 14.

Situation politique de la monarchie austro-hongroise. — L'Autriche n'est pas une nation ; c'est un gouvernement : on pourrait lui appliquer avec plus de raison le mot fameux de M. de Metternich sur l'Italie : « Ce n'est qu'une expression géographique. »

L'origine, la langue, la religion, le caractère de ses populations varient de province à province. A l'ouest et au sud-ouest sont groupés environ 11 millions d'Allemands, qui voient de jour en jour diminuer leur ancienne prépondérance et qui par dépit se rejettent vers la grande Allemagne à laquelle les rattachent leurs souvenirs et leurs espérances. Dans tout l'empire, en Bohême, en Moravie, en Galicie, en Hongrie, en Croatie, dans les provinces illyriennes sont dispersés 19 à 20 millions de Slaves, sans compter les Bosniaques et les Herzégoviniens, qui parlent des dialectes différents, qui ont appartenu à des nationalités distinctes et qui n'ont rien de commun que l'antipathie contre l'Allemand et le Hongrois. En Hongrie, mêlés à des populations slaves, roumaines et germaniques, vivent 8 millions de Madgyars, descendants des anciens conquérants, race ardente, intrépide, passionnée pour les souvenirs nationaux, mais qui a gardé quelque chose des habitudes de ses ancêtres, à l'étroit dans les liens de la civilisation moderne et ne se sentant à l'aise que dans la liberté des steppes, ou dans le tumulte des champs de bataille. Au sud-est de l'empire, sont reléguées des populations de langue néo-latine, les Roumains de la Bukovine et de la Transylvanie, entraînés vers leurs compatriotes de Roumanie qui tiennent entre leurs mains l'avenir de leur race. Enfin près de 700 000 Italiens dans le Bas-Tyrol, en Istrie et sur quelques points de la Dalmatie font partie de cette Italie non délivrée (*Italia irredenta*) que les ambitions de la jeune Italie étendraient volontiers à tout le littoral de l'Adriatique.

Entre ces populations si diverses de caractères, de langue, de traditions, le seul lien politique est la dynastie de Habsbourg-Lorraine, et le seul lien commercial le Danube, qui laisse en dehors de cette communauté d'intérêts la Bohême enfermée dans ses montagnes, la Galicie polonaise, au delà des Carpathes, et les provinces dalmates.

L'Autriche semble avoir renoncé à prendre sa revanche en Occident contre la Prusse devenue son alliée : son ambition, encouragée par l'Allemagne, se tourne vers l'Orient et vers le monde slave : mais elle y rencontrera la Russie qui ne manquera pas d'amis même parmi les sujets des Habsbourg. Quand les derniers vestiges de l'empire ottoman auront disparu, la question autrichienne deviendra la forme nouvelle de la question d'Orient.

II

GÉOGRAPHIE ÉCONOMIQUE

Situation commerciale. — Placée au centre de l'Europe, touchant à l'Adriatique qui lui ouvre les routes de la Méditerranée et des Indes par Suez, l'Autriche doit surtout son importance commerciale au Danube qui la traverse tout entière, et qui semble tracer au commerce de l'Orient sa route vers l'Europe centrale et occidentale.

Grâce aux chemins de fer et à la vapeur, Vienne est redevenue ce qu'étaient au moyen âge les riches cités de la vallée du Danube, la grande étape entre Paris et Constantinople.

Production agricole. — L'Autriche, pays agricole, possède des ressources naturelles considérables mais qui sont insuffisamment exploitées.

La Hongrie, la Galicie, la Moravie, sont les principaux centres de production pour les *céréales*, que l'on évalue dans tout l'empire à 230 millions d'hectolitres.

Les *vignes* sont une des richesses de l'Autriche ; la Hongrie produit à elle seule 7 à 8 millions d'hectolitres sur 10 à 12 millions ; et quelques-uns de ses vins, entre autres le célèbre **Tokay**, sont recherchés dans le monde entier. On cultive l'*olivier* dans quelques cantons de la Dalmatie.

Le *houblon* est cultivé dans la Bohême, qui en produit de grandes quantités.

La *betterave* est très répandue, surtout dans la partie allemande de l'empire ; le *lin* réussit en Bohême et en Moravie ; le *chanvre* en Hongrie et en Croatie.

Le *tabac* est surtout cultivé en Hongrie.

Les immenses pâturages de la Hongrie, les prairies de l'Autriche, de la Moravie et de la Galicie, nourrissent des *bêtes à cornes*, *chevaux*, et de nombreux troupeaux de moutons parmi lesquels les races de Moravie et de Silésie, celles de Bohême, de Transylvanie et de Hongrie, peuvent soutenir la concurrence avec les plus estimées de l'Europe et de l'Amérique.

La Hongrie élève un grand nombre de *porcs* destinés surtout à la consommation du pays.

Production minérale. — Par ses richesses minérales, l'Autriche occuperait en Europe un des premiers rangs, si l'exploitation n'avait été longtemps retardée par l'imperfection des moyens de transport.

Les gisements de *houille* et de *lignite* de la Bohême, de la Moravie, de la Styrie, de la Carinthie et de la Hongrie, produisent aujourd'hui près de 40 millions de tonnes ; la Hongrie possède de nombreuses tourbières.

Le *fer* est exploité en Styrie, en Hongrie, en Bohême : la production de la fonte et du fer métallique s'élève à près de 2 millions de tonnes, celle de l'acier à 880 000 tonnes.

La Bohême, la Transylvanie, la Hongrie, possèdent des mines de *cuivre*, qui ne le cèdent pas aux plus beaux minerais allemands.

De riches filons de *plomb* et de *zinc* se rencontrent en Bohême, en Carinthie et en Hongrie, surtout dans le district de Temeswar.

Des mines d'*argent* sont exploitées en Bohême et en Hongrie et des mines d'*or* en Hongrie et en Transylvanie.

Les mines de *mercure* d'Idria, en Carniole, sont, avec celles d'Almaden en Espagne, les plus importantes d'Europe.

Les mines de *sel gemme* de Wieliczka, près de Cracovie ; celles de la Transylvanie et de la Hongrie, et celles de la province de *Salzbourg*, sont les plus riches du monde : leur produit dépasse 500 000 tonnes.

Les *eaux minérales* sont très abondantes en Bohême (Püllna, Sedlitz, Karlsbad, Marienbad, etc.), en Hongrie, en Transylvanie, dans la province de Salzbourg : les carrières de *marbres* (Salzbourg), de *pierres de taille*, de *granit*, de *grès*, d'*ardoises* (Bohême, Tyrol), de *pierres à chaux et à plâtre*, sont activement exploitées.

Industrie manufacturière. — Les richesses métalliques, l'abondance du combustible végétal, les nombreux cours d'eau offrent à l'industrie, en Autriche,

Fig. 26. — Mines de Wieliczka (l'extraction du sel).

les conditions les plus favorables : cependant la législation, l'organisation sociale, les habitudes de la population, ont longtemps paralysé le progrès industriel, et aujourd'hui

encore le petit nombre des machines maintient l'industrie
autrichienne dans une infériorité relative qui ne peut s'expliquer ni par la nature du sol, ni par la position géographique.

Industries textiles. — L'industrie des *cotons*, qui
ne date que du commencement du siècle, a pour centres principaux Vienne, Prague, Reichenberg, en Bohême, et quelques districts de Hongrie : elle ne suffit pas à la consommation nationale.

Tissus de laine. — Cette industrie, grâce à l'abondance de
la matière première, est une des plus florissantes de l'Autriche.

Les draps de Brünn, de Vienne, de la Bohême, de la Silésie, les châles de Vienne, les flanelles et les tapis de Reichenberg, de Presbourg, en Hongrie, suffisent à la consommation intérieure et permettent à l'Autriche d'en exporter.

Pour le tissage et la filature du *lin*, les principaux centres
sont : la Moravie et la Bohême.

Les *soieries* de Vienne sont estimées ; les dentelles de
Bohême ne sauraient rivaliser avec celles de la Saxe et de la
France.

Industries métallurgiques. — Les deux centres
de l'industrie des *fers* sont la Bohême et la Styrie, dont les
mines et les forêts fournissent la matière première et le combustible. Graetz et Klagenfurt, dans la région styrienne,
pour la fonte du fer et la fabrication des aciers, Reichenberg et Prague, en Bohême, sont les métropoles de l'industrie sidérurgique.

La *coutellerie* de Steyer, sur l'Enns ; la *construction des
machines*, à Vienne et à Brünn ; la fabrication des *faulx* et
des *haches*, en Styrie et en Carinthie, ont une importance
considérable.

Autres industries. — La *tannerie* et la *cordonnerie*
de Vienne et de Pesth, la *tabletterie* et la *maroquinerie* de
Vienne ; — les *terres cuites* et les faïences de la basse Autriche, les *porcelaines* de Karlsbad, en Bohême, s'ouvrent
tous les jours de nouveaux débouchés.

La *verrerie* est encore aujourd'hui l'industrie nationale de
la Bohême, qui occupe à la fabrication du verre, et surtout
du verre de couleur, près de 30 000 ouvriers.

L'*industrie des produits chimiques* est une des plus actives
de l'Autriche.

Prague, Goritz, en Illyrie, Trieste et surtout Vienne, ont peu de rivales, même en Allemagne.

Les *salaisons*, le *sucre de betterave* et la *brasserie* sont les trois grandes industries alimentaires.

Les *pianos* de Vienne ont conservé leur vieille réputation : la *papeterie* est assez développée.

Les provinces méridionales de l'Autriche, Istrie, Croatie, Dalmatie, sont baignées par l'Adriatique, sur une étendue de 700 kilomètres.

Ports. — **Trieste** est aujourd'hui l'entrepôt le plus considérable de l'empire.

La sûreté de son port, les chemins de fer qui le rattachent à l'Italie et à l'Allemagne, la compagnie du Lloyd autrichien, qui dessert les ports de l'Adriatique, du Levant et de l'Extrême Orient jusqu'à Hong-Kong, ont donné à sa prospérité un essor qui n'a fait que grandir par l'ouverture de l'isthme de Suez.

Le mouvement de la navigation dépasse 18000 navires et 4360000 tonnes.

Les principales échelles du Lloyd dans l'Adriatique sont :

Fiume, en Hongrie ; *Zara*, capitale de la Dalmatie ; *Raguse* et *Cattaro*, débouchés du commerce du Monténégro et de l'Herzégovine.

La marine marchande de l'Autriche-Hongrie comprend plus de 13000 navires, dont très peu de vapeurs. Le mouvement de l'ensemble des ports autrichiens a dépassé 28 millions de tonnes.

Navigation fluviale. — La navigation fluviale de l'Autriche se borne à celle du *Danube* et de ses affluents, la *Morawa* et la *Theiss* (rive gauche), la *Save* et la *Drave* (rive droite).

Le Danube arrose *Linz*, *Vienne*, la capitale de l'Empire, *Presbourg*, *Buda-Pesth*, capitale du royaume de Hongrie, *Péterwardein*, *Semlin*, et *Bazias*.

La navigation du Danube, libre aujourd'hui et ouverte à toutes les concurrences, n'a fait que s'accroître et dépasse de beaucoup celle du Rhin et de l'Elbe, les deux grands fleuves de l'Allemagne.

Routes de terre. Chemins de fer. — Tout le territoire de l'Autriche est sillonné par des routes bien entretenues, sauf dans quelques parties de la Galicie, de Hongrie et des provinces croates.

Les chemins de fer, qui présentent un développement de plus de 36 000 kilomètres exploités, peuvent se ramener à sept lignes principales, qui sont, en même temps que les grandes voies de communication intérieure, des routes de transit et de communication internationale.

1° *Ligne de l'Europe centrale*, de la frontière de Bavière à la frontière de Russie, par *Prague*, *Cracovie*, sur la Vistule, *Lemberg*, capitale de la Galicie, et *Brody*, qui devait à la franchise de son territoire situé en dehors des douanes autrichiennes et à ses foires importantes, d'être un des marchés les plus actifs pour toutes les opérations commerciales entre l'Autriche, la Russie et les pays danubiens.

2° *Ligne du Danube, de la mer Noire et du Bosphore*, par *Linz*, *Vienne*, *Presbourg*, *Pesth*, *Szegedin*, *Orsova*, se prolongeant par *Bukharest* jusqu'à *Galatz* et *Odessa*, par *Belgrade*, *Philippopoli* et *Andrinople* jusqu'à *Constantinople*.

3° *Ligne de l'Archipel*, de la frontière italienne à l'Archipel, par *Trieste*, *Fiume* ou *Laybach*, *Agram* et *Siszek*, où commence la grande navigation de la Save, *Serajevo*, *Novi-Bazar*, enfin *Salonique*, le point de mire des ambitions autrichiennes en Orient.

Cette ligne offre encore des lacunes. Salonique n'est en communication directe avec l'Autriche-Hongrie que par les chemins de fer serbes.

4° *Ligne de la mer du Nord et de la mer Baltique à la frontière italienne*, par *Prague*, *Linz*, *Salzbourg*, *Innsbruck*, *Botzen*, *Trente*, *Roveredo* et *Vérone*.

5° *Ligne de la Baltique à l'Adriatique* : par *Brünn*, capitale de la Moravie, le plus grand marché des laines de l'Autriche, *Vienne*, *Gratz*, entrepôt de l'industrie métallurgique, *Laybach*, et *Trieste*.

6° et 7° *Lignes de la Theiss* et du *Dniester*. — Ces deux lignes, qui tracent la voie la plus directe de Danzig et de Varsovie à Constantinople et à Odessa, suivent l'une la vallée de la Theiss, l'autre celle du Dniester et aboutissent, la première au moyen Danube, par *Belgrade*, par *Bazias* ou par *Orsova*, la seconde au bas Danube (*Galatz*), par la vallée du Sereth.

Vienne est en communication, par des lignes télégraphiques qui sillonnent tout l'empire, avec le réseau européen.

Commerce extérieur. — Le commerce extérieur de l'Autriche s'élève à environ 4300 millions, dont près de 2300 millions pour les exportations.

Les principaux objets d'importation sont :

Les *cotons*, les *laines*, le *lin* et le *chanvre*, la *soie* provenant d'Italie et du Levant, par Trieste ; la *houille* provenant d'Angleterre par Trieste, ou des mines du Zollverein, par les chemins de fer.

L'importation des métaux est peu importante, mais celle des bois de teinture ou d'ébénisterie, de l'indigo, des résines, du tabac, du pétrole, figure pour un chiffre considérable dans le commerce de Trieste.

C'est également Trieste qui partage avec les ports du Danube et les villes frontières de la Russie le commerce des *céréales* tirées de Russie, de Turquie, des pays danubiens, et presque entièrement destinées à la réexportation.

Les *fruits secs* ou *frais*, les *huiles d'olive* de Grèce et d'Italie, les *cafés*, les *épices*, les *thés*, le *riz* ont pour principal marché Trieste.

Quant aux **produits manufacturés** : les cotonnades, les lainages et les soieries d'Angleterre, de France, de Suisse et d'Allemagne, les fers, les aciers, les machines d'Angleterre, de France et du Zollverein, les articles de Paris, la mercerie et la bijouterie françaises et allemandes, les livres et le papier (Allemagne), jouent le principal rôle dans l'importation autrichienne.

L'exportation comprend :

Parmi les *matières premières*, celles qui figurent au premier rang sont la laine, les peaux, les bois, la pierre à bâtir, les métaux bruts ;

Parmi les *produits alimentaires*, les céréales, les vins, les bestiaux, les sucres raffinés ;

Parmi les produits *manufacturés*, les tissus de coton pour la Turquie et le Levant, les lainages pour le Zollverein, l'Italie et l'Orient, les soieries, les châles, les articles en bois et en cuir, les aciers, la quincaillerie, la verrerie, les instruments de musique, la tabletterie, la bijouterie, qui se répandent dans le monde entier.

Les pays qui entretiennent avec l'Autriche les relations les plus actives sont : l'*Allemagne*, qui absorbe à elle seule près des deux tiers du mouvement commercial ; l'*Angleterre*, l'*Italie*, la *Russie*, les *États-Unis*, la *Turquie* et les pays danubiens, la *Suisse*, en Europe ; le *Brésil*, en Amérique ; l'*Égypte*, en Afrique ; les *Indes* et la *Turquie d'Asie*, en Asie.

La *France* reçoit directement d'Autriche pour près de 140 millions de bois, de vins, de céréales, de viandes, de bestiaux, de cuirs, et lui renvoie pour 148 millions de soieries, de lainages, de bijouterie, etc., mais beaucoup de marchandises exportées ou importées par voie de terre figurent au tableau du commerce de la France avec l'Allemagne, la Suisse et l'Italie.

RÉSUMÉ

I

Description physique et politique.

BORNES, SUPERFICIE. — L'empire d'AUTRICHE-HONGRIE (superficie, 676 000 kilomètres carrés) est borné au nord par l'Allemagne et la Russie, à l'est par la Russie et la Roumanie, au sud par la Serbie, la Turquie d'Europe et l'Adriatique, à l'ouest par l'Italie, la Suisse et l'Allemagne. L'Autriche-Hongrie occupe, depuis 1878, deux provinces de la Turquie, la BOSNIE et l'HERZÉGOVINE.

GÉOGRAPHIE PHYSIQUE. — L'empire d'Autriche-Hongrie est traversé de l'ouest à l'est par les monts de *Bohême* et de *Moravie*, auxquels se rattachent les monts *Métalliques* et les monts des *Géants*, par les monts *Sudètes* et les monts *Carpathes*. La partie sud-ouest de l'empire est couverte par les ramifications des ALPES. Les pays de plaines sont la Basse-Autriche et la Hongrie.

Les principaux fleuves sont : sur le versant de la mer Noire, le DANUBE, qui traverse tout l'empire et reçoit à droite l'*Inn*, la *Drave* et la *Save*, à gauche la *Morawa* et la *Theiss* ; le DNIESTER ; 2° sur le versant de l'Adriatique, l'*Adige* ; 3° sur le versant de la mer du Nord, l'ELBE, qui reçoit la *Moldau* ; 4° sur le versant de la mer Baltique, les sources de l'*Oder*, et le cours supérieur de la *Vistule*.

FORMATION TERRITORIALE. — La puissance de l'Autriche (Œsterreich) date du treizième siècle. — Au seizième, grâce à des mariages et à des héritages, les souverains autrichiens joignirent à la couronne impériale, qui resta dans leur famille jusqu'en 1806, les couronnes royales de Bohême et de Hongrie ; au dix-huitième, ils acquirent les Pays-Bas, la Lombardie, les Deux-Siciles et une partie des anciens États de Venise ; mais l'Autriche a perdu les Deux-Siciles et la Belgique au dix-huitième siècle, la Lombardie et la Vénétie en 1859 et 1866 ; et, en 1866, elle a été exclue de la Confédération germanique.

GÉOGRAPHIE POLITIQUE. — L'empire d'Autriche-Hongrie se divise en deux groupes, le groupe autrichien ou *cisleithan* et le groupe hongrois ou *transleithan* (1) ; la capitale est VIENNE sur le *Danube* (1 662 000 habitants).

1. La petite rivière de la *Leitha*, affluent du Danube, sépare les États de la couronne d'Autriche de ceux de la couronne de Hongrie.

Le GROUPE AUTRICHIEN comprend 14 provinces (plus de 11 000 000 d'Allemands).

1° Au nord, la BOHÊME (slave et allemande), capitale *Prague* ; 2° la MORAVIE, pays slave, capitale *Brünn*, villes principales *Olmütz*, *Austerlitz* (bataille de 1805) ; 3° la SILÉSIE AUTRICHIENNE (slave et allemande), capitale *Troppau* ; 4° et 5° à l'ouest (pays allemands), la HAUTE-AUTRICHE, capitale *Linz* sur le Danube, et la BASSE-AUTRICHE, capitale *Vienne* ; 6° la province de SALZBOURG, capitale *Salzbourg* ; au sud, 7° le TYROL (pays allemand et italien), capitale *Innsbrück*, sur l'Inn, ville principale *Trente* sur l'Adige ; 8° la STYRIE (pays allemand et slave), capitale *Grœtz* ; 9° la CARINTHIE (population slave et allemande), capitale *Klagenfurt* ; 10° la *Carniole* (pays slave), capitale *Laybach* ; 11° l'*Istrie* et la province du Littoral, capitale *Trieste* (179 000 habitants), sur l'Adriatique ; au nord-est, 12° la GALICIE, capitale *Lemberg*, ville principale *Cracovie*, sur la Vistule (pays polonais et ruthène) ; 13° la BUKOVINE (population mêlée de Roumains et de Ruthènes), capitale *Czernovitz* ; au sud-ouest, 14° la DALMATIE, capitale *Zara* (population slave mêlée d'Italiens).

Le GROUPE HONGROIS comprend quatre provinces (plus de 8 millions de Hongrois ou Madgyars).

1° La HONGRIE, capitale *Buda-Pesth* (713 000 habitants), sur le Danube ; villes principales *Presbourg*, sur le Danube, *Szegedin*, sur la Theiss, et 2° la TRANSYLVANIE, habitée surtout par des Roumains et des Allemands, villes principales *Hermannstadt*, *Kronstadt*, *Maros-Vasarhely*, *Klausenbourg* ; 3° la province de FIUME, capitale *Fiume*, sur l'Adriatique ; 4° la CROATIE et la SLAVONIE, pays slaves, capitale *Agram* ; ville principale *Eszek* ; et les anciens *Confins militaires* (slaves et roumains), villes principales *Peterwardein* et *Semlin*, sur le Danube.

POPULATION, RELIGION, GOUVERNEMENT. — La population totale de l'empire est de plus de 46 900 000 habitants. La religion catholique domine, mais les protestants, les grecs et les juifs sont nombreux.

Le gouvernement est une monarchie dont le chef porte le titre d'empereur d'Autriche et de roi de Hongrie ; la Hongrie forme un État distinct et jouit d'une constitution spéciale. Chaque pays a son ministère et son Parlement composé de deux chambres. Il y a trois ministres communs aux deux monarchies.

II

Géographie économique.

Les provinces septentrionales et orientales de l'empire autrichien forment un plateau dont la pente méridionale vient mourir dans une vaste plaine arrosée par le Danube ; les provinces méridionales sont couvertes par les rameaux des Alpes et sillonnées par les affluents du Danube qui y creusent de profondes vallées. L'exploitation des forêts, l'éducation du bétail, du mouton et des chevaux, la culture du lin, des céréales, surtout en Hongrie ; de la betterave, et de la vigne (Hongrie) ; l'extraction du sel (mines de *Salzbourg* et de *Wieliczka*), du plomb, du fer, du mercure (mines d'*Idria*), constituent les principales ressources naturelles de l'Autriche. L'industrie, bien qu'inférieure à celle de l'Allemagne, est cependant en progrès.

Les principaux centres industriels sont : pour les *cotons*, Vienne, Prague et Reichenberg ; pour les *lainages*, Brünn, Vienne, Reichenberg, Presbourg ; pour les *toiles*, la Moravie et la Bohême ; pour les *industries métallurgiques*, la Styrie, la Bohême et l'Autriche proprement dite ; pour les *cuirs*, la Hongrie ; pour la *maroquinerie* et la *tabletterie*, Vienne ; pour la *verrerie*, la Bohême ; pour la *brasserie*, les *salaisons* et le *sucre de betteraves*, presque tout l'empire.

Les principaux ports sont : *Trieste*, siège de la compagnie du Lloyd autrichien, *Fiume*, *Zara* et *Raguse*, sur l'Adriatique.

La marine marchande de l'Autriche comprend plus de 13000 navires, et le mouvement de l'ensemble des ports dépasse 28 millions de tonnes.

La navigation fluviale est très active, surtout sur le Danube, et les chemins de fer ont un développement de 36000 kilomètres.

Le commerce extérieur s'élève à 4 milliards 300 millions, dont 288 millions avec la France.

CHAPITRE V

Région centrale (*Suite et fin*).

SUISSE

(Superficie 41 346 kilomètres carrés.)

I

DESCRIPTION PHYSIQUE ET POLITIQUE

Limites. — La **Suisse** (en allemand *Schweiz*) ou Confédération helvétique est située entre 45° 50' et 47° 50' de lat. N., 3° 43' et 8° 5' de long. E. Elle est bornée, au nord par le grand-duché de Bade et le Wurtemberg, dont elle est en partie séparée par le Rhin, au nord-est par le lac de Constance, à l'est par l'empire d'Autriche-Hongrie, au sud par le royaume d'Italie dont elle est séparée par les Alpes, à l'ouest par la France, dont elle est séparée par les Alpes du Valais, le lac de Genève et le Jura.

Revision de la géographie physique. — Sauf

dans sa partie septentrionale, la Suisse est hérissée de montagnes, dont les neiges et les glaciers servent de réservoirs aux plus grands fleuves de l'Europe occidentale.

Elle est traversée ou limitée par la chaîne de partage des eaux de l'Europe sous le nom d'*Alpes Algaviennes*, d'*Alpes Centrales* ou *Lépontiennes*, dont les principaux massifs sont l'*Adula* et le *Saint-Gothard* ; d'*Alpes Bernoises*, dont les principaux sommets sont la *Jungfrau* et le *Finster Aar-Horn* ; de *Jorat* et de *Jura*.

Des Alpes Centrales se détachent vers le sud-ouest (à partir du col du *Simplon*) les *Alpes Pennines* dominées par le mont *Rose* (4 640 m.), le point le plus élevé de la Suisse, le mont *Cervin*, la *Dent du Midi* ; vers le nord-est les *Alpes des Grisons* (chaîne de l'*Albula*) qui séparent la vallée du Rhin de celle de l'Inn ; vers le nord les massifs du *Titlis* (Uri) et du *Tœdi* prolongé par celui des Alpes de Glaris par la chaîne de l'*Albis*, entre le lac de Zug et celui de Zurich, et par les Alpes de Schwytz à droite du lac des Quatre-Cantons (Righi, 1 800 m.).

Du massif des Alpes descendent : au sud le *Tessin*, qui traverse le lac *Majeur*, à l'est l'*Inn*, le grand affluent du Danube, à l'ouest le *Rhône* qui traverse le lac *Léman* ou de *Genève*, enfin au nord le *Rhin* qui traverse le lac de *Constance*. Ce fleuve reçoit à gauche la *Thur*, et l'*Aar*, déversoir des lacs de *Thun* et de *Brienz*, grossie elle-même à droite de la *Reuss*, déversoir du lac des *Quatre-Cantons* et de celui de *Zug*, et de la *Limmat*, déversoir des lacs de *Zurich* et de *Wallenstadt* ; à gauche la *Thièle* apporte à l'Aar les eaux des lacs de *Bienne* et de *Neuchâtel*.

Formation territoriale. — La Suisse, désignée par les anciens sous le nom d'*Helvétie*, faisait partie de la Gaule. Après le démembrement de l'empire de Charlemagne, elle fut quelque temps réunie au saint-empire romain (empire d'Allemagne). L'existence indépendante de la Suisse date de l'insurrection des trois cantons montagnards de Schwytz, Uri et Unterwalden, contre un prince de la maison de Habsbourg, Albert d'Autriche. Cette ligue primitive s'agrandit peu à peu ; les victoires des Suisses sur les Autrichiens et sur les Bourguignons les firent regarder comme les meilleurs soldats de l'Europe ; les souverains se disputèrent leurs services à prix d'or ; dès le commencement du quinzième siècle les cantons étaient au nombre de treize. La paix de West-

Fig. 37. — Vue de Sion.

phalie, en 1648, reconnut définitivement l'indépendance de la Suisse ; la constitution de 1803, dont Bonaparte fut l'auteur, supprima toute inégalité entre les cantons et en porta le nombre à 19. Les traités de 1815, par l'annexion de Neuchâtel, du Valais et de Genève, complétèrent le nombre des 22 cantons, qui subsiste encore.

Divisions politiques. — La Suisse se divise politiquement en 22 cantons portés à 25 par le dédoublement de trois des cantons (Bâle, Appenzell et Unterwalden). La capitale fédérale est **Berne**, sur l'Aar (50 000 hab.).

Le groupe du **nord**, formé par les cantons de **Bâle** (cap. *Bâle (Basel)*, 75 000 hab., sur les deux rives du Rhin), d'**Argovie** (cap. *Aarau*, sur l'Aar), de **Soleure** (cap. *Soleure*, en allemand *Solothurn*, sur l'Aar), de **Zurich** (cap. *Zurich*, 103 000 hab., sur la Limmat, de **Schaffouse** (cap. *Schaffouse*, sur le Rhin), et de **Thurgovie** (cap. *Frauenfeld*), est moins accidenté que le reste de la Suisse et cultive les céréales, la vigne et le tabac.

Le groupe de l'**est** (cantons de **Saint-Gall**, cap. *Saint-Gall*; d'**Appenzell**, cap. *Appenzell*; de **Glaris**, cap. *Glaris*, et des **Grisons**, cap. *Coire*, en allemand *Chur*, près du Rhin) est sillonné par les ramifications des Alpes centrales ; mais le pâturage, l'exploitation des forêts, les sources thermales (*Ragatz*), l'industrie de la broderie et des mousselines suppléent à l'insuffisance de la culture.

Le groupe du **sud** est formé de deux cantons, le **Tessin**, cap. *Bellinzona*, sur le Tessin (villes principales *Lugano*, sur le lac du même nom, et *Locarno*, sur le lac Majeur), vallée pittoresque dominée au nord par le Saint-Gothard, plantée de vignes et de mûriers et où prospérait autrefois l'élevage des vers à soie, et le **Valais** (cap. *Sion*, sur le Rhône, ville principale *Martigny*), gorge étroite et sauvage enfermée entre les Alpes Pennines et les Alpes Bernoises, et qui n'a d'autre ressource que le pâturage et l'exploitation des forêts.

Le groupe de l'**ouest**, formé par le canton de **Vaud** (cap. *Lausanne*, près du lac de Genève, ville principale *Vevey*), le canton de **Genève** (cap. *Genève*, 78 000 hab., à l'extrémité sud-ouest du lac), et le canton de **Neuchâtel** (cap. *Neuchâtel*, sur le lac du même nom), est une région montagneuse, mais où s'ouvrent, sur les bords du lac de Genève, de riantes vallées plantées de vignes et d'arbres fruitiers.

Le groupe du **centre**, qui comprend le vaste canton de

Berne (cap. *Berne*, sur l'Aar); celui de **Fribourg** (cap. *Fribourg*, ville principale *Morat*, où le duc de Bourgogne, Charles le Téméraire, fut vaincu par les Suisses en 1476); celui de **Lucerne** (cap. *Lucerne*, sur le lac des Quatre-Cantons, ville principale *Sempach*, illustrée par une victoire des Suisses sur les Autrichiens en 1386); celui de **Zug** (cap. *Zug*); et les trois cantons de **Schwytz** (cap. *Schwytz*), d'**Uri** (cap. *Altorf*), et d'**Unterwalden** (cap. *Stanz*), berceau de l'indépendance helvétique, est un pays de lacs, de forêts, de montagnes pittoresques et sauvages que dominent les glaciers des Alpes Bernoises et Centrales et qu'arrosent l'Aar et la Reuss.

Population. Gouvernement. — La population de la Suisse est de 3 314 000 habitants (80 par kilomètre carré); on parle le français dans l'ouest, l'italien et le romanche dans le sud, un dialecte allemand dans le reste de la Suisse. Le protestantisme domine dans l'ouest et dans le nord, le catholicisme dans le centre; les autres cantons sont mixtes.

Le gouvernement est une république fédérale qui laisse à chaque canton l'indépendance de son administration intérieure. Les intérêts communs sont traités par une assemblée fédérale formée d'un *Conseil national* élu pour trois ans par le suffrage universel, et d'un *Conseil des Etats* de 44 membres (2 par canton), qui résident à Berne. L'Assemblée nomme pour trois ans un *Conseil fédéral* qui représente le pouvoir exécutif, et dont le président annuel porte le nom de président de la Confédération.

Le budget fédéral est d'environ 85 millions.

L'armée se compose de l'armée active (*auszug*) formée des hommes de 20 à 32 ans, et de la landwehr qui comprend les hommes de 33 à 44 ans. En cas de guerre, les forces militaires pourraient s'élever à plus de 475 000 hommes en y comprenant le *landsturm* composé des hommes de 17 à 20 ans et de 45 à 50 ans; mais la neutralité de la Suisse est reconnue par toutes les puissances de l'Europe. De plus des fortifications ont été élevées au Saint-Gothard, au défilé de Saint-Maurice et à celui de Luziensteig.

L'instruction populaire est très développée, et la Suisse ne compte presque pas d'illettrés. Zurich, Berne, Bâle, Genève, possèdent des universités, Zurich une Ecole polytechnique fédérale, Lausanne et Neuchâtel des académies pour l'enseignement supérieur.

Caractère national. — Habitués à une vie rude et à un climat rigoureux, les Suisses sont un peuple de bergers et de soldats que la nécessité a transformés en ouvriers habiles et laborieux, et la situation de leur pays en commerçants hardis et intelligents. — Malgré la diversité des langues et des races, les divisions religieuses et l'esprit particulariste des cantons, les Suisses ont au moins un sentiment commun, un patriotisme solide et capable de tous les sacrifices. C'est peut-être aujourd'hui, malgré les traités qui les protègent, leur meilleure garantie.

II

GÉOGRAPHIE ÉCONOMIQUE

Situation commerciale. — Apre, stérile, ne touchant à aucune des mers qui baignent l'Europe, la Suisse rachète ces désavantages par sa position centrale entre l'Allemagne, l'Italie, l'Autriche et la France, position qui lui assure un grand commerce de transit à cause des voies importantes qui se croisent sur son territoire.

Production agricole. — La Suisse, avec son chaos de montagnes, ses terrains granitiques, ses eaux abondantes, ses hivers prématurés, semble créée pour le pâturage plutôt que pour l'agriculture. Aussi ses troupeaux sont-ils un des revenus les plus considérables du pays.

La culture du *blé* est insuffisante pour les besoins de la population, qui y supplée par celle de la pomme de terre.

La *vigne* réussit surtout sur les bords du lac de Genève, du lac de Constance, du lac Majeur et dans la vallée du Rhin ; le *mûrier* est cultivé dans le canton du Tessin où l'on élève le ver à soie ; les *arbres fruitiers*, le *tabac*, le *chanvre* et le *lin* dans toute la Suisse. Des *forêts* de hêtres, de châtaigniers, de chênes et d'arbres résineux couvrent encore les pentes des Alpes et du Jura.

Production minérale. — La Suisse a quelques mines de lignite et d'anthracite, des gisements de fer, de plomb, de sel gemme (*Schweizerhall*, dans le canton de Bâle, *Bex*, dans le canton de Vaud), et de nombreuses sources minérales (*Pfæffers* et *Ragatz* dans le canton de Saint-Gall, *Louèche* et *Saxon* dans le Valais, *Saint-Moritz* dans les Grisons, *Baden* en Argovie, etc.) ; les pierres, les granits, les marbres, les ardoises, le cristal de roche, donnent lieu à une exploitation très active.

Production industrielle. — La Suisse, au point de vue industriel, a été justement surnommée une « merveille économique ».

En effet, pauvre en combustible et en métaux, elle est parvenue, grâce à l'utilisation de la force motrice de l'eau (chutes et torrents), et grâce au bon marché de la main-d'œuvre, à créer des industries prospères.

Les filatures de coton, les étoffes imprimées, les teintureries de *Zurich* rivalisent avec celles de Mulhouse ; les mousselines et dentelles de *Saint-Gall* et d'*Appenzell*, avec celles de Tarare.

Pour les **soieries**, il faut citer *Lugano*, avec ses vastes filatures, *Zurich*, avec ses nombreux métiers, *Bâle*, avec ses rubaneries, qui exportent chaque année pour plus de 50 millions de marchandises.

La préparation du **lait** condensé, la **fabrication du beurre**, celle du **fromage**, d'abord concentrée à Gruyère (canton de Fribourg), sont aujourd'hui répandues dans toute la Suisse, et surtout dans les cantons montagneux.

Zurich, Schaffouse, Neuchâtel, Winterthur, possèdent quelques grands établissements métallurgiques ; la *sculpture sur bois* conserve son importance traditionnelle dans les hautes vallées de l'Oberland bernois ; mais, parmi les industries suisses, la plus florissante est celle de l'**horlogerie** et de la **bijouterie**, dont *Genève* est la métropole. La *Chaux-de-Fonds*, le *Locle*, et presque tous les villages du canton de Neuchâtel, *Saint-Imier*, dans le canton de Berne, doivent leur prospérité à la même fabrication.

Le nombre des ouvriers horlogers est aujourd'hui de plus de 45 000, et la Suisse livre annuellement au commerce 1 600 000 montres, représentant une valeur de plus de 100 millions de francs.

Routes de transit. — La Suisse est traversée par quatre grandes voies de transit dont deux font communiquer l'Allemagne avec l'Italie : la route du *Splugen*, par *Coire* et la vallée du Rhin, et celle du *Saint-Gothard*, de Lucerne à Milan par les vallées du Tessin et de la Reuss ;

Une, l'Italie avec la France : celle du *Simplon*, de Milan par la vallée du Rhône et les bords du lac Léman où est assise *Genève*, l'entrepôt du commerce de la Suisse avec le sud-est de la France ;

Une, la France avec l'Allemagne et l'Autriche, par *Bâle*, la vallée du Rhin et le tunnel de l'Arlberg.

Communications avec la France. — Cinq lignes de chemins de fer : celles de Paris à Bâle, par Belfort et Mulhouse ou par Delle et Porrentruy ; celle de Besançon à Neuchâtel par Morteau ; celles de Pontarlier à Lausanne par Vallorbe et à Berne par le Val Travers et Neuchâtel ; celle de Lyon à Genève par Bellegarde, rattachent aujourd'hui la France à la Suisse, et ont enlevé aux anciennes routes du Jura une partie de leur importance.

La navigation du lac de Genève est très active entre la rive suisse et la rive française, et occupe un grand nombre de chalands et de bateaux à vapeur.

Chemins de fer. — Malgré les difficultés naturelles, la Suisse a construit un réseau de chemins de fer dont le développement est de plus de 3960 kilomètres, et qui, en remontant les vallées des fleuves, pénètre jusqu'au cœur de ses montagnes.

Bâle, Genève et Zurich peuvent être considérées comme les têtes de lignes.

La grande voie de transit entre l'Italie et l'Europe centrale franchit les Alpes par un tunnel de près de 15 kilomètres creusé sous le Saint-Gothard, qui rattache le réseau allemand et suisse avec le réseau italien.

Des *télégraphes* circulent entre tous les centres de commerce et d'industrie, et franchissent toutes les frontières.

Valeur des échanges. — Le commerce extérieur de la Suisse s'élève à près de 2 milliards.

L'*importation* des marchandises suisses destinées à la consommation française comprend : les soieries, les soies brutes, les fromages, les tissus de coton, les bois communs, les bestiaux et l'horlogerie.

Les exportations de France en Suisse comprennent : les soies écrues, les tissus de laine, de coton et de soie, les sucres raffinés, les vins, les outils et ouvrages en métaux, la houille, les ouvrages en peau ou en cuir.

En dehors de la France, la Suisse est surtout en relations commerciales avec l'Allemagne qui vient au premier rang, puis avec l'Italie, l'Angleterre, l'Autriche-Hongrie et les États-Unis.

La Suisse emprunte à l'étranger la plupart des matières premières, beaucoup de denrées alimentaires et quelques produits manufacturés; à l'Angleterre, les métaux, les denrées coloniales, la quincaillerie, les machines par le transit français ou allemand; au Zollverein ses houilles, ses métaux, ses laines, ses lins, ses céréales, ses ouvrages en fer; à l'Italie, ses soies, ses grains, ses pailles, les cotons, les matières tinctoriales, les huiles, les fruits, les peaux, les laines, dont Gênes est l'entrepôt.

Les principaux objets d'*exportation* sont les tissus et rubans de soie, les cotonnades, l'horlogerie et la bijouterie, le lait, le beurre et le fromage, les machines et la carrosserie, les bestiaux, les peaux brutes, les soies grèges, etc.

Le commerce de transit est considérable et affranchi de toutes les taxes qui l'atteignaient autrefois.

Les tarifs douaniers ont toujours été peu élevés; aussi la Suisse a-t-elle accueilli avec empressement la liberté commerciale qu'elle mettait déjà en pratique.

RÉSUMÉ

GÉOGRAPHIE PHYSIQUE. — La SUISSE ou Confédération helvétique est bornée au nord par l'Allemagne, à l'est par l'empire d'Autriche, au sud par l'Italie, à l'ouest par la France.

La superficie est de 41 346 kilomètres carrés.

Sauf dans sa partie septentrionale, la Suisse est hérissée de montagnes. Elle est traversée ou limitée par la chaîne de partage des eaux de l'Europe sous le nom d'*Alpes Algaviennes*, d'*Alpes Centrales* ou *Lépontiennes (Saint-Gothard)*, d'*Alpes Bernoises* et de *Jura*. Des Alpes Centrales se détachent les Alpes *Pennines* qui renferment le mont *Rose*, le plus élevé de la Suisse.

Du massif des Alpes Centrales descendent : au sud le *Tessin*, à l'est l'*Inn*, à l'ouest le *Rhône* qui traverse le lac de *Genève*, au nord le *Rhin* qui traverse le lac de *Constance*, et reçoit à gauche l'*Aar*, déversoir des lacs de *Thun*, de *Brienz*, de *Lucerne* ou des *Quatre-Cantons*, de *Zurich*, de *Bienne* et de *Neuchâtel*.

FORMATION TERRITORIALE. — La Suisse (*Helvétie*) a fait partie tour à tour de la Gaule, de l'empire franc, du royaume de Bourgogne et de l'empire germanique. Les trois cantons de Schwytz, qui lui a donné son nom, d'Uri et d'Unterwalden ont formé, de 1291 à 1308, le noyau de la Confédération, dont l'indépendance a été reconnue en 1648.

GÉOGRAPHIE POLITIQUE ET ÉCONOMIQUE. — La Suisse se divise en 22 cantons, cinq au nord :

1º Les cantons de BALE, cap. *Bâle*, sur le Rhin (75 000 habitants, soieries), v. pr. *Liestal* ; 2º d'ARGOVIE, cap. *Aarau* ; 3º de ZURICH, cap. *Zurich* (103 000 hab.), cotonnades et soieries, industries métallurgiques); 4° de SCHAFFOUSE, cap. *Schaffouse*, sur le Rhin ; 5° de THURGOVIE, cap. *Frauenfeld*.

6°, 7° et 8° Trois à l'est : les cantons de SAINT-GALL, cap. *Saint-Gall* (mousselines), d'APPENZELL, cap. *Appenzell*, et des GRISONS, cap. *Coire*, près du Rhin.

9° et 10° Deux au sud : le TESSIN, villes principales *Bellinzona*

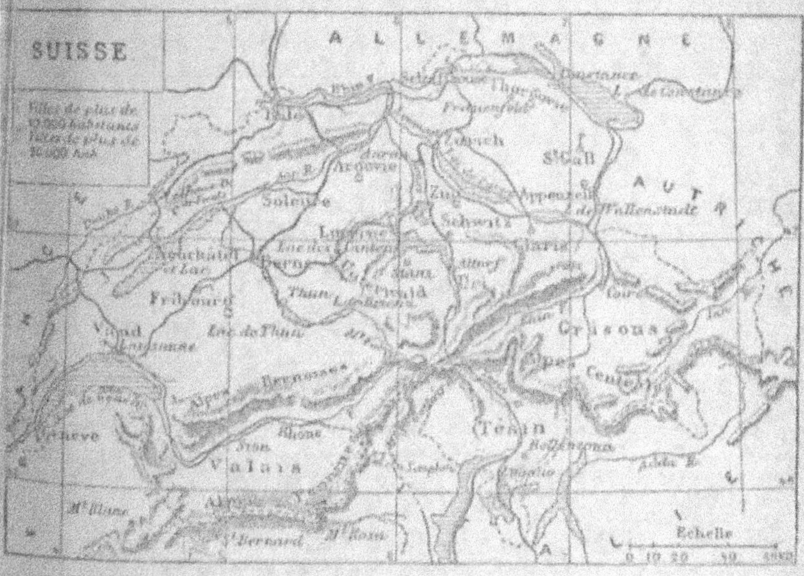

sur le Tessin, et *Lugano* (filatures de soie) ; le VALAIS, capitale *Sion*, sur le Rhône.

Trois à l'ouest : 11° les cantons de VAUD, capitale *Lausanne ;* 12° de GENÈVE, capitale *Genève*, sur le lac, la seconde ville de la Suisse (78000 habitants), métropole de l'industrie de l'horlogerie et de la bijouterie ; 13° de NEUCHATEL, capitale *Neuchâtel ;* villes principales la *Chaux-de-Fonds* et le *Locle* (horlogerie).

Neuf au centre : 14° les cantons de BERNE, capitale *Berne*, sur l'Aar, capitale de la Confédération ; 15° de FRIBOURG, capitale *Fribourg ;* 16° de SOLEURE, capitale *Soleure*, sur l'Aar ; 17° de LUCERNE, capitale *Lucerne ;* 18° de ZUG, capitale *Zug ;* 19° de GLARIS, capitale *Glaris ;* 20°, 21° et 22° d'Uri, capitale *Altorf ;* de SCHWYTZ, capitale *Schwytz*, et d'UNTERWALDEN, capitale *Stanz* (fromage et lait concentré).

La population de la Suisse est de 3314000 habitants, de langues française, italienne, romanche et allemande. — Le protestantisme domine dans l'ouest et dans le nord, le catholicisme dans le centre ; les autres cantons sont mixtes.

Le gouvernement est une république fédérale. Les intérêts communs sont traités par une assemblée formée d'un *Conseil national* et d'un *Conseil des États*. Le pouvoir exécutif est exercé par le *Conseil fédéral*.

Malgré ses montagnes, la Suisse doit à ses pâturages, à ses forêts, à son industrie, à ses chemins de fer (plus de 3 000 kilomètres), dont le plus important est celui qui traverse les Alpes par le tunnel du Saint-Gothard, enfin à la supériorité de l'instruction populaire, une importance hors de proportion avec l'étendue de son territoire.

Son commerce s'élève à près de 2 milliards.

CHAPITRE VI

Région méridionale

ROYAUME D'ESPAGNE

(504 500 kilomètres carrés.)

I

DESCRIPTION PHYSIQUE ET POLITIQUE

Limites. — Le royaume d'Espagne est situé entre 36° et 43° 46' de latitude N., 11° 39' de longitude O et 1° de longitude E. Il est borné au nord par le *golfe de Gascogne*, la *Bidassoa* et les *Pyrénées*, qui le séparent de la France, à l'est par la mer Méditerranée, au sud par la Méditerranée et le détroit de Gibraltar, à l'ouest par l'océan Atlantique et le Portugal.

Le groupe des **Baléares** (*Majorque*, *Minorque*, *Ivica*, *Cabrera* et *Formentera*), dans la Méditerranée, lui appartient, et les îles **Canaries** (*Grande Canarie*, *Ténériffe*, *Fortaventura*, *Palma*, et l'île de *Fer*), situées sur les côtes d'Afrique, sont regardées comme partie intégrante du territoire espagnol.

Montagnes et fleuves. — L'Espagne est un vaste plateau sillonné de vallées profondes, couronné de *sierras* aux sommets dentelés et neigeux, plongeant par de brusques escarpements dans le golfe de Gascogne et s'abaissant en pentes plus douces à l'ouest et à l'est. Elle est couverte au nord par les rameaux des *Pyrénées*, dont elle possède les plus hauts sommets, la *Maladetta* (3 404 m.), le pic *Posets*, et qui se prolongent par les monts *Cantabres*, dans la direction de l'est à l'ouest, jusqu'aux caps *Ortégal* et *Finisterre*.

Des Pyrénées se détachent, en courant du nord au sud, les monts *Ibériques*, plateaux calcaires qui séparent le versant de l'Atlantique de celui de la Méditerranée; au sud s'étend la *Sierra Nevada* (point culminant, 3 500 m.), jusqu'à la pointe de Tarifa.

Les monts Ibériques projettent au sud-ouest, vers l'océan Atlantique, trois chaînes principales : 1° la *Sierra de Guadarrama*, qui prend, en Portugal, les noms de *Sierra d'Estrella*, et se prolonge jusqu'au cap *Roca*. Au nord du *Douro* s'étendent les monts *Cantabres*; 2° les monts de *Tolède* et de l'*Estremadure* se prolongent, par la sierra de *Monchique*, jusqu'au cap *Saint-Vincent*, en Portugal, et limitent, au sud, la vallée du *Tage*; 3° la *Sierra Morena* sépare celle de la *Guadiana* de celle du *Guadalquivir*, dont la limite méridionale est formée par la *Sierra Nevada*. Tous ces fleuves, tributaires de l'Atlantique, coulent de l'est à l'ouest et descendent des monts Ibériques, à l'exception du *Minho*, qui naît dans les monts Cantabres.

Le principal fleuve du versant de la Méditerranée est l'*Ebre*, qui descend des monts *Cantabres*, à leur point de jonction avec les monts Ibériques, et coule sur un plateau du nord-ouest au sud-est. Il reçoit, à gauche, l'*Aragon*, le *Gallego* et le *Segra*. Le versant de la Méditerranée est arrosé, en outre, par le *Guadalaviar*, le *Xucar* et la *Segura*.

Formation territoriale. — L'Espagne, désignée par les Grecs sous les noms d'*Hespérie* et d'*Ibérie*, par les Romains sous celui d'*Hispanie*, paraît avoir été peuplée par un mélange d'Ibères et de Celtes, auxquels se joignirent, à différentes époques, des colonies phéniciennes et grecques. Soumise par les Carthaginois, puis par les Romains, elle fut envahie, au cinquième siècle après J.-C., par les Suèves et les Visigoths qui y fondèrent un empire destiné à disparaître, en 711, devant la conquête arabe. Les conquérants musulmans, dont les souverains firent de Cordoue la capitale du Khalifat d'Occident, furent refoulés lentement à partir du dixième siècle, par les progrès des chrétiens qui fondèrent successivement les royaumes de Navarre, de Léon, de Castille, d'Aragon et de Portugal. Les quatre premiers furent réunis, au seizième siècle, entre les mains de Charles d'Autriche, et son fils, Philippe II, ajouta à la couronne d'Espagne celle de Portugal, que ses successeurs perdirent au dix-septième siècle. Quant aux Maures, qui avaient hérité de l'empire des Arabes, Grenade, leur dernière possession en Espagne, leur fut enlevée, en 1492, par Ferdinand d'Aragon et Isabelle de Castille.

Divisions politiques. Grandes villes. — L'Espagne se divise politiquement en 49 provinces, mais l'usage a conservé le nom des anciennes divisions, qui correspondent encore en partie aux capitaineries générales ou gouvernements militaires et qui sont au nombre de 13, sans compter les Canaries.

La capitale est **Madrid**, dans la Nouvelle-Castille (500 000 hab.), sur un plateau aride, et sur les bords d'un petit affluent du *Jarama* (affluent du Tage), le *Manzanares*. Malgré sa situation et son climat, ses larges rues, ses places, ses promenades (le Pardo, la Florida), ses palais, ses musées en font une des plus belles villes de l'Espagne. Dans un rayon de 12 à 60 kilomètres autour de Madrid sont dispersées les résidences royales du *Pardo*, d'*Aranjuez*, de la *Granja* et de l'*Escurial*, l'étrange et sombre édifice construit par Philippe II, à la fois palais, abbaye et nécropole.

1° à 7° Le groupe du **nord** comprend : la **Galice**, capitale *La Corogne* (*Coruña*), villes principales : le *Ferrol*, port militaire, *Pontevedra*, *Vigo*, ports sur l'Atlantique, et *Saint-Jacques* (*Santiago*) *de Compostelle*, célèbre par son ancien pèlerinage ; les **Asturies** (cap. *Oviedo*) ; la **Vieille-Castille** (cap. *Burgos*, v. pr. *Valladolid*, ancienne capitale de l'Espagne, *Ségovie*, et *Santander*, port sur le golfe de Gascogne) ; les **Provinces basques** (Biscaye, cap. *Bilbao* (52 000 hab.), Guipuzcoa, cap. *Saint-Sébastien*, sur le golfe de Gascogne, ville principale *Fontarabie*, sur la Bidassoa, et **Alava**, cap. *Vittoria*, tristement célèbre dans la campagne de 1813) ; la **Navarre** (cap. *Pampelune*, en espagnol *Pamplona*) ; l'**Aragon** (cap. *Saragosse* (*Zaragoza*), 95 000 hab., sur l'Èbre, illustrée par sa défense héroïque contre les Français en 1809) ; enfin la **Catalogne**, le centre des grandes industries espagnoles, usines métallurgiques, travail du liège, manufactures de cotonnades, de toiles et de lainages (cap. *Barcelone*, 272 000 hab., 500 000 avec les faubourgs, sur la Méditerranée), le premier port commerçant

Fig. 38. — Vue de l'Escurial.

de l'Espagne, dominée par le fort de Montjuich, v. pr. *Lérida*, *Reus* et *Tarragone*, places fortes et centres industriels, *Tortose*, à l'embouchure de l'Ebre, *Gérone* sur le Ter.

Ce groupe septentrional est un chaos de montagnes dont les flancs escarpés recèlent de riches gisements de fer, de zinc, de plomb et de houille ; de vallées humides et profondes, de plaines étroites et encaissées où roulent des cours d'eau qui, pour la plupart, ne sont que des torrents.

8° à 10° Le groupe de l'**est**, auquel se rattachent les **Baléares** (cap. *Palma*, 60 000 hab., dans l'île Majorque ; v. pr. *Port-Mahon*, dans l'île Minorque), comprend les provinces de **Valence** (cap. *Valence*, 170 000 hab., à l'embouchure du Guadalaviar, ville de commerce et d'industrie, dans une des plus riches plaines de l'Espagne, v. pr. *Alicante*, sur la Méditerranée) ; et de **Murcie** (v. pr. *Murcie*, 100 000 hab., sur la Ségura, et *Carthagène*, port de guerre sur la Méditerranée). C'est une région accidentée, mais fertile, surtout sur la côte, où croissent dans les plaines couvertes de moissons et de rizières et sillonnées de canaux d'irrigation, l'olivier, l'oranger, le mûrier, le figuier, le dattier, tandis que sur les coteaux mûrit la vigne qui donne les fameux vins d'Alicante.

11° et 12° Au **sud**, dans le bassin du Guadalquivir, s'étendent les provinces de **Grenade**, capitale *Grenade* (78 000 hab.), la ville mauresque aux merveilleux édifices (Alhambra), villes principales, *Malaga* (135 000 hab.), sur la Méditerranée, *Alméria* et *Adra*, avec leurs inépuisables mines de plomb ; et d'**Andalousie**, capitale *Séville* (145 000 hab.), qui se vante d'être la merveille de l'Espagne et qui fut longtemps la capitale des rois de Castille, villes principales : *Cordoue* (56 000 hab.), située, comme Séville, sur le Guadalquivir, célèbre par son antique mosquée, *Cadix* (66 000 h.), sur l'Atlantique, port de guerre et de commerce, *Xérès* (*Jerez*), fameux par ses vins (bataille de 711) ; et la forteresse imprenable de **Gibraltar** (possession anglaise). C'est là que se déploient, au pied de la Sierra Nevada et de la Sierra Morena, de larges plaines coupées de canaux d'irrigation, semées de riants villages, couvertes de moissons et de vignes, plantées d'oliviers, d'orangers, de cotonniers, région favorisée entre toutes, au ciel toujours pur, au soleil brûlant, mais dont le climat est rafraîchi par les brises de mer, et tempéré par le voisinage des montagnes.

Fig. 39. — Les remparts mauresques de Séville.

13° et 14° A l'ouest, l'**Estremadure** (cap. *Badajoz*, sur la Guadiana), et la province de **Léon** (cap. *Léon*, v. pr. *Salamanque*, célèbre par son université et par la bataille de 1812), n'offrent guère que des plaines traversées par des

Carte VI.

fleuves qui se dessèchent en été et des pâturages qui nourrissent les plus beaux bestiaux de l'Espagne.

15° Enfin, au centre, la **Nouvelle-Castille** (cap. *Madrid*; v. pr. : *Tolède*, sur le Tage, *Ciudad-Réal*, ch.-l. de la *Manche*, et *Almaden*, célèbre par ses mines de mercure) est un plateau balayé par le vent, tour à tour couvert de neige et brûlé par le soleil, sans eau, sans arbres, où des touffes de genêts et de bruyères percent à peine un sol aride et sablonneux que parcourent de maigres troupeaux de bœufs et de moutons.

Population. Religion. Gouvernement. — La

population de l'Espagne est de 18 millions d'habitants ; la religion catholique y est presque seule pratiquée, et tous les habitants parlent des dialectes espagnols (castillan, catalan, etc.), à l'exception des Basques qui ont gardé la vieille langue des Ibères, et qui paraissent en avoir conservé le type. La péninsule ibérique, malgré son isolement, n'a pas échappé du reste aux invasions anciennes ou récentes, et le sang des Ibères est fortement mélangé de sang phénicien, celtique, latin, germain, arabe, berbère et même juif. Le gouvernement est une monarchie constitutionnelle, avec un Sénat et une Chambre des députés ; mais, depuis le commencement du siècle, l'Espagne a traversé de nombreuses révolutions qui ont porté une atteinte profonde à son crédit et à sa prospérité.

Les finances de l'Espagne sont en mauvais état surtout depuis la guerre avec les États-Unis ; le capital de la dette publique dépasse 6 milliards.

Le service militaire est obligatoire. L'armée comprend environ 120 000 hommes sur le pied de paix.

La marine militaire a été presque anéantie dans la guerre de 1898.

L'instruction primaire est peu avancée ; on évalue la proportion des illettrés à 50 pour 100.

Caractère national. — Le peuple espagnol, fier, brave, intelligent et sobre, mais dédaigneux du travail, et gâté par la misère à laquelle il a fini par se résigner, est une race essentiellement agricole. On compte quatre-vingts paysans pour cent habitants : cependant l'exemple de Cordoue, de Séville, de Tolède, de Ségovie, de Murcie au quinzième siècle, celui de Barcelone et de Valence, de nos jours, montrent que le paysan espagnol peut devenir un habile ouvrier, et les entreprises gigantesques du seizième siècle prouvent qu'il n'est pas dépourvu de génie commercial. Les véritables causes de l'infériorité de l'Espagne, ce sont ses guerres désastreuses du seizième et du dix-septième siècle, l'étendue démesurée de ses colonies qui ont absorbé toutes les forces vives de la nation, l'état d'ignorance superstitieuse, où elle resta longtemps plongée et qui l'a laissée étrangère à tous les progrès modernes, l'organisation de la propriété concentrée en un trop petit nombre de mains et les agitations politiques qui l'ont bouleversée depuis soixante-dix ans ; mais l'Espagnol a conservé intact son orgueil national et son patriotisme jaloux ; il l'a prouvé contre nous de 1808 à 1813.

République d'Andorre. — Au nord de la Catalogne et dans le versant méridional des Pyrénées, est située la petite république d'*Andorre* (6000 hab.), gouvernée par un conseil général et deux syndics élus pour quatre ans et placée sous la suzeraineté de la France et de l'évêché espagnol d'*Urgel*.

II

GÉOGRAPHIE ÉCONOMIQUE

Situation commerciale. — Située à l'une des extrémités de l'Europe et séparée de la France par la chaîne des Pyrénées, l'Espagne rachète l'isolement de sa position continentale par une admirable situation maritime. Ses côtes se prolongent sur une étendue d'environ 2900 kilomètres. Au nord, le golfe de Gascogne ouvre à ses navires le chemin des ports de France et d'Angleterre ; à l'ouest, l'océan Atlantique lui trace vers les deux Amériques et les côtes occidentales de l'Afrique la route si glorieusement inaugurée par les navigateurs du quinzième siècle ; au sud, l'Espagne domine le détroit de Gibraltar, cette porte de la Méditerranée ; enfin, à l'est, la péninsule ibérique est baignée sur une étendue de plus de 1000 kilomètres par la Méditerranée, où le pavillon espagnol régnait, au temps de sa grandeur, depuis les mers du Maroc jusqu'à celles de la Grèce et jusqu'aux parages de Tunis et de Tripoli.

Climat et nature du sol. — L'aspect général de la péninsule ibérique est celui d'un vaste plateau à la charpente granitique, couronné de sierras aux sommets dépouillés, se terminant au nord et au sud par de brusques escarpements qui dominent le golfe de Biscaye et la Méditerranée, s'abaissant à l'ouest et à l'est par des talus inclinés, dont la pente va mourir dans de fertiles plaines, couvertes d'une riche végétation et d'une population nombreuse et intelligente. Le climat, tempéré dans la partie septentrionale de la péninsule (moyenne de 9° à 14°), continental et sec sur les plateaux, est presque brûlant dans le midi où la température moyenne atteint 19° à 24°.

Production agricole. — Sur 50 millions d'hectares, l'Espagne n'a que 17 millions d'hectares de terres arables, et l'incurie des populations, la difficulté des transports, le peu de division de la propriété réduisent à 100 millions d'hectolitres à peine la moyenne des récoltes annuelles en *blés*, *seigle*, *orge*, *maïs*, etc. Le *riz* est cultivé surtout en Andalousie et dans la huerta de Valence, la pomme de terre dans les provinces du nord.

La culture de la *vigne* est répandue dans toute la péninsule, et les crus de Xérès, de Malaga, d'Alicante, jouissent d'une réputation universelle : l'Aragon, la Catalogne, la région de Valence et les Baléares fournissent des vins communs ; mais l'imperfection des procédés de culture et de vinification réduit à 24 millions d'hectolitres environ le produit annuel de l'Espagne.

L'*oranger*, le citronnier, le figuier, réussissent dans toute la partie orientale et méridionale ; les *dattes* de la province d'Alicante le disputent à celles d'Afrique ; les *huiles* d'Andalousie, de Valence et de Murcie, sont de qualité supérieure et s'exportent dans toute l'Europe.

Les Pyrénées, la Sierra Morena, la Sierra Nevada ont encore de belles *forêts*, et le chêne-liège est assez commun, surtout en Catalogne.

Enfin, le *sparte* (alfa), qui croît spontanément sur les plateaux de l'Andalousie, de Murcie et de Valence, et qui sert à la fabrication de la sparterie et du papier, est l'objet d'un commerce considérable.

Dans les **pâturages** de la Nouvelle-Castille, de l'Estremadure, de l'Aragon, les *prairies* de l'Andalousie et de la Catalogne sont élevés les bœufs, les *chèvres* et les *moutons mérinos*, qui fournissent encore, malgré la décadence de la race, des laines estimées. Les *ânes* et les *mulets* se trouvent en Castille, les *chevaux* en Andalousie et vers Valence et le disputent aux races les plus renommées d'Europe et d'Orient ; la production de la *soie* a été fort réduite par la maladie des vers à soie qui a ravagé toutes les magnaneries européennes.

Production minérale. — Le combustible végétal est rare en Espagne, et la production de la **houille** est très faible. Les principaux gisements de houille sont ceux de *Langreo* dans les Asturies, d'*Alar del Rey* dans la Vieille-Castille, d'*Urgel* en Catalogne, de *Montalvan* et de *Teruel* en Aragon, de *Belmez* en Andalousie.

Le **fer** abonde dans les provinces basques, en Catalogne,

dans le bassin houiller des Asturies, et dans la province de Malaga.

Les mines de **cuivre** de Rio-Tinto (dans la province d'*Huelva*), des provinces d'Almeria et de Murcie, les gisements de **zinc** des Asturies et des provinces basques, les mines d'**étain** des Asturies rivalisent avec les exploitations de l'Angleterre et de l'Allemagne.

Les mines de **plomb** comptent parmi les plus riches du monde : celles de Catalogne, d'Andalousie (*Linarès*), de la province de Zamora, de celle de Carthagène, sont les plus riches. Les mines de **mercure** d'*Almaden*, les plus riches d'Europe, donnent près de 1 800 000 kilogrammes par an.

Les **marais salants** d'Andalousie, les mines de sel gemme de Catalogne et des provinces basques, peuvent lutter avec les salines de France et d'Angleterre; les sources minérales sont très nombreuses; enfin la pierre à bâtir, la pierre à chaux, les argiles, les marbres se rencontrent en abondance dans toute la péninsule.

Production industrielle. — L'industrie espagnole, si active au seizième siècle, est aujourd'hui une des plus arriérées de l'Europe. La cherté du combustible, la difficulté des transports, la rareté des capitaux, les agitations politiques sont les principales causes de cette infériorité.

Industries textiles. — Presque toutes les *industries textiles* sont concentrées dans la Catalogne, où les villes de **Barcelone** et de **Reus** occupent à la filature et au tissage du coton, à l'impression des étoffes, à la bonneterie, plus de 100 000 ouvriers, tandis que les toiles de *Tarragone* et de *Valls*, les draps de *Sabadell*, les dentelles de Barcelone rivalisent avec les produits étrangers.

Cependant la province de Grenade a des filatures de laine et des fabriques de flanelles (*Antequera*); la province d'Alicante, celle de Salamanque, la Vieille-Castille (*Ségovie* et *Palencia*), des manufactures de draps et de lainages; Valence, Séville, Cordoue, Murcie, Madrid, des manufactures de soieries.

Industries métallurgiques. — Les industries *métallurgiques* sont plus développées. Les forges de la Catalogne, de la Navarre, des Asturies et de l'Andalousie, de *Gijon*, de *Bilbao*, pour le travail du fer; les fonderies de plomb d'*Almeria*, de *Malaga*, de *Carthagène*; les fabriques d'armes et de machines de *Barcelone*; la quincaillerie et l'orfèvrerie de

Fig. 40. — La Corogne.

GÉOGRAPHIE POLITIQUE ET ÉCONOMIQUE.   271

Séville et de *Madrid*, offrent des éléments de richesse, qui grandiront avec le progrès des relations internationales.

La tannerie, la fabrication des bouchons, la préparation des tabacs et des cigares, celle des huiles, la fabrication du chocolat, la papeterie, méritent également une mention.

Communications par mer avec la France. — La France communique avec les ports espagnols par de nombreuses lignes de navigation régulière, et les deux tiers de nos échanges avec l'Espagne ont lieu par mer. Le Havre, Nantes, Bordeaux, Bayonne, Cette et Marseille, sont les principaux ports d'embarquement pour la péninsule.

Principaux ports. Lignes de navigation. — La partie septentrionale, depuis les caps Ortégal et Finisterre jusqu'à l'embouchure de la Bidassoa, est baignée par les flots toujours agités de la mer de Gascogne.

Les trois principaux ports de ce versant sont *Saint-Sébastien*, chef-lieu du Guipuzcoa, **Bilbao**, avec son port avancé de Portugalète, et **Santander** (Vieille-Castille), entrepôts du commerce maritime du nord de l'Espagne avec la France, l'Angleterre, les pays Scandinaves, les villes hanséatiques, et les Antilles espagnoles.

Gijon, port d'Oviédo, dans les Asturies, le *Ferrol* et la *Corogne* (Galice), *Vigo*, sur l'océan Atlantique, débouché du commerce de la Galice, entretiennent des relations suivies avec l'Angleterre, la France et l'Amérique.

A l'ouest, la plus grande partie des côtes de la péninsule appartiennent au Portugal. Depuis l'embouchure de la Guadiana, où finit le littoral portugais, jusqu'au détroit de Gibraltar, la côte est basse, sablonneuse, desséchée par un soleil brûlant, et balayée par les vents d'Afrique.

Les places de commerce les plus importantes sont *Huelva* et **Cadix**, en Andalousie, le premier port militaire et le second port marchand de l'Espagne. *Séville*, sur le Guadalquivir, est en relations avec le Havre et Marseille.

Depuis la pointe de Tarifa jusqu'au cap Creus, où finissent les Pyrénées, les côtes de la Méditerranée sont souvent abruptes, bordées d'une ceinture de rochers et de montagnes qui s'écartent de loin en loin, pour laisser entre leurs dernières pentes et la mer une plage étroite, couverte de sables ou de marécages, et brûlée par le soleil. A l'entrée du détroit, **Gibraltar**, possession anglaise depuis 1704, est toujours un port de relâche de premier ordre, et de plus l'entrepôt du commerce anglais avec le Maroc, et de la contrebande avec l'Espagne et le Portugal.

Les ports espagnols de l'Andalousie, **Malaga**, desservi

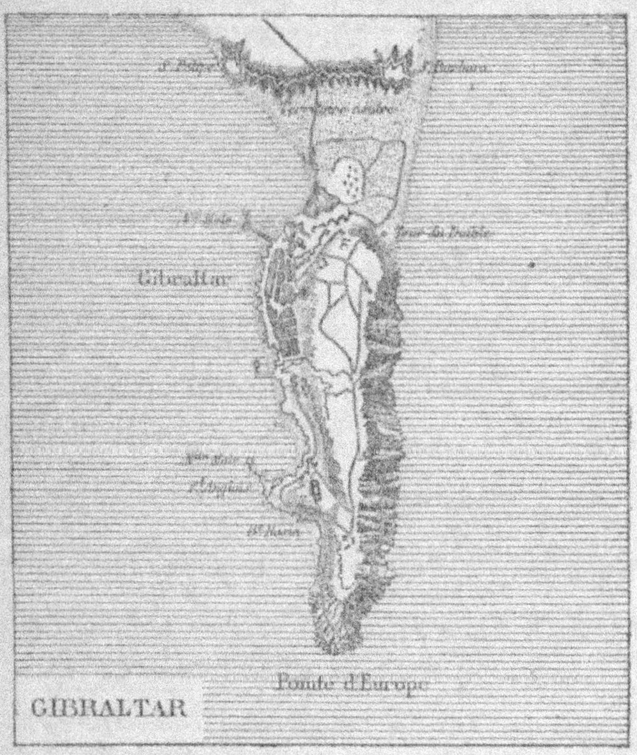

Carte VII.

par les lignes espagnoles et par celles de Marseille et du Havre, *Motril*, *Almeria*, exportent les vins, les huiles, les raisins, le plomb, etc...

Carthagène, *Alicante*, **Valence**, située sur le Guadalaviar, et qui a pour port le *Grao*, *Tortose* à l'embouchure de l'Èbre, *Tarragone*, partagent le commerce de la Méditerranée avec **Barcelone**, le premier port marchand de l'Espagne, l'entrepôt du commerce espagnol avec les peuples maritimes de la Méditerranée, et le débouché de l'industrie catalane; sa marine marchande est la plus nombreuse de la péninsule.

12.

Palma, capitale de l'île Majorque, et *Port-Mahon*, chef-lieu de Minorque, les deux plus grandes villes des Baléares, sont importants comme débouchés du commerce de ces îles et comme points de relâche entre la France et l'Algérie.

La marine marchande de l'Espagne est faible.

Routes de terre. — Le sol de l'Espagne, hérissé de montagnes qui s'élèvent comme autant de barrières entre les diverses provinces de la péninsule, est peu favorable aux communications intérieures : à part quelques grandes routes carrossables et bien entretenues, les transports se font encore sur de lourds chariots à roues pleines traînés par des bœufs, ou à dos de mulets.

Chemins de fer. — La construction des chemins de fer, longtemps retardée par le manque de capitaux et par les difficultés politiques, a pris depuis quelques années un remarquable développement, et semble devoir être le signal du réveil de l'industrie et du commerce en Espagne.

Plus de 12 000 kilomètres sont en exploitation.

Le centre des chemins de fer espagnols est Madrid, d'où partent six lignes principales.

1° *Ligne du nord*, de Madrid à Bayonne, débouché du commerce avec la France, par Valladolid, Palencia, Burgos, Vitoria, Saint-Sébastien et Irun. Un embranchement dessert Bilbao.

2° *Lignes du nord-ouest*, qui se détachent de la précédente vers Palencia, et se prolongent jusqu'à Santander, Gijon, la Corogne et Vigo.

3° *Lignes de l'ouest*, de Madrid à Lisbonne, par Ciudad-Réal et Badajoz ou par la vallée du Tage.

4° *Ligne du sud*, de Madrid à Cadix, Grenade et Malaga, par Alcazar, Cordoue et Séville.

5° *Lignes du sud-est*, de Madrid à Alicante, Carthagène et Valence, par Alcazar.

6° *Lignes du nord-est*, de Madrid à Saragosse, et de Saragosse à Barcelone et à Tarragone, en suivant la vallée de l'Ebre. De Saragosse, une ligne pénètre dans les Pyrénées jusqu'à Canfranc et doit être reliée aux chemins de fer français.

Une autre ligne, partant de Barcelone, rattache la France à l'Espagne par Port-Vendres, et longe le littoral de la Méditerranée, par Tarragone et Valence.

L'Espagne est couverte d'un vaste réseau de lignes télégraphiques, qui communiquent avec celles de tout le continent, par la frontière française.

Commerce extérieur. — Le *commerce extérieur* flotte entre 1 milliard 500 et 1 milliard 600 millions. Il se fait surtout avec l'Angleterre, la France, les États-Unis et l'Allemagne.

Parmi les objets exportés les plus importants sont : les *vins* destinés à l'Angleterre, à la France, à l'Europe du nord et à l'Amérique ; les *métaux*, plomb, cuivre, fer, manganèse, mercure ; les *huiles*, les *oranges*, les *raisins frais* et *secs*, les *bestiaux*, les *laines*, les *lièges*, les *chaussures*, la *sparterie* et le *tabac* fabriqué, qui s'exportent en Europe et Amérique.

A l'importation, les *tissus* de France, d'Angleterre, de Belgique, du Zollverein, de Suisse, les *cotons* en laine, les *céréales* des États-Unis et de Russie, le *sucre*, le *café*, le *cacao*, provenant de l'Amérique du Sud, les *ouvrages en métaux*, l'*horlogerie*, l'*orfèvrerie*, les *peaux brutes*, les *tabacs* de la Havane et de Manille, les *mulets* et les bestiaux, représentent les valeurs les plus considérables.

Le transit ne comprend guère que les marchandises destinées à la réexportation dans les colonies, et les produits coloniaux à destination de l'Europe.

Les *importations* d'Espagne en France comprennent : les vins, dont l'importation a plus que décuplé depuis l'invasion du phylloxera ; les fruits de table, les huiles d'olive, les métaux, les laines, les peaux brutes, le safran, sont les objets d'échange les plus importants.

Nos *exportations* en Espagne consistent surtout en lainages, ouvrages en bois ou en métaux, tissus de soie et de coton, parfumerie, mulets, chevaux et bestiaux, etc.

L'Espagne a perdu de 1810 à 1830 ses grandes colonies d'Amérique : elle a cédé en 1898 aux États-Unis Cuba, Porto-Rico et les îles Philippines, et vendu à l'Allemagne les îles Mariannes et Carolines. Elle ne possède plus que : les présides marocains (Ceuta, Melilla), le territoire de Rio de Oro au sud du Maroc, la Guinée espagnole (territoires du Rio Mouni), les îles Fernando-Po et Annobon dans le golfe de Guinée. Cette perte des colonies a eu pour résultat de diminuer encore le commerce de l'Espagne.

Les principaux ports de commerce sont :

1° Barcelone (5 millions 230 000 tonnes), qui ne vient

qu'au 18e rang parmi les ports du monde; 2° Bilbao;
3° Santander, puis Vigo, la Corogne, Malaga et Valence.

L'Espagne est depuis longtemps un Etat en complète
décadence.

ROYAUME DE PORTUGAL

(Superficie, 93 000 kilomètres carrés.)

Limites et description physique. — Le royaume
de Portugal est situé entre 36° 56′ et 42° 7′ de lat. N.,
8° 34′ et 11° 50′ de long. O. Il est borné, au nord et à l'est
par l'Espagne, au sud et à l'ouest par l'Atlantique. C'est un
pays de plages sablonneuses sur les côtes de l'Atlantique,
de plaines fertiles et de montagnes arides dans l'intérieur,
traversé par la prolongation des sierras espagnoles et arrosé
par la *Guadiana*, le *Tage* et le *Duero* dans leur cours inférieur.

Les îles **Açores** et les îles **Madère**, capitale *Funchal*,
sont regardées comme partie intégrante du territoire portugais.

Formation territoriale. — Le Portugal portait, au
temps de la domination romaine, le nom de *Lusitania*. Un
prince, de la maison française de Bourgogne, conquit sur
les Maures le comté de Porto, et son fils, après de nouvelles
victoires, prit le titre de roi de Portugal. A la fin du seizième siècle, les rois d'Espagne s'emparèrent du Portugal;
mais ce pays recouvra son indépendance en 1640 et pro-
clama la dynastie de Bragance, dont les descendants règnent
encore aujourd'hui.

Géographie politique. — La capitale est **Lisbonne** (*Lisboa*, 307 000 hab.), à l'embouchure du Tage,
construite en amphithéâtre sur la rive droite du fleuve, et
remarquable par ses monuments, malgré les tremblements
de terre (1531 et 1755) qui l'ont plus d'une fois menacée
d'une complète destruction. C'est un port très sûr, grâce
aux grands travaux qui y ont été exécutés.

La partie continentale du Portugal est divisée en 17 districts, mais l'usage a maintenu les noms des anciennes
provinces, qui sont au nombre de sept.

1° (Du nord au sud) **Minho** : capitale *Braga*.

2° **Douro** : capitale *Porto*, sur le Duero, le second port du Portugal, et le débouché de ses vins (139 000 hab.).

3° **Traz-os-Montes** (au delà des monts) : capitale *Bragance*.

4° **Beïra** : capitale *Coïmbre*, université célèbre.

5° **Estremadure** : capitale *Lisbonne*; villes principales, *Santarem*, sur le Tage, et *Sétubal*, le troisième port du royaume.

6° **Alemtejo** : capitale *Evora*.

7° **Algarve** : capitale *Faro*; ville principale, *Lagos*, port sur l'Atlantique.

Population. Gouvernement. — La population, y compris celle des îles *Açores* et *Madère*, est de 5 000 000 d'habitants (51 par kilom. car.), presque tous catholiques et parlant le portugais.

Le gouvernement est une monarchie constitutionnelle avec deux chambres, l'une élective, celle des députés, l'autre héréditaire ou à vie, celle des pairs.

Le Portugal est dans une situation financière déplorable : il a une dette de plus de 3 milliards dont il ne peut payer l'intérêt.

L'armée et la marine sont faibles.

L'instruction publique, bien qu'obligatoire, est peu développée : le nombre des illettrés est évalué à 35 pour 100.

Climat. Nature du sol. — Le climat du Portugal, tempéré au centre, est brûlant et malsain dans les provinces méridionales de l'*Algarve* et de l'*Alemtejo* ; le sol, accidenté, coupé par de nombreuses chaînes de montagnes, raviné par les torrents, est âpre et stérile dans le nord (provinces de *Traz-os-Montes* et *Minho*), plus fertile dans la plaine du centre (*Estremadure* et *Beïra*).

Production agricole. — L'agriculture a cependant fait des progrès : les céréales, les pommes de terre, le riz, suffisent aux besoins du pays; mais la vraie richesse agricole du Portugal consiste dans la culture de la *vigne* qui produit sur le continent environ 4 millions d'hectolitres, et plus de 500 000 dans les îles; dans celles de l'*olivier* et de l'*oranger*, qui réussissent également dans les îles et sur le continent.

Le *gros bétail* et les chevaux sont en petit nombre. Les porcs, les chèvres et les moutons sont plus nombreux, surtout dans le nord, et les laines sont assez recherchées ; les abeilles fournissent une cire estimée, et l'éducation des vers à soie a pris une certaine extension.

Production minérale. — Les richesses minérales sont considérables, mais peu exploitées. Les mines de houille de l'*Estremadure* et de la province de *Beira*, les mines de fer de *Leiria*, les cuivres de *San Domingo*, dans l'Algarve, le plomb, l'étain, l'antimoine de la province de Beira, les marbres de *Cintra* (Estremadure) et d'*Estremoz* (Alemtejo), et surtout le sel de *Sétubal*, constituent un revenu important.

Les pêcheries des côtes du Portugal sont riches surtout en crustacés, en huîtres et en sardines. On évalue leur produit à plus de 16 millions.

Production industrielle. — L'industrie portugaise, écrasée par la concurrence étrangère, surtout par les importations anglaises, entravée par le manque de routes, par la rareté du combustible, est peu prospère. *Lisbonne* et *Porto* possèdent des filatures de coton, des manufactures de lainages et de soieries, fabriquées avec la soie indigène, des usines pour la fonte des métaux, la fabrication des armes, etc. Les toiles de *Guimaraens*, près de Braga, les dentelles de *Viana* s'exportent au Brésil.

Principaux ports. Lignes de navigation. — Tout le commerce extérieur du Portugal se concentre dans trois ports : Porto, Lisbonne et Sétubal.

Porto, à l'embouchure du Duero, est le principal débouché des vins et des eaux-de-vie du Portugal.

Lisbonne, capitale du Portugal, s'élève en amphithéâtre sur la rive droite du Tage. Desservie par les lignes françaises du *Havre*, de *Saint-Nazaire* et de *Bordeaux* ; par les lignes anglaises de Glasgow, Liverpool, Bristol, Londres et Southampton, Lisbonne sert de relâche aux services français de l'Amérique du Sud (*Compagnie des Messageries*), aux paquebots anglais, entre Southampton et le Brésil, etc. Principal entrepôt pour l'importation, Lisbonne présente une grande activité.

Sétubal, au sud de l'embouchure du Tage, doit son importance au commerce du sel, du vin et des fruits.

Communications intérieures. — Le Minho, le Duero, le Mondego, le Tage et la Guadiana sont en partie navigables et suppléent au manque de routes pour les transports intérieurs. Le Tage a un service de bateaux à vapeur entre Abrantès, Santarem et Lisbonne.

Les routes de terre, surtout celles qui communiquent avec l'Espagne, par Elvas et Ciudad Rodrigo, ont été fort améliorées, et les routes royales sont assez bien entretenues. Le Portugal possède 2 100 kilomètres de chemins de fer, divisés en trois lignes principales, soit par Santarem et la vallée du Tage, soit par Santarem, Badajoz et la vallée de la Guadiana :

1° De *Lisbonne à Madrid* ;

2° De *Lisbonne à la Corogne* et *Porto*, par Santarem, Coïmbre ;

3° De *Lisbonne à Faro*.

La télégraphie électrique est établie dans tout le royaume, et un câble transatlantique rattache Lisbonne au Brésil.

Commerce extérieur. — Le commerce extérieur du Portugal est d'environ 450 millions. L'*Angleterre* y entre seule pour près de moitié; puis viennent la *France*, l'*Allemagne*, le *Brésil*, l'*Espagne*, les *Etats-Unis*, les *colonies portugaises*, la *Belgique*, les *Etats Scandinaves* et la *Russie*.

L'importation consiste en *cotons* et *peaux brutes*, fournis par le Brésil et l'Angleterre, *métaux* d'Angleterre et d'Espagne, *bois* du nord de l'Europe, *tabacs* d'Amérique, *céréales* de Russie et des Etats-Unis, *sucres* brésiliens et anglais, *beurre* d'Angleterre et de France, *morue* et poisson salé de Terre-Neuve, *cotonnades*, *lainages*, *soieries*, produits chimiques d'Angleterre et de France.

L'exportation comprend surtout : les *vins* et eaux-de-vie, les *huiles*, les *fruits*, le *sel*, les *bestiaux*, les *laines* brutes, le *cuivre*, les produits de la pêche.

Régime commercial. — Le Portugal a dû sa grandeur éphémère à sa position et à l'esprit entreprenant de ses populations maritimes, sa décadence et son abaissement à l'extension démesurée de ses colonies, à ses luttes avec l'Espagne, à l'apathie de ses populations agricoles, et plus encore au traité de Methuen (1703) qui a livré le commerce portugais à l'Angleterre, et qui a découragé à jamais l'industrie nationale.

Colonies. — Après avoir régné sur presque tout le littoral de l'Afrique orientale et occidentale, sur l'Asie méridionale et sur le Brésil, le Portugal ne conserve plus de ses anciennes colonies que les îles du *Cap-Vert*, quelques comp-

toirs en *Guinée*, les îles *Saint-Thomas* et du *Prince*, l'*Angola*
sur la côte occidentale d'Afrique, la capitainerie de *Mozambique* sur la côte orientale, *Goa* et *Diu* aux Indes, *Macao* en
Chine, et une partie de *Timor* en Océanie.

RÉSUMÉ

Espagne (504500 kilom. carrés).

Géographie physique. — L'Espagne est bornée, au nord, par le
golfe de Gascogne et les Pyrénées qui la séparent de la France,
à l'est, par la Méditerranée, au sud, par le détroit de Gibraltar,
à l'ouest, par le Portugal et l'Atlantique.

Le groupe des *Baléares* (*Majorque*, *Minorque* et *Ivica*), dans la
Méditerranée, et celui des *Canaries*, dans l'Atlantique, lui appartiennent.

Le centre de l'Espagne est un vaste plateau limité, au nord,
par les *Pyrénées* et les *monts Cantabres*, à l'est par les *monts
Ibériques*, au sud par la *Sierra Nevada*.

Les principaux fleuves du versant de l'Atlantique sont : le
Guadalquivir, la *Guadiana*, le *Tage*, le *Duero* et le *Minho*.

Le principal fleuve du versant de la Méditerranée est l'*Ebre*
grossi de l'*Aragon* et de la *Ségre*.

Formation territoriale. — L'Espagne, appelée par les anciens
Ibérie et Hispanie, fut soumise successivement par les Carthaginois, les Romains, les Visigoths et les Arabes. — Ceux-ci furent
refoulés lentement par les chrétiens qui fondèrent les royaumes
de Navarre, Léon et Castille, Aragon et Portugal. La réunion
des quatre premiers et l'expulsion des Maures, qui avaient suc-
cédé aux Arabes, constitua l'unité territoriale de l'Espagne.

Géographie politique. — La capitale de l'Espagne est Madrid
(300000 habitants).

L'Espagne se divise en 49 provinces, mais l'usage a conservé
le nom des anciennes divisions, qui sont au nombre de 15.

Ce sont : au nord, 1° La Galice : *la Corogne.* 2° Les Asturies : *Oviédo.* 3° La Vieille-Castille : *Burgos*, et *Santander*;
4° Les Provinces Basques (*Biscaye*, *Alava* et *Guipuzcoa*) : *Bilbao*,
Vitoria et *Saint-Sébastien*. 5° La Navarre : *Pampelune.* 6° L'Aragon : *Saragosse*, sur l'Ebre. 7° La Catalogne : *Barcelone*, sur la
Méditerranée, le premier port et la première ville industrielle de
l'Espagne; villes principales *Reus*, *Tarragone*, *Lérida*.

8° À l'est, la Province de Valence : *Valence*, *Alicante*. 9° La
Province de Murcie : *Murcie*. 10° Les Baléares : *Palma*, dans
l'île Majorque, *Port-Mahon*, dans l'île Minorque.

11° Au sud, la Province de Grenade : *Grenade*, *Malaga*, sur la
Méditerranée. 12° L'Andalousie : *Séville*, sur le Guadalquivir;
Cordoue, *Cadix*, sur l'Atlantique, *Xérès* (711); *Gibraltar*, pos-
session anglaise.

13° À l'ouest, l'Estrémadure : *Badajoz*. 14° La Province de
Léon : *Léon*, *Salamanque*.

15° Au centre, la Nouvelle-Castille : *Madrid*, *Tolède*, sur le Tage, et *Ciudad-Réal*.

La population de l'Espagne est de 18 millions d'habitants catholiques. Le gouvernement est une monarchie constitutionnelle. L'Espagne traverse une crise financière.

L'Espagne, dont le climat est sec et chaud, est un plateau escarpé au sud et au nord, sillonné de vallées profondes, médiocrement cultivé, malgré la fertilité des régions méridionale et orientale.

Les productions les plus importantes sont les céréales, les vins, les huiles d'olives, les oranges et autres fruits des pays méridionaux.

Les chevaux et les moutons sont nombreux et de races renommées. La production de la laine et de la soie est une des richesses du pays.

L'Espagne exploite des mines de plomb, de fer, de zinc, de mercure (*Almaden*), de cuivre, etc. L'industrie est du reste peu avancée. La province de Catalogne est le seul centre industriel important (cotonnades, toiles, draps, de *Barcelone*, de *Reus*, de *Tarragone*, forges, fabriques d'armes).

Les provinces basques ont quelques forges considérables ; la fabrication du chocolat, celle des cigares est répandue dans presque toutes les provinces.

Les principaux ports espagnols sont : sur le golfe de Gascogne, *Saint-Sébastien*, *Bilbao*, *Santander* ; sur l'Atlantique, la *Corogne*, *Vigo*, *Cadix* ; sur la Méditerranée, *Gibraltar*, possession anglaise, *Malaga*, *Carthagène*, *Alicante*, *Valence*, *Barcelone*, le premier port de l'Espagne, et *Palma* dans l'île Majorque.

La navigation fluviale est sans importance, sauf sur le Guadalquivir (*Séville*). Le développement des chemins de fer est de 12000 kilomètres.

Le commerce extérieur ne dépasse pas 1 600 millions.

Colonies. — Les colonies ou possessions espagnoles sont en *Afrique*, Ceuta ; au Maroc, les îles Annobon et Fernando-Po et les territoires du Sahara et du Rio Mouni.

Portugal (93 000 kilom, carrés).

Géographie physique. — Le royaume de Portugal est borné, au nord et à l'est par l'Espagne, au sud et à l'ouest par l'Atlantique. Il est traversé, en tous sens, par la prolongation des sierras espagnoles et arrosé par le *Tage*, le *Duero* et la *Guadiana*.

Le climat est chaud, surtout sur les côtes.

Formation territoriale. — Le Portugal, ancienne Lusitanie, est devenu un royaume indépendant au douzième siècle.

Géographie politique et économique. — La capitale est Lisbonne, sur le Tage (307000 habitants).

La partie continentale est divisée en 17 districts, mais l'usage a maintenu les noms des anciennes provinces, qui sont au nombre de sept :

1° (Du nord au sud) Minho : *Braga*. 2° Duero, *Porto*, sur le

Duero, le second port du Portugal. 3° TRAZ-OS-MONTES : *Bragance*. 4° BEIRA : *Coïmbre*. 5° ESTREMADURE : *Lisbonne*, le premier port du royaume, *Santarem* sur le Tage, et *Sétuval* sur l'Atlantique. 6° ALEMTEJO : *Evora*. 7° ALGARVE : *Faro*.

La population, en y comprenant celle des îles *Açores* et *Madère*, est d'un peu plus de 5 millions d'habitants, presque tous catholiques.

Le gouvernement est une monarchie *constitutionnelle*.

Les principales productions sont les vins, les huiles, les oranges, la soie, les laines et le sel de Sétubal.

Les chemins de fer ont un développement de 2500 kilomètres.

Le commerce extérieur s'élève à environ 450 millions.

Les colonies sont, en Afrique, les îles du Cap-Vert, les îles Saint-Thomas et du Prince, l'Angola et le Mozambique ; en Asie, Goa, Diu et Macao ; en Océanie, Timor.

CHAPITRE VII

Région méridionale (*suite et fin*).

ROYAUME D'ITALIE

(296 000 kilomètres carrés.)

Limites. — L'Italie, située entre 36° 40′ et 46° 40′ de lat. N., 4° 10′ et 16° 10′ de longitude orientale, est bornée : au nord, par la chaîne des Alpes, qui la sépare de la France, de la Suisse et de l'Autriche ; à l'est par la mer Adriatique et le *canal d'Otrante* ; au sud, par la mer Ionienne, qui forme le *golfe de Tarente*, et par la Méditerranée ; à l'ouest par la mer Tyrrhénienne, qui forme les *golfes de Naples* et de *Gênes*.

Iles. — De l'Italie dépendent les îles de *Sardaigne*, d'*Elbe*, sur les côtes de Toscane, d'*Ischia* et de *Capri*, dans le golfe de Naples ; les îles *Ægades* et *Lipari* ; la *Sicile*, séparée de l'Italie par le *détroit de Messine*. Le groupe de **Malte** (capitale *la Valette*), de *Gozzo* et de *Camino*, important par sa position entre la Sicile et l'Afrique, appartient à l'Angleterre.

Revision de la géographie physique. — L'Italie est entourée, au nord, par une ceinture de montagnes : les *Alpes Carniques*, *Cadoriques*, *Rhétiques*, *Centrales* (cols du

Splugen et du Saint-Gothard), *Pennines* (col du Simplon, mont Rose, mont Cervin, col du grand Saint-Bernard), *Grées* (mont Blanc, col du petit Saint-Bernard), *Cottiennes* (cols des monts Cenis et Genèvre), *Maritimes* (mont Viso, cols de Larche et de Tende), qui s'arrondissent en demi-cercle depuis le mont *Terglou* jusqu'au col de *Cadibone*.

Ces montagnes dominent une large et fertile plaine traversée de l'est à l'ouest par le *Pô*, qui descend du mont *Viso* et qui reçoit, sur sa rive droite, les eaux des Apennins par la *Trébie*, le *Taro*, la *Secchia*, le *Panaro*, le *Reno*, et celles des Alpes maritimes par le *Tanaro* ; sur sa rive gauche, les eaux de la grande chaîne des Alpes par les deux *Doires*, la *Sésia*, le *Tessin*, qui forme le lac *Majeur*, l'*Adda*, qui forme le lac de *Côme*, l'*Oglio*, qui forme le lac d'*Iséo*, le *Mincio*, qui sort du lac de *Garde*. L'*Adige*, qui descend des Alpes du Tyrol, et d'autres cours d'eau moins importants, la *Brenta*, la *Piave*, le *Tagliamento*, vont, comme le Pô, se perdre dans cette longue ligne de lagunes qui bordent le littoral septentrional de l'Adriatique.

L'Italie péninsulaire est traversée, du nord au sud, par les *Apennins* (*Grand Sasso d'Italia*, 2 920 mètres), qui se bifurquent à leur extrémité en deux branches, l'une à l'est, qui finit au cap *Leuca*, l'autre à l'ouest, qui plonge dans le détroit de Messine, au cap *Spartivento*, mais semble se relever en Sicile par un massif volcanique dont l'*Etna* (3 300 mètres) est le principal sommet.

Le caractère volcanique de cette longue péninsule se trahit par ses sources thermales, par ses lacs qui dorment au fond des cratères éteints, les lacs de *Pérouse* ou *Trasimène*, lacs de *Bracciano*, d'*Albano*, lac *Averne*, et par les feux que vomit encore le *Vésuve*.

Les Apennins versent dans la mer Tyrrhénienne deux fleuves navigables : l'*Arno* et le *Tibre*, quelques rivières moins importantes : le *Garigliano*, le *Volturno*, etc. ; et, dans l'Adriatique, de nombreux torrents : l'*Ofanto*, le *Métaure*, presque tous desséchés en été.

Formation territoriale. — Les Pélasges (Osques et Sabelliens), les Étrusques, les Gaulois et les Grecs sont les principales races qui ont contribué à peupler l'Italie antique. — Après avoir été le berceau de l'empire romain, elle en resta le centre jusqu'aux grandes invasions barbares.

Après la chute de l'empire romain d'Occident, elle passa

tour à tour sous la domination des Ostrogoths, sous celle des Lombards et sous celle des Francs, mais les Romains d'Orient y conservèrent des possessions jusqu'au onzième siècle. Lors du démembrement de l'empire carolingien, l'Italie se morcela en grands fiefs. Elle passa ensuite sous l'autorité des rois de Germanie, qui vinrent fréquemment se faire couronner empereurs à Rome, et forma plus tard un grand nombre d'Etats souverains qui se partagèrent la péninsule : Etats de l'Eglise, royaume de Naples et de Sicile, duchés de Milan, de Piémont, de Mantoue, marquisat de Montferrat, républiques de Pise, de Florence, de Venise, de Gênes, etc. Au commencement des temps modernes, les rois de France essayèrent de faire valoir leurs prétentions sur Milan et sur

Fig. 41. — Le Colisée.

Naples ; mais leurs rivaux, les princes de la maison d'Autriche, l'emportèrent et s'emparèrent du Milanais et du royaume des Deux-Siciles, qui devinrent une dépendance de l'Espagne et plus tard de l'Autriche. Le dix-huitième siècle vit se former le *royaume de Sardaigne*, composé de la Sardaigne et des Etats des ducs de Savoie (Savoie, Piémont), et le royaume indépendant des *Deux-Siciles*, où régna une dynastie issue des Bourbons espagnols.

Les guerres de la Révolution et de l'Empire eurent pour conséquence l'expulsion des Autrichiens, la destruction de la république de Venise, et la formation d'un royaume d'Italie, dont Napoléon Ier fut le souverain. Les traités de 1815 rétablirent les États antérieurs à la Révolution, sauf Venise et Gênes (duchés de Parme, de Modène, grand-duché de Toscane, États pontificaux, royaume de Piémont et Sardaigne, royaume des Deux-Siciles), et attribuèrent à l'Autriche la Lombardie et la Vénétie. En 1859, à la suite des victoires remportées par les Français et les Piémontais sur les Autrichiens, ceux-ci renoncèrent à la Lombardie, les ducs de Parme, de Toscane et de Modène furent renversés, le royaume des Deux-Siciles, une partie des États pontificaux furent occupés par les troupes piémontaises, et le roi de Piémont et de Sardaigne prit, en 1860, le titre de roi d'Italie. L'unité territoriale fut complétée par la cession de la Vénétie, enlevée aux Autrichiens, en 1866, et par la prise de possession de Rome en 1870.

Géographie politique. — Le royaume d'Italie comprend aujourd'hui la péninsule entière. La capitale est **Rome**, sur le Tibre (425000 hab.). Aucune autre ville n'est aussi riche en souvenirs et en monuments. L'antiquité vit encore dans les admirables débris de l'époque romaine : le Colisée, le Cirque, le Panthéon, le mausolée d'Adrien (château Saint-Ange), les arcs de triomphe de

Fig. 42. — Vue de Saint-Pierre de Rome.

Titus et de Constantin, la colonne Trajane ; le christianisme primitif nous a légué les catacombes ; le moyen âge, ses basiliques (Latran, etc.) ; la Renaissance, ses palais (le Vatican, le Quirinal), ses musées, ses villas, et le chef-d'œuvre de l'architecture italienne, Saint-Pierre de Rome.

Le royaume est divisé en 69 préfectures, mais les noms des anciennes divisions ne sont pas effacés. Ce sont :

Au *nord* : 1° et 2° le **Piémont** et la **Ligurie**, qu'en-

toure une ceinture de rochers, les Alpes et l'Apennin, mais
où les plaines, arrosées par le Pô, produisent en abondance
les céréales, le riz, la vigne, le mûrier, tandis que sur le littoral croissent l'oranger et l'olivier. La capitale du Piémont
est **Turin** (*Torino*), sur le Pô (330 000 hab.), ville de commerce et d'industrie, aux rues larges et régulières, ancienne
capitale du royaume d'Italie; celle de la Ligurie est **Gênes**,
Genova (220 000 hab.), construite en amphithéâtre, sur le
golfe qui porte son nom, le premier port et l'une des premières
villes industrielles de l'Italie. Les villes principales sont, en
Ligurie : *Savone* et *Porto-Maurizio*, ports de commerce, la
Spezia, port de guerre; en Piémont, *Alexandrie*, place forte
sur le Tanaro, *Coni (Cuneo)*, *Pignerol*, *Aoste* et *Ivrée*, au pied
des Alpes, *Verceil*, *Mondovi* (1796), *Marengo* (1800), *Novare*
(1849), champs de bataille célèbres.

3° La **Lombardie** est une riche plaine dominée par les
Alpes et arrosée par le Pô
et ses affluents, au climat
doux et humide, au sol
fertile, coupé d'innom-
brables canaux d'irriga-
tion, couvert de moissons,
de vergers et de vignes
qui s'enlacent aux bran-
ches des peupliers et des
ormeaux; la capitale est
Milan (490 000 hab.),
sur l'Olona, justement
fière de ses bibliothèques,
de ses musées, de son
théâtre de la Scala et

Fig. 43. — Cathédrale de Milan.

de son admirable cathédrale (*il Duomo*); c'est la première
ville d'Italie pour l'industrie des soieries. Les villes principales sont : *Côme*, *Bergame*, *Crémone*, qui fabriquent aussi
les soieries; *Brescia*, qui joua un rôle si important dans les
guerres du seizième siècle; *Sondrio*, sur l'Adda, dans la
Valteline; *Mantoue*, place forte sur le Mincio, près de laquelle
naquit Virgile; *Pavie*, sur le Tessin, célèbre par la défaite
de François Ier, en 1525; *Marignan* (1515 et 1859), *Lodi*
(1796), *Magenta* et *Solferino* (1859), par des victoires françaises.

4° La **Vénétie**, avec ses plaines marécageuses, ses plantations de mûriers et d'oliviers, et ses pâturages sur la pente des Alpes, a pour capitale **Venise** (*Venezia*), dans les lagunes de l'Adriatique, autrefois le premier port de la Méditerranée (150 000 hab.). Venise a conservé son aspect étrange et séduisant, ses canaux bordés de palais, ses monuments où se confondent les inspirations du génie oriental et celles de l'Occident (Saint-Marc), le palais des Doges, etc., mais les lagunes ensablées ne portent plus que des navires d'un tonnage inférieur, et Trieste, la ville autrichienne, a hérité de la prospérité de Venise. Les villes principales sont : *Vérone*, sur l'Adige, *Padoue*, *Vicence*, *Trévise*, *Udine*, importantes par leurs manufactures de soieries ; *Rovigo*, dans la Polésine ; *Bellune*, sur la Piave ; *Arcole* (1796), *Bassano* (1796) et *Rivoli* (1797), fameuses par les victoires de Bonaparte. La Vénétie est la patrie de l'historien latin Tite-Live, du Titien et de Paul Véronèse, deux des plus grands peintres du seizième siècle.

5° L'**Émilie**, avec ses belles vallées et ses plaines arrosées par le Pô, est couverte de rizières, de champs de blé, de lin et de chanvre ; la capitale est *Bologne*, chef-lieu de l'ancienne **Romagne**, l'un des centres de l'industrie du lin et de la soie (148 000 hab.) ; villes principales : *Ferrare*, sur le Pô, *Ravenne*, la capitale des empereurs romains d'Occident ; *Parme*, capitale de l'ancien duché de **Parme**, *Plaisance* (*Piacenza*), sur le Pô, *Modène* dans l'ancien duché de **Modène**, et *Rimini*. La petite république de *Saint-Marin* est enclavée dans l'Émilie.

À l'*est* sont situées : 6° et 7° les **Marches**, baignées par l'Adriatique, capitale *Ancône*, port sur l'Adriatique ; ville principale *Urbin*, patrie du grand peintre Raphaël ; et l'**Ombrie**, arrosée par le Tibre et traversée par l'Apennin, capitale *Pérouse* (*Perugia*), près du Tibre.

8° et 9° Les provinces orientales de l'ancien **royaume de Naples**, région tourmentée, couverte de forêts et de pâturages, et traversée en tous sens par les rameaux de l'Apennin, ont pour ville principale *Foggia*.

10°, 11°, 12° et 13°, au *sud* et au *sud-ouest*, s'étend la partie méridionale et occidentale de l'ancien **royaume de Naples** (**Calabres**, **Pouille**, ancienne Apulie, **Campanie ou terre de Labour**) : c'est une terre volcanique, sillonnée par les chaînes de l'Apennin, que couvrent d'épaisses forêts ; brûlée par le soleil dans les plaines sablonneuses de la *Pouille*, et dans les rochers des *Calabres*, où grandit lentement, aux dépens des pâturages, la culture du froment, de la vigne, de la canne à sucre, du mûrier, de l'olivier et de l'oranger; rafraîchie par les brises de la mer, dans les riantes vallées de la *terre de Labour*, pays fertile entre tous et sans rival pour l'abondance et la variété de ses productions. — Les villes principales sont, en Campanie:

Fig. 41. — Ruines de Pompéi.

Naples, *Napoli* (547 000 hab.), au pied du Vésuve, sur la mer Tyrrhénienne, la ville la plus peuplée, le plus beau port de l'Italie, dans une contrée toute remplie de souvenirs de l'antiquité classique (Cumes, Pompéi), *Gaëte*, *Castellamare* avec ses chantiers de construction, *Salerne*, sur la mer Tyrrhénienne, *Arpino*, patrie de Cicéron, *Bénévent*, *Caserte* et *Capoue*, dans l'intérieur; en Calabre, *Reggio*, sur le détroit de Messine; dans la Pouille, *Tarente*, sur le golfe du même nom, *Barletta*, *Bari*, *Otrante*, sur l'Adriatique, et *Brindisi*, point d'arrivée de la malle des Indes.

14° A l'*ouest* est située la **province de Rome** (anciens États pontificaux, réunis à l'Italie depuis 1870), avec ses plages où dorment les eaux stagnantes et pestilentielles des marais Pontins, ses plaines aux ondulations monotones, et ses vallées que dominent les premiers contreforts de l'Apennin. La capitale est **Rome**, résidence du souverain pontife, et capitale du royaume d'Italie. Les principales villes sont : le port de *Civita-Vecchia*, sur la mer Tyrrhénienne, et *Ostie*, à l'embouchure du Tibre.

15° La **Toscane**, avec ses côtes marécageuses, ses vallées fertiles, arrosées par l'Arno et par ses affluents, ses gisements de plomb et de cuivre, ses mines de fer de l'île d'*Elbe* et ses carrières d'albâtre, a pour capitale **Florence** (*Firenze*), la ville la plus riche en chefs-d'œuvre de la Renaissance, la patrie des Médicis, du Dante, de Machiavel, de Léonard de Vinci, de Michel-Ange, qui fut un instant, de 1864 à 1870, la capitale de l'Italie (198 000 hab.). Les villes principales sont : *Livourne* (97 000 hab.), port de commerce, *Pise*, aux bouches de l'Arno, patrie de Galilée, *Sienne* et *Empoli*, où se travaillent les fameuses pailles d'Italie, *Lucques*, qui exporte les olives, *Carrare*, célèbre par ses marbres blancs.

16° L'île de **Sardaigne**, pays de montagnes granitiques, sans routes, sans industrie, mais riche en forêts, en mines de plomb, en pêcheries de corail, a pour capitale *Cagliari*, port au sud de l'île, pour ville principale *Sassari*, au nord-ouest.

17° L'île de **Sicile**, dominée par le massif de l'Etna, pays presque sauvage dans l'intérieur, mais couvert sur la côte de magnifiques vignobles, de plantations d'orangers, de mûriers, d'oliviers, de cotonniers, et dont les mines de soufre et de sel gemme donnent lieu à un immense commerce, a pour capitale *Palerme*, l'ancienne Panorme (306 000 hab.), port au nord de l'île; pour villes principales : *Messine* (147 000 hab.), sur le détroit du même nom, *Marsala*, centre du commerce des vins, *Girgenti* (ancienne Agrigente), sur la côte méridionale, centre de l'exploitation du soufre, *Catane* au pied de l'Etna, et *Syracuse*, à l'est.

Population. Religion. Gouvernement. — La population du royaume s'élève à près de 33 millions d'habitants, presque tous catholiques et parlant tous des dialectes italiens; unité de langage qui ne prouve pas du reste l'unité de race, car peu de pays offrent des diversités plus grandes d'origine, de type et de caractère entre leurs habitants.

Le gouvernement est une monarchie constitutionnelle où le pouvoir législatif appartient à deux Chambres, l'une élective, celle des députés, l'autre, dont les membres sont nommés à vie par le roi, le Sénat.

La politique suivie pendant plusieurs années par l'Italie a désorganisé ses finances et accru sa dette dans des proportions considérables. Elle commence seulement à sortir de cette terrible crise (1903).

Bien que l'instruction primaire soit gratuite et obligatoire depuis 1859, le nombre des illettrés est encore considérable et comprend près d'un tiers de la population. L'enseignement secondaire compte plus de 500 établissements publics ou privés, et l'enseignement supérieur est donné dans les universités royales.

Le service militaire est obligatoire pour tous les hommes valides de 21 à 39 ans, divisés en trois catégories. — L'effectif de l'armée active est de 308 000 hommes sur le pied de paix.

La flotte compte 270 vapeurs, dont 18 cuirassés. — L'Italie, malgré ses défenses naturelles, a multiplié sur sa frontière continentale les défenses artificielles. Du côté de la France, les forts de *Vintimiglia*, de *Vinadio*, de *Fenestrelle*, d'*Exilles*, de *Bard*, du côté de l'Autriche ceux de *Rocca d'Anfo*, de *Rivoli*, de la *Chiusa*, de *Palmanuova*, et en seconde ligne, *Plaisance*, *Mantoue*, *Peschiera*, *Vérone*, *Legnano*, *Bologne*, ferment les passages des Alpes et commandent la plaine lombarde. *Gênes*, *La Spezia*, *Civita-Vecchia*, *Gaëte*, *Ancône* et *Venise* gardent le littoral.

Caractère national. — L'Italie a, pour ainsi dire, deux climats et deux races distinctes : au nord, le montagnard piémontais et le paysan lombard, sous leur ciel humide et nuageux, ont les qualités viriles, les habitudes de travail qui font l'ouvrier actif et industrieux et le cultivateur intelligent ; le Toscan, le Romagnol et le Romain forment une transition entre l'Italien du nord et celui du midi : ils ont du premier les aptitudes agricoles et industrielles, du second l'imagination brillante qui fait les poëtes et les artistes. Les populations napolitaines et siciliennes, avec leur sol fertile et leur climat brûlant, ont quelque chose de cette indolence des peuples du midi, à qui la nature donne ce qu'elle vend à ceux du nord ; mais leur tempérament ardent corrige cette apathie, et le montagnard des Abruzzes, le pêcheur de Palerme et de Messine peuvent au besoin lutter d'énergie avec le marin génois et le cultivateur lombard.

II

GÉOGRAPHIE ÉCONOMIQUE

Situation commerciale. — Par sa partie continentale l'Italie touche à la France, à la Suisse et à l'Autriche, et les Alpes qui l'en séparent ne sont plus un rempart infranchissable pour l'industrie moderne ; dans sa partie péninsulaire, elle déploie sur la Méditerranée et sur l'Adriatique plus de 3 600 kilomètres de côtes, sans compter ses îles ; elle s'allonge au sud vers l'Afrique ; elle s'étend à la fois vers l'Occident et vers l'Orient. Gênes est à cinq jours du détroit de Gibraltar, Brindes et Messine à quatre jours d'Alexandrie et de l'isthme de Suez, les ports de Sicile et de Sardaigne à quelques heures de la Tripolitaine, de la Tunisie et de l'Algérie.

Climat. — Le climat de l'Italie est aussi varié que l'aspect du sol ; doux et humide dans les riches plaines de la Lombardie (moyenne de 12 à 15 degrés), brûlant sur les côtes de la Calabre et sur les plateaux arides de la Sicile (moyenne de 18 à 19 degrés) ; chaud mais adouci par les brises de mer dans la fertile Campanie, insalubre sur les côtes des Etats-Romains et de la Toscane, où règne la malaria ; pluvieux au printemps et à l'automne, rigoureux en hiver dans le Piémont et au pied des Alpes, dont les sommets escarpés entourent l'Italie septentrionale d'une ceinture de neiges.

Productions agricoles. — Les *céréales* de la Lombardie, de la Toscane, de la Terre de Labour, de la Sicile (180 millions d'hectol.), les *rizières* de la Lombardie et de la Vénétie, les *vignobles* du Piémont (Asti), de la Ligurie, d'Albano dans les anciens Etats-Romains, de la Toscane, des environs de Naples, de la Calabre, de Marsala et de Syracuse en Sicile, de Cagliari en Sardaigne, renommés surtout pour leurs vins de liqueur (30 à 35 millions d'hectolitres) ; les *huiles d'olives* de Gênes, de la Toscane, de la Vénétie, des provinces de Bari et de Tarente dans l'ancien royaume de Naples, de la Sicile et de la Sardaigne, les *oranges* et les *citrons* de Messine, de Naples et de Reggio, les *fruits* de toute espèce cultivés dans les vergers de la Romagne, de la Toscane et de la Lombardie, la *canne à sucre*, qui réussit en Sicile et en Calabre, feraient de l'Italie le plus riche pays agricole de l'Europe, si elle était cultivée tout entière avec autant d'intelligence et d'activité que la Lombardie et la Toscane, fertilisées par leurs canaux d'irrigation, et si les procédés de culture, si le travail des habitants secondaient l'admirable fertilité du sol.

Les **cultures industrielles** sont peu développées, à l'exception de celles du *coton* à Syracuse et à Catane, du *chanvre* et du *lin* cultivés avec succès dans les environs de

Bologne et de Ferrare, du *safran* dans la province de Salerne, et du *mûrier* dans presque toute l'Italie.

Les **forêts**, qui couvrent environ 4 millions d'hectares, sont surtout peuplées de chênes, de châtaigniers et de pins.

L'Italie a de nombreux pâturages qui couvrent tous les flancs de l'Apennin, et en automne ses marécages se transforment en prairies où les troupeaux descendent jusqu'à la fin de l'hiver. La Lombardie septentrionale, l'Émilie, l'Ombrie, les États-Romains, la Sicile, les Abruzzes, la Pouille et la Calabre nourrissent le gros bétail, les chevaux, ânes et mulets, les porcs et les moutons dont les laines sont peu estimées. L'éducation des abeilles et celle de la volaille constituent au Piémont et à la Lombardie un revenu important, mais la principale richesse de l'Italie est la production de la *soie*. En Toscane, en Lombardie, en Piémont et surtout en Vénétie, chaque paysan a sa petite magnanerie et sa plantation de mûriers, et l'on évalue la production de l'Italie à 3 millions de kilogrammes de soie grège.

Production minérale. — La production du fer est assez importante : l'île d'Elbe fournit d'excellents minerais, mais celle des combustibles minéraux est insignifiante. L'Italie a quelques gisements de lignites et des tourbières assez vastes, mais ne produit pas de houille.

On trouve le *cuivre* en Toscane, en Vénétie et près d'Aoste ; le *plomb* à Pietra, en Toscane, et en Sardaigne.

L'Italie doit à son sol volcanique la *pouzzolane*, qui se rencontre à Pise, autour de Naples, en Sicile, et le *soufre* que la Sicile exporte par Girgenti, Palerme et Catane.

L'*albâtre* de Toscane, les *marbres* de Carrare, de Gênes et de Sicile n'ont de rivaux en Europe que les marbres de Grèce ; l'exploitation de l'acide borique, en Toscane, celle des marais salants de *Comacchio* (bouches du Pô), de Cagliari, de Trapani, les mines de sel gemme de Castrogiovanni, les nombreuses sources minérales de la Toscane et du royaume de Naples complètent le tableau de la richesse minérale de l'Italie.

La mer lui apporte son contingent comme la terre : la pêche du *corail* sur les côtes de Calabre et de Sicile, celle des coquillages et du poisson dans l'Adriatique et dans la mer Tyrrhénienne donnent d'importants revenus.

Production industrielle. — L'essor de l'industrie a été longtemps comprimé en Italie par des causes diverses dont quelques-unes ont un caractère passager ; la rareté du combustible, l'apathie des populations dans le midi de la péninsule, l'incurie des gouvernements, la difficulté des transports, et les agitations politiques qui effrayaient les capitaux et qui absorbaient toutes les forces vives de la nation. De grands progrès ont été accomplis depuis quelques années.

Industries textiles. — Parmi les industries textiles, les *toiles* de Brescia en Lombardie, d'Alexandrie en Piémont, de Gênes, de Parme, de Bari, de Palerme, et surtout de Bologne et de Ferrare suffisent à la consommation italienne, et les filatures de *soie* de Milan, de Côme, de Vérone, de Padoue, celles de Sienne et de Florence en Toscane, les *velours* et les *dentelles* de Turin, de Venise, de Gênes, de Brescia, les *soieries* communes de Bergame en Lombardie, de Venise, de Naples, de Messine et de Catane, les *taffetas* de Bologne et de Palerme soutiennent la réputation de l'Italie dans une industrie dont elle eut longtemps le monopole.

La filature et le tissage du coton occupent de nombreux ouvriers en Lombardie, à Gênes, en Toscane et dans la région de Naples.

Autres industries. — Les plus importantes sont :

1° La **ganterie** de Turin ;

2° La **fabrication des chapeaux** de paille à Empoli, à Florence, à Sienne en Toscane ;

3° La **fabrication des pâtes** alimentaires à Gênes, à Naples et dans les principales villes italiennes ;

4° La **fabrication du beurre** et du fromage, qui a pour centres principaux Milan, Lodi, Pavie, et qui, en Lombardie seulement, représente une très grande valeur ;

5° La **verrerie** de Venise ;

6° La **carrosserie** de Milan et de Turin ;

7° La **fabrication des instruments de musique** en Lombardie et en Piémont ;

8° Les **mosaïques** de Rome et de Florence.

Communications maritimes avec la France. — Les communications maritimes entre la France et l'Italie sont restées très actives malgré la concurrence des chemins de fer ; Marseille en est le centre. De Marseille partent les lignes françaises de la *Compagnie Marseillaise* qui desservent Gênes, Livourne et Naples, et les services italiens des

ITALIE
TURQUIE
et dépendances
ÉTATS DANUBIENS
MONTÉNÉGRO
GRÈCE

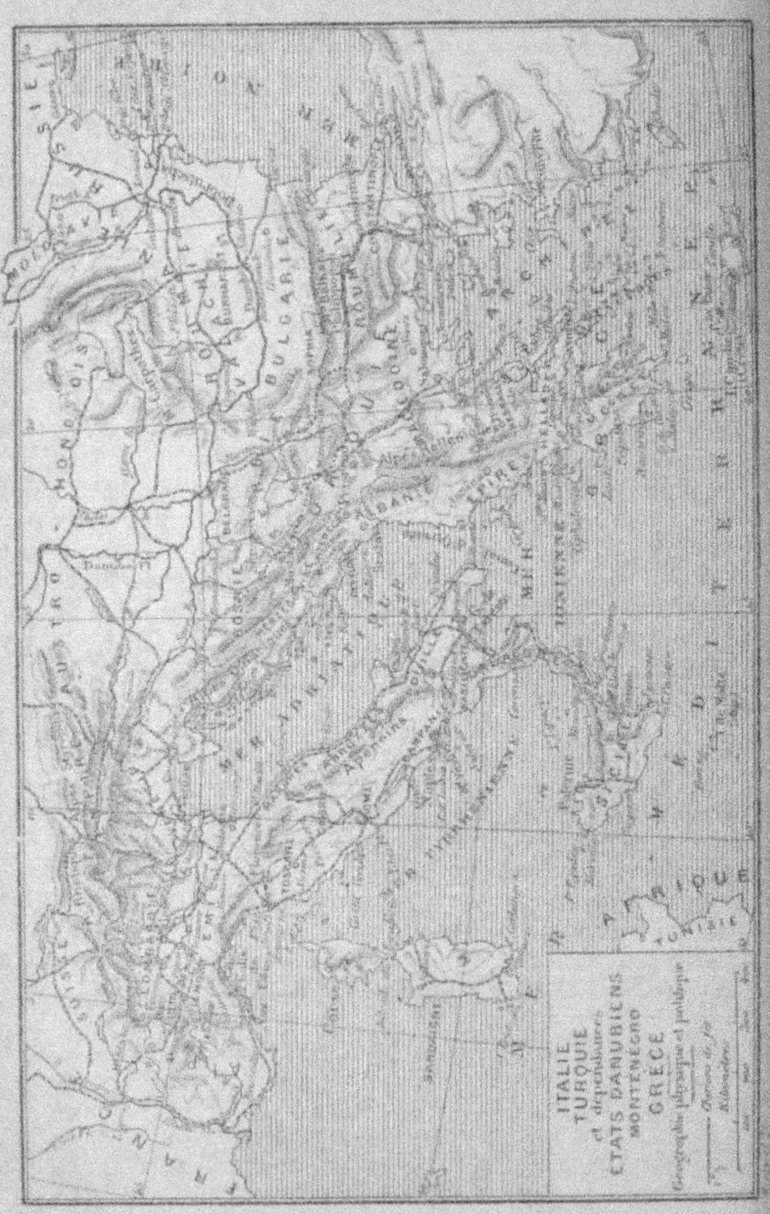

Carte VIII.

Paquebots-Poste de Gênes desservent tous les ports jusqu'à Trieste.

Les deux tiers de notre commerce avec l'Italie se font par voie de mer.

Principaux ports. Lignes de navigation. — Du côté de la mer Tyrrhénienne quatre ports principaux attirent à eux presque tout le mouvement des échanges ; ce sont Gênes, Livourne, Civita-Vecchia et Naples.

Gênes, débouché du commerce maritime de la Lombardie, du Piémont, de la Suisse et de l'Allemagne méridionale, depuis l'ouverture du tunnel du Saint-Gothard, fait une terrible concurrence à Marseille et occupe le premier rang parmi les ports italiens ; les principaux éléments du commerce sont : les céréales, les vins, les huiles, les sucres, les cafés, les tabacs, les peaux brutes, les cotons, la laine, la soie et les métaux.

Naples, ancienne capitale du royaume des Deux-Siciles, et la ville la plus peuplée de la Péninsule, avec son golfe si vanté et son admirable situation qui en fait le débouché de tout le commerce du sud de l'Italie, vient aujourd'hui au deuxième rang. Après Naples, l'on trouve Messine, Livourne, Palerme et Venise.

Parmi les ports secondaires, ceux qui méritent une mention sont, sur le golfe de Gênes, *Port-Maurice* et *Savone* ; sur la mer Tyrrhénienne, la *Spezia*, arsenal de la marine italienne, *Piombino*, en face de l'île d'Elbe, *Reggio*, centre du commerce de la Calabre et important par sa position sur le détroit de Messine.

Dans l'île d'Elbe : *Porto-Ferrajo*, enrichie par l'exportation des minerais de fer ; en Sardaigne : *Cagliari* et *Porto-Torres* ; enfin, en Sicile : **Messine**, à l'entrée du détroit, l'une des étapes de la navigation française et italienne, sur la route du Levant et sur celle de l'isthme de Suez ; et **Palerme**, capitale de l'île, sur la côte septentrionale, le plus grand marché commercial et financier de la Sicile.

Sur la **mer Adriatique, Ancône** et **Venise** sont les seules places de commerce qui présentent un mouvement considérable.

Les autres ports de la côte orientale, *Sinigaglia*, célèbre autrefois par ses foires, *Bari*, port ensablé, *Otrante*, sur le détroit du même nom, n'ont d'importance que pour la pêche et le cabotage ; mais *Brindisi*, à l'entrée de l'Adria-

tique, où aboutissent aujourd'hui les chemins de fer de l'Italie orientale, est destiné par sa position, à l'extrémité de la Péninsule, à quatre jours d'Alexandrie, à devenir un des premiers ports de transit de l'Italie, et le principal débouché du commerce italien avec l'extrême Orient par la route de Suez.

Par sa marine marchande, l'Italie occupe le sixième rang en Europe.

Routes de terre. — Les routes de terre, bien qu'elles aient perdu de leur importance depuis la construction des chemins de fer, sont encore le seul moyen de communication avec l'étranger sur une partie de la frontière des Alpes.

De **Gênes** part la *route de la Corniche*, qui communique avec la France par Nice, en longeant le littoral, suspendue au flanc des Apennins et des Alpes.

De **Turin** part 1° la *route du col de Tende*, qui aboutit à Nice par Coni ;

2° La *route du mont Genèvre*, qui aboutit à Briançon par Suse ;

3° La *route du mont Cenis*, la plus fréquentée de toutes, qui aboutit à Chambéry et à Lyon par Suse.

De **Milan** partent les trois grandes routes de transit entre la Suisse et l'Italie, celle du *Simplon*, par Domo d'Ossola, celle du *Saint-Gothard*, par Côme, celle du *Splugen*, et une quatrième route, celle du *Col de Stelvio* et du *Col de Tonal*, qui ouvre au commerce italien les vallées du Tyrol.

Canaux. — L'Italie possède 3 000 kilomètres de voies navigables et canaux. Il faut citer surtout le canal *Cavour*, de Chivasso sur le Pô au Tessin ; il se continue par le canal de *Pavie* jusqu'à Milan, et le canal de la *Martesana* va de Milan à l'Adda.

Le canal *Blanc* unit l'Adige au Pô, et, en Vénétie, divers canaux font communiquer entre eux l'Adige, le Bacchiglione et la Brenta.

Dans l'Italie péninsulaire il n'y a à citer que le canal des deux *Chiana*, entre l'Arno et le Tibre.

Chemins de fer. — Les chemins de fer exploités ont une étendue de 14 500 kilomètres.

Les lignes les plus importantes sont :

1° De *Turin à Paris*, par Suse et le tunnel de Fréjus.

2° De *Turin à Nice*, par le col de Cadibone, Savone et le littoral de la Ligurie.

3° De *Turin à Vienne*, par Milan, Brescia, Vérone, Padoue, Udine ; de là, traversée des Alpes, soit au col de Tarvis, soit au col d'Adelsberg. Au nord se détachent : la ligne du Saint-Gothard, de Milan à Lucerne, par Côme, Lugano, la vallée du Tessin et le tunnel creusé sous le col d'Airolo ; la ligne du Brenner, de Vérone à Inspruck, par Trente et la vallée de l'Adige ; la future ligne du Simplon, de Novare à Domo d'Ossola.

4° De *Turin à Reggio*, par Alexandrie, Gênes, La Spezia, Civita-Vecchia, Rome, Naples et le seuil de Potenza. —

5° De *Turin à Otrante*, par Plaisance, Bologne, Ancône, Foggia et Brindisi.

Ces deux dernières lignes sont réunies entre elles par plusieurs embranchements qui traversent l'Apennin.

L'Italie entière est couverte par un réseau de lignes télégraphiques qui communiquent avec le continent, par la France, la Suisse et l'Autriche, avec la Corse, la Sardaigne, la Sicile, Malte, Tunis et l'Algérie, par des câbles sous-marins.

Commerce extérieur. — Le commerce extérieur de l'Italie dépasse 3 milliards et se fait surtout avec l'Angleterre, l'Allemagne, l'Autriche-Hongrie et la Suisse. Hors d'Europe, le commerce est surtout actif avec les Etats-Unis et la République Argentine.

Le commerce d'importation consiste surtout en métaux, houille, cotons, laines, matières tinctoriales, provenant de France, d'Angleterre, d'Autriche ;

En poissons salés, denrées coloniales, sucres bruts ou raffinés, céréales, bestiaux importés de France, de Belgique, de Trieste, ou directement d'Amérique par la marine génoise ;

En articles manufacturés de toute espèce, anglais, français, suisses, allemands, importés en grande partie par terre, et parmi lesquels dominent les tissus, les ouvrages en fer, les produits chimiques, le papier et la verrerie.

Le commerce d'exportation comprend : parmi les **matières premières** :

Le *lin* et le *chanvre* pour la Suisse, l'Allemagne, la France et l'Angleterre ;

La *soie*, dont l'exportation, réduite de moitié par la maladie, constituait le principal revenu de l'Italie ;

Quelques *laines* de Naples et de la campagne romaine ;

Le *soufre* de Sicile, les *bois de construction* de Gênes et d'Ancône, les *peaux brutes*, les *marbres*, le *corail*, les *chiffons*, expédiés par Messine, Palerme, Ancône, et surtout Livourne ;

Parmi les **denrées alimentaires**, les *vins*, les *huiles*, dont la valeur s'élève à plus de 65 millions, les *fruits*, les *céréales* de Sicile et du royaume de Naples, le bétail, la volaille et les *œufs* du Piémont, le *beurre* et le *fromage* de Lombardie, le *sel* de Sardaigne et de Sicile ;

Parmi les **produits manufacturés**, les pailles travaillées, les pâtes alimentaires, les soieries, les toiles à voiles et les cordages ; les instruments de musique, la carrosserie milanaise ; enfin l'ébénisterie, destinée presque exclusivement à l'Amérique.

Le commerce de transit, dont la valeur dépasse 50 millions, est considérable en Italie, et surtout dans la partie septentrionale : Gênes est le port de la Suisse, les chemins de fer italiens sont une des voies de communication entre la France et l'Autriche ; l'ouverture du tunnel du Saint-Gothard y a ajouté le transit de l'Allemagne et celui des matières précieuses, des dépêches, des voyageurs, venant d'Orient par la route de Suez et se dirigeant vers l'Angleterre ou la Belgique.

La guerre de tarifs que la dénonciation du traité de commerce franco-italien a jadis entraînée entre la France et l'Italie a réduit de plus de moitié le chiffre des échanges ; le rapprochement qui s'est produit entre les deux puissances modifiera heureusement cette situation.

Colonies. — Émigration. — L'Italie n'a jusqu'à présent d'autres possessions coloniales que la baie d'*Assab* sur la mer Rouge, l'île de *Massaoua* et une partie du littoral de l'Abyssinie (colonie d'*Érythrée*), avec le protectorat d'une partie de la côte des Somalis ; mais de nombreux émigrants italiens sont établis en Égypte, en Algérie, en Tunisie et surtout dans l'Uruguay et la République Argentine.

Malte. — Le groupe de Malte, possession anglaise (165 000 hab.), qui commande l'entrée du second bassin de la Méditerranée, est une position stratégique et commerciale de premier ordre. La capitale, *La Valette*, un des plus beaux ports de la Méditerranée, relâche de toutes les lignes anglaises du Levant et de l'Extrême-Orient, et entrepôt des oranges, des fruits et du coton qui sont à peu près les seules productions de l'île.

RÉSUMÉ

I

Description physique et politique.

Le ROYAUME D'ITALIE (296 000 kilomètres carrés) est borné : au nord, par l'Autriche et la Suisse ; à l'ouest, par la France et la mer *Tyrrhénienne*, qui baigne l'île d'*Elbe* et l'île de *Sardaigne* ; au sud, par la Méditerranée, qui baigne l'île de *Sicile* (volcan de l'Etna) ; à l'est, par la mer *Adriatique*.

Le nord de l'Italie est une vaste plaine arrosée par l'*Adige*, par le *Pô* et ses affluents (Tessin, Adda, Mincio), qui sortent des lacs (Majeur, de Côme, de Garde), situés au pied des Alpes. L'Italie péninsulaire, dont l'arête est formée par les massifs de l'Apennin, est une terre volcanique (volcan du *Vésuve*) dont les fleuves (*Tibre, Arno*) ne sont que des torrents.

FORMATION TERRITORIALE. — L'Italie, qui a été dans l'antiquité le berceau de l'empire romain, a passé tour à tour, au moyen âge, sous la domination des Ostrogoths, sous celle des Lombards, des Francs, et enfin des rois de Germanie qui ont fait revivre l'empire de Charlemagne.

Dès la fin du moyen âge, elle se divise en États indépendants dont les principaux sont les républiques de Gênes, de Venise, de Florence, les duchés de Savoie et de Milan, les États pontificaux, le royaume des Deux-Siciles.

La France, l'Espagne et l'Autriche se disputent le Milanais et les Deux-Siciles depuis le seizième siècle jusqu'au dix-huitième ; Napoléon réunit un moment tout le nord et le centre de la péninsule sous le nom de royaume d'Italie, mais les traités de 1815 rétablissent les anciens souverains. L'unité de l'Italie s'est opérée de notre temps, de 1859 à 1870, sous la souveraineté des rois de Sardaigne qui ont pris le titre de rois d'Italie.

DIVISIONS POLITIQUES. — L'Italie ne renferme plus qu'un État. La capitale est ROME, sur le Tibre (425 000 habitants). Le royaume est divisé en 69 préfectures et 17 provinces :

1° et 2° Au nord, le PIÉMONT et la LIGURIE, capitales *Turin* et *Gênes*, le premier port de commerce italien ; villes principales, la *Spezia*, port de guerre ; *Alexandrie*, sur le Tanaro, *Marengo* (1800).

3° La LOMBARDIE, capitale *Milan*, villes principales *Brescia, Pavie*, sur le Tessin ; *Mantoue*, sur le Mincio ; *Marignan* (1515), *Lodi* (1796), *Magenta* et *Solférino* (1859).

4° La VÉNÉTIE, capitale *Venise*, sur l'Adriatique ; villes principales *Vérone*, sur l'Adige ; *Padoue, Arcole* (1796), *Rivoli* (1797).

5° L'ÉMILIE, capitale *Bologne* ; villes principales *Ferrare*, sur le Pô ; *Plaisance* (id.) ; *Parme, Modène*.

6° À l'est, les MARCHES, capitale *Ancône*, sur l'Adriatique.

7° L'OMBRIE, capitale *Pérouse*.

8° et 9° Les Abruzzes et la Capitanate, ville principale *Foggia*.

10°, 11°, 12° et 13° Au sud et au sud-ouest, la Basilicate, ville principale *Potenza* ; les Calabres, ville principale *Reggio*, sur le détroit de Messine ; la Pouille, villes principales *Brindisi*, *Bari*, sur l'Adriatique, *Tarente*, sur la mer Ionienne, et la Campanie, villes principales *Naples*, la ville la plus peuplée de l'Italie, *Gaëte*, sur la mer Tyrrhénienne, et *Capoue*.

14° A l'ouest, la province de Rome, capitale *Rome* ; ville principale *Civita-Vecchia*, sur la mer Tyrrhénienne.

15° La Toscane, capitale *Florence*, sur l'Arno ; villes principales *Livourne*, le second port de l'Italie, *Pise*, sur l'Arno.

16° L'île de Sardaigne, capitale *Cagliari*.

17° L'île de Sicile, capitale *Palerme*, villes principales *Messine*, *Girgenti*, *Syracuse* et *Catane*.

Population, gouvernement. — La population est de près de 33 millions d'habitants (111 par kilomètre carré), presque tous catholiques.

Le gouvernement est une monarchie constitutionnelle avec deux Chambres, une Chambre des *Députés* et un *Sénat*.

La situation financière a été longtemps fort embarrassée.

II

Géographie économique.

Le nord de l'Italie est une riche et vaste plaine, au climat tempéré (moyenne de 12 à 15 degrés), couverte de moissons, de rizières, de prairies, de plantations de mûriers, de vignes, etc., arrosée par le Pô et ses affluents, et dominée par les pentes boisées des Alpes ; l'Italie péninsulaire, dont l'arête est formée par les massifs de l'Apennin, est une terre volcanique, entre-coupée de marécages et de plateaux stériles, mais d'une merveilleuse richesse partout où elle est arrosée et bien cultivée. La Sicile produit des vins, des fruits, du coton.

On exploite en Italie des mines de fer (île d'Elbe), de plomb, de cuivre, des carrières de marbre et des gisements de soufre, plus abondants encore en Sicile.

Les principales industries sont celles des *soieries* (Milan, Padoue, Florence, Naples), des *toiles* (Brescia), des *cotonnades* (Gênes, Milan, Naples) ; de la ganterie (Turin), des *chapeaux de paille* (Toscane), de la verrerie (Venise), des mosaïques (Rome et Florence), des *pâtes alimentaires* (Gênes et Naples), et des *fromages* (Lombardie).

Les ports les plus fréquentés sont, sur le golfe de Gênes, *Gênes*, le premier port italien, et *Port-Maurice* ; sur la mer Tyrrhénienne, *Livourne*, *Civita-Vecchia* et *Naples* ; sur la mer Adriatique, *Brindisi*, *Ancône* et *Venise* ; en Sardaigne, *Cagliari* ; en Sicile, *Messine*, *Palerme*, *Girgenti* et *Catane*.

L'Italie possède 3000 kilomètres de voies navigables et de canaux.

Les chemins de fer ont un développement de 14500 kilomètres ; les lignes de Gênes au Saint-Gothard, de Milan à Brindisi, du mont Cenis à Milan, à Venise et à la frontière autrichienne, ont une grande importance comme voies de transit international.

Le commerce extérieur dépasse 3 milliards. Le commerce avec la France a beaucoup diminué à la suite de la dénonciation des traités de commerce.

L'Italie a occupé l'île de *Massaoua* et la baie d'*Assab* dans la mer Rouge et une partie du littoral de l'Abyssinie (colonie d'*Erythrée*).

L'émigration italienne se porte surtout vers l'Egypte, la Tunisie, l'Algérie et l'Amérique du Sud.

Le groupe de MALTE, capitale *La Valette*, au sud de l'Italie, est une possession anglaise qui commande le détroit entre la Sicile et l'Afrique.

CHAPITRE VIII

Région du sud-est.

I

ROYAUME DE GRÈCE (HELLAS)

(64 700 kilomètres carrés.)

Limites. — Le royaume de Grèce est borné : au nord, par la Turquie d'Europe ; à l'ouest, par la mer Ionienne, qui forme le golfe d'*Arta* et celui de *Corinthe* ou de *Lépante* ; au sud, par la Méditerranée, qui forme les golfes de *Coron* et de *Marathonisi* ; à l'est, par l'Archipel, qui forme les golfes de *Nauplie* ou d'*Egine*.

Les îles *Ioniennes*, dans la mer Ionienne, les *Cyclades* et l'*Eubée (Négrepont)*, dans l'Archipel, lui appartiennent.

Montagnes et fleuves. — La Grèce est couverte des ramifications des chaînes *Helléniques*, qui se terminent au cap *Matapan*, entre les golfes de Coron et de Marathonisi.

Les cours d'eau ne sont que des torrents : les plus connus sont l'*Aspro-Potamo* (Acheloüs), qui se jette dans le golfe de Corinthe, le *Roufia* (Alfée), dans la mer Ionienne, l'*Eurotas*, dans le golfe de Marathonisi ; le *Salemvria (Pénée)* qui arrose la Thessalie.

La nature semble avoir créé la Grèce pour le commerce maritime ; la mer l'enlace et la pénètre de toutes parts, ses îles sont jetées comme un pont entre l'Europe et l'Asie ; la

Méditerranée, l'Archipel, la mer Ionienne lui ouvrent toutes les routes de l'Occident et de l'Orient.

Malgré ses montagnes, elle doit à son climat et à son soleil une fertilité qui pourrait l'enrichir autant que son commerce maritime, si une culture bien entendue développait ses productions naturelles : céréales en Thessalie, vignes (raisins dits de Corinthe), oliviers, arbres fruitiers, coton, tabac, mûriers, forêts, bétail (surtout chèvres et moutons) ; elle a des mines de fer, de cuivre, de zinc, de manganèse, de plomb argentifère (*Laurium*, en Attique), des gisements de soufre, d'alun (Naxos, Paros), d'inépuisables carrières de marbres (*Syra*, *Paros* et *Pentélique*). La pêche côtière et surtout celle des *éponges* dans le golfe de Nauplie, constituent un revenu important ; mais les agitations politiques, le brigandage, le manque de routes, la rareté des capitaux ont longtemps paralysé ses ressources : les seules industries sont les distilleries d'alcool, la fabrication des savons, les tanneries, la poterie, les forges de Syra, les constructions maritimes et quelques filatures de coton et de soie.

Formation territoriale. — La Grèce ancienne, divisée en petites cités indépendantes et rivales les unes des autres, ne parvint jamais à former une nation ; elle sut cependant résister à toutes les forces de l'empire des Perses ; elle devint le foyer de la civilisation en Occident ; et, quand les rois de Macédoine eurent réussi à lui faire reconnaître leur suprématie, les armées d'Alexandre achevèrent ce qu'avaient commencé les flottes d'Athènes : elles firent pénétrer jusqu'au cœur de l'Asie cette civilisation que la Grèce devait en partie à l'Orient. Rome réduisit la Grèce en province romaine sous le nom d'Achaïe, en 146 ; les empereurs romains et byzantins la conservèrent jusqu'au commencement du treizième siècle ; la croisade de 1204 eut pour résultat la conquête de presque toute l'ancienne Grèce par les Vénitiens ou par des seigneurs d'origine française ; les Turcs s'en emparèrent à leur tour au quinzième siècle, et la Grèce resta sous leur domination jusqu'au commencement du dix-neuvième siècle. Une insurrection qui éclata en 1820 et qui triompha, grâce à l'intervention des puissances européennes, eut pour conséquence la création d'un royaume de Grèce, en 1832. — Les Anglais lui ont cédé, en 1863, les îles Ioniennes, que leur avaient données les traités de 1815 ; enfin, la Grèce a obtenu, en 1881, la Thessalie.

Divisions politiques. — Le royaume de Grèce se divise politiquement en 16 préfectures ou éparchies. Il a pour capitale *Athènes*, avec son port du *Pirée*, sur le golfe d'Égine (110 000 hab.), reliée à Marseille et à Trieste par les vapeurs des Messageries maritimes et du Lloyd autrichien.

Athènes n'est plus grande que par les souvenirs et les débris du passé. Elle a conservé, sur ce rocher de l'Acropole qui fut son berceau, les merveilleux vestiges du siècle de Périclès, le Parthénon (temple de Minerve), le temple d'Erechthée, les Propylées ; sur les bords de l'Ilissus, ou dans la plaine que domine l'Acropole, se dressent encore les portiques du temple de Jupiter et du temple de Thésée, le Théâtre et l'Odéon d'Hérode Atticus, monuments de l'époque romaine. La ville moderne, avec ses maisons peintes en rose et en bleu clair, ses larges rues et ses lourdes imitations de notre architecture officielle, est sans caractère et sans intérêt.

Le Pirée (42 000 hab.), port d'Athènes, est devenu une cité industrielle et commerçante.

Les principales divisions sont :

1° La **Hellade**, au centre, où l'on remarque les villes d'*Athènes*, *Livadia*, *Missolonghi* (siège de 1826), *Lépante* et *Lamia*, près de l'Archipel.

2° Le **Péloponnèse** ou **Morée**, au sud, réuni à la Hellade par l'isthme de Corinthe ; villes principales : *Argos* et *Corinthe* avec leurs ruines antiques ; *Patras*, port sur le golfe de Lépante ; *Navarin* (bataille navale de 1827), sur la mer Ionienne ; *Kalamata*, sur le golfe de Coron ; *Nauplie*, sur le golfe du même nom ; *Sparte* et *Tripolitza*, dans l'intérieur. Un canal, abrégeant la route des ports de la mer Adriatique à ceux de l'Archipel, a été construit de 1882 à 1893 entre Corinthe et Kalamaki.

3° La **Thessalie**, au nord, cédée par les Turcs, après 1878, grâce à l'intervention diplomatique des grandes puissances européennes. Villes principales : *Volo*, sur le golfe du même nom ; *Pharsala*, *Larissa*, sur le Pénée, et *Trikala*. La ville d'*Arta*, en Épire, est aussi occupée par les Grecs.

4° Les *Iles*, qui comprennent : 1. Dans la mer Ionienne, les îles **Ioniennes**, cédées à la Grèce par l'Angleterre, *Corfou*, capitale *Corfou* ; *Paxo*, *Sainte-Maure*, *Thiaki* (Ithaque), *Képhalonie*, *Zante* (Zacynthe) et *Cérigo* (Cythère), au sud de la Morée.

Fig. 46. — Les Propylées à Athènes.

2. Dans l'Archipel, la grande île d'**Eubée** ou **Négrepont**, capitale *Khalkis*; les îles d'*Egine* et d'*Hydra* et les *Cyclades* dont les principales sont : *Santorin* (ancienne Théra), *Milo*, *Paro*, *Naxo* et *Syra*, capitale *Syra*, ou *Hermopolis*, le port le plus fréquenté de la Grèce.

Population. Religion. Institutions. — La population est de plus de 2 434 000 habitants, parlant la langue grecque et appartenant presque tous à la religion grecque. Le gouvernement est une monarchie constitutionnelle, avec une seule Chambre législative.

L'armée et la marine de guerre sont faibles.

L'instruction publique est en progrès.

Les finances sont en mauvais état, surtout depuis la guerre de 1897 avec la Turquie.

Les communications intérieures sont difficiles et il n'existe que 1 000 kilomètres de chemins de fer; les principales lignes sont celles d'Athènes au Pirée; d'Athènes à Patras par Corinthe; d'Athènes à Tripolitza; de Volo à Larissa et à Trikala en Thessalie.

La marine marchande de la Grèce compte plus de 1 200 navires avec plus de 27 000 hommes d'équipage.

Le commerce atteint 223 millions. Il se fait surtout avec l'Angleterre, la Turquie et l'Autriche. La France n'y prend part que pour 22 millions environ.

L'importation consiste surtout en céréales, sucre, café, salaisons, houille, bois et produits manufacturés (tissus, métaux travaillés, verrerie, meubles, etc.); l'exportation en raisins de Corinthe, fruits, huiles, peaux brutes, cire et miel, soies, tabacs, plomb, etc.

Le système métrique est en vigueur et la Grèce a adopté notre système monétaire.

La monnaie de compte est la *drachme* qui vaut un franc.

RÉSUMÉ

I

Royaume de Grèce.

GÉOGRAPHIE PHYSIQUE. — Le royaume de Grèce ou *Hellas* (64 700 kilomètres carrés) est borné : au nord, par la Turquie d'Europe ; à l'ouest, par la mer Ionienne (golfe de *Corinthe* ou de *Lépante*) ; au sud, par la Méditerranée ; à l'est, par l'Archipel.

Les îles *Ioniennes*, les *Cyclades* et l'*Eubée* (*Négrepont*) lui appartiennent.

La Grèce est couverte des ramifications des *Alpes Helléniques*, qui se terminent au cap *Matapan*.

Les cours d'eau ne sont que des torrents (*Aspro-Potamo*, *Eurotas*, *Salamvria*, etc.).

L'isthme de Corinthe, qui rattache la *Hellade* au *Péloponnèse* ou *Morée*, est coupé par un canal maritime.

NOTIONS HISTORIQUES. — Les anciens Grecs appelaient leur pays *Hellas* du nom des Hellènes, dont ils croyaient descendre et qu'ils considéraient comme de race pélasgique. Les Romains substituèrent au nom de Hellas celui de *Græcia* qui s'est maintenu dans nos langues de l'Occident.

La Grèce, après avoir fait partie de l'empire romain d'Orient, fut soumise par les Turcs, se souleva en 1820 et forme un royaume indépendant depuis 1830.

GÉOGRAPHIE POLITIQUE. — La capitale est *Athènes* (110000 habitants), avec le port du *Pirée*.

On peut distinguer dans la Grèce quatre divisions principales :

1º La HELLADE au centre ; villes principales *Athènes*, *Missolonghi* et *Lépante* sur le golfe de Lépante.

2º La MORÉE, réunie à la Hellade par l'isthme de Corinthe ; villes principales *Patras*, sur le golfe de Lépante ; *Nauplie*, sur l'Archipel, *Sparte* et *Tripolitza*, dans l'intérieur.

3º La THESSALIE, au nord, cédée par les Turcs en 1881 ; villes principales *Larissa*, *Trikala* et *Volo*, sur l'Archipel, et une petite partie de l'ÉPIRE, ville principale *Arta*.

4º Les *Îles*, qui comprennent : dans la mer Ionienne, les îles IONIENNES, cédées à la Grèce par l'Angleterre ; *Corfou*, *Thiaki*, *Képhalonie*, *Zante*, *Cérigo* (Cythère), etc. ; dans l'Archipel, la grande île d'EUBÉE ou NÉGREPONT, capitale *Khalkis* ; les îles d'*Egine* et d'*Hydra*, et les *Cyclades* (*Santorin*, *Milo*, *Paro*, *Syra*, capitale *Hermopolis*, le port le plus fréquenté de la Grèce).

La population est de 2435000 habitants, parlant la langue grecque et appartenant à la religion grecque. Le gouvernement est une monarchie constitutionnelle.

La marine marchande est assez importante ; le commerce extérieur est d'environ 223 millions dont 22 pour la France.

II

TURQUIE D'EUROPE ET BULGARIE

DESCRIPTION PHYSIQUE ET POLITIQUE

Limites. — La Turquie d'Europe, en y joignant la principauté vassale de Bulgarie et sans y comprendre les provinces de Bosnie et d'Herzégovine, occupées par l'Autriche, est bornée, au nord par le *Danube*, qui la sépare de la Roumanie, par la Serbie, et par l'empire d'Autriche-Hongrie ; à l'ouest par le Monténégro, l'Adriatique, le canal d'Otrante et la mer Ionienne ; au sud par le royaume de Grèce, l'Archipel, le détroit de *Gallipoli* ou des *Dardanelles*, la mer de *Marmara* et le *Bosphore* ; à l'est par la mer Noire.

Iles. — Les îles qui en dépendent sont, dans l'Archipel, les îles de *Thaso*, de *Samothraki*, d'*Imbro*.

Montagnes et fleuves. — La Turquie d'Europe est traversée, parallèlement à l'Adriatique, par la prolongation des *Alpes dinariques* et par les chaînes *helléniques*, qui viennent se souder aux précédentes, l'imposant massif de *Tchar-Dagh* ; parallèlement à l'Archipel, par les *Balkans*, d'où se détachent le Rhodope (*Despoto-Dagh*) et les monts *Istrandja*. Du Tchar-Dagh et des Balkans descendent, au sud, les fleuves tributaires de l'Archipel, la *Maritza*, le *Strouma*, le *Vardar* ; au nord les affluents du Danube, dont la rive droite appartient à la Serbie, à la Bulgarie et à la Roumanie. Les fleuves qui se jettent dans l'Adriatique, le *Drin*, le *Voioussa*, ne sont que des torrents.

Formation territoriale. — Les pays qui appartiennent encore de fait ou de nom à la Turquie d'Europe, correspondent aux anciennes régions de Thrace, de Macédoine, d'Illyrie et d'Epire. — On sait quel rôle la Macédoine, la patrie de Philippe et d'Alexandre, a joué dans le monde grec et oriental. Les Romains soumirent ces vastes contrées dès le deuxième siècle avant Jésus-Christ. Après la chute de l'empire d'Occident, l'empire d'Orient, dont Constantinople était la capitale, en conserva la possession jusqu'à l'invasion des Turcs en Europe (fin du quatorzième et quinzième siècle). Ceux-ci renversèrent, en 1453, le dernier empereur grec d'Orient, et les sultans établirent leur résidence à Constantinople, qui conserva, malgré la conquête musulmane, son antique importance commerciale. A partir du dix-huitième siècle, l'empire ottoman, menacé par ses puissants voisins d'Autriche et de Russie et désorganisé par le despotisme et la mauvaise administration, entre dans la période de décadence. Il perd successivement une partie du littoral de la mer Noire, cédé à la Russie, la Croatie et l'Esclavonie conquises par l'Autriche, la Grèce qui devient indépendante : la dernière guerre contre les Russes et le traité de Berlin qui en a consacré les résultats (1878) ont enlevé au sultan ses droits de suzeraineté sur la Roumanie et la Serbie et ne lui laissent qu'une autorité nominale en Bulgarie, en Bosnie et en Herzégovine, et même en Roumélie, où une révolution plus récente (1885) a détruit ce qui restait du fantôme de souveraineté respecté par le traité de 1878. Enfin, en 1898, l'île de Candie a été dotée d'un régime autonome. C'est l'avant-dernière étape sur la route qui conduit fatalement à la ruine les successeurs de Mahomet II.

Possessions immédiates. Grandes villes. — La capitale de l'empire turc est **Constantinople** (1 125 000 hab.), l'antique Byzance, située sur le Bosphore, qui la sépare de son faubourg asiatique, *Scutari*. La ville s'élève en amphithéâtre, bordée d'une ceinture de jardins, dominée par les minarets de ses 500 mosquées et par le dôme majestueux de Sainte-Sophie, plongeant dans les eaux du Bosphore les tours de ses palais et ses terrasses couvertes de cyprès et de platanes. Mais à l'intérieur, l'incurie de la police et de la population, le peu de largeur des rues, l'insalubrité et le mauvais état des maisons construites pour la plupart en bois, engendrent les maladies, multiplient les incendies, et font d'une des villes les plus pittoresques du monde, une des plus sales et des plus désagréables à habiter. Cependant le quartier grec du *Fanar*, et les faubourgs à demi européens de *Galata* et de *Péra* ont fait quelques efforts pour se rapprocher des habitudes de l'Europe, et possèdent de larges rues éclairées au gaz, de somptueux hôtels, et un grand nombre de maisons construites en pierres.

Les pays d'Europe qui constituent encore l'empire Turc sont :

1° La **Thrace** (sans y comprendre le district de Constantinople), capitale *Andrinople* ou *Edirné* (80 000 hab.), sur la Maritza; villes principales, *Rodosto*, sur la mer de Marmara, *Gallipoli*, sur les Dardanelles, *Enos* et *Dédé-Agatch*, sur l'Archipel. La population est turque ou grecque avec un certain nombre de Bulgares.

2° La **Macédoine**, peuplée de Grecs, de Turcs, de Serbes, d'Albanais et de Bulgares qui forment la majorité de la population; capitale *Salonique* (Thessalonique), sur l'Archipel, le second port de la Turquie d'Europe (105 000 hab.), villes principales, *Sérès*, centre de la culture du coton, et *Monastir*, dans la montagne.

Fig. 47. — Le Bosphore vu de la tour de Roumeli-Hissar.

3° La **Vieille-Serbie**, qui correspond au vilayet de Kossovo, pays de hauts plateaux et de vallées sauvages, habité par une minorité d'Albanais (au sud-ouest) et de Bulgares (au sud-est), et une majorité de Serbes chrétiens ou musulmans (*Arnautes*). La capitale est *Pristina*, les principales villes, *Novi-Bazar*, *Mitrovitza*, tête de ligne du chemin de fer de Salonique que les Autrichiens se sont réservé le droit d'occuper conjointement avec les Turcs, *Prisrend* et *Ouskoup* au pied du Tchar-Dagh.

4° L'**Albanie** (ancienne Illyrie) ; c'est un pays de montagnes situé entre l'Adriatique et les Alpes helléniques et habité par une population rude et belliqueuse, les Skipétares ou Albanais, qui parle un dialecte particulier et qu'on rattache à la race pélasgique. Les principales villes sont *Scutari*, ancienne capitale de l'Illyrie, sur le lac du même nom, dans l'intérieur ; *Durazzo* (Dyrrachium) et *Avlona*, sur l'Adriatique.

5° L'**Épire**, province séparée de l'Albanie par le cours de la Voïoussa et dont la population est en grande partie de race grecque. Les principales villes sont *Prévésa* et *Janina*, sur le lac du même nom. Cette province dépend du vilayet de Janina ; une faible partie a été cédée à la Grèce d'après les engagements consacrés par le traité de Berlin.

5° Les îles de *Thaso*, de *Samothraki*, d'*Imbro*, de *Lemno*, de *Ténédo*, forment une division spéciale.

Les provinces effectivement soumises au sultan ont une population d'environ 6 millions d'habitants, parlant le turc, le grec, le serbe, le bulgare, l'albanais, dont deux millions et demi de musulmans et plus de deux millions de grecs schismatiques qui reconnaissent pour chef religieux le patriarche de Constantinople ou l'exarque de Bulgarie.

Le gouvernement, dont le chef porte le nom de *sultan* ou *padishah*, est absolu de fait, bien que l'empire ottoman ait reçu, en 1876, une constitution établissant un Sénat et une Chambre des députés. Le sultan est le chef de la religion comme de l'État. Les événements qui ont profondément modifié la situation de l'empire rendraient illusoires toutes les statistiques sur ses forces militaires ou sur ses finances, qui se sont pourtant améliorées. Le dernier budget s'élevait à 400 millions pour la dépense et 385 millions pour les recettes. La dette est considérable.

L'empire turc possède encore en Afrique : la Tripolitaine,

un droit de suzeraineté sur l'Egypte, et en Asie plusieurs parties de l'Arabie, notamment l'Hedjaz, avec les villes saintes de la Mecque et de Médine.

Provinces autonomes. — 1° La **Roumélie orientale** (Thrace), entre les Balkans, les provinces turques de Macédoine et de Thrace et la mer Noire, a pour capitale *Philippopoli*, sur la Maritza ; pour villes principales : *Kézanlik*, au pied des Balkans, et *Bourgas*, sur la mer Noire.

Cette province, peuplée de Bulgares, qui forment la majorité, de Grecs et de Turcs (plus d'un million d'habitants), avait reçu, sous la garantie des signataires du traité de Berlin, une organisation particulière qui assurait son autonomie. Elle a proclamé en 1885 son union avec la Bulgarie, et le sultan a reconnu, sinon la fusion complète des deux Etats, du moins l'union personnelle, en nommant le prince de Bulgarie gouverneur de Roumélie. L'autorité du sultan devient ainsi purement théorique. L'Europe n'a reconnu officiellement cette annexion qu'en 1895.

2° L'île de **Crète** a pour villes principales : *Candie* et *La Canée*, sur l'Archipel. Cette province, presque entièrement grecque, est, depuis 1898, gouvernée par le second fils du roi de Grèce.

3° Les provinces de **Bosnie** et d'**Herzégovine**, entre la Save au nord, la Serbie à l'est, la Turquie et le Monténégro au sud, et la Dalmatie à l'ouest, sont occupées et administrées par l'Autriche ; c'est une annexion déguisée. Elles comptent environ 1 350 000 habitants : bosniaques, serbes et turcs, dont 970 000 chrétiens. — Les principales villes sont : *Serajevo* ou *Bosna-Serai*, en Bosnie ; *Mostar*, en Herzégovine. L'Autriche a le droit d'occuper aussi, conjointement avec les Turcs, la province de *Novi-Bazar*, entre la Serbie et le Monténégro, sur la route de Salonique.

Bulgarie. — La **Bulgarie**, ancienne Moesie, doit son nom à un peuple d'origine slave ou finnoise, qui y fonda, au sixième siècle après Jésus-Christ, un royaume détruit, au quinzième, par les Turcs. Elle est située entre la Roumanie, le Danube, la Serbie, les Balkans et la mer Noire, et forme, depuis 1878, une principauté vassale et tributaire du sultan, mais autonome, et régie par une dynastie héréditaire. Le gouvernement est constitutionnel (plus de 2 millions et demi d'hab., dont 800 000 musulmans). La capitale est *Sofia*, au pied des Balkans ; les villes principales, *Silistrie*,

Roustchouk et *Widdin*, sur le Danube ; *Tirnova*, l'ancienne capitale, sur la Jantra ; *Plevna*, célèbre par l'héroïque résistance des Turcs en 1877 ; *Choumla*, sur le versant septentrional des Balkans, et *Varna*, sur la mer Noire. La langue de la Bulgarie est un dialecte slave. Quant aux ressources du pays, qui est surtout une région de céréales, de forêts et de pâturages, il est difficile de s'en rendre compte aujourd'hui ; mais le paysan bulgare, laborieux, patient et économe, a toutes les aptitudes nécessaires pour en tirer parti. La Bulgarie possède deux lignes importantes de chemins de fer, celle de Varna à Roustchouk et celle de Sofia à Constantinople, par Philippopoli.

L'union avec la Roumélie porte la population de la Bulgarie à plus de 3 700 000 âmes.

GÉOGRAPHIE ÉCONOMIQUE

Situation commerciale. — Si la Turquie avait appartenu à l'Europe par sa civilisation comme par sa position géographique, elle aurait dû être la première puissance commerçante et maritime de la Méditerranée. Maîtresse du cours de la Save et du Danube sur une étendue de plus de 1 300 kilomètres, elle tenait la clef de la mer Noire, elle dominait l'Archipel, elle servait d'intermédiaire naturel entre l'Asie et l'Europe, elle touchait à l'Italie par la mer Ionienne et l'Adriatique, à la Perse et presque aux Indes par sa frontière asiatique, tandis que Candie et Chypre, comme deux sentinelles avancées, observaient la route d'Alexandrie et de l'isthme de Suez. Les Ottomans n'ont pas su profiter de cette fortune. Leur rôle est fini en Europe : la Russie et l'Autriche se disputent l'héritage ; il serait de l'intérêt de l'Europe qu'il appartînt à de moins puissants héritiers.

Climat et nature du sol. — Le climat de la Turquie d'Europe et de la Bulgarie, tempéré sur les bords de la mer, dont les brises amortissent l'ardeur du soleil, est rigoureux dans les hautes vallées, et dans tout le bassin du Danube ouvert aux vents du nord.

Production agricole. — Les *céréales* (blé, seigle et maïs) sont cultivées en Bulgarie, en Roumélie, en Macédoine, et dépassent les besoins de la population. Les *légumes* de toutes espèces abondent dans toutes les provinces de l'empire : le *riz* réussit sur les bords de la Maritza, la *pomme de terre* en Bulgarie, en Bosnie et en Herzégovine; les îles de l'Archipel, Candie, l'Épire, produisent des *vins estimés*; les *fruits*, oranges, citrons, figues, et les *fleurs*, surtout les roses, d'où l'Orient tire ses précieuses essences, viennent presque sans culture sur la côte de l'Archipel; la culture du *tabac* est générale, celle de l'*olivier* et du *sésame* fait la richesse de l'Épire, et des provinces situées au sud des Balkans.

Des *forêts* d'ormes, de chênes, de platanes et de sycomores couvrent encore les montagnes de la Bosnie, de l'Albanie et les pentes des Balkans; enfin, la culture du *coton*, dans le district de Sérès, en Macédoine, se développe de jour en jour.

Le *gros bétail* est peu nombreux; mais les *moutons*, recherchés à la fois pour leur chair et pour leurs laines, se comptent par millions dans la Bosnie, la Roumélie et la vallée du Danube. On élève des *chèvres* en Albanie, des *porcs* en Bulgarie et en Bosnie; des *chevaux*, petits, mais robustes et agiles, en Albanie et en Bosnie. La Roumélie, la Macédoine, la Bulgarie, l'Albanie, la Crète, produisent la *soie*, récoltée comme en Lombardie, par les paysans.

Production minérale. — Le sol de la Turquie n'est pas moins riche en productions minérales qu'en produits agricoles, et cependant c'est à peine si ces richesses ont été effleurées. La houille existe en Crète, en Albanie, en Bulgarie (*Tcherkova*, près de Sofia), mais est peu exploitée; le fer et le cuivre se trouvent en abondance dans les Balkans; les marbres le disputent à ceux de la Grèce; la pierre s'exporte jusqu'en Angleterre.

Pêche. — La pêche des éponges dans l'Archipel, celle des sangsues dans les marais de Bosnie produisent un revenu assez considérable, mais qui tend à diminuer.

Production industrielle. — Avec cette variété et cette richesse de production, avec cette faculté précieuse de réunir sur son territoire toutes les matières premières, toutes les denrées alimentaires, la Turquie aurait dû posséder une industrie florissante; mais l'apathie des populations, le manque de routes, le système déplorable des impôts, le peu de protection accordée au commerce intérieur, ont fait descendre si bas l'industrie turque, qu'elle ne saurait être classée parmi les industries européennes.

Communications par mer avec la France. — La navigation française a conservé dans les mers de l'Orient une importance exceptionnelle : Marseille est le principal débouché de ce commerce; mais Le Havre et Bordeaux y prennent une certaine part.

La France est rattachée à la Turquie par les lignes régulières des Messageries maritimes, de la Compagnie marseillaise, etc., qui desservent tous les ports de la Turquie d'Europe et d'Asie, et qui ont Marseille pour point de départ.

Principaux ports. — Sur l'**Adriatique**, les côtes de la Turquie n'ont que des ports peu profonds et incapables de recevoir de gros navires : *Durazzo*, *Avlone* et *Preresa*.

La première place de commerce de la Turquie d'Europe sur l'**Archipel** est **Salonique**, sur le golfe du même nom, desservie par les *Messageries* de Marseille et le Lloyd de Trieste. Le petit port de *Dédé-Agatch* est desservi par les vapeurs autrichiens et par ceux de la Compagnie marseillaise.

Sur la **mer de Marmara**, *Gallipoli*, à l'entrée du détroit des Dardanelles, et *Rodosto*, sur une baie vaste et sûre, servent de relâche aux nombreux navires qui se dirigent vers Constantinople, ou qui descendent vers l'Archipel.

A l'extrémité de la mer de Marmara, à l'entrée du Bosphore, à 30 kilomètres de la mer Noire, et à 3 kilomètres de la côte d'Asie, s'élève **Constantinople**, le port le mieux situé de la Méditerranée, et peut-être du monde entier.

Rattachée à *Marseille* par les Messageries et la Compagnie marseillaise, à Trieste par le Lloyd autrichien, à Londres, à Southampton, à Liverpool par des lignes anglaises, à Odessa par la Compagnie russe, Constantinople est le point de passage des lignes françaises, anglaises, autrichiennes qui se dirigent vers Trébizonde ou vers le Danube : le siège des Compagnies turques qui desservent l'archipel jusqu'à Candie, et jusqu'à Smyrne.

Sur la **mer Noire**, *Bourgas* en Roumélie, **Varna** en Bulgarie et **Kostanza** dans la Dobroustcha, qui appartient à la Roumanie, sont les principales échelles de la navigation entre Constantinople et les bouches du Danube.

Les deux ports de *Candie* et de *la Canée* sont les principaux de l'île de Crète.

Navigation fluviale. — La Turquie et ses annexes ne connaissent pas la navigation artificielle, mais la Bulgarie partage avec la Roumanie la plus belle ligne navigable que la nature ait donnée à l'Europe, le *Danube*, qui forme la frontière entre les deux pays depuis Widdin jusqu'à Silistrie. Bien qu'ils soient loin d'égaler l'activité des ports roumains, les ports de la rive droite, *Silistrie*, *Roustchouk* et *Widdin* en Bulgarie, servent de stations aux bateaux à vapeur de la Compagnie autrichienne et de débouchés au commerce du pays.

Les autres cours d'eau de la Turquie d'Europe ne sont que des torrents, à l'exception d'un fleuve, tributaire de l'Archipel, la *Maritza*, sur laquelle est située une des plus grandes places de commerce de l'empire, **Andrinople**, dans une plaine riche en vignobles, en plantations de tabac, de mûriers, de coton, à peu de distance du port d'Enos, sur l'Archipel, et qu'un chemin de fer fait communiquer avec Constantinople.

Routes de terre et chemins de fer. — Les routes de terre sont mauvaises dans tout l'empire, impraticables dans les pays de montagnes. Plusieurs lignes de chemins de fer ont été exécutées ; les principales sont celles de *Constantinople à Belgrade*, et de là à Vienne et Paris, par *Andrinople*, *Philippopoli* et *Sofia*, qui rattache la Turquie au réseau européen, d'*Andrinople à Dédé-Agatch*, de *Dédé-Agatch à Salonique*, de *Salonique à Belgrade*, Vienne et Paris par Uscup, de *Varna à Roustchouk*. Le gouvernement ottoman s'occupe assez peu activement d'ouvrir des routes praticables aux voitures, ou du moins aux lourds chariots, qui sont, avec les mulets, les seuls moyens de transport que permette l'état déplorable des voies de terre.

La plupart de ces lignes sont pourvues de lignes télégraphiques, et Constantinople est le point où vient aboutir en Europe, à travers le Bosphore, le télégraphe indien qui traverse la Turquie d'Asie, en partant de Bassora sur le golfe Persique.

Commerce extérieur de la Turquie. — Le commerce extérieur de tout l'empire, sans y comprendre l'Égypte, la Bulgarie et la Tripolitaine, s'élève à environ 750 millions dont moitié pour la Turquie d'Europe.

L'Angleterre occupe dans le commerce de la Turquie le premier rang avec un chiffre de 340 millions.

La **France** suit l'Angleterre avec un chiffre d'environ 150 millions. Viennent ensuite l'**Autriche**, la Russie, la Bulgarie, la Grèce, l'Italie, la Roumanie et la Belgique.

Exportation. — Les **matières premières** et les **denrées alimentaires** forment seules l'exportation turque. Les *soies*, destinées à l'Autriche et à la France ; les *cotons* et les *laines*, à l'Angleterre, à la France et à la Belgique ; les *peaux brutes*, les *marbres*, les *bois*, que se partagent la France, la Grèce et l'Italie, sont les matières premières les plus importantes.

Parmi les **denrées alimentaires**, les *céréales* à destination de Londres, de Marseille, de Gênes ; les *huiles* d'olives, les *raisins*, les *figues*, les *vins*, les *tabacs*, atteignent les chiffres les plus considérables.

Importation. — Sauf la *houille* et quelques métaux fournis par l'Angleterre, le *sucre* raffiné, les *cafés* et autres denrées coloniales, tirées de France, d'Autriche, de Belgique et des entrepôts anglais, les *viandes* salées importées d'Angleterre et des États-Unis, et les *vins français*, l'importation consiste surtout en objets manufacturés. Pour les *fils et tissus de coton*, l'Angleterre n'a pas de rivale.

Pour les *draps*, les produits français, trop chers ou trop grossiers, le cèdent à ceux de la Belgique, de l'Allemagne, de l'Autriche, de l'Angleterre, moins coûteux et de meilleure qualité.

Pour les *ouvrages en fer*, la coutellerie, la quincaillerie, les armes, les machines, la France lutte avec la Belgique et l'Angleterre. La *verrerie* et la poterie belge, anglaise et allemande, rivalisent avec les produits similaires de la France ; la *bougie* de Trieste le dispute à celle de Marseille. La France n'a conservé son antique supériorité, menacée cependant par la concurrence autrichienne et allemande, que pour les *soieries*, la *passementerie*, la *mercerie*, les *meubles*, les *peaux préparées* et les *articles de Paris*.

Commerce de la Bulgarie. — Le commerce de la Bulgarie est d'environ 115 millions. Les principaux produits importés sont les cotonnades, le fer, les vins, le sucre, le sel et le pétrole ; les articles d'exportation sont le blé, la laine, les peaux et le bétail.

Tout le commerce, toute l'industrie de la Turquie sont entre les mains des étrangers, Maltais, Italiens, Anglais, Français, Allemands, ou des puissantes maisons grecques, arméniennes et israélites de Péra et de Galata ; les marchands des bazars sont seuls de race turque. La banque ottomane est la principale institution de crédit.

Des traités de commerce conclus avec toutes les puissances, en particulier la Grande-Bretagne, la France, l'Autriche, garantissent la liberté de la navigation, l'abolition des monopoles commerciaux et la liberté complète du commerce intérieur.

III

SERBIE, ROUMANIE, MONTÉNÉGRO

De la Turquie d'Europe dépendaient autrefois comme États tributaires devenus indépendants par le traité de Berlin (1878) :

1° Le royaume de **Serbie** (48 600 kilom. car.), situé sur la rive droite du Danube, entre la Bosnie à l'ouest, la Bulgarie à l'est, la Turquie au sud, la Roumanie et l'Autriche-Hongrie au nord. La Serbie s'est constituée en 1829 sous des princes héréditaires, indépendants depuis 1878. C'est un pays de montagnes, arrosé par le *Timok*, la *Morawa*, affluents du Danube, riche en céréales, en bestiaux, en mines et en forêts : capitale *Belgrade* (69 000 hab.), sur le Danube ; villes principales : *Kragoujevatz*, *Nisch*, *Pirot* et *Alexinatz*.

La population est de 2 494 000 habitants, presque tous Slaves d'origine et grecs de religion ; le commerce s'élève à 120 millions environ. Les principaux articles d'exportation sont les céréales, les vins, les prunes sèches, les porcs, les moutons, les bœufs et les peaux de chèvres et de moutons ; les importations comprennent surtout les *tissus* et *objets manufacturés*. La Serbie est principalement en relations avec l'Autriche-Hongrie.

2° Le royaume de **Roumanie**, formé des principautés de **Moldavie** et de **Valachie** (130 000 kilom. car., ancienne *Dacie*). Constituées en 1855 et 1858, sous la garantie des grandes puissances, et réunies définitivement depuis 1866, sous le nom de *Roumanie*, elles sont devenues indépendantes depuis 1878. La Roumanie, érigée en royaume depuis 1881, est bornée au nord et à l'ouest par les *Carpathes*, qui la séparent de l'Autriche ; à l'est par le Pruth et le Danube, qui la séparent de la Russie ; au sud par le Danube qui la sépare de la Serbie et de la Bulgarie, et par une ligne de convention tracée entre le Danube (Silistrie) et la mer Noire, et limitant la province marécageuse de la *Dobroutscha* assignée à la

Roumanie, en 1878, par le traité de Berlin, en échange de la Bessarabie roumaine cédée à la Russie.

Le Danube reçoit à gauche l'*Aluta*, le *Séreth* et le *Pruth*, et se jette dans la mer Noire par plusieurs bouches : celles de *Soulina* et de *Saint-Georges*. La navigation du bas Danube est surveillée par une commission internationale indépendante du gouvernement roumain qui a fait aménager la bouche de *Soulina*.

Cette contrée offre l'aspect d'une immense plaine, au climat tempéré, au sol argileux, couverte de moissons et de pâturages, dominée par les cimes boisées des Carpathes et s'abaissant vers le Danube par une série de plateaux monotones.

La capitale de la Roumanie est **Bukharest** (282 000 h.), en *Valachie*; les villes pricipales : *Iassy* (*Moldavie*), sur un affluent du Pruth ; *Galatz*, sur le cours inférieur du Danube; *Kustendjé* ou *Kostandza*, port nouvellement aménagé sur la mer Noire ; *Giurgewo*, *Kalafat*, sur le Danube: *Craiova*, dans l'intérieur.

La population est de 5 900 000 habitants, de langue néolatine, et qui portent le nom de Roumains. La religion grecque domine. Le gouvernement appartient à un souverain héréditaire et à une assemblée composée d'un Sénat et d'une Chambre des représentants. Les céréales, la vigne, les arbres fruitiers, les bois, les bestiaux et les salines sont la principale richesse du pays, dont l'industrie est peu avancée. La longueur des chemins de fer exploités est de 3 300 kilomètres. Le commerce dépasse 500 millions : l'Angleterre, l'Allemagne, l'Autriche-Hongrie et la France occupent les premiers rangs dans le mouvement des échanges.

3° Le **Monténégro** (dans le dialecte slave du pays, *Tchernagora*, montagne noire), petit État (9 000 kilomètres carrés), gouverné par des princes indépendants et habité par environ 240 000 montagnards, pâtres et soldats plutôt que cultivateurs, qui ont toujours défendu leur religion et leur liberté, est situé au sud-ouest de la Bosnie; la capitale est *Cettigne*. Les ports de *Dulcigno* et d'*Antivari* sur l'Adriatique, et la ville de *Podgoritza* ont été cédés au Monténégro par le traité de Berlin (1878).

Résumé de la situation politique et économique de la péninsule des Balkans. — Ce qui reste de l'empire Ottoman en Europe ne vit que par artifice. C'est un malade désespéré dont la diplomatie européenne s'ingénie à retarder la mort, par crainte des compétitions que soulèvera l'héritage. Les Ottomans ont conservé leur courage et leur foi religieuse ; mais ils ne sont ni commerçants, ni artisans, ni cultivateurs : c'est une aristocratie militaire qui n'a jamais été que campée en Europe ; cette aristocratie n'a plus de chefs ; elle peut tomber bravement, mais elle doit fatalement disparaître. Parmi les petits peuples de races et de langues si diverses qui se disputent les lambeaux de l'empire Ottoman, les Roumains qui comptent parmi les plus intelligents, les plus laborieux, et qui ont fait leurs preuves comme soldats en 1877, n'ont plus rien à prétendre. Les Grecs, qui n'ont d'autre appui en Europe que la sympathie discrète de la France, peuvent tout au plus revendiquer, avec quelques chances de succès, l'Épire, les îles de la mer Égée et la Crète. Les Serbes, qui ont servi tour à tour d'instrument à la Russie et à l'Autriche, ont besoin de modérer leur ambition et de se recueillir longtemps pour se préparer au rôle qu'ils rêvent et que justifie, jusqu'à un certain point, leur parenté avec les populations de la Macédoine septentrionale, de la Bosnie et des provinces hongroises de Croatie et d'Esclavonie. Les Bulgares, nationalité nouvelle, créée par la politique russe, qui pourrait bien se repentir d'avoir provoqué cette résurrection d'un peuple oublié, n'ont rien de ce qu'il faut, malgré le sens pratique, le courage militaire et les aptitudes agricoles qu'on ne saurait leur refuser, pour devenir les héritiers des maîtres de Constantinople, ni la tradition, ni la suprématie intellectuelle, ni le nombre et la force matérielle. Les Ottomans disparus, la péninsule des Balkans sera livrée aux compétitions turbulentes des petits peuples qui s'en disputeront les lambeaux, et à la rivalité plus redoutable des deux grands États qui essaient de les tenir sous leur tutelle, l'Autriche et la Russie : le dernier sultan de Constantinople pourra se consoler de sa déchéance en songeant au sanglant héritage qu'il laissera à ses vainqueurs.

RÉSUMÉ

II

Turquie d'Europe et Bulgarie.

GÉOGRAPHIE PHYSIQUE. — La Turquie d'Europe, en y comprenant la Bulgarie, est bornée : au nord, par le *Danube*, la Serbie et l'Autriche-Hongrie ; à l'ouest, par l'Adriatique et la mer Ionienne ; au sud, par le royaume de Grèce, l'Archipel, le détroit de *Gallipoli*, la mer de *Marmara* et le *Bosphore* ; à l'est, par la mer Noire.

Les îles qui en dépendent sont : dans l'Archipel, *Thaso*, *Samothraki*, *Imbro* et *Lemno*.

La Turquie d'Europe est traversée, du nord au sud, par les *Alpes dinariques*, et par les *chaînes helléniques* ; et, de l'ouest à l'est, par les *Balkans*.

Les principaux cours d'eau sont :

Sur le versant de la mer Noire, le *Danube* ; sur le versant de l'Adriatique, le *Drin* ; sur le versant de l'Archipel, la *Maritza*, le *Strouma* et le *Vardar*.

FORMATION TERRITORIALE. — Les pays qui dépendent aujourd'hui de la Turquie d'Europe portaient, dans l'antiquité, les noms de Thrace, Macédoine, Illyrie, Épire. Soumis aux Romains à partir du second siècle av. J.-C., ils firent partie de l'empire romain d'Orient et furent conquis par les Français et les Vénitiens au treizième siècle, et par les Turcs au quinzième. L'empire ottoman, menacé depuis le dix-huitième siècle par l'Autriche et la Russie, a déjà subi des démembrements successifs dont le plus important a été consacré par le traité de Berlin (1878).

GÉOGRAPHIE POLITIQUE. — La capitale de l'empire est *Constantinople*, sur le Bosphore (1 125 000 habitants).

Il se divise en *vilayets* (Europe).

Les possessions immédiates sont, outre le district de Constantinople :

1° La THRACE, capitale *Andrinople*, sur la Maritza ; ville principale *Gallipoli*, sur les Dardanelles ; 2° la MACÉDOINE, capitale *Salonique*, sur le golfe du même nom (Archipel) ; villes principales *Sérès* et *Monastir* ; 3° la VIEILLE-SERBIE, villes principales *Pristina*, *Prisrend*, *Mitrovitza* et *Novi-Bazar* ; 4° l'ALBANIE, capitale *Scutari* ; 5° l'ÉPIRE (pays grec), capitale *Janina*, ville principale *Prevesa*, sur la mer Ionienne : une petite partie de cette province a été cédée à la Grèce.

La population des provinces immédiatement soumises au sultan est d'environ 6 millions d'habitants parlant le turc, le grec, le bulgare, le serbe, l'albanais, dont 2 millions et demi de musulmans et plus de 2 millions de grecs schismatiques.

Le gouvernement, dont le chef porte le nom de *sultan*, est absolu de fait, bien que la Turquie ait une constitution depuis 1876 : le sultan est le chef de la religion.

Les provinces autonomes et jouissant d'une constitution spéciale sont : 1° la ROUMÉLIE (plus d'un million d'habitants en grande majorité bulgares), capitale *Philippopoli*, qui a proclamé en 1885 son union avec la Bulgarie ; 2° la *Crète* (pays grec), capitale *Candie* ; ville principale *la Canée*, sur l'Archipel.

Les provinces de BOSNIE et d'HERZÉGOVINE (1 350 000 habitants) sont occupées et administrées par l'Autriche, tout en restant nominalement sous la souveraineté du sultan. Villes principales *Serajevo*, en Bosnie, *Mostar*, en Herzégovine.

La BULGARIE, entre le Danube, la Serbie, les Balkans et la mer Noire, forme une principauté vassale du sultan, mais autonome (plus de 2 500 000 habitants, dont 800 000 musulmans, plus de 3 700 000 avec la Roumélie). La capitale est *Sofia* ; villes principales *Silistrie*, *Roustchouk* et *Widdin*, sur le Danube ; *Tirnova*, dans l'intérieur ; *Varna*, sur la mer Noire.

GÉOGRAPHIE ÉCONOMIQUE. — Les principales productions sont les céréales, surtout en Bulgarie, le riz, les fruits, l'olivier, le tabac, le coton, les soies et les laines. Il faut y ajouter des pâturages qui nourrissent surtout des moutons et des chèvres, de vastes forêts et des mines pour la plupart inexploitées. L'industrie est insignifiante.

Les principaux ports sont :

Constantinople, sur le Bosphore, et *Salonique*, sur l'Archipel, en Turquie ; *Varna*, en Bulgarie ; *la Canée*, en Crète.

La navigation est très active sur le Danube, mais les chemins de fer n'ont qu'un développement de 1800 kilomètres et les routes sont peu praticables.

On évalue le commerce de la Turquie d'Europe à environ 750 millions.

L'Angleterre, la France et l'Autriche y tiennent les premiers rangs.

III

Serbie, Roumanie et Monténégro.

De la Turquie d'Europe dépendaient autrefois comme États tributaires :

1° Le royaume de SERBIE, situé sur la rive droite du Danube et constitué en 1829 sous des princes héréditaires, indépendants depuis 1878, capitale *Belgrade*, sur le Danube. — La population est de 2 494 000 habitants, presque tous Slaves d'origine et grecs de religion.

Les principales productions sont les céréales, les bois et le bétail.

2° La ROUMANIE (ancienne Dacie, puis principauté de Valachie et de Moldavie), constituée en 1855 et 1858, sous la garantie des grandes puissances, indépendante depuis 1878, et érigée en royaume en 1881, bornée, au nord par les *Carpathes*, à l'est par le Pruth et la mer Noire, au sud par la Bulgarie et le Danube, à l'ouest par la Serbie et la Hongrie. C'est un pays de plaines riche en céréales, en bestiaux, en forêts et en salines.

Le Danube reçoit à gauche, l'*Aluta*, le *Séreth* et le *Pruth*, et se jette dans la mer Noire par plusieurs bouches dont les deux principales sont celles de *Soulina* et de *Saint-Georges*. La capitale de la Roumanie est BUKHAREST (282 000 habitants) ; les villes principales : *Iassy* (*Moldavie*) ; *Galatz* sur le cours inférieur du Danube ; *Craiova*, dans l'intérieur.

La population est de 5 900 000 habitants, de langue néo-latine. La religion grecque domine. Le gouvernement est une monarchie héréditaire et constitutionnelle. Le commerce est d'environ 500 millions de francs et le développement des chemins de fer de 3 300 kilomètres.

3° Le MONTÉNÉGRO, petit État habité par environ 240 000 montagnards. Capitale *Cettigne* ; villes principales : *Antivari*, *Dulcigno* sur l'Adriatique, et *Podgoritza* dans l'intérieur.

CHAPITRE IX

Région orientale.

EMPIRE DE RUSSIE (ROSSIA)

(5 860 000 kilomètres carrés.)

I

GÉOGRAPHIE PHYSIQUE ET POLITIQUE

Limites. — La Russie d'Europe, en y comprenant la Pologne russe et la partie septentrionale de la circonscription du Caucase, est située entre 44° et 70°15′ de latitude septentrionale, 15°30′ et 63° de longitude orientale. Elle est bornée, au nord, par l'océan Glacial qui forme la mer *Blanche*, et qui baigne les îles de *Waigatch* et de la *Nouvelle-Zemble* ; à l'ouest, par la Norvège, la Suède, la mer Baltique, qui forme les golfes de *Botnie*, de *Finlande* et de *Livonie*, et qui baigne les îles d'*Aland*, d'*Abo*, de *Dago* et d'*Œsel*, par la Prusse, l'Autriche-Hongrie et la Roumanie ; au sud, par la mer Noire, le détroit de *Kertch* (*Ienikalé*), la mer d'*Azof* et le *Caucase* ; à l'est, par la mer *Caspienne*, le fleuve *Oural* et les monts *Ourals*, limites de l'Europe et de l'Asie.

Description physique. — La Russie couvre plus de la moitié de la superficie de l'Europe dont elle forme à elle seule toute la partie orientale. Séparée de l'Asie par des limites de convention dont les Russes ne tiennent pas compte dans leurs circonscriptions administratives, terre à demi asiatique, à demi européenne, elle est le lien entre l'Occident et l'Orient, entre la civilisation et la barbarie.

Près des deux tiers du territoire de la Russie d'Europe sont situés dans la zone froide septentrionale, dont la température moyenne ne dépasse pas 5° au-dessus de 0 ; et, jusque sur les bords de la mer Noire, les hivers sont assez rigoureux pour couvrir le pays de neige et suspendre pendant plusieurs mois la navigation.

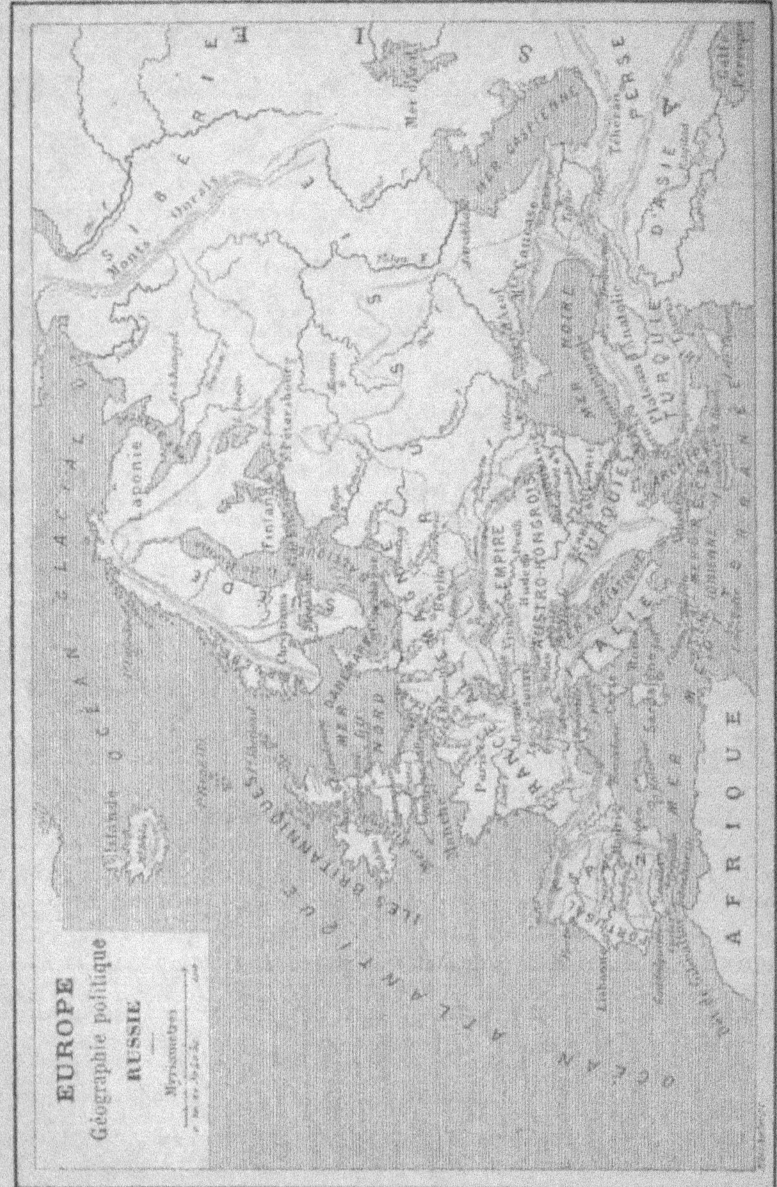
EUROPE
Géographie politique
RUSSIE
Myriamètres
SIBÉRIE
OCÉAN GLACIAL
Islande
ÎLES BRITANNIQUES
OCÉAN ATLANTIQUE
Laponie
Finlande
SUÈDE
NORVÈGE
MER DU NORD
MER BALTIQUE
MANCHE
Paris
Londres
FRANCE
EMPIRE
AUSTRO-HONGROIS
TURQUIE D'EUROPE
ESPAGNE
Lisbonne
Madrid
PORTUGAL
MER MÉDITERRANÉE
GRÈCE
ARCHIPEL
MER NOIRE
MER CASPIENNE
PERSE
Téhéran
TURQUIE D'ASIE
ASIE
AFRIQUE
Monts Ourals

Le sol est peu accidenté; sauf les chaînes de l'*Oural* et du *Caucase*, la Russie n'a que des collines comme celles du *Volga*, des plateaux d'une médiocre élévation comme l'*Uvaldi*, le plateau de *Valdaï* (350 mètres) et celui de *Finlande*, ou quelques hauteurs rocheuses, comme les collines du gouvernement d'*Olonetz*, qui rompent à peine la morne uniformité de ses plaines sans limites.

Le **versant de la mer Blanche** et de l'océan Glacial, arrosé par la *Petchora*, qui descend de l'Oural, et par la *Dvina* et l'*Onéga* qui naissent dans les plateaux de l'*Uvaldi*, est couvert de forêts de sapins ou de bouleaux et de tourbières glacées.

Le **versant de la Baltique** offre, au nord, un plateau granitique, semé de lacs et de marécages, de forêts et de landes stériles (*Finlande*); c'est là que dorment les lacs *Saïma*, *Onéga*, *Ladoga*, dont la *Néva* porte les eaux au golfe de Finlande, le lac *Ilmen* et le lac *Peïpous*; dans sa partie méridionale et occidentale (Pologne, Livonie, Courlande, Lithuanie) qu'arrosent la *Duna*, le *Niémen* et la *Vistule*, le défrichement a livré à l'agriculture de vastes espaces que couvrent aujourd'hui de riches moissons et des cultures diverses : tabac, lin, chanvre, houblon.

Le **versant de la mer Caspienne**, avec ses deux grands fleuves, l'*Oural* et le *Volga* grossi à droite de l'*Oka*, à gauche de la *Kama*, et le **versant de la mer Noire** arrosé par le *Dniester*, par le *Dniéper* qui descend des collines de Pologne, et qui reçoit à droite la *Bérézina* et la *Pripet*, à gauche la *Desna*, enfin par le *Don*, tributaire de la mer d'**Azof**, se divisent en trois régions :

1° La *vallée supérieure du Volga* (Moscovie), défrichée et cultivée, mais dont le sol maigre et pierreux ne produit guère que le seigle, l'avoine et la pomme de terre;

2° La *région des terres noires*, qui comprend les vallées supérieures du Don et du Dniéper, la vallée entière du Dniester et la vallée moyenne du Volga : c'est la terre promise de la Russie, dépourvue de forêts, mais couverte d'admirables moissons et de riches cultures industrielles : lin, tabac, betterave, blé et colza.

3° La *région des steppes*, coupée par le Don, et qui comprend tout le littoral de la mer Noire, de la mer d'Azof et de la mer Caspienne, à l'exception de la fertile presqu'île de Crimée. A l'ouest du Don, les steppes animés par d'immenses

troupeaux de bœufs, de moutons et de chevaux, aussi verts et
aussi bien arrosés que les prairies de Hollande, offrent l'image
de la vie pastorale dans toute sa puissance et toute sa richesse;
mais, à l'est du fleuve, s'étendent de vastes espaces désolés,
entrecoupés de marais, de lacs salés, de déserts sablonneux,
parcourus par les hordes nomades des Kalmouks et des Cosaques du Don et de l'Oural : c'est la barbarie asiatique sur
une terre qui n'est européenne que de nom.

Formation territoriale. — L'histoire de la Russie
ne commence qu'au moyen âge. Les anciens ne connaissaient que la partie méridionale, qu'ils désignèrent successivement sous les noms de Scythie et de Sarmatie; ce fut la
grande route des émigrations asiatiques, qui vinrent tour à
tour peupler ou dévaster l'Europe : Celtes, Germains, Scandinaves, peuples ouralo-finnois. Les derniers venus de la famille indo-européenne, les Slaves, s'y fixèrent et partagèrent
avec les Finnois cette terre sans défense contre les invasions.
— Ce ne fut guère qu'à la fin du neuvième siècle, après le
passage des Huns, des Avares, des Bulgares et des Hongrois,
que se fondèrent en Russie, sous la suzeraineté des grands-
princes de Kiew, descendants du Scandinave Rurik, un grand
nombre de principautés souvent rurales. Au treizième siècle,
elles furent soumises par les Mongols; la Russie ne recouvra
son indépendance qu'à la fin du quinzième siècle, sous
Ivan III, czar de Moscou.

Le royaume de Pologne, constitué dès le commencement
du onzième siècle, eut des destinées plus brillantes et fut,
jusqu'à la fin du moyen âge, surtout après la réunion du
grand-duché de Lithuanie, le plus puissant État de l'Europe
orientale; mais il était déjà en décadence quand Pierre le
Grand (1689-1725), en civilisant la Russie, inaugura sa prépondérance dans le Nord. — A partir de cette époque, la
Russie s'étendit tout à la fois en Asie aux dépens de la Turquie, de la Perse, de la Chine et des nomades de l'Asie centrale; en Europe, aux dépens de la Suède, de la Turquie et
de la Pologne qu'elle démembra, de concert avec la Prusse
et l'Autriche. Protectrice des Slaves, dont elle exploite ha-
bilement les haines ou les aspirations nationales, elle a déjà
réussi à précipiter la ruine de l'empire ottoman : et le moment n'est peut-être pas éloigné où l'Autriche et l'Allemagne,
en Europe, l'Angleterre, en Asie, auront à compter avec les
ambitions des héritiers de Pierre le Grand.

Géographie politique. — La capitale de l'empire est **Saint-Pétersbourg** (1 439 000 hab.), à l'embouchure de la Néva, dans la province de Finlande, défendue par la citadelle de *Kronstadt*.

Saint-Pétersbourg est une création de Pierre le Grand. Ses larges rues, ses places à l'architecture imposante et régulière, ses nombreux canaux, ses quais bordés de palais qui rappellent vaguement l'aspect de Venise, ses églises, ses musées, ses bibliothèques, en font une des plus belles villes de l'Europe ; mais l'originalité manque à cette improvisation grandiose : Saint-Pétersbourg est un plagiat de toutes les capitales européennes ; la vraie cité russe est Moscou.

La Russie d'Europe se divise en gouvernements, avec la Pologne, le grand-duché de Finlande, et sans y comprendre la partie de l'ancienne lieutenance générale du Caucase qui appartient à l'Europe, les trois gouvernements de *Stravopol*, du *Térek* et du *Kouban*.

Les principales villes maritimes sont : sur la mer Blanche, *Arkhangel*, aux bouches de la Dwina ;

Sur la Baltique, *Abo* et *Helsingfors* en **Finlande** ; *Revel* en **Esthonie** ; *Riga*, en **Livonie** (283 000 hab.), à l'embouchure de la Duna ; *Libau*, en **Courlande**, le seul port qui ne gèle jamais ;

Sur le Danube, *Kilia* et *Ismaïl*, cédés par la Roumanie ; sur la mer Noire, *Odessa* (403 000 hab.), le grand port marchand de la Russie ; *Nikolaïeff*, sur le Boug ; *Kherson*, à l'embouchure du Dniéper ; *Livadia*, au sud de la **Crimée**, *Sébastopol*, au sud-ouest, relevé de ses ruines (1855), et *Kertch*, sur le détroit du même nom ;

Sur la mer d'Azof, *Taganrog* et *Rostoff*, à l'embouchure du Don ;

Sur la mer Caspienne, *Astrakhan*, à l'embouchure du Volga.

Les principales villes de l'intérieur sont, au centre de l'empire : **Moscou**, autrefois la capitale (1 036 000 hab.), dont les églises aux coupoles dorées, le *Kremlin*, à la fois forteresse et palais, les maisons de bois, rappellent encore la vieille Russie ; *Orel*, *Kalouga* et *Riazan* sur l'Oka, *Toula* (63 000 hab.), *Koursk*, *Voronéje*, villes industrielles ; sur le Volga, en remontant le cours du fleuve, *Saratow* (137 000 h.), *Tzaritzin*, *Samara* (75 000 hab.), *Zimbirsk*, *Kazan* (140 000 h.), *Nijni-Novogorod*, célèbre par ses foires, *Tver*, à la tête du

système de canaux qui unit le Volga à la Baltique par la
Néva, et à la mer Blanche par la Dwina ; au nord de l'empire, *Vologda* ; à l'ouest, *Narva*, en **Ingrie** (1700, victoire

Fig. 48. — Vue du Kremlin.

de Charles XII) ; *Dunaborg* (70 000 hab.), en **Livonie** ;
Mittau, en **Courlande** ; *Vilna*, capitale de la **Lithuanie** ;
Kowno et *Grodno*, sur le Niémen, *Smolensk*, *Mohilew* et *Kiew*
(247 000 hab.), sur le Dniéper ; *Jitomir*, en **Volhynie** ;

Berditchew, en **Podolie** ; au sud, *Poltava* (**Ukraine**), célèbre par la défaite de Charles XII (1709), *Kharkow* (170 000 hab., **Petite-Russie**), *Kichenew* (100 000 hab.), en **Bessarabie**, *Simferopol*, en **Crimée** ; à l'est, *Orenbourg*, sur l'Oural ; *Perm*, sur la Kama, entrepôt de commerce avec la Sibérie des établissements métallurgiques de l'Oural et point de départ du chemin de fer qui atteint Tioumen et va se raccorder au Transsibérien.

Pologne. — La capitale de la **Pologne** (en polonais *Polska*) est *Varsovie* (638 000 hab.), sur la Vistule ; les villes les plus importantes *Radom* et *Lublin*, au sud, *Kalisch* et *Lodz* (315 000 hab.), à l'ouest, avec de grandes manufactures de draps.

Population. Religion. Gouvernement. — La population de la Russie d'Europe est de 106 millions d'habitants de race slave, à l'ouest (Polonais et Lithuaniens), au centre (Grands-Russes), et au sud-ouest (Ruthènes ou Petits-Russes), finnoise au nord et au nord-est, mongolique à l'est. La religion de l'État est la religion grecque dont l'empereur est le chef en sa qualité de président du Saint-Synode ; le catholicisme domine en Pologne, le protestantisme en Finlande, la religion musulmane existe encore chez les Tartares de Crimée. Les juifs sont au nombre de plus de 2 millions et demi. Le gouvernement est une monarchie absolue, mais tempérée par l'influence de la noblesse et dont le chef porte le nom de tsar. Le Sénat n'est qu'une sorte de conseil d'État et de haute cour de justice.

Le grand-duché de Finlande a perdu sa constitution particulière et ses privilèges.

Le budget de l'Empire atteint environ 4 250 000 000 de francs.

Le service militaire est obligatoire. L'armée se compose des troupes actives (cinq ans de service), de la réserve (treize ans de service), des troupes irrégulières et de l'armée territoriale où le service est de cinq ans. C'est la Russie qui possède la plus forte armée permanente de toute l'Europe.

La flotte, très neuve et assez puissante, se compose de 355 bâtiments à vapeur montés par près de 48 000 hommes.

La Russie, qui compte surtout pour sa défense sur son climat et sur l'immensité de son territoire, a cependant des places fortes sur ses frontières de l'est et du sud ; mais à l'exception de son grand arsenal de la mer Noire, *Sébastopol*, elle a concentré toutes ses défenses artificielles sur le littoral de la Baltique (*Abo*, *Fedricksham*, *Kronstadt*, *Revel*, sur le golfe de Finlande, *Dunamunde*, sur le golfe de Livonie) et sur la frontière allemande (*Varsovie*, *Brest*, *Loutsk*, *Kiew*, etc.).

L'instruction secondaire est donnée par les gymnases; l'instruction supérieure par dix universités, dont les plus importantes sont celles de Saint-Pétersbourg, de Moscou, de Kiew, de Varsovie et d'Odessa. — L'instruction primaire est peu développée; on n'évalue guère à plus de 11 pour 100 la proportion des Russes sachant lire et écrire.

Possessions russes hors d'Europe. — La Russie possède en Asie la Sibérie, le Turkestan et la Transcaucasie (partie méridionale de la circonscription du Caucase).

La superficie totale de l'empire est de 22 millions de kilomètres carrés, et la population s'élève à 129 millions d'habitants.

Caractère national. Etat social. Réformes économiques. — Par sa population, par ses mœurs, par ses institutions, comme par sa situation géographique, la Russie n'est qu'à demi européenne : c'est là que commence, avec les vagues horizons et les steppes monotones de l'Asie, ce pêle-mêle de peuples qui jusqu'ici se superposent plutôt qu'ils ne se fondent, et qui élaborent lentement en même temps que leur unité nationale les éléments d'une civilisation nouvelle.

Au nord, des *Finnois* d'une rudesse primitive, ou entreprenants et industrieux comme les *Finlandais*;

A l'ouest, un petit nombre d'*Allemands* qui finiront par disparaître; des Slaves *Lithuaniens* dont le flegme et la persévérance contrastent avec la mobilité brillante de leurs voisins les Polonais; des Slaves *Polonais*, soldats intrépides, poètes enthousiastes, mais dénués des qualités solides qui font vivre les peuples et qu'ils n'ont commencé à acquérir qu'à l'école du malheur;

Au centre et au sud-ouest, des Slaves *Russes* et *Ruthènes*, patients, laborieux, énergiques même, mais d'une énergie passive et résignée;

Au sud et au sud-est, un mélange de *Cosaques*, de *Tartares*, de *Kalmouks*, de *Tcherchesses*, qui ne se décident qu'avec peine à désapprendre la vie à cheval et les habitudes du nomade.

A cela, si l'on ajoute une organisation sociale ébranlée par les réformes récentes ; une monarchie absolue, objet de l'amour et du respect religieux des classes populaires, mais sourdement combattue par une aristocratie de fonctionnaires et de propriétaires fonciers, civilisée violemment par Pierre le Grand et qui se fait libérale contre le tsar pour rester tyrannique envers le reste de la nation ; une bourgeoisie peu nombreuse, presque entièrement composée de marchands sur qui pèsent encore les chaînes des *ghildes* ou corporations ; un peuple de paysans, serfs d'hier, embarrassés de leur émancipation et ne comprenant pas les avantages d'une liberté restreinte et d'une propriété mesquine qu'ils payent trop cher ; une jeunesse élevée dans les Universités, nourrie des sophismes de la philosophie allemande qui se fondent dans un bizarre amalgame avec les rêveries du mysticisme oriental, impuissante à se faire la place qu'elle ambitionne dans une société où tout est classé suivant une hiérarchie rigoureuse, et rendant le gouvernement responsable de ses déceptions ; si l'on songe de plus à la situation difficile de la petite propriété, à la densité médiocre de la population, on comprendra le dédain des Allemands pour ce qu'ils appellent la barbarie slave. Mais, si les populations de la Russie ont les défauts des peuples jeunes mis trop brusquement en contact avec une civilisation raffinée, elles en ont aussi les qualités, les mœurs simples, les convictions naïves, les fortes traditions de famille ; c'est à elles qu'appartient l'avenir, si elles savent se préparer au rôle que leur réservent les divisions sociales et les rivalités nationales des vieux États européens.

II

GÉOGRAPHIE ÉCONOMIQUE

Situation commerciale. — La Russie couvre, comme nous l'avons dit plus haut, plus de la moitié de la superficie de l'Europe. Maîtresse de la mer Caspienne, des défilés du Caucase et des passages de l'Oural, elle attire à elle tout le trafic continental entre l'Europe et l'Asie. Sur l'océan Glacial, elle possède les seuls ports accessibles ; par la Baltique, elle communique avec l'océan Atlantique et les pays commerçants de l'Europe septentrionale et occidentale ; par la mer Noire, elle touche à la Méditerranée et se trouve à moins de douze jours de Marseille ; enfin, par sa frontière occidentale elle est limitrophe de la Prusse et de l'Autriche, dont les chemins de fer ou les bateaux à vapeur font communiquer Saint-Pétersbourg et Odessa avec Paris.

Production agricole. — Les *céréales* sont cultivées dans toute la Russie, et la production (700 millions d'hectolitres) dépasse les besoins de la consommation. L'orge et l'avoine réussissent surtout dans le nord et dans le centre, le seigle dans la région moscovite ; le froment (110 millions d'hectolitres), en Pologne, en Livonie et dans la région des terres noires (Russie méridionale).

On cultive la *pomme de terre* sur les bords de la Baltique, dans les provinces polonaises et dans la région de Moscou.

Les vignes de Crimée, de la Bessarabie et de la région caucasienne produisent 3 millions d'hectolitres.

Les principales **cultures industrielles** sont la *betterave*, en Pologne et dans toute la Russie centrale et méridionale, le *houblon* en Pologne et en Lithuanie, le *tabac* dans la région du Don ; le *lin*, cultivé surtout en Livonie ; le *chanvre*, que produisent en abondance la Lithuanie, la Courlande, la Livonie, la Russie Blanche et l'Ukraine ; le *colza* des gouvernements de Kiew, d'Orel et de Toula.

Les pâturages de la Russie méridionale nourrissent d'immenses troupeaux de bêtes à cornes, de moutons, concentrés surtout sur les bords du Don et du Dniéper, de porcs, et un nombre considérable de chevaux qu'il est impossible d'évaluer en l'absence de statistique sérieuse. Les produits de la chasse et de la pêche sont encore une des richesses de la Russie.

Des *forêts* de sapins, de chênes, etc., couvrent tout le versant de la mer Blanche, une partie de la Pologne, de la Lithuanie et de la Finlande.

Production minérale. — Les richesses minérales de la Russie ne sont encore qu'imparfaitement connues et plus imparfaitement exploitées.

Un vaste *bassin houiller*, dont les produits sont, il est vrai, de qualité inférieure, s'étend depuis la mer Blanche jusqu'à Kalouga, au cœur de la Russie. Plusieurs gisements sont en exploitation à Perm et dans la région de l'Oural ; mais les plus riches sont situés dans la Russie méridionale (bassin du *Donetz*). L'exploitation totale produit 12 millions et demi de tonnes.

Les *fers* sont exploités en Pologne, en Finlande, et dans le gouvernement de Perm.

Le *cuivre*, le *platine*, l'*étain*, le *plomb*, le *nickel*, les marbres abondent dans le même district et dans celui d'Orenbourg.

Le *sel gemme* est extrait dans le gouvernement d'Orenbourg et dans plusieurs districts de la Russie méridionale.

La région européenne de l'Oural, indépendamment du produit beaucoup plus abondant des mines de Sibérie, fournit annuellement de l'*argent* et des *minerais d'or* assez riches pour donner lieu à de nombreuses exploitations.

La tourbe, les argiles, le granit, se rencontrent dans toute l'étendue de la Russie, surtout dans les gouvernements septentrionaux.

Production industrielle. — La nature a donné à la Russie une partie des éléments nécessaires au développement de l'industrie : mais l'imperfection des routes et des moyens de transport, la rareté des capitaux, le système des ghildes et des castes commerciales, ont longtemps arrêté les progrès industriels, malgré les qualités de l'ouvrier russe un peu lent, mais sobre, docile et intelligent. La grande industrie occupe aujourd'hui un dixième de la population, suffit à la consommation intérieure et fait concurrence en Asie aux produits du reste de l'Europe.

Les *fils* et *tissus de coton* de Moscou, de Varsovie, de Vladimir, de Lodz, en Pologne, les *tissus de laine* de Kalisch en Pologne, de Moscou, de Saint-Pétersbourg, les *toiles* de Pologne, de Livonie et de la Russie centrale; les *cordages* de Kherson, les *toiles à voiles* de Livonie et de Finlande; les *soieries* de Moscou, Saint-Pétersbourg et Kalouga; la fabrication des *sucres indigènes* dans la Podolie et le gouvernement de Kiew (730 000 tonnes), la *distillation* des eaux-de-vie de grains, les *fonderies de suif* de Kharkow, de Kherson, d'Odessa, la *préparation des cuirs* à Kazan, à Moscou et à Saint-Pétersbourg, les *savonneries* d'Odessa, les scieries mécaniques de la Finlande, constituent pour la Russie une richesse industrielle déjà considérable et qui ne peut que se développer avec l'abondance des capitaux et la facilité des transports.

Les industries métallurgiques sont plus arriérées que les industries textiles. La cherté des combustibles dans la région industrielle de Moscou, la difficulté des communications, prolongeront cet état d'infériorité jusqu'à ce que l'exploitation des houillères et l'extension des chemins de fer viennent créer les ressources qui manquent encore à la Russie.

Principaux ports. Lignes de navigation. — Les ports de l'Océan et de la Manche sont en relations avec les ports russes de la Baltique par la ligne régulière des vapeurs de la Compagnie du Nord, qui partent de Dunkerque, et par les correspondances avec les lignes anglaises et hollandaises.

Les ports de la Méditerranée sont en relations avec ceux de la mer Noire par les services des Messageries et de la Compagnie de navigation marseillaise et les correspondances avec les lignes russes et autrichiennes de la mer Noire.

1° Sur l'**océan Glacial**, le seul port qui mérite une mention est **Arkhangel**, à l'embouchure de la Dwina, entrepôt du vaste bassin de ce fleuve, dont les bois, les fers, les céréales, le lin s'échangent contre les denrées coloniales et les produits manufacturés de l'Europe occidentale.

2° Sur la **Baltique**, *Abo*, *Helsingfors*, servent de débouchés aux bois, aux résines, aux chanvres, aux blés de la Finlande.

Au fond du golfe de Finlande, à l'embouchure de la Néva, défendue par l'île granitique de Kronstadt, s'ouvre le port de **Pétersbourg**, la capitale de l'empire, le centre de son industrie et de son commerce, communiquant par ses chemins de fer, ses canaux, ses lignes de navigation avec tous les points de la Russie, et desservi par des vapeurs anglais, français, hollandais, etc.

Riga, à l'embouchure de la Duna, est le principal marché des lins, des chanvres et des bois de la Russie occidentale.

Revel, sur le golfe de Finlande; **Port-Baltique**, à l'entrée sud du golfe de Finlande; *Libau*, en Courlande, partagent avec Riga le commerce des lins, des bois et des céréales.

3° Sur la **mer Noire**, le principal port de la Russie est **Odessa**, fondé à la fin du siècle dernier sur une vaste baie où les glaces interrompent rarement la navigation, entre les bouches du Danube et du Dniester et celles du Dniéper, Odessa communique par les services de la Compagnie russe de navigation à vapeur et des lignes françaises, anglaises et autrichiennes, avec tous les ports de la mer Noire, de la Turquie d'Europe et d'Asie, de la Grèce, de l'Autriche, de l'Italie; avec *Marseille* et *Bordeaux*, en France; Londres et Liverpool, en Angleterre. Les céréales, les graines de lin, les suifs, les bois, les peaux, les laines sont les principaux objets de son commerce.

Kilia et *Ismail*, sur la branche septentrionale du Danube, sont redevenus des ports russes depuis le traité de Berlin; *Nikolaïeff*, sur le Boug, *Kherson*, sur le Dniéper, partagent avec Odessa le commerce des grains, des suifs et des laines.

La Crimée n'a que trois ports ouverts au commerce étranger : *Eupatoria*, *Kaffa* ou Théodosia, l'antique ville génoise, et *Kertch*, à l'entrée du détroit qui unit la mer d'Azof à la mer Noire.

La mer d'Azof, ensablée par le Don et le Kouban, a pour ports : *Berdiansk*, *Taganrog*, *Rostoff* et *Azow* qui exportent les céréales.

4° Sur la mer **Caspienne**, le centre du commerce est **Astrakhan**, dans une île, à l'embouchure du Volga, entrepôt des marchandises de la Perse et de l'Asie centrale, rattaché par un service de vapeurs à tous les ports russes et persans de la Caspienne.

Petrowsk, *Derbent* et *Bakou* sont les principales étapes de la navigation de la Caspienne.

Navigation. — La flotte marchande de la Russie compte 5 420 navires.

La navigation fluviale, en Russie, favorisée par la nature du sol, par l'étendue et la direction des cours d'eau, a d'autant plus d'importance que les routes de terre sont plus rares, et les transports par cette voie plus difficiles et plus coûteux. L'hiver même, en suspendant la navigation, transforme les fleuves en grands chemins, où de rapides traîneaux remplacent les bateaux à vapeur.

Les cours d'eau les plus fréquentés sont :

Sur le *versant de la mer Blanche*, la **Dwina** qui a pour débouché le port d'Arkhangel, et que le canal de *Catherine*, entre la Kama et la Vytchegda, et le canal *Alexandre*, entre le lac de *Koubinskoïe*, d'où sort la Soukhona, et la Cheskna, affluent du Volga, réunissent au système du Volga (*Rybinsk*).

La *mer Baltique* reçoit :

1° La **Néva**, le fleuve de Saint-Pétersbourg, déversoir des lacs Ladoga, Onéga, Saïma et du lac Ilmen, que les trois canaux de *Tikhvine*, entre un affluent du lac Ladoga et un affluent de la Mologa, de *Vichnui-Volotchok* entre un affluent du lac Ilmen et un affluent du haut Volga, et de *Marie* entre la Cheskna et le lac Biélo (lac Blanc), rattaché lui-même au lac Onéga, mettent en communication avec le Volga ;

2° La **Duna** (golfe de Livonie) avec les ports de *Vitepsk*, de *Dunaborg* et de *Riga*, rattachée à la Bérézina, affluent du Dniéper, par le canal de *Lepel* ;

3° Le **Niémen** dont *Kowno* et *Grodno* sont les deux ports les plus actifs, rattaché à la Pripet, affluent du Dniéper, par le canal *Oginski* et à la Vistule par celui d'*Augustowo* ;

4° La **Vistule**, dont les bouches appartiennent à la Prusse et les sources à l'Autriche, la grande artère commerciale du royaume de Pologne, rattachée au Dniéper par le canal *Royal* entre la Pripet (*Pinsk*) et un affluent du Boug, et à un affluent du Niémen par celui d'*Augustowo*, qui rejoint la Narew.

La *mer Noire* reçoit : 1° le **Dniester**, qui apporte à *Akermann*, et de là à *Odessa*, par le cabotage, les blés et les laines de la Bessarabie ; 2° le **Boug**, dont le débouché est *Nikolaieff* ; 3° le **Dniéper**, dont les principaux ports sont *Kherson*, près de l'embouchure, et **Kiew**, entrepôt des froments, des laines, des sucres de betterave de la Podolie, de la Volhynie et de l'Ukraine, des articles manufacturés et des produits étrangers qu'elle tire d'Odessa.

Le **Don**, tributaire de la mer d'Azof, a pour débouchés *Rostoff* et *Taganrog*, situés à son embouchure.

La *mer Caspienne* ne reçoit qu'un fleuve important pour la navigation, le **Volga**, une des voies commerciales les plus actives de l'Europe.

Les principaux ports du haut Volga sont *Tver* et *Rybinsk*, au débouché des canaux qui unissent le grand fleuve à la Baltique, par la Néva, et Saint-Pétersbourg à la mer Blanche, par la Dwina et Arkhangel.

Nijni-Novogorod, au confluent du Volga et de l'Oka, centre de la navigation à vapeur du Volga et tête de ligne du chemin de fer de Moscou, doit surtout son importance à la foire annuelle qui s'y tient du 15 juillet au 15 août ; depuis 1817, et qui n'a pas de rivale en Europe. Il y vient près de 300 000 personnes et il s'y fait pour 500 millions d'affaires. Perm est desservi par une ligne de bateaux à vapeur (Compagnie du Volga et de la Caspienne).

Kazan est le point où vient aboutir la route de la Sibérie par la *Kama*, affluent du Volga, qui arrose *Perm*, entrepôt des fers de la Sibérie et des marchandises chinoises.

Sur le cours inférieur du Volga, les principaux ports sont : *Samara*, *Saratow* et *Tzaritzin*.

Routes de terre. — L'importance des chemins de fer russes n'est pas assez grande pour avoir effacé celle des routes de terre : le roulage, en été, le traînage en hiver, comptent encore avec la navigation parmi les moyens de transport les plus actifs en Russie.

La frontière orientale de l'empire est traversée par deux grandes routes qui établissent la communication par terre avec l'Asie ; la plus septentrionale franchit les monts Ourals à *Ekaterinembourg*, où passe le chemin de fer de Perm. C'est le chemin du commerce avec la Sibérie et avec la Chine, le prolongement de la fameuse route de *Kiachta*.

La plus méridionale traverse l'Oural à *Orenbourg*, centre du commerce de la Russie avec les Kirghizes et le Turkestan, que dépassent déjà les voies ferrées.

Au midi, le *Caucase* est franchi par une route à la fois stratégique et commerciale, ouverte à travers le défilé de Dariel, et qui vient aboutir en Asie à Tiflis.

Sur la frontière autrichienne et sur celle de Roumanie, la construction des lignes ferrées a enlevé aux transports par terre une partie de leur activité.

Quant à l'intérieur de l'empire, il est sillonné par des voies larges et assez bien entretenues, qui mettent en communication les points les plus importants. Le centre des routes de terre qui se dirigent vers tous les ports et toutes les frontières est **Moscou**, situé au cœur de l'empire, l'ancienne capitale, la ville sainte de la Russie, et le plus grand marché de son commerce intérieur.

Chemins de fer. — L'étendue des chemins de fer exploités en Russie et en Pologne est de 60 000 kilomètres.

Saint-Pétersbourg et Moscou sont les centres des chemins de fer russes ; Varsovie, celui des chemins de fer polonais.

De *Saint-Pétersbourg* partent deux lignes principales :

1° *Celle de Saint-Pétersbourg à la frontière prussienne*, la grande voie de communication entre l'Europe occidentale et centrale, et la Russie, par *Dunabourg*, d'où se détache un embranchement sur Riga; *Vilna*, le principal marché des grains et des bois de la Lithuanie, et *Kowno*, sur le Niémen;

2° *Celle de Saint-Pétersbourg à Moscou*, par Tver, prolongée de Moscou jusqu'à Nijni-Novogorod.

De *Varsovie* se détachent cinq lignes principales :

1° *La ligne de Varsovie à Vilna et à Saint-Pétersbourg*;

2° *La ligne de Varsovie à Thorn et à Danzig* (frontière prussienne);

3° *La ligne de Varsovie à Breslau et à Cracovie* (frontière autrichienne);

4° *La ligne de Varsovie à Moscou*, par Brest et Smolensk;

5° *La ligne de Varsovie à Odessa*, par Lublin et Berditchew.

Les lignes qui partent de Moscou vers le sud et vers l'est sont :

1° *Celles de Moscou à Odessa*, par Toula, Orel, Koursk et Kiew, *à Sébastopol*, par Koursk et Kharkow, *à Taganrog*, par Riazan et Voroneje, *à Astrakhan et à Saratow*, par Riazan;

2° *Celle de Moscou à Rostoff et à Vladikaukaz*, par Voroneje;

3° *Celle de Moscou à Orenbourg*, par Samara, sur le Volga; à Samara part la ligne qui, par Oufa et Tchéliabinske, va rejoindre le chemin de fer Transsibérien.

Lignes télégraphiques. — Tout l'intérieur de l'Empire est déjà sillonné par un vaste réseau télégraphique qui se rattache à l'Asie par les lignes du Caucase et par celles de la Sibérie, prolongées aujourd'hui jusqu'à l'océan Pacifique.

Commerce extérieur. — La moyenne du commerce extérieur de la Russie est d'environ 4 milliards et demi.

Sauf les *pelleteries*, les *soies* et les *thés*, dits de caravane, qui proviennent directement d'Asie par Irbit et la Sibérie, ou par Astrakhan et la Caspienne, la Russie tire les matières premières et les denrées alimentaires que la nature lui a refusées des entrepôts européens, au lieu de les aller chercher dans les pays producteurs. L'importation des produits manufacturés est encore importante.

Les principaux objets exportés sont : **parmi les matières premières**, les lins et les chanvres, les graines et les huiles, les potasses, les résines, les goudrons de Saint-Pétersbourg, de Riga, de Libau et de Pernau;

Les crins, soies de sanglier, plumes et duvets de Saint-Pétersbourg, les bois de construction de Riga, d'Odessa et d'Arkhangel ;

Les laines fines, les peaux brutes, les suifs et les graisses d'Odessa, de Taganrog et Rostoff ;

Les pelleteries des foires d'Irbit et de Nijni-Novogorod, le fer et le cuivre de l'Oural expédiés par Saint-Pétersbourg et Arkhangel, l'or et l'argent.

Parmi les denrées alimentaires, les céréales exportées par Odessa, Taganrog, Saint-Pétersbourg ;

Enfin, **parmi les objets manufacturés**, les armes, les cotonnades, les draps, la quincaillerie, qui s'écoulent en Perse, en Boukharie et en Chine, les cordages et les toiles à voiles qui s'expédient en Europe et en Amérique.

Relations avec la France. — Le mouvement des échanges avec la France varie entre 240 et 250 millions, au moins pour le commerce apparent, car une partie des marchandises françaises exportées pour les villes hanséatiques et la Prusse sont destinées à la Russie, et nous recevons nous-mêmes de Hambourg, de l'Angleterre et du transit continental un certain nombre de produits d'origine russe.

Les marchandises que nous demandons à la Russie sont exclusivement des matières premières, à l'exception des céréales que Marseille tire d'Odessa. Les principales sont les bois communs, les laines en masse, les lins et les chanvres, les graines oléagineuses, les graisses de toute sorte, les peaux brutes.

Les produits français exportés en Russie sont les vins, les sucres, les fruits de table, les huiles, les sels, et surtout les objets manufacturés, tissus de soie, lainages, cotonnades, mercerie, papier, ouvrages en métaux, produits chimiques, etc...

Relations avec les autres pays. — Les autres nations qui entretiennent avec la Russie les relations les plus étendues sont l'Allemagne, la Grande-Bretagne, l'Autriche, la Turquie, la Belgique, les Pays-Bas, la Chine et les États-Unis d'Amérique.

Les tarifs douaniers de la Russie sont presque les seuls en Europe qui aient laissé subsister les prohibitions sur un petit nombre d'articles.

Toutes les grandes puissances commerçantes d'Europe, les États-Unis, la Chine, le Japon, la Perse, sont liées à la Russie par des traités conclus sur les bases de la réciprocité de traitement ; mais les tarifs sont très élevés.

RÉSUMÉ

Région orientale.

RUSSIE (5 614 000 kilomètres carrés).

I

GÉOGRAPHIE PHYSIQUE. — La Russie d'Europe est bornée : au nord, par l'océan Glacial, qui forme la mer *Blanche* (îles de *Waïgatch* et de la *Nouvelle-Zemble*) ; à l'ouest, par la Norvège, la Suède, la mer Baltique, qui forme les golfes de *Botnie*, de *Finlande* et de *Livonie* (îles d'*Aland*, d'*Abo*, de *Dago* et d'*OEsel*) ; par la Prusse, l'Autriche-Hongrie et la Roumanie ; au sud, par la mer Noire, le détroit de *Kertch*, la mer d'*Azof* et le *Caucase* ; à l'est, par la mer *Caspienne*, le fleuve *Oural* et les monts *Ourals*.

Les principaux fleuves sont : la *Dwina*, qui se jette dans la mer Blanche ; la *Néva*, déversoir des lacs *Onéga* et *Ladoga* ; la *Düna*, le *Niémen*, la *Vistule*, qui se jettent dans la Baltique ; le *Dniester*, le *Dniéper*, qui se jettent dans la mer Noire ; le *Don*, dans la mer d'*Azof* ; l'*Oural* et le *Volga*, le plus long des fleuves de l'Europe, dans la mer Caspienne.

La Russie est une immense plaine, au climat rigoureux, couverte dans le nord de forêts et de tourbières, au centre et à l'ouest, de terrains propres à la culture des céréales et du lin, au sud, de riches terrains d'alluvion et de pâturages, au sud-est, de steppes et de marais.

NOTIONS HISTORIQUES. — La Russie, appelée par les anciens *Scythie* ou *Sarmatie*, a été traversée par toutes les émigrations asiatiques.

Des populations slaves ont fini par s'y fixer et par fonder, du neuvième au onzième siècle, de nombreuses principautés, dont celle de Kiew était la principale, et qui furent soumises par les Mongols, au treizième siècle.

Délivrée des Mongols, vers 1480, la Russie ne devint une puissance européenne que sous Pierre le Grand (1689-1725). Depuis cette époque, elle n'a fait que grandir en Europe et en Asie, aux dépens de la Suède, de la Pologne, qui a perdu son indépendance, de la Turquie, et son empire est le plus vaste du monde.

GÉOGRAPHIE POLITIQUE. — La Russie est partagée en gouvernements.

La capitale est SAINT-PÉTERSBOURG en FINLANDE, à l'embouchure de la *Néva* (1 439 000 habitants), avec la citadelle de *Kronstadt*.

Les principales villes maritimes sont :

Revel, en ESTHONIE ; *Riga* (283 000 habitants), en LIVONIE, sur la Düna ;

Sur la mer Noire, *Odessa* (405 000 habitants) ; *Nikolaïeff*, sur le Boug, *Kherson*, sur le Dniéper ; *Sébastopol*, en CRIMÉE (1855) ;

Sur la mer d'Azof, *Taganrog*, sur le Don ;

Sur la mer Caspienne, *Astrakhan*, à l'embouchure du Volga.

Les principales villes de l'intérieur sont : Moscou, l'ancienne capitale, au centre de l'empire (1 036 000 hab.) ; *Orel*, *Toula* et *Kalouga*, au sud de Moscou ; *Saratow*, *Kazan* (140 000 hab.), *Nijni-Novogorod*, célèbre par ses foires, et *Tver*, les principaux ports du Volga ; à l'ouest de l'empire, *Mittau* en COURLANDE, *Vilna*, capitale de la LITHUANIE, *Smolensk* et *Kiew* (247 000 hab.), sur le Dniéper ; au sud, *Pollawa* (UKRAINE) (1709), *Kichenew*, en Bessarabie (100 000 hab.), *Kharkow* (170 000 hab.) ; à l'est, *Orenbourg*, sur l'Oural, et *Perm*, sur la Kama.

POLOGNE. — La capitale de la POLOGNE est *Varsovie*, sur la Vistule (638 000 hab.) ; les villes les plus importantes : *Lublin*, au sud ; *Lodz*, à l'ouest ; *Pultusk*, au nord de Varsovie.

POPULATION, RELIGION, GOUVERNEMENT. — La population de la Russie d'Europe est de près de 106 millions d'habitants (119 habitants par kilomètre carré) ; la religion de l'État est la religion grecque schismatique, dont l'empereur est le chef ; le catholicisme domine en Pologne, le protestantisme en Finlande, la religion musulmane parmi les Tartares de Crimée.

Le gouvernement est une monarchie absolue, dont le chef porte le nom de tsar.

La Russie est la puissance d'Europe qui possède la plus forte armée permanente. Sa marine, de construction récente, est déjà forte. Elle possède, en dehors d'Europe, la Sibérie, le Turkestan et la Transcaucasie.

II

GÉOGRAPHIE ÉCONOMIQUE. — La situation de la Russie, ses RICHESSES AGRICOLES : bois, lins, chanvres, dans les régions du nord et du centre ; graines oléagineuses, céréales, betteraves dans celle du sud-ouest ; troupeaux de bœufs, de moutons, de chevaux dans la région des steppes ; ses ressources MINÉRALES (mines de fer, d'argent, d'or, de cuivre, de platine, dans la région de l'Oural), pourraient lui assurer une activité commerciale supérieure ; mais la rudesse du climat, l'insuffisance des voies de communication, l'ignorance et la pauvreté des populations, à peine échappées au servage, sont autant d'obstacles qui retardent les progrès de l'agriculture et de l'industrie.

Les INDUSTRIES les plus importantes sont celles du *coton* (Moscou, Lodz, Varsovie) ; de la laine (Moscou, Saint-Pétersbourg, Kalisch) ; des *toiles* à voiles et des *cordages* (Livonie, Finlande) ; des *soieries* (Moscou, Kalouga) ; la *métallurgie*, dans la région de l'Oural ; la fabrication du *savon* à Odessa ; les *fonderies de suif* à Kharkow, Kherson, etc. ; la *préparation des cuirs* à Kazau, à Moscou ; les *raffineries de sucres indigènes* (Podolie et Russie méridionale), les *distilleries* (Russie centrale et méridionale, Pologne).

Les principaux ports sont : sur la mer Blanche, *Arkhangel* ;

sur la mer Baltique, *Saint-Pétersbourg*, *Abo*, *Helsingfors*, en Finlande, *Revel*, en Esthonie, *Riga*, en Livonie, *Liban*, en Courlande; sur la mer Noire, *Ismaïl*, sur le Danube, *Odessa*, *Nikolaïeff*, sur le Boug, *Kherson*, sur le Dniéper, *Livadia* et *Kertch*, en Crimée; sur la mer d'Azof, *Taganrog* et *Rostoff* sur le Don; sur la mer Caspienne, *Astrakhan*, à l'embouchure du Volga.

La NAVIGATION FLUVIALE est très active surtout sur le *Volga*, sur le *Dniéper*, sur le *Don*, sur la Vistule et sur le Niémen.

Des CANAUX unissent le versant de la Baltique avec ceux de la mer Blanche, de la mer Noire et de la mer Caspienne.

Le développement des *chemins de fer* est d'environ 60 000 kilomètres.

Le commerce extérieur s'élève à 4 milliards et demi.

La Russie n'a pas adopté le système métrique.

CHAPITRE X

Région septentrionale. États scandinaves.

I

DANEMARK

(38 280 kilomètres carrés.)

Géographie physique. — Le royaume de Danemark, situé entre 5° 40′ et 10° 30′ de longitude orientale, 54° 30′ et 57° 50′ de latitude septentrionale, se compose de deux parties : 1° dans la Baltique, les îles de *Seeland*, séparée de la Suède par le détroit du *Sund*; de *Fionie* séparée de l'île de Seeland par le *Grand-Belt*, et du continent par le *Petit-Belt*; de *Laaland*, de *Falster* et de *Bornholm*; 2° sur le continent, la presqu'île sablonneuse du *Jutland*, bornée : au nord, par les détroits de *Skager-Rak* et du *Cattegat*; à l'est, par la Baltique; au sud, par la Prusse; à l'ouest, par la mer du Nord.

Les duchés de *Lauenbourg*, *Holstein* et *Schleswig*, qui appartenaient au Danemark, lui ont été enlevés par la Prusse assistée de l'Autriche en 1864; mais la partie septentrionale du Schleswig aurait dû lui être restituée par la Prusse, qui s'y était engagée par des traités.

Le royaume de Danemark fut, au moyen âge, le plus puissant État du nord de l'Europe et le maître de la Baltique ; en 1397, les couronnes de Suède et de Norvége furent réunies à celle de Danemark, mais la Suède ne tarda pas à se séparer ; quant à la Norvège, le Danemark la conserva jusqu'aux traités de 1815. Depuis cette époque, il a perdu, en 1864, les duchés de Lauenbourg, Holstein et Schleswig, qui sont devenus des provinces prussiennes.

Géographie politique. — La capitale du Danemark est **Copenhague**, *Kjœpen haven*, le port des marchands, dans l'île de Seeland (375000 hab.), un des meilleurs ports de la Baltique, sur un des bras du Sund : les villes principales, *Elseneur (Helsingœr)*, sur le Sund, *Odensee*, dans l'île de Fionie, *Viborg*, *Aalborg* et *Aarhüüs*, dans le Jutland.

Population. Gouvernement. — La population est de 2200000 habitants, la religion est le protestantisme luthérien ; le gouvernement est une monarchie constitutionnelle ; l'Assemblée législative (Rigsdag) se compose de deux chambres, le Folksthing ou Chambre du peuple, élue par le suffrage universel, et le Landsthing ou Chambre des propriétaires fonciers.

Malgré ses pertes, le Danemark conserve encore une assez grande importance politique par sa position à l'entrée de la Baltique, ses finances bien administrées, son organisation militaire et son excellente marine. L'instruction populaire y est très développée.

Possessions et colonies. — Il possède, au nord de l'Angleterre, le groupe des îles *Féroë*, dans l'Atlantique, l'*Islande*, capitale *Reykiawik*, grande île volcanique ; des établissements au *Groënland* dans les mers arctiques, et les îles de *Sainte-Croix*, *Saint-Thomas* et *Saint-Jean* aux Antilles, qu'il a été à plusieurs reprises question de vendre aux États-Unis.

Climat, nature du sol. — Le climat est humide, brumeux, mais assez doux, comme tous les climats maritimes : le sol est plat, les plus hautes collines ne dépassent pas 360 mètres : les terrains, qui appartiennent presque tous à la période tertiaire, offrent le même aspect que ceux de l'Angleterre orientale.

Production agricole. — Ces terres, basses et humides ou légèrement ondulées, se prêtent à la formation des prairies et à la culture des céréales : aussi le Danemark est-il un pays tout agricole : pas de grandes villes, mais des fermes nombreuses, des villages enrichis par l'élevage des chevaux, du mouton et du gros bétail ; les pommes de terre, les graines oléagineuses, le chanvre et le lin réussissent aussi bien que les fourrages et les céréales, avoine, orge, froment, dont la production, évaluée à 33 millions d'hectolitres, dépasse les besoins du pays et figure dans l'exportation pour un chiffre considérable.

Production industrielle. — L'industrie (*lainages, ganterie* et *chapellerie, ébénisterie, tannerie, savons et bougies, brasseries, distilleries d'alcool*), gênée jadis par le régime des corporations, des jurandes et des maîtrises, est arriérée et insuffisante pour les besoins de la population.

La pêche de la morue, en Islande, celle de la baleine et du phoque, dans les mers arctiques, celle du hareng, dans la mer du Nord, sont un des revenus les plus importants du Danemark.

Principaux ports. Lignes de navigation. — Les côtes du Jutland, basses, sablonneuses, profondément découpées, n'ont que deux ports importants, *Aalborg*, sur le golfe de Lyim, et *Aarhüus*, à l'entrée du grand Belt.

Dans les îles plus escarpées, mais d'un accès plus facile malgré la violence des courants, la plus grande place de commerce est **Copenhague**, sur la côte orientale de Seeland, capitale du royaume, desservie par les lignes anglaises de Hull et de Londres, et par les lignes françaises du *Havre* et de *Dunkerque*.

Elseneur, dans l'île de Seeland, à l'entrée du Sund, a été ruinée par l'abolition du péage.

Routes et chemins de fer. — Le commerce intérieur du Danemark, comme son commerce extérieur, se fait presque exclusivement par mer : la partie continentale du royaume, le Jutland, n'a ni canaux, ni grands cours d'eau : l'île Seeland est traversée par un chemin de fer qui va de Copenhague à *Korsor*, sur le grand Belt. Le réseau danois présente un développement total de 2 700 kilomètres.

Les principaux points du territoire danois sont en communication par des lignes télégraphiques, qui se rattachent au continent par le Schleswig, à la Suède par un câble sous-marin, et à l'Angleterre par le Schleswig et l'île d'Helgoland.

Commerce. — Le commerce total du Danemark s'élève à près de 900 millions.

Les principaux objets de l'importation sont la houille, les bois, les céréales, les produits coloniaux et les tissus.

L'exportation comprend presque exclusivement les produits de l'agriculture et de la pêche : les céréales, dont l'Angleterre absorbe plus de la moitié : le colza, les bêtes à cornes, les chevaux et les moutons, le beurre, les cuirs et les peaux, la laine, l'eau-de-vie et les poissons salés.

Mouvement des échanges avec l'étranger. — Les puissances qui ont avec le Danemark les relations les plus importantes sont : l'Allemagne, l'Angleterre, la Suède et la Norvège, la Russie et la France.

II

SUÈDE ET NORVÉGE (*Swerige*, *Norge*).

(773 000 kilomètres carrés.)

Limites. — La péninsule scandinave (entre 55°20′ et 71°15′ de latitude septentrionale, 2°15′ et 28° de longitude orientale) comprend les royaumes de Suède et de Norvège ; elle est bornée au nord par l'océan Glacial arctique, au nord-ouest par l'Atlantique, à l'ouest par la mer du Nord, au sud par les détroits de Skager-Rak, du Cattégat, du Sund et par la Baltique, à l'est par le golfe de *Botnie* et par la Russie.

Iles. — Les îles de *Gottland*, d'*Œland*, dans la Baltique, appartiennent à la Suède ; les archipels de *Bergen* et de *Drontheim*, dans l'Atlantique, *Tromsœ* et *Loffoden*, dans l'océan Glacial, à la Norvège.

Fleuves et montagnes. — La péninsule est traversée, depuis le cap *Nord* sur l'océan Glacial jusqu'au cap *Lindesnæs* sur la mer du Nord, par les **Alpes Scandinaves**, larges plateaux qui séparent la Suède de la Norvège et dessinent les nombreux *fiords* (golfes) de la côte norvégienne.

De cette chaîne descendent : au sud, dans la Baltique, la *Tornéa*, limite entre la Suède et la Russie, la *Pitéa*, l'*Uméa*, le *Dal*, qui arrosent la Suède. Le sud de ce pays est couvert de grands lacs dont les principaux sont le lac *Mœlar*, le lac *Vettern* et le lac *Venern* qui s'écoule dans le Cattégat par la *Gota*.

La Norvège est arrosée par le *Glommen* qui aboutit dans le

Skager-Rak, et par un grand nombre de torrents qui tombent dans l'Atlantique et l'océan Glacial, et dont le principal est la *Tana*, entre la Russie et la Norvège.

Formation territoriale. — La Norvège et la Suède formèrent au moyen âge deux royaumes distincts qui furent un moment réunis au Danemark, en 1397. La Suède reconquit son indépendance, et, dans le cours du seizième et du dix-septième siècle, s'empara de l'Ingrie, de la Livonie, de la Poméranie, et exerça dans l'Europe du Nord une influence prépondérante. Sa décadence commença avec Charles XII, elle perdit tour à tour la Livonie, la Poméranie, la Finlande, mais les traités de 1815 donnèrent aux rois de Suède la Norvège enlevée au Danemark.

Divisions politiques et villes principales. — La Suède se divise en gouvernements ou *læn*; sa capitale est **Stockholm** (302 000 hab.), sur la Baltique, à l'entrée du lac Mælar; les principaux ports et les villes les plus importantes, — *Göteborg* (127 000 hab.), sur le Cattégat; *Malmœ*, sur le Sund; *Calmar*, *Carlscrona*, *Jœnkœping*, *Norrkœping*, *Geflo*, sur la Baltique; *Upsala*, université et archevêché près du lac Mælar; *Fahlun*, centre de l'industrie métallurgique en Suède.

La Norvège se divise en bailliages.

La capitale est **Christiania** (148 000 hab.), sur le golfe du même nom (mer du Nord); les principaux ports : *Drammen*, *Stavanger*, *Christiansand* (sur la mer du Nord), *Bergen* (53 000 hab.), et *Drontheim* (*Trondhjem*), sur l'océan Atlantique, *Hammerfest*, sur l'océan Glacial.

Population, religion, gouvernement. — La population de la Norvège est de 2 122 000 habitants; celle de la Suède d'un peu plus de 5 millions d'origine et de langue scandinaves, à l'exception des Lapons du Finmark et de la Suède septentrionale. La religion est le luthéranisme. Le gouvernement est une monarchie constitutionnelle; mais, bien que les deux royaumes soient gouvernés par la même dynastie, ils sont distincts et leur constitution est différente. Chaque pays a ses deux chambres élues au suffrage censitaire et un ministère spécial : seule l'administration des affaires étrangères est commune, malgré les réclamations de la Norvège.

Le budget des deux États est peu élevé; le service militaire est obligatoire.

L'armée des deux États peut s'élever, en temps de guerre, à 200 000 hommes, leur flotte à 113 vapeurs.

La Suède et la Norvège occupent le premier rang, en Europe, pour le développement de l'instruction primaire, et les universités d'Upsal, de Stockholm, de Christiania, ont conservé leur antique réputation.

Situation commerciale. — Baignée par la Baltique, la mer du Nord, l'océan Atlantique et l'océan Glacial, découpée par des golfes innombrables, offrant une immense étendue de côtes, partageant avec le Danemark la possession des détroits qui dominent l'entrée de la Baltique, la péninsule Scandinave a été désignée par la nature pour être une des grandes puissances maritimes du nord de l'Europe.

La Scandinavie fut le berceau de ces Normands qui, au moyen âge, découvraient le Groënland et l'Amérique, cinq siècles avant Christophe Colomb.

Aujourd'hui les riches pêcheries de la Suède et de la Norvège, leur nombreuse population maritime, leurs relations faciles avec toutes les puissances du nord et de l'occident de l'Europe, leur proximité du continent américain leur assurent, parmi les puissances commerçantes, une place qui serait bien plus large encore, sans la rigueur de leur climat et l'âpreté de leur sol.

Production agricole et minérale. — Les terrains primitifs dominent dans la constitution géologique de la Suède et de la Norvège : le granit et le porphyre y percent de toutes parts un sol stérile, couvert de landes, de lacs et de tourbières ; la culture du *blé* s'arrête au 62ᵉ degré de latitude, celle de l'*avoine* et de l'*orge*, au 69ᵉ ; la pomme de terre, le lin, le colza, sont cultivés jusqu'au 66ᵉ degré ; les pâturages nourrissent de nombreux troupeaux ; mais la principale richesse de la Scandinavie, ce sont ses immenses *forêts* de sapins, dont l'exploitation rapporte seule aux deux pays près de 200 millions par an ; la pêche de la morue, du hareng, des anchois, etc., dont le produit annuel pour les deux royaumes est évalué à près de 70 millions, et les mines de *fer* (production, 2 304 000 tonnes), de *cuivre*, de *zinc*, d'*argent*, qui ne le cèdent qu'à celles de l'Angleterre. On a découvert, en Suède, de nombreux gisements de houille, dont un petit nombre sont exploités.

Production industrielle. — L'industrie est en progrès, malgré les obstacles qu'elle rencontre dans la rareté des grands centres de population et la difficulté des transports. Les principales branches de l'industrie scandinave sont :

1° Les **industries métallurgiques** à *Fahlun*, *Œrebro*, *Eskilstuna*, *Motala*, *Stockholm*, en Suède, *Drontheim*, en Norvège ;

2° La **fabrication des tissus** de laine, de coton et de lin à Stockholm, à Göteborg, à Calmar ;

3° Les **distilleries**, à Stockholm, et dans presque toutes les grandes villes de Norvège ;

4° Les **tanneries**, à Christiania, à Göteborg et à Gefle ;

5° Les **huiles** de poisson, à Bergen et à Christiania ;

6° Les **scieries** mécaniques dans les deux royaumes ;

7° La fabrication des **allumettes** chimiques en Suède.

Principaux ports. Lignes de navigation. — Presque tout le commerce extérieur de la Suède et de la Norvège se fait par mer.

La Suède possède cinq ports principaux sur la Baltique et sur les détroits :

Stockholm, capitale du royaume, au point de jonction du lac Mælar et de la mer Baltique, en communication régulière par des lignes de vapeurs avec l'Angleterre par Hull et Londres ; la Russie par Saint-Pétersbourg et Riga ; l'Allemagne, par Stettin, Lubeck et Hambourg ; la France, par *le Havre* ;

Goteborg, sur le Cattégat, tête de ligne du chemin de fer de Stockholm, et réuni à la Baltique par les lacs et plusieurs canaux ;

Norrkœping, à l'embouchure de la Motala, qui partage avec *Nykœping* et *Gefle* l'exportation des fers et des bois de la Dalécarlie et de la Sudermanie ;

Malmœ, sur le Sund, port de passage entre la Suède et Copenhague.

La Norvège a pour principaux débouchés *Christiania*, capitale du royaume, avec le port de *Drammen*, sur un golfe formé par le Skager-Rak ;

Stavanger, l'un des havres les plus sûrs de la Norvège ;

Bergen, sur l'océan Atlantique, le premier port de la Norvège, et l'entrepôt le mieux approvisionné des produits de la pêche sur les côtes norvégiennes ;

Drontheim, entrepôt des cuivres et des bois du Nord ;

Hammerfest, sur l'océan Glacial, port de pêche et entrepôt du commerce avec la Russie.

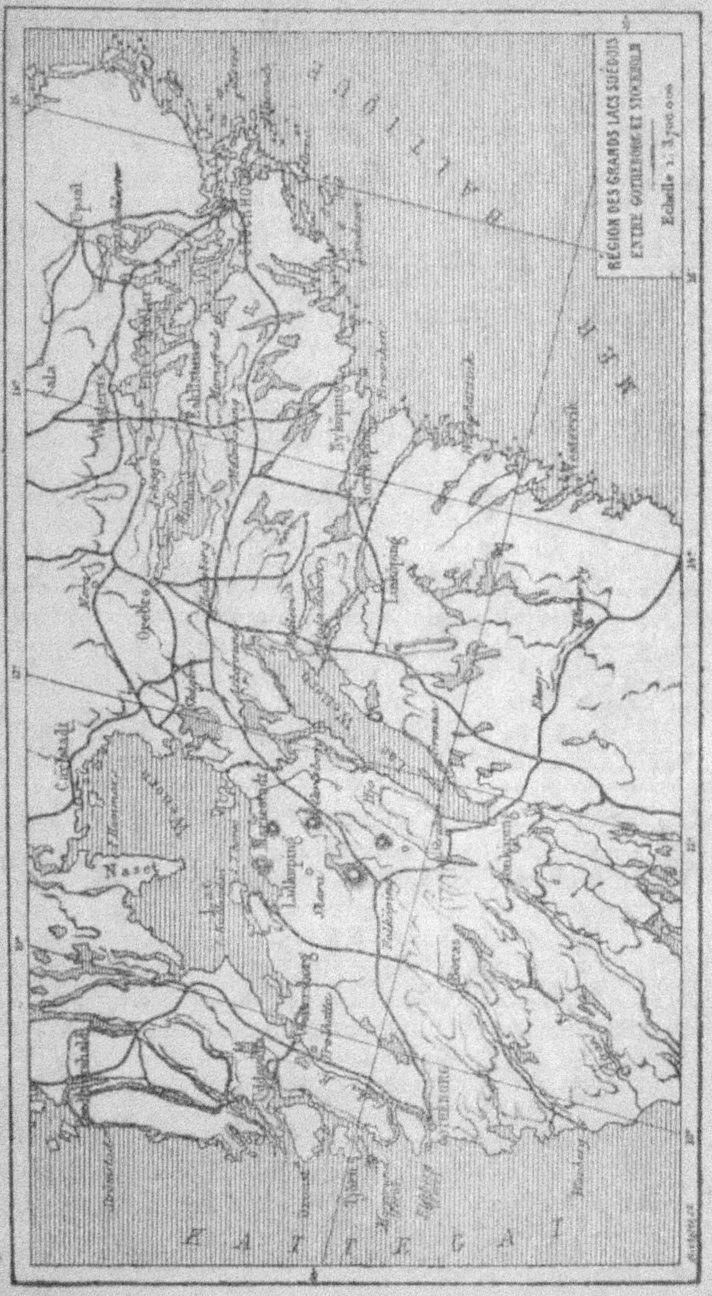

RÉGION DES GRANDS LACS SUÉDOIS
ENTRE GOTHEMBOURG ET STOCKHOLM
Echelle 1 : 3,700,000
KATTEGAT
BALTIQUE

Carte X.

Mouvement de la navigation. — Le mouvement de la navigation en Suède-Norvège s'élève annuellement à 36 000 navires, et l'effectif de la marine marchande est d'environ 9 600 navires dont 1 930 à vapeur. La marine scandinave occupe ainsi le 5ᵉ rang en Europe ; et, bien que ses bâtiments soient d'un assez faible tonnage, elle dispute à l'Angleterre le monopole des transports.

Communications intérieures. — Les communications intérieures sont très imparfaites en Suède et en Norvège : la rigueur du climat, la longueur des hivers, les Alpes Scandinaves, qui prolongent entre les deux royaumes leurs plateaux neigeux ou leurs sommets dépouillés, présentent des obstacles qui n'ont été combattus sérieusement que dans les provinces méridionales, les plus riches de la Scandinavie.

Une seule grande ligne de navigation intérieure traverse tout le midi de la Suède et fait communiquer le Cattégat avec la Baltique par la Gota, qui se jette dans le Cattégat à Göteborg, le canal de *Trollhætta*, le lac Venern, le lac Vettern et le canal de la *Motala*. La Suède compte 12 000 kilomètres de chemins de fer, et la Norvège près de 2000 kilomètres. Les principales lignes sont : en Suède celles de Stockholm à Göteborg ; de Stockholm à Malmoë ; de Stockholm à Christiania ; de Stockholm à Fahlun ; en Norvège : la ligne de Christiania à Drontheim.

Commerce extérieur. — Le commerce de la Suède et de la Norvège atteint 1 820 millions de francs, dont près des deux tiers pour la Suède. Les importations en Suède-Norvège dépassent 1 milliard.

Privée par sa position géographique d'un grand nombre de denrées alimentaires, ne pouvant suffire à la consommation indigène par les produits de ses manufactures, la Scandinavie est forcée de demander à l'importation étrangère la plupart des matières premières, les *céréales*, le *sel*, les *vins*, le *café*, le *sucre*, et presque tous les objets manufacturés.

L'exportation consiste presque exclusivement en matières premières et denrées alimentaires : bois de construction, fers, aciers, goudron et résine, céréales (orge et avoine), poissons salés, huiles de poisson, pelleteries de Norvège, etc.

Relations avec la France et les autres pays. — La France entre dans le mouvement des échanges pour une somme de 80 millions, dont moins de 16 millions pour les marchandises françaises importées.

L'Angleterre, l'Allemagne, le Danemark, les Pays-Bas, la Russie, les Etats-Unis, le littoral de la Méditerranée, sont, avec la France, les contrées qui entretiennent le plus de relations avec la Scandinavie.

RÉSUMÉ

Région septentrionale.

La région septentrionale comprend les trois royaumes scandinaves.

I

DANEMARK

Le ROYAUME DE DANEMARK (38 280 kilomètres carrés), pays au sol sablonneux et marécageux, se compose d'un groupe d'îles situé à l'entrée de la mer Baltique (*Seeland*, *Fionie*, *Laland*, *Bornholm*, etc.) et de la presqu'île du *Jutland* entre la mer du Nord à l'ouest, les détroits du *Skager-Rak*, du *Cattégat* et du *Sund*, au nord, la mer Baltique, à l'est, et la Prusse, au sud.

Le Danemark, qui réunit un moment sous son autorité la Suède et la Norvège (1397), a perdu la Suède dès le commencement du seizième siècle, la Norvège en 1815, les duchés de Lauenbourg, Schleswig et Holstein en 1864.

La capitale est COPENHAGUE, dans l'île de *Seeland* (375 000 habitants); les principaux ports sont, outre Copenhague, *Aarhüüs* et *Aalborg* dans le Jutland, *Elseneur* dans l'île de Seeland, et *Odensee* dans l'île de Fionie.

La population est de 2 200 000 habitants, protestants et de race scandinave. Le gouvernement est une monarchie constitutionnelle.

Les principales productions agricoles sont les céréales, les fourrages et les bestiaux.

Le commerce total du Danemark s'élève à près de 900 millions.

Le Danemark possède en Europe le groupe des îles *Feroë* et l'île d'ISLANDE, et conserve encore quelques établissements aux Antilles (*Saint-Thomas*, etc.) et, dans la plus grande des terres arctiques, le Groënland.

II

SUÈDE ET NORVÈGE

La PÉNINSULE SCANDINAVE (773 000 kilomètres carrés), bornée au nord par l'océan Glacial et l'Atlantique; à l'ouest par la mer du Nord; au sud par la mer du Nord et la Baltique; à l'est par la

Baltique et la Russie, est traversée par la chaîne des *Alpes scandinaves*, semée de lacs nombreux (Mælar, Venern, Vettern) et arrosée par le *Dal*, la *Tornéa*, etc., tributaires de la Baltique. Couverte de neiges pendant six ou huit mois de l'année, la Scandinavie doit cependant à ses riches pêcheries de morues et de harengs, à son activité maritime (marine marchande : 9600 navires), à ses bestiaux, à ses forêts de sapins, à ses mines de fer, de cuivre et d'argent, une grande importance commerciale.

Elle comprend deux royaumes : 1° la Suède, qui fut, au dix-septième siècle, un des plus puissants États de l'Europe ; capitale, Stockholm (302000 hab.), sur la *Baltique*, à l'entrée du lac Mælar ; villes principales, *Göteborg*, sur le Cattégat, *Malmœ* sur le Sund, *Norrkœping*, *Gefle*, sur la Baltique ; *Upsala*, célèbre par son université ; 2° la Norvège, capitale Christiania (148000 hab.), sur un fiord formé par le Skager-Rak ; villes principales, *Drontheim*, et *Bergen*, sur l'océan Atlantique.

Ces deux États, gouvernés par un même souverain, ont cependant une constitution et une administration distinctes.

La population est de 5,600000 d'habitants en Suède, de 2122000 en Norvège, presque tous protestants et de race scandinave.

Le mouvement du commerce extérieur dépasse 1800 millions dont 80 pour la France.

TABLE DES MATIÈRES

LIVRE PREMIER

GÉOGRAPHIE PHYSIQUE DE L'EUROPE

LIVRE II

GÉOGRAPHIE POLITIQUE ET ÉCONOMIQUE DE L'EUROPE.
RÉGION DU NORD-OUEST

RÉGION CENTRALE

RÉGION MÉRIDIONALE

RÉGION ORIENTALE

RÉGION SEPTENTRIONALE

TABLE DES CARTES

TABLE DES GRAVURES

SAINT-CLOUD. — IMPRIMERIE BELIN FRÈRES.